汽车电子与电气系统检修

主　审：胡祥卫
主　编：刘新宇　赵玉田　卫广绪
副主编：王昌福　武敬峰　王秋梅
参　编：祝政杰　董　秀　孔祥英
　　　　王秋芳　谷广超　闫冬梅

北京理工大学出版社
BEIJING INSTITUTE OF TECHNOLOGY PRESS

内容简介

本书采用项目式教学方法，分为汽车电工电子基础、汽车电源系统检修、汽车起动系统检修、汽车照明与信号系统检修、汽车仪表与报警系统检修、汽车空调系统检修、汽车中控门锁与防盗系统检修、汽车辅助电器系统检修、汽车整车线路分析等九个项目。

本书内容丰富、实用性强，既可作为高职高专类院校、高级技工院校和技师学院汽车专业的理实一体化教学教材，也可以作为汽车维修专业技术人员的培训教材和参考书。

图书在版编目（CIP）数据

汽车电子与电气系统检修/刘新宇，赵玉田，卫广绪主编．—北京：北京理工大学出版社，2013.10

ISBN 978-7-5640-8317-5

Ⅰ.①汽…　Ⅱ.①刘…②赵…③卫…　Ⅲ.①汽车-电子系统-车辆修理-高等学校-教材②汽车-电气设备-车辆修理-高等学校-教材　Ⅳ.①U472.41

中国版本图书馆 CIP 数据核字（2013）第 210936 号

出版发行/北京理工大学出版社有限责任公司
社　　址/北京市海淀区中关村南大街 5 号
邮　　编/100081
电　　话/（010）68914775（总编室）
　　　　　82562903（教材售后服务热线）
　　　　　68948351（其他图书服务热线）
网　　址/http://www.bitpress.com.cn
经　　销/全国各地新华书店
印　　刷/北京地质印刷厂
开　　本/787 毫米×1092 毫米　1/16
印　　张/20.5
字　　数/474 千字
版　　次/2013 年 10 月第 1 版　2013 年 10 月第 1 次印刷
定　　价/49.80 元

责任编辑/阎少华
文案编辑/阎少华
责任校对/周瑞红
责任印制/马振武

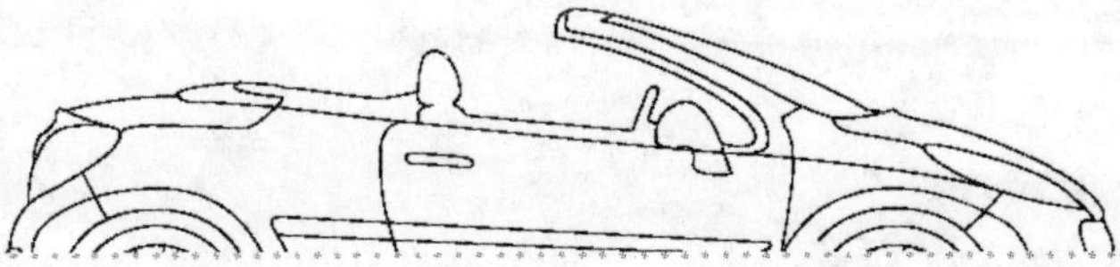

前 言

PREFACE

随着我国汽车产业的迅猛发展，汽车保有量持续增长。电子技术的快速发展使汽车技术越来越先进，汽车电子与电气系统变得更加复杂，为汽车的维修带来了更大难度，对汽车的维修技术也提出了更高的要求。

近几年，我国的高等教育快速发展，教育教学理念进一步更新。为适应汽车维修行业技能型紧缺人才的培养需求，满足高等院校以就业为导向的办学目标，依据理论与实践一体化教学的特点，我们组织多位专业教师，编写了这本《汽车电子与电气系统检修》教材。本教材的编写思路是以项目为载体、任务驱动为目标，以具体的工作任务为导向引出相应的知识点，充分调动学生的主动性和能动性，从而达到教学目的。

本书根据高等教育的特点，为突出学生动手能力的培养，对汽车电子与电气系统的教学内容进行了有机整合。本书采用项目式教学方法，共分为汽车电工电子基础、汽车电源系统检修、汽车起动系统检修、汽车照明与信号系统检修、汽车仪表与报警系统检修、汽车空调系统检修、汽车中控门锁与防盗系统检修、汽车辅助电器系统检修、汽车整车线路分析等九个项目，将每一个系统的检修作为一个实际项目，结合具体的车型展开分析，每个项目均按照“知识技能要求”——“重点知识”——“项目实施”——“拓展知识”的顺序编排。先了解相关重点知识，再进行工作任务，每个任务让学生带着问题来学习，以培养其解决实际问题的能力，对开阔学生的思路具有一定的帮助。

本书内容丰富、实用性强，既可作为高等院校教学教材，同时也可以作为汽车维修专业技术人员的培训教材和参考书。

本书由刘新宇、赵玉田、卫广绪担任主编。其中项目一、项目二由刘新宇编写，项目三、项目四由赵玉田编写，项目五由烟台汽车工程职业学院卫广绪编写，项目六由王秋梅编写，项目七由谷广超编写，项目八由王昌福编写，项目九由武敬峰编写，同时祝政杰、董秀、孔祥英、王秋芳、闫冬梅四位同志也参与了本书的资料搜集、整理和编写，在此表示感谢。

编写过程中，参考了大量汽修行业的技术资料和书籍，也得到了许多同行的支持和帮助，在此表示衷心的感谢。

由于编者水平有限，加之时间仓促及实践经验不足，书中难免有缺点和错误，恳请广大读者批评指正。

编　者

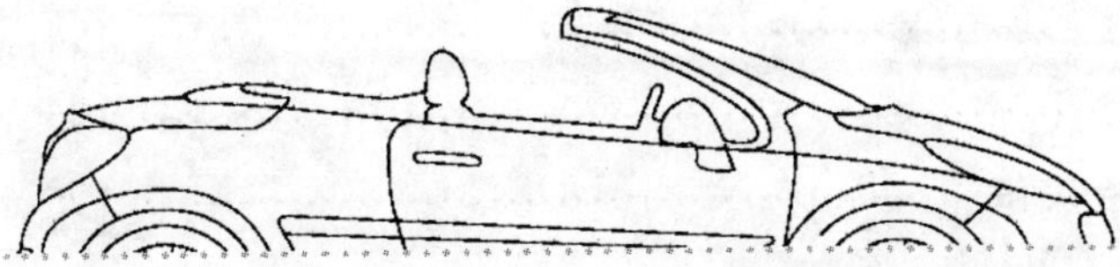

目录

CONTENTS

项目一

汽车电工电子基础

单元一　汽车电路常用元器件的检测

班级______　姓名______　学号______　工号______　日期______　测评等级______

<table>
<tr><td>工作任务</td><td>汽车电路常用元器件的检测</td><td>教学模式</td><td colspan="2">任务驱动和行动导向</td></tr>
<tr><td>建议学时</td><td>4 学时</td><td>教学地点</td><td colspan="2">一体化实训室</td></tr>
<tr><td>任务描述</td><td colspan="3">小张的车是北京现代悦动汽车，在开车时发现雨刮器不工作了，去维修的时候发现是电路出现问题。汽车电路是汽车电气的重要组成部分，那么电路是什么样的呢？怎样用数字万用表进行检测汽车电路及汽车电气设备元件呢？作为维修技工，需要根据维修手册，参考相关资料排除故障，恢复雨刮系统功能，提出合理化使用建议，并最终检验合格后交付前台。</td><td>
维修流程?</td></tr>
<tr><td>学习目标</td><td colspan="3">1. 能够执行万用表正确的操作规程，树立良好的安全文明操作意识。
2. 能够用万用表检测常见的汽车电气元器件。
3. 能够主动获取信息，展示学习成果，对工作过程进行总结与反思，与他人进行有效沟通，团结协作。</td><td>
</td></tr>
<tr><td rowspan="5">学习准备</td><td colspan="4">1. 设备器材：每组配套：北京现代悦动汽车 1 台，北京现代悦动发动机实验台 1 台，工具车 2 台，诊断仪 2 台，数字万用表 4 块，北京现代维修手册 2 份，网络资源。
2. 分六组，小组人员岗位分配表（由组长分配）。</td></tr>
<tr><td rowspan="2">工作岗位</td><td>时段一</td><td colspan="2">时段二</td></tr>
<tr><td>____年___月___日
__时__分至__时__分</td><td colspan="2">____年___月___日
__时__分至__时__分</td></tr>
<tr><td>主修人员（1 人）</td><td></td><td colspan="2"></td></tr>
<tr><td>辅修人员（1 人）</td><td></td><td colspan="2"></td></tr>
</table>

续表

工作任务	汽车电路常用元器件的检测	教学模式	任务驱动和行动导向
建议学时	4 学时	教学地点	一体化实训室
学习准备	工作岗位	时段一	时段二
		______年______月______日 ____时____分至____时____分	______年______月______日 ____时____分至____时____分
	工具管理（1 人）		
	零件摆放（1 人）		
	安全监督（1 人）		
	质量检验（1 人）		
	7S 监督（2 ~ 4 人）		

【知识要点】

一、直流电路

1. 电路基础

（1）电路的概念和作用。电路就是电流所通过的路径，它是由电气设备和元器件按一定方式连接起来的整体。在日常生活和工业控制中存在各式各样的电路，如电视机中将微弱信号进行放大的放大电路，运用于随处可见的照明电路，汽车中的温度、压力、位置角度等传感器检测电路等。

电路的作用体现在两个方面：一是实现能量的转换、传输和分配（如电力电路系统如图1 - 1所示），即电力电路；二是实现电信号的处理与传递（如信号电路系统如图 1 - 2 所示），即信号电路。

图 1 - 1　电力电路系统

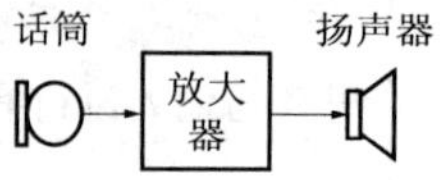

图 1 - 2　信号电路系统

（2）电路的组成。

据各组成部分的作用不同，可分为电源、负载、中间环节三部分。

① 电源：提供电能或电信号的装置。

② 负载：消耗电能或接收电信号的装置。

③ 中间环节：用于联系电源和负载，实现电能或电信号的传输、分配和控制，故又称传输控制器件。

手电筒电路就是一个简单的实用电路。这个电路由电源——干电池、负载——灯泡、开关和连接导体——手电筒金属壳所组成，如图 1 - 3 所示。

综上所述，电路就是为了实现电能或电信号的传输、分配、转换和处理，用传输控制器件把电源和负载组合起来的一个整体。

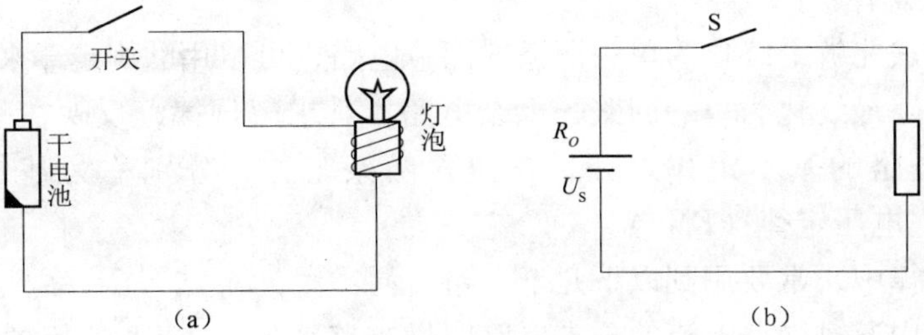

图 1－3　手电筒电路

(a) 手电筒电路示意图；(b) 手电筒电路模型

(3) 电路的状态。

① 通路。当电源与负载接通，S 闭合，电路中有了电流及能量的输送和转换，电路的这一状态称为通路，电源的状态称为有载，如图 1－4 所示。

电路中的物理过程以及电能或电信号的传输、分配、转换和处理都是依靠电流、电压等基本物理量加以描述的。

② 开路。当一部分电路与电源断开，该部分电路中没有电流，亦无能量的输送和转换，这部分电路所处的状态称为开路，如图 1－5 所示。

特点：开路的电流等于零，开路处的电压应视电路情况而定。

③ 短路。当某一部分电路的两端用电阻可以忽略不计的导线或开关连接起来，使该部分电路中的电流全部被导线或开关旁路，这一部分电路所处的状态称为短路或短接，如图 1－6所示。

特点：短路处的电压等于零，短路处的电流视电路而定。电源不允许短路。

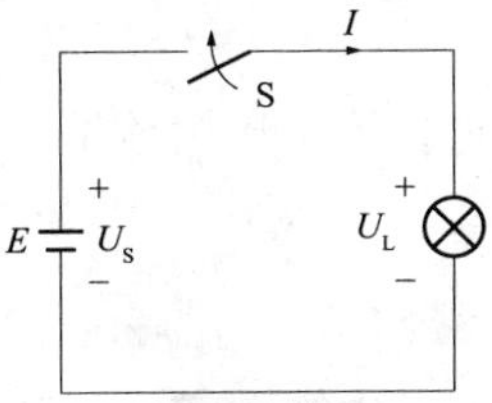

图 1－4　通路

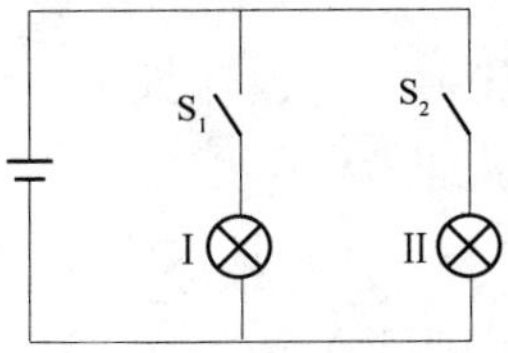

图 1－5　开路

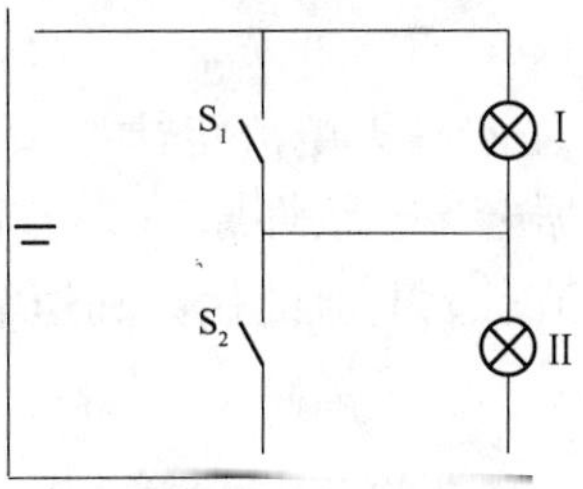

图 1－6　短路

2. 电路基本定律

(1) 欧姆定律。

通常流过电阻的电流与电阻两端的电压成正比，这就是欧姆定律。它是分析电路的基本定律之一。对图 1－7 所示的电路，欧姆定律可用下式表示

$$R = \frac{U}{I} \tag{1-1}$$

由上式可见，当所加电压 U 一定时，电阻 R 越大，则电流 I 越小。显然，电阻具有对电流起阻碍作用的物理性质。

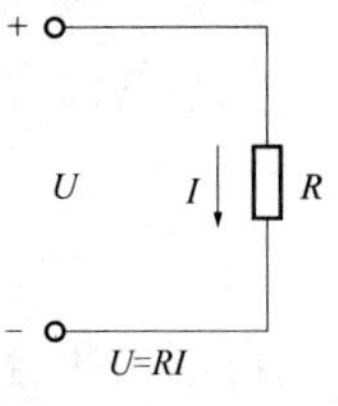

图 1－7　欧姆定律

在关联参考方向时，电压和电流的参考方向一致，在欧姆定律的表

示式中为正号，如公式（1－1）所示。此外，电压和电流本身还有正值和负值之分。

（2）基尔霍夫定律。

用串并联的方法能够最终化为单一回路的简单电路，可以用欧姆定律来求解。用串并联的方法，不能将电路最终化为单一回路的复杂电路，其求解规律，反映在基尔霍夫定律中。基尔霍夫定律是电路的基本定律之一，它包含两条定律，分别称为基尔霍夫电流定律（KCL）和基尔霍夫电压定律（KVL）。

在基尔霍夫定律中，常要用到以下几个电路名词：

支路：在电路中通过同一电流的分支电路叫做支路。如图 1－8 所示的电路中，有三条支路，分别是 I_1、I_2 和 I_3 流过的支路。

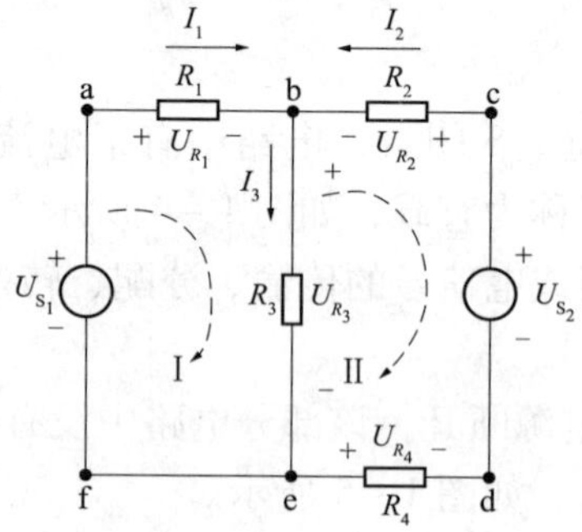

图 1－8　电路名词定义示意

节点：有三条或三条以上支路的连接点叫做节点。如图 1－8 所示的电路中，有 b、e 两个节点。

回路：闭合的电路叫做回路。回路可由一条或多条支路组成，但是只含一个闭合回路的电路叫网孔。如图 1－8 所示的电路中，有 abcdef、abef 和 bcde 三个回路，两个网孔，即 abef 和 bcde。

① 基尔霍夫电流定律（KCL）。

根据电流连续性原理，在电路中任一时刻，流入节点的电流之和等于流出该节点的电流之和，节点上电流的代数和恒等于零，即

$$\sum I_i = \sum I_0 \text{ 或 } \sum I = 0 \tag{1-2}$$

这一关系叫节点电流方程，是基尔霍夫电流定律，也称为基尔霍夫第一定律。该定律的应用可以由节点扩展到任一假设的闭合面。在应用 KCL 时，必须先假定各支路电流的参考方向，再列电流方程求解，根据计算结果，确定电流的实际方向。如果指定流入节点的电流为正（或负），则流出节点的电流为负（或正）。

② 基尔霍夫电压定律（KVL）。

根据电位的单值性原理，在电路中任一瞬时，沿回路方向绕行一周，闭合回路内各段电压的代数和恒等于零，即回路中电动势的代数和恒等于电阻上电压降的代数和，其数学式为

$$\sum U = 0 \text{ 或 } \sum U_s = \sum RI \tag{1-3}$$

这一关系叫回路电压方程，是基尔霍夫电压定律，也称为基尔霍夫第二定律。该定律的应用可以由闭合回路扩展到任一不闭合的电路上，但必须将开口处的电压列入方程中。在应用 KVL 时，必须先假定闭合回路中各电路元件的电压参考方向和回路的绕行方向，当两者

的假定方向一致时，电压取“+”号；反之电压取“-”号。

二、常见电路元件

1. 电阻

电阻元件是构成各类电路最常用的元件之一。物体对电流的阻碍作用，我们称之为该物体的电阻。用 R 来表示，其单位为欧姆（Ω）。

（1）电阻器的分类。

在工业工程中，广泛使用各种电阻器。电阻器的种类很多，按结构不同，可分为固定电阻器和可变电阻器；按导电材料不同，可分为碳膜、金属膜、金属氧化膜、线绕和有机合成电阻器等；按功率分，有 1/16W、1/8W、1/4W、1/2W、1W、2W 等额定功率的电阻。

常用电阻器的外形和特点，见表 1-1。

表 1-1　常用电阻器的外形和特点

名称	外形	主要特点
碳膜电阻器（RT 型）		阻值较稳定，受电压和频率影响小，价廉，应用广泛； 阻值：1Ω~10MΩ；额定功率：0.125W~2W
金属膜电阻器（RJ 型）		耐热，噪声小，体积小，精度高，广泛应用于要求较高的电路； 阻值：1Ω~620MΩ；额定功率：0.125W~2W
金属氧化膜电阻器（RY 型）		抗氧化，耐高温； 阻值 1Ω~200KΩ；额定功率：0.125W~2W
合成实芯电阻器（RS 型）		机械强度高，可靠，体积小，价廉； 阻值，4.7Ω~22MΩ，额定功率，0.25W~2W
线绕电阻器（RX 型）	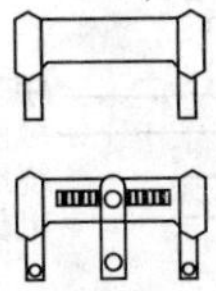	阻值精度高、稳定，抗氧化，耐热，功率大，作为精密和大功率电阻器使用； 阻值：0.1Ω~5MΩ；额定功率达 150W
电位器（WT 型等）	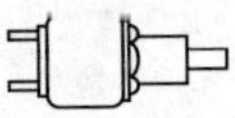	阻值可以调节。阻值规律有直线式、指数式、对数式。主要用于调节电路中的电阻、电流和电压

电阻型号的命名方法（根据 GB2471-81），见表 1-2。

表 1-2　电阻型号的命名方法

第一部分：主称		第二部分：材料		第三部分：特征			第四部分：序号
符号	意义	符号	意义	符号	电阻器	电位器	
R	电阻器	T	碳膜	1	普通	普通	
W	电位器	H	合成膜	2	普通	普通	
		S	有机实芯	3	超高频		

续表

第一部分：主称		第二部分：材料		第三部分：特征			第四部分：序号
符号	意义	符号	意义	符号	电阻器	电位器	
R	电阻器	N	有机实芯	4	高阻		对主称、材料相同，仅性能指标、尺寸大小有区别，但基本不影响互换使用的产品，给同一序号；若性能指标、尺寸大小明显影响互换时，则在序号后面用大写字母作为区别代号。
W	电位器	J	金属膜	5	高温		
		Y	氧化膜	6			
		C	沉积膜	7	精密	精密	
		I	玻璃釉膜	8	高压	特殊函数	
		P	硼酸膜	9	特殊	特殊	
		U	硅酸膜	G	高功率		
		X	线绕	T	可调		
		M	压敏	W		微调	
		C	光敏	D		多圈	
		R	热敏	B	温度补偿用		
				C	温度测量用		
				P	旁热式		
				W	稳压式		
				Z	正温度系数		

如图1－9所示为电阻型号标称实例。

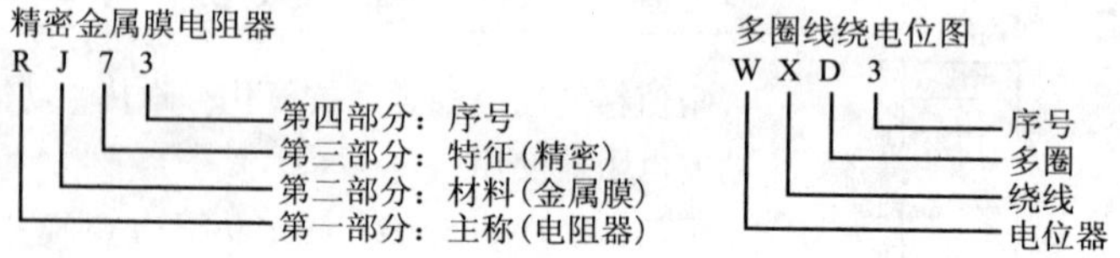

图1－9　电阻型号标称实例

（2）电阻的基本参数。

电阻的基本参数包括：标称值、额定功率、允许偏差。

① 标称值。

指按国家规定标准化的电阻值中较小数的正偏差与较大数的负偏差能够衔接或稍有重叠，这样可以使电子电路所需要的电阻全部包括在系列中，如表1－3所示。

表1－3　电阻标称阻值系列

系列	容差	电阻器的标称值																							
E24	±5%	1.0	1.1	1.2	1.3	1.5	1.6	1.8	2.0	2.2	2.4	2.7	3.0	3.3	3.6	3.9	4.3	4.7	5.1	5.6	6.2	6.8	7.5	8.2	9.1
E12	±10%	1.0		1.2		1.5		1.8		2.2		2.7		3.3		3.9		4.7		5.6		6.8		8.2	
E6	±20%	1.0				1.5				2.2				3.3				4.7				6.8			

② 额定功率。

额定功率指电阻允许长期工作的功率。一般电阻的功率为1/8W，1/4W，1/2W，lW，2W等。

③ 允许偏差。

允许偏差是指标称阻值允许的偏差。Ⅰ级为±5%，Ⅱ级为±10%，Ⅲ级为±20%。

(3) 电阻值的识别。

电阻值的识别一般分直标法、文字符号法、数码法和色标法等。

直标法就是用数字和单位符号在电阻器表面标出阻值，其允许误差直接用百分数表示，若电阻上未注偏差，则均为±20%。

文字符号法是用阿拉伯数字和文字符号两者有规律的组合来表示标称阻值，其允许偏差也用文字符号表示。如：3M3K表示3.3 MΩ，允许偏差为±10%。

数码法是在电阻器上用三位数码表示标称值的标志方法。数码从左到右，第一、二位为有效值，第三位为指数，即零的个数，单位为欧。如472表示47×100Ω（即4.7kΩ）偏差通常采用文字符号表示。

国际上惯用“色环标注法”。色环电阻占据着电阻器元件的主流地位。顾名思义，色标法就是用不同颜色的带或点在电阻器表面标出标称阻值和允许偏差。

根据色环的环数多少，色环电阻分为四色环表示法和五色环表示法。

当电阻为4环时，前两位为有效数字，第三位为乘方数，第四位为偏差。4环电阻最后一环必为金色或银色，一般是碳膜电阻。各电阻的标称值应符合国家规定的数值之一再乘以$10^n\Omega$，其中n为整数。标称系列中大部分值不是整数，这样可以确保同一系列中，相邻两个数中较小数的正偏差与较大数的负偏差能够衔接或稍有重叠。

当电阻为5环时，最后一环与前面四环距离较大。前三位为有效数字，第四位为乘方数，第五位为偏差。5环电阻一般是金属膜电阻。

图1-10为色环电阻示意图。表1-4为色环颜色的含义。

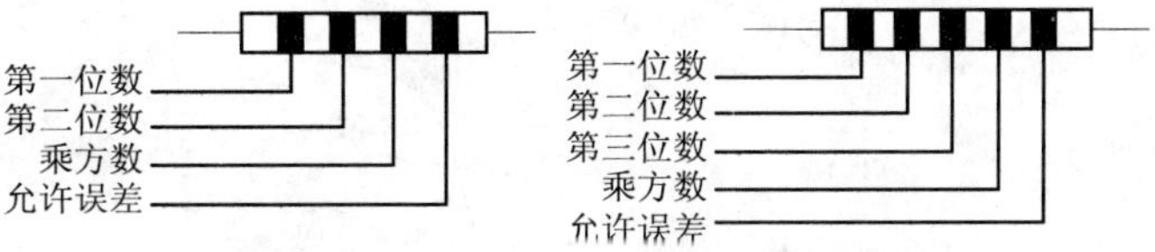

图1-10　色环电阻示意图

例如：四环电阻颜色依次为红—红—棕—金，表示电阻的大小为220Ω，误差为±5%；四环电阻颜色依次为红—紫—橙—金，表示电阻的大小为27kΩ，误差为±5%；五环电阻颜色依次为棕—紫—绿—金—棕，表示电阻的大小为17.5Ω，误差为±1%。

表1-4　色环颜色的含义

颜色	有效数字	乘方数	允许偏差/%
棕	1	10^1	±1
红	2	10^2	±2
橙	3	10^3	

续表

颜色	有效数字	倍乘数	允许偏差/%
黄	4	10^4	
绿	5	10^5	±0.5
蓝	6	10^6	±0.2
紫	7	10^7	±0.1
灰	8	10^8	
白	9	10^9	
黑	0	10^0	
金		10^{-1}	±5
银		10^{-2}	±10
无色			±20

（4）热敏电阻。

热敏电阻是一种用陶瓷半导体制成的温度系数很大的电阻体，在工作温度范围内，按陶瓷半导体的电阻与温度的特性关系，常用热敏电阻可分为以下两种类型：

① 负温度系数热敏电阻（NTC）：其电阻值随温度升高而减小，如图 1－11 中曲线 1 所示。这种电阻是由镍、铜、钴、锰等金属氧化物按适当比例混合后高温烧结而成的，现广泛用于汽车发动机冷却水温度传感器、进气温度传感器、机油温度传感器和空调用温度传感器中。

② 正温度系数热敏电阻（PTC）：其电阻值随温度升高而按指数函数增加，如图1－11中曲线2 所示。这种电阻在汽车发动机、仪器、仪表等测温感温部件中广泛应用。

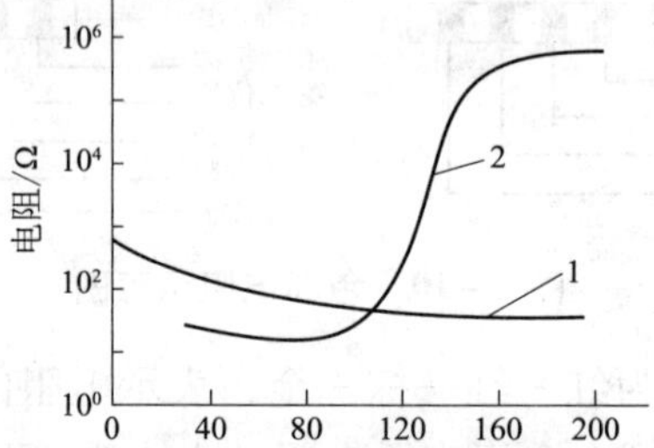

图 1－11　热敏电阻的温度特性

1－负温度系数（NTC）；2－正温度系数（PTC）

现以红旗轿车冷却液温度传感器为例来了解热敏电阻。

红旗轿车冷却温度传感器用一个负温度系数的热敏电阻作为检测元件的。当冷却液温度升高时，传感器的电阻值随之减小；反之，当冷却液温度降低时，传感器的电阻值增大。

热敏电阻式温度传感器，具有体积小、灵敏度高、安装简单、价格低廉的特点。因此，在汽车电子控制系统中，这种温度传感器是应用最广泛的传感器之一。

（5）光敏电阻。

光敏电阻是利用半导体光电导效应制成的一种特殊电阻，对光线十分敏感，它的电阻值能随着外界光照强弱（明暗）变化而变化。它在无光照射时，呈高阻状态；当有光照射时，其电阻值迅速减小。汽车中的光电式光量传感器中就采用了光敏电阻——硫化镉（CdS）光导电元件，应用了光照强度能引起电阻值变化的特性。当光线照射硫化镉（CdS）时，若周围环境暗时则电阻值大，若周围环境亮时电阻值则变小。光量传感器通过硫化镉（CdS）光导电元件，将周围光照的变化转换为电阻值的变化，并以电信号的形式输入给控制器。

（6）压敏电阻。

压敏电阻是在一定电流电压范围内电阻值随电压而变，或者是说电阻值对电压敏感的电阻器。

压敏电阻器的电阻体材料是半导体，现在大量使用的氧化锌（ZnO）压敏电阻器，它的主体材料有二价元素（Zn）和六价元素氧（O）所构成。所以，从材料的角度来看，氧化锌压敏电阻器是一种Ⅱ－Ⅵ族氧化物半导体。

2. 电容

电容是一种储能元件，又叫做电容器，用字母C来表示，单位是F。在电路中有调谐、滤波、耦合、旁路、能量转换和延时等作用。

（1）常用电容的种类。

常用的电容器按其介质材料可分为电解电容器、云母电容器、瓷介电容器、玻璃釉电容、陶瓷电容、薄膜电容等。它们是根据制成电容材料的不同而分类的。

电容按其结构可分为半可变电容器、可变电容器两种。

① 半可变电容。也叫做微调电容。它是由两片或者两组小型金属弹片，中间夹着介质制成。调节的时候改变两片之间的距离或者面积。它的介质有空气、陶瓷、云母、薄膜等。

② 可变电容。它由一组定片和一组动片组成，它的容量随着动片的转动可以连续改变。把两组可变电容装在一起同轴转动，叫做双连。可变电容的介质有空气和聚苯乙烯两种。空气介质可变电容体积大，损耗小，多用在电子管收音机中。聚苯乙烯介质可变电容做成密封式的，体积小，多用在晶体管收音机中。

（2）主要性能指标。

① 标称容量和允许误差。容器有储存电荷的能力，常用单位有F、μF、pF。电容器上标有的电容数是电容器的标称容量。电容器的标称容量和它的实际容量会有误差。一般电容器上都直接写出其容量，也有用数字来标志容量的，通常在容量小于10 000pF的时候，用pF做单位；大于10 000pF的时候，用μF做单位。为了简便起见，大于100pF而小于1μF的电容常常不注单位。没有小数点的，它的单位是pF；有小数点的，它的单位是μF。如有的电容上标有“332”（3 300pF）三位有效数字，左起两位给出电容量的第一、二位数字，而第三位数字则表示在后加0的个数，单位是pF。

② 额定工作电压。在规定的工作温度范围内，电容长期可靠地工作，它能承受的最大直流电压，就是电容的耐压，也叫做电容的直流工作电压。如果在交流电路中，要注意所加的交流电压最大值不能超过电容的直流工作电压值。常用的固定电容工作电压有6.3V、

10V、16V、25V、50V、63V、100V、400V、500V、630V、1 000V、2 500V。

③ 绝缘电阻。由于电容两极之间的介质不是绝对的绝缘体，它的电阻不是无限大，而是一个有限的数值，一般在 1 000MΩ 以上，电容两极之间的电阻叫做绝缘电阻，或者叫做漏电电阻，大小是额定工作电压下的直流电压与通过电容的漏电流的比值。漏电电阻越小，漏电越严重。电容漏电会引起能量损耗，这种损耗不仅影响电容的寿命，而且会影响电路的工作。因此，漏电电阻越大越好。

④ 介质损耗。电容器在电场作用下消耗的能量，通常用损耗功率和电容器的无功功率之比，即损耗角的正切值表示。损耗角越大，电容器的损耗越大，损耗角大的电容不适于高频情况下工作。

（3）选用常识。

电容在电路中实际要承受的电压不能超过它的耐压值。在滤波电路中，电容的耐压值不要小于交流有效值的 1.42 倍。使用电解电容的时候，还要注意正负极不要接反。

不同电路应该选用不同种类的电容。谐振回路可以选用云母、高频陶瓷电容，隔直流可以选用纸介、涤纶、云母、电解、陶瓷等电容，滤波可以选用电解电容，旁路可以选用涤纶、纸介、陶瓷、电解等电容。

电容在装入电路前要检查它有没有短路、断路和漏电等现象，并且核对它的电容值。安装的时候，要使电容的类别、容量、耐压等符号容易看到，以便核实。

（4）电容器检测的一般方法。

用数字万用表检测电容器，可按以下方法进行：

① 用电容挡直接检测。某些数字万用表具有测量电容的功能，其量程分为 2 000p、20n、200n、2μ 和 20μ 五挡。测量时可将已放电的电容两引脚直接插入表板上的 Cx 插孔，选取适当的量程后就可读取显示数据。

经验证明，有些型号的数字万用表（例如 DT890B +）在测量 50pF 以下的小容量电容器时误差较大，测量 20pF 以下电容几乎没有参考价值。此时可采用串联法测量小值电容。方法是：先找一只 220pF 左右的电容，用数字万用表测出其实际容量 C_1，然后把待测小电容与之并联测出其总容量 C_2，则两者之差（$C_1 - C_2$）即是待测小电容的容量。用此法测量 1pF 至 20pF 的小容量电容很准确。

② 用电阻挡检测。实践证明，利用数字万用表也可观察电容器的充电过程，根据数字万用表的这一特点，可以检测电容器的好坏和估测电容量的大小。下面介绍的是使用数字万用表电阻挡检测电容器的方法，对于未设置电容挡的仪表很有实用价值。此方法适用于测量 0.1μF 至几千 μF 的大容量电容器。

测量操作方法如下：

如图 1 – 12 所示，将数字万用表拨至合适的电阻挡，红表笔和黑表笔分别接触被测电容器 C_x 的两极，这时显示值将从“000”开始逐渐增加，直至显示溢出符号“1”。若始终显示“000”，说明电容器内部短路；若始终显示溢出，则可能时电容器内部极间开路，也可能时所选择的电阻挡不合适。检查电解电容器时需要注意，红表笔（带正电）接电容器正极，黑表笔接电容器负极。

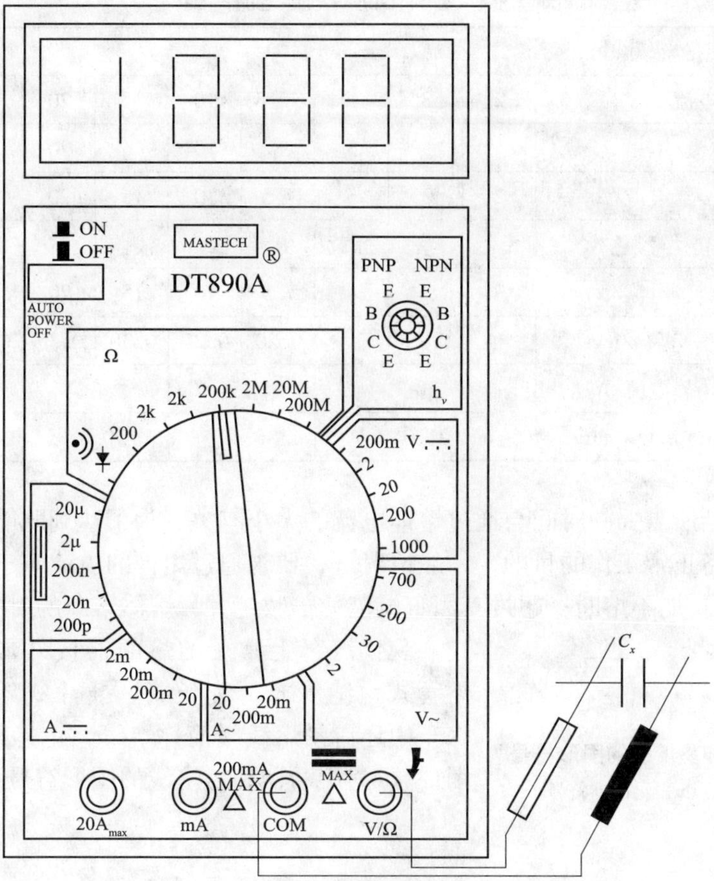

图 1－12　电阻法检测电容

3. 熔断器

熔断器是最简便的而且是有效的短路保护电器。熔断器中的熔片或熔丝用电阻率较高的易熔合金制成，如铅锡合金等；或用截面积甚小的良导体制成，如铜、银等。各种熔断器额定电流的规格，如表 1－5 所示。线路在正常工作情况下，熔断器不应熔断。一旦发生短路或严重过载时，熔断器应立即熔断，有多种形式的熔断器可供选用。图 1－13 为几种常见熔断器的外形图及符号。

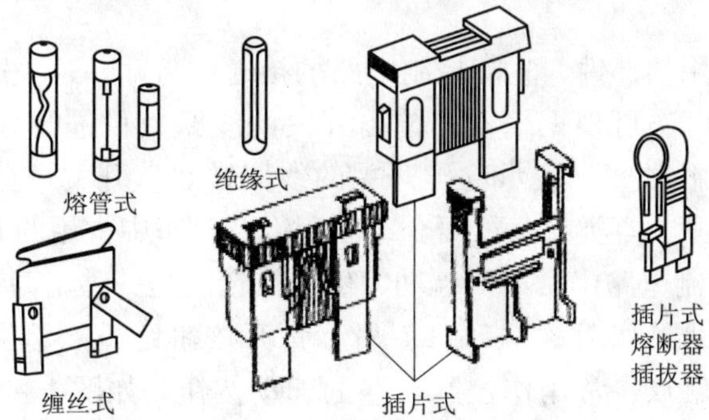

图 1－13　常见熔断器的外形图及符号

表 1－5　各种熔断器额定电流的规格

品种规格		参数									
玻璃管式电流/A		2	3	5	7.5	10	15	20	25	30	40
绝缘式电流/A				5	8	10		20	25		
插片式	电流/A	2	3	5	7.5	10	15	20	25	30	40
	颜色	无色	紫	棕黄	褐	红	浅蓝	黄	白	绿	
金属丝式	电流/A		3		7.5	10	15	20	25	30	
	直径/mm		0.11		0.20	0.25	0.30	0.35	0.40	0.47	
熔片式	电流/A	20			45		6		80		
	厚度/mm	0.20			0.40		0.6		0.8		

由于熔体熔断所需要的时间与通过熔体电流的大小有关，为了达到既能有效实现短路保护，又能维持设备正常工作的目的，一般情况下，要求通过熔体的电流等于或小于额定电流的1.25倍时可以长期不熔断；超过其额定电流的倍数越大，熔体熔断的时间越短。

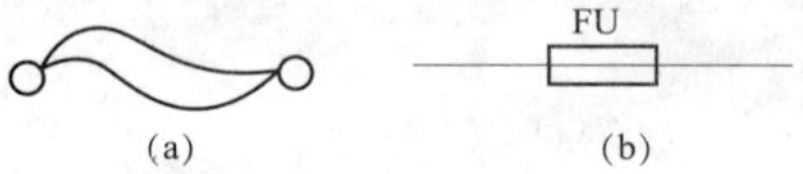

图 1－14　熔断器和易熔线的图形符号
(a) 易熔线符号；(b) 熔断器符号

现代汽车上常见的熔断器按外形可分为熔片式、熔管式、绝缘式、缠丝式、插片式等。除了熔断器，汽车中还有易熔线（简称熔线）也是常用的熔断装置，图1－14为熔断器和易熔线的图形符号。

4. 继电器

继电器是自动控制电路中常用的一种元件，它是一种传递信号的电器，用来接通和分断控制电路，是可用较小的电流来控制较大电流的一种自动开关。继电器的输入信号可以是电压、电流等电量，也可以是热、速度、油压等非电量，而输出则都是触点动作，使输出量发生预定的变化。继电器的电磁系统和触头都较小，因此它的动作迅速，反应灵敏。在工业控制中使用的中间继电器、热继电器等体积较大，线圈通过的电流或承受的电压较大，触点允许通过的电流较大。在汽车电气系统中所使用的继电器体积较小，触点控制的电流也较小，主要有中间继电器、热继电器和干簧式继电器等。

5. 开关

开关是电路中最常用的部件，它能控制电路的接通、断开。开关内的触点闭合时通过电流，断开时切断电流。开关可根据输入、输出开关的线路数目进行分类。若用“刀”表示输入开关的线路数目，用“掷”表示输出开关的线路数目，开关可分为单刀单掷开关、单刀双掷开关、单刀多掷开关等类型。下面介绍工程以及汽车中常用的开关。

(1) 普通开关。控制电路中常用的起动、停止按钮就是一种单刀单掷开关。如图1－15所示的普通按钮图形符号。如图1－15 (a) 所示常开按钮处于原始位置时为断开状态，只有按下按钮时才会闭合触点，常用作控制电路的起动按钮。如图1－15 (b) 所示常闭按钮处于原始位置时为闭合状态，只有按下按钮时才会断开触点，常用作控制电路的停止按钮。如图1－15 (c)所示复合按钮，有一组常开触点和一组常闭触点。这类按钮为瞬时接触形式，内有一个保持触点张开的弹簧，只有施加外力时触点才动作，外力撤销时触点便立即恢复原状。普通电动机控制电路上的按钮、汽车上的电喇叭按钮就是这种结构。除此以外，根据结构不同，按钮还有自锁式、紧急式、钥匙式、扳柄式等形式。汽车中的水银开关、舌簧开关都属于比较特殊的单刀单掷开关。

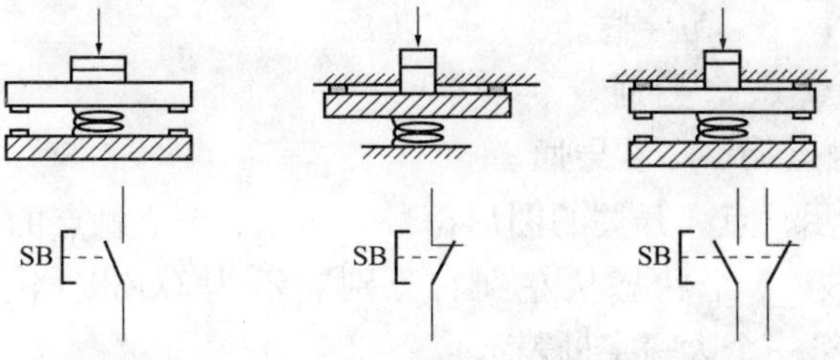

(a)　　(b)　　(c)

图 1－15　按钮图形符号

（a）常开按钮；（b）常闭按钮；（c）复合按钮

（2）组合开关——点火开关。点火开关是汽车电路各分支电路的控制枢纽，是汽车电路中最重要的组合式开关，它的操纵端均做成锁的形式，如图 1－16（a）所示。

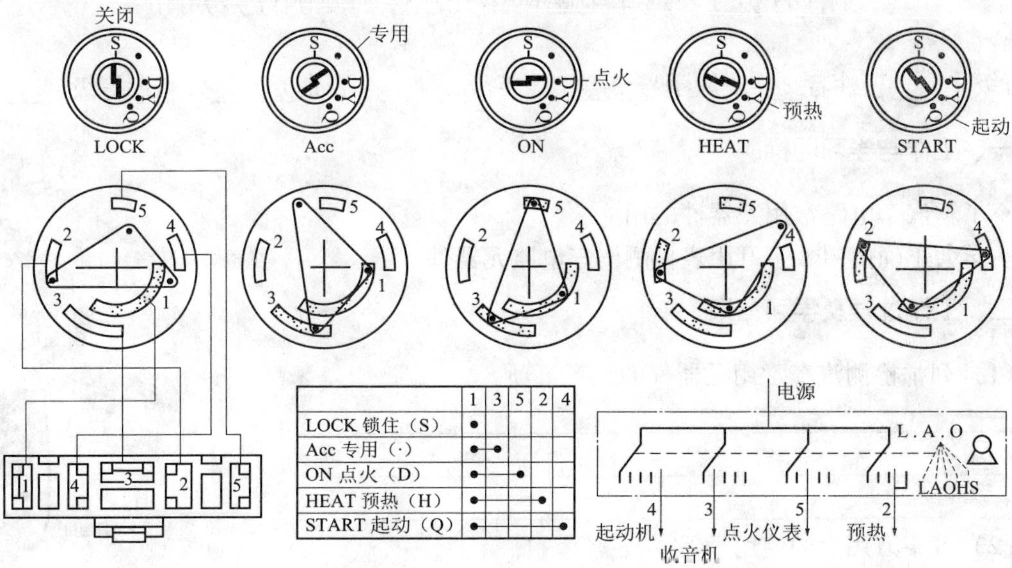

	1	3	5	2	4
LOCK 锁住（S）	●				
Acc 专用（·）	●	●			
ON 点火（D）	●	●	●		
HEAT 预热（H）	●		●	●	
START 起动（Q）	●		●		●

(a)　　(b)　　(c)

图 1－16　点火开关的结构及表示方法

（a）结构示意图；（b）表格表示法；（c）图形符号表示法

点火开关主要用来接通和切断点火电路，同时还用于控制起动机、发电机励磁、收放机、空调、刮水器、点烟器、仪表、信号灯、进气预热和其他电器设备电路。如图 1－16（a）所示为点火开关的结构示意图。

① ON 挡——可接通仪表和点火系统、暖风装置、刮水器、转向灯等电路。

② Acc 挡——接通收放机和点烟器电路。

③ START 挡——可接通起动电路，起动发动机后自动回到 ON 位置。

④ LOCK 挡——为断电且转向器联锁机构锁止位置。

⑤ HEAT 挡——预热挡，柴油车上使用。

如图 1 -16（b）所示，点火开关处于不同状态下开关 5 个触点的通断关系常用表格表示法来表征。

① LOCK 挡——触点不导通。

② Acc 挡——触点 1、3 导通。

③ ON 挡——触点 1、3、5 导通。

④ HEAT 挡——触点 1、2 导通。

⑤ START 挡——触点 1、2、4 导通。

如图 1 -16（c）所示，点火开关的图形符号表示法，5 个触点的排列次序分别为 1 -3 -5 -2 -4，配合内部接线，5 个状态从左到右分别表示为 LOCK 挡—Acc 挡—ON 挡—HEAT 挡—START 挡（分别用第一个大写字母表示）。

除了点火开关，将多种开关功能集成在一起而构成的组合开关在现代汽车上使用非常广泛，如灯光组合开关、风扇组合开关等。因此在识图时应了解开关在不同状态下开关内部触点（插头）和电路接线（插座）之间的对应关系。

工作任务 1　汽车电路常用元器件检测的任务分析

班级______　姓名______　学号______　工号______　日期______　测评等级______

一、工作与学习目标

◆了解汽车电路常用元器件的用途

◆学会正确使用数字万用表检测汽车电路元器件

二、工作过程及学习记录

（1）列举检测汽车常用元器件的注意事项：

____

____

____

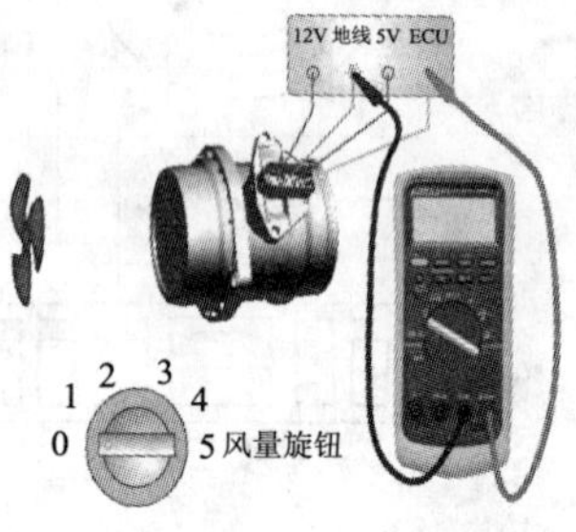

图 1 -17　万用表的应用

（2）数字万用表的使用学习：

① 万用表的应用如图 1 -17 所示及面板图及操作键作用说明面板布置，如图 1 -18 所示：

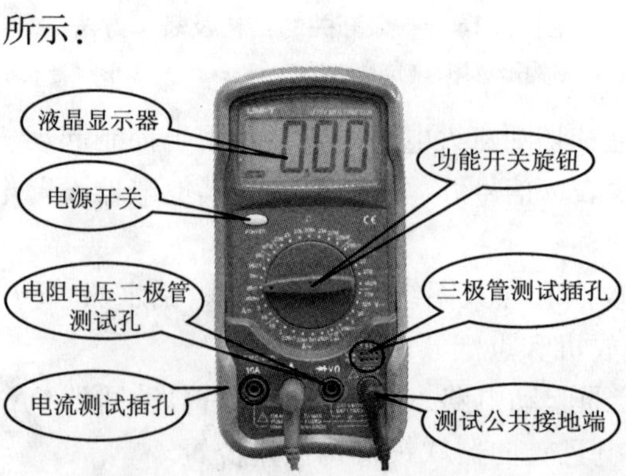

图 1 -18　UT51 型数字万用表的外形结构

② 根据图 1－18 所示面板所示测量功能，填写下面表格：

开关位置	功能说明
V =	
V ~	
Ω	
→|	
Hz	
A =	
A ~	
hFE	
POWER	

（3）汽车各元器件的认识：

① 电阻：如图 1－19 所示，根据色环的环数多少，色环电阻分为______表示法和______表示法。当电阻为 4 环时，前两位为______，第三位为______，第四位为______。当电阻为 5 环时，前三位为______，第四位为______，第五位为______。

② 电容：如图 1－20 所示，电容的种类比较多，下面的电容是________电容，此电容有正负极之分，分辨正负极的方法____。

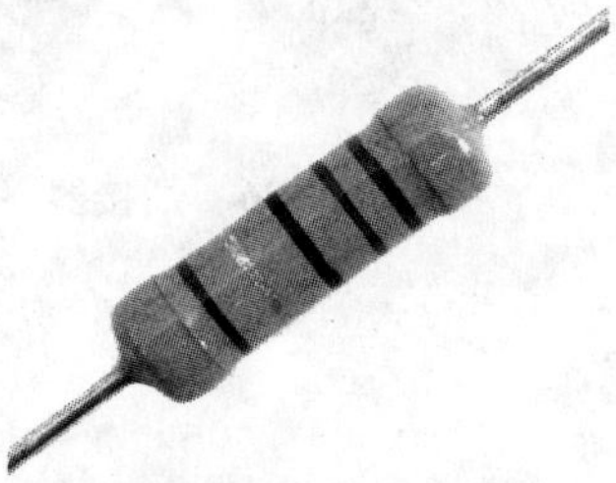

图 1－19　电阻

图 1－20　电容

③ 二极管：如图 1－21 所示，具有________特性，图中填写二极管的两个极。它通常在电路中在起到________、________、________、________和________等作用。

④ 如图 1－22 中是熔断器，在汽车电路中起________作用，该器件上面标注的值是指________________。

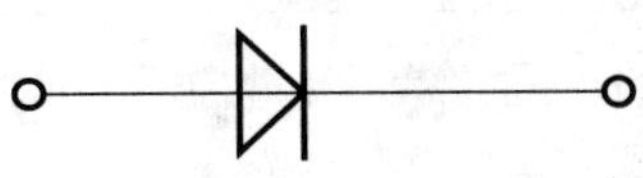

________　　　　________

图 1－21　二极管

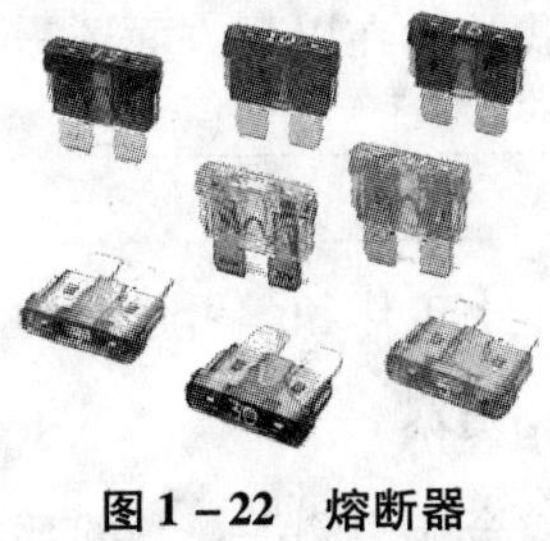

图 1－22　熔断器

⑤ 开关的形式多种多样，如图 1－23 所示为其中一种开关，对图中开关进行填空。

⑥ 继电器，如图 1－24 所示。

继电器实际上是用________运作的一种“自动开关”。在电路中起着________、________、________等作用。它是由________和________两部分组成的。

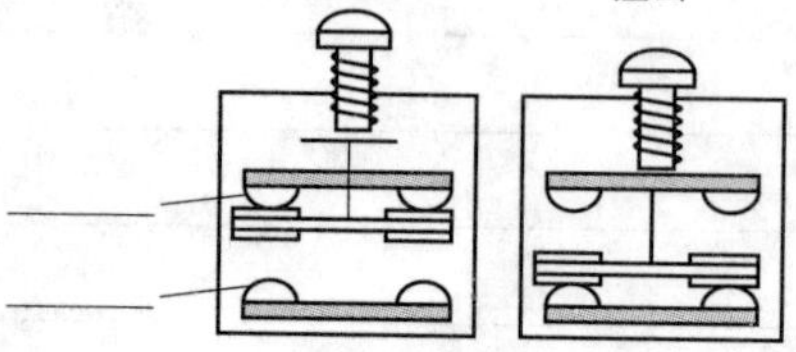

图 1－23　开关

图 1－24　继电器

如图 1－25 为干簧式继电器结构原理图。图中 1 为________，2 为________，3 为________，4 为________。

它的工作原理是____。

⑦ 插接器：如图 1－26 为插接器实物图，在汽车电路中主要起____________作用。

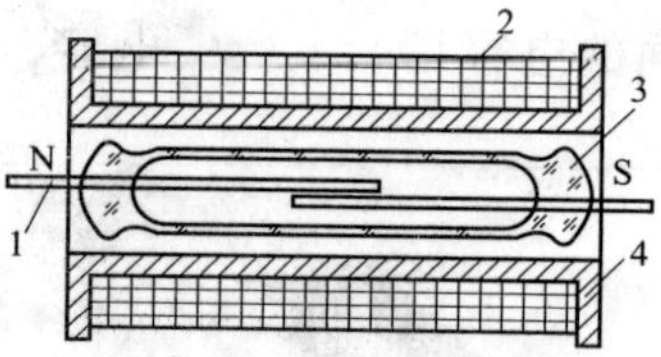

图 1－25　干簧式继电器

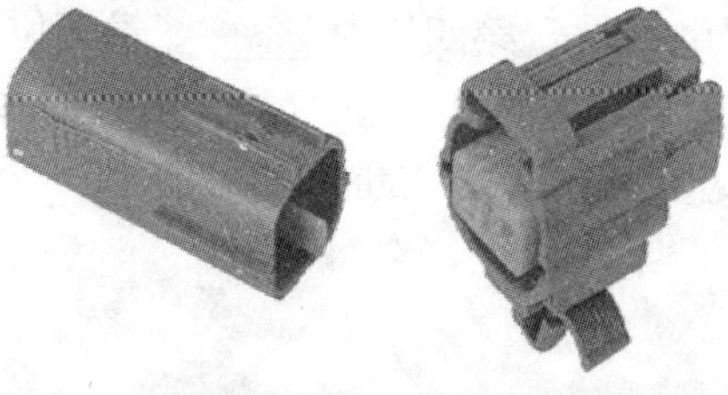

图 1－26　插接器

三、工作效果评价

1. 自我评价

（1）通过本次学习，我学到的知识点/技能点有：____。

不理解的有：____。

（2）我认为在以下方面还需要深化学习并提升岗位能力：____。

（3）本次工作和学习过程中，我的表现可得到：□ 😎 □ 🙂 □ ☹。

2. 互相评价

（1）综合能力测评：参阅评价内容说明。

（2）专业能力测评。

①“汽车电气元器件名称填写”由评价人任意指定各个元器件，评价对象指出对应元器件的名称，评价人填写并判断正误，给予评定。

② 评价结果全对得 ，错一项得 ，错两项或以上得 。

任务评价表

项目	评价内容 综合能力测评： （1）请在对应条目的○内打“√”或“×”，不能确定的条目不填，可以在小组评价时让本组同学讨论并写出结论。 （2）评价结果全对得 ，错一项得 ，错两项得 。						评价等级（学生互评）		

综合能力测评项目（组内互评）	○按时到场	○工装齐备	○书、本、笔齐全						
	○安全操作	○责任心强	○7S 管理规范						
	○学习积极主动	○合理使用教学资源	○主动帮助他人						
	○接受工作分配	○有效沟通	○高效完成工作任务						
专业能力测评项目（组间互评）	汽车电气元件的名称	中文名							
		英文名							
小组评语及建议	他（她）做到了： 他（她）的不足： 给他（她）的建议：						组长签名： 年 月 日		
老师评语及建议							评价等级：______ 教师签名： 年 月 日		

工作任务2　汽车电路常用元器件检测的方案制订

班级______　姓名______　学号______　工号______　日期______　测评等级______

一、工作与学习目标

◆ 能够认识汽车电气元器件

◆ 能根据汽车电气元器件检测功能，制订检测方案

◆ 能够展示学习成果并相互评价

二、工作过程及学习记录

（1）分析检测电气元器件的过程。

数字万用表操作前注意事项：

① 将 ON/OFF 开关置于 ON 位置，检查 9V 电池，如果电池电压不足，需要更换电池，否则按一下步骤操作。

② 测试笔插孔旁边的“警告”符号，表示输入电压或电流不应超过指示值，这是为了保护内部线路免受损伤。

③ 测试之前，功能开关应置于你所需要的量程。

（2）制订汽车电器元件检测方案并展示。

序号	检测项目	使用工具
①		
②		
③		
④		
⑤		

（3）展示检修方案并说明：

① 其他组的创意：____。

② 本组的创意：____。

三、工作效果评价

1. 自我评价

（1）通过本次学习，我学到的知识点/技能点有：____________________

____。

不理解的有：____

____。

（2）我认为在以下方面还需要深化学习并提升岗位能力：______________

____。

（3）本次工作和学习过程中，我的表现可得到：□  □  □ 。

2. 互相评价

（1）综合能力测评：参阅评价内容说明。

（2）专业能力测评。

①“每个汽车电气元器件的测量”由评价人任意指定某个电路接线点符号，评价对象

指出对应接线点符号的含义及所在位置，评价人填写并判断正误，给予评定。

②评价结果全对得，错一项得，错两项或以上得。

任务评价表

<table>
<tr><td rowspan="2">项目</td><td colspan="6" rowspan="2">评价内容
综合能力测评：
（1）请在对应条目的○内打“√”或“×”，不能确定的条目不填，可以在小组评价时让本组同学讨论并写出结论。
（2）评价结果全对得，错一项得，错两项得。</td><td colspan="3">评价等级
（学生互评）</td></tr>
<tr><td></td><td></td><td></td></tr>
<tr><td rowspan="4">综合能力
测评项目
（组内互评）</td><td colspan="2">○按时到场</td><td colspan="2">○工装齐备</td><td colspan="2">○书、本、笔齐全</td><td></td><td></td><td></td></tr>
<tr><td colspan="2">○安全操作</td><td colspan="2">○责任心强</td><td colspan="2">○7S 管理规范</td><td></td><td></td><td></td></tr>
<tr><td colspan="2">○学习积极主动</td><td colspan="2">○合理使用教学资源</td><td colspan="2">○主动帮助他人</td><td></td><td></td><td></td></tr>
<tr><td colspan="2">○接受工作分配</td><td colspan="2">○有效沟通</td><td colspan="2">○高效完成工作任务</td><td></td><td></td><td></td></tr>
<tr><td rowspan="2">专业能力
测评项目
（组间互评）</td><td rowspan="2">汽车电气
元件的
名称</td><td>中文名</td><td></td><td></td><td></td><td></td><td colspan="3"></td></tr>
<tr><td>英文名</td><td></td><td></td><td></td><td></td><td></td><td></td><td></td></tr>
<tr><td>小组评语及建议</td><td colspan="6">他（她）做到了：

他（她）的不足：

给他（她）的建议：</td><td colspan="3">组长签名：

年　月　日</td></tr>
<tr><td>老师评语及建议</td><td colspan="6"></td><td colspan="3">评价等级：______

教师签名：

年　月　日</td></tr>
</table>

工作任务3　汽车电路常用元器件检测的方案实施

班级______　姓名______　学号______　工号______　日期______　测评等级______

一、工作与学习目标

- ◆ 能够根据制订的检测方案进行操作
- ◆ 能检测并判断电子元器件工作性能
- ◆ 能够总结排除故障思路并相互评价

二、工作过程及学习记录

（1）实训操作步骤。

① 二极管的测量。

Ⅰ. 将万用表________接入测试插孔。

Ⅱ. 将万用表的功能选择开关置于________测试挡位，万用表显示屏会出现相应的测试状态，按下控制区域蜂鸣器/二极管切换键选择。

Ⅲ. 二极管导通测试：将数字万用表的________表笔接二极管的正极，________表笔与二极管的负极相连，观察万用表显示区域的数据，将显示低压状态结果。

Ⅳ. 二极管截止：将数字万用表红色导线与二极管的负极相连，黑色导线与二极管正极相连，观察万用表显示区域的数据，将显示高压结果。

Ⅴ. 测试结论：正常情况下，二极管导通电压为________；击穿的二极管在导通和截止测试中电压很低；开路的二极管在截止测试时显示“OL”字样。

② 开关的检测。

将开关拨到相应的位置，用万用表电阻挡检测对应的端子间电阻，接触电阻不能超出范围。

③ 保险的检查。可用观察法检查，也可用万用表电阻挡测量熔断器是否熔断。

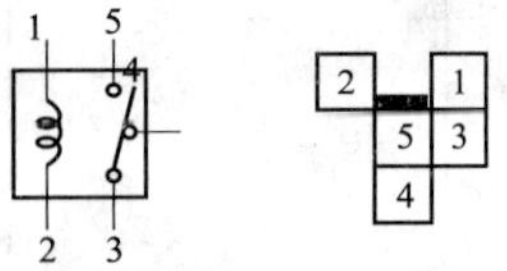

图 1－27　继电器

④ 继电器检测。

Ⅰ. 开路检测。采用万用表测电阻法，用数字万用表的 20KΩ 挡检查：

如图 1－27 所示，如果 1 端－2 端接通，3 端－4 端通，3 端－5 端电阻为∞，则正常，否则有问题。

Ⅱ. 加电检测。在 1 端和 2 端之间加 12V 电压，________两端不通，________两端通，为正常。

⑤ 插接器的拆装与检测。

Ⅰ. 拆卸：断开蓄电池；从其配对的另一半元件上断开插接器；压下黄色接头上的锁止凸舌，以松开端子；用专用工具压端子并将导线从插接器上拆下。

Ⅱ. 修理或更换端子。

Ⅲ. 安装：使锁止凸舌复位，将拆下的导线插入修理插头原来的插孔中。

重复插入插接器的每根导线，确保所有导线都插入正确的插孔中；另外，插接器引出线的识别参见相关电路图；在重新组装插接器时，锁止凸舌必须放到锁定位置，以防端子脱出；将插接器连接到其配对的元件中；连接蓄电池并测试所有受影响的系统。

（2）检测注意事项。

检测项目	操作注意事项

续表

检测项目	操作注意事项

（3）总结检测思路并示范：

____

____。

（4）其他组的思路给了我以下启发：

____

____。

三、工作效果评价

1. 自我评价

（1）通过本次学习，我学到的知识点/技能点有：____

____。

不理解的有：____。

（2）我认为在以下方面还需要深化学习并提升岗位能力：____

____。

（3）本次工作和学习过程中，我的表现可得到：□  □  □ 。

2. 互相评价

（1）综合能力测评：参阅评价内容说明。

（2）专业能力测评。

①“汽车电气元器件的测量”由评价人任意设定一个元器件的检测，评价对象对设定的元器件进行诊断排除，评价人依据结果判断正误，给予评定。

②评价结果全对得 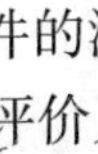，错一项得 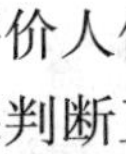，错两项或以上得 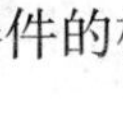。

任务评价表

<table>
<tr><td rowspan="2">项目</td><td colspan="6" rowspan="2">评价内容
综合能力测评：
（1）请在对应条目的○内打“√”或“×”，不能确定的条目不填，可以在小组评价时让本组同学讨论并写出结论。
（2）评价结果全对得，错一项得，错两项得。</td><td colspan="3">评价等级
（学生互评）</td></tr>
<tr><td></td><td></td><td></td></tr>
<tr><td rowspan="4">综合能力
测评项目
（组内互评）</td><td colspan="6">○按时到场　○工装齐备　○书、本、笔齐全</td><td></td><td></td><td></td></tr>
<tr><td colspan="6">○安全操作　○责任心强　○7S 管理规范</td><td></td><td></td><td></td></tr>
<tr><td colspan="6">○学习积极主动　○合理使用教学资源　○主动帮助他人</td><td></td><td></td><td></td></tr>
<tr><td colspan="6">○接受工作分配　○有效沟通　○高效完成工作任务</td><td></td><td></td><td></td></tr>
<tr><td rowspan="2">专业能力
测评项目
（组间互评）</td><td rowspan="2">汽车电气
元件的
名称</td><td>中文名</td><td></td><td></td><td></td><td></td><td colspan="3"></td></tr>
<tr><td>英文名</td><td></td><td></td><td></td><td></td><td></td><td></td><td></td></tr>
<tr><td>小组评语及建议</td><td colspan="6">他（她）做到了：

他（她）的不足：

给他（她）的建议：</td><td colspan="3">组长签名：

年　月　日</td></tr>
<tr><td>老师评语及建议</td><td colspan="6"></td><td colspan="3">评价等级：______

教师签名：

年　月　日</td></tr>
</table>

工作任务4　汽车电路常用元器件检测的完工检验

班级______　姓名______　学号______　工号______　日期______　测评等级______

一、工作与学习目标

- ◆ 能够按照使用标准对汽车电器元件进行检验
- ◆ 能够确认检测方法的使用，并提出合理化建议

二、检验项目

项目	检验结果			备注

数字万用表的检查				
各元器件复位完整				
所有装饰件完好				
连接器连接可靠				
未有工具设备遗漏				
根据所学知识，提出汽车电器元件使用和检测的合理化建议，并进行展示。				

单元一 思考与练习

一、填空题

1. 现代汽车上常见的熔断器按外形可分为________、________、________、________等。

2. 电容器的主要指标是________、允许误差、________，这些指标一般都标示在成品电容的外壳上。所谓允许误差就是指电容器的________与它的________存在的偏差，且这偏差要在国家标准规定的允许范围内。

3. 开关的作用是________和________电路。

二、选择题

1. 应用电流热效应原理工作的继电器是（　　）。

A. 中间继电器

B. 热继电器

C. 干簧式继电器

2. 当电路的参考点发生变化，下列电量也相应变化的是（　　）。

A. 电压

B. 电位

C. 电动势

三、判断题

1. 熔断器是一种短路保护元件。（　　）

2. 正温度系数热敏电阻的阻值随温度的升高而升高。（　　）

四、简答题

1. 热敏电阻有哪几种类型？各有什么特点？

2. 简述继电器的特点及作用。

单元二　点火线圈的检测

班级_____　姓名_____　学号_____　工号_____　日期_____　测评等级_____

<table>
<tr><td>工作任务</td><td>点火线圈的检测</td><td>教学模式</td><td>任务驱动和行动导向</td></tr>
<tr><td>建议学时</td><td>4 学时</td><td>教学地点</td><td>一体化实训室</td></tr>
<tr><td>任务描述</td><td colspan="2">孙先生早上准备驾驶一辆北京现代瑞纳，排量 1.6L 轿车赶去上班，感觉发动机不易起动，且发动机故障指示灯点亮，并且持续不熄灭。作为维修技工，你需要根据维修手册，使用诊断仪，参考相关资料排除故障，恢复发动机系统功能，提出合理化使用建议，并最终检验合格后交付前台。</td><td>
维修流程？</td></tr>
<tr><td>学习目标</td><td colspan="2">1. 能够执行点火线圈检修的操作规程，树立良好的安全文明操作意识。
2. 能够根据维修手册和其它资源分析点火线圈的常见故障原因。
3. 能够描述点火线圈检修的检查项目和技术要求。
4. 能够主动获取信息，展示学习成果，对工作过程进行总结与反思，与他人进行有效沟通，团结协作。
5. 能够运用所学知识，为顾客解析点火线圈故障发生的现象并分析原因。</td><td></td></tr>
<tr><td rowspan="10">学习准备</td><td colspan="3">1. 设备器材：每组配套北京现代瑞纳汽车 1 台，北京现代瑞纳发动机实验台 1 台，工具车 2 台，诊断仪 2 台，数字万用表 4 块，北京现代维修手册 2 份，网络资源。
2. 分六组，小组人员岗位分配表（由组长分配）。</td></tr>
<tr><td rowspan="2">工作岗位</td><td>时段一</td><td>时段二</td></tr>
<tr><td>____年___月___日
___时___分至___时___分</td><td>____年___月___日
___时___分至___时___分</td></tr>
<tr><td>主修人员（1 人）</td><td></td><td></td></tr>
<tr><td>辅修人员（1 人）</td><td></td><td></td></tr>
<tr><td>工具管理（1 人）</td><td></td><td></td></tr>
<tr><td>零件摆放（1 人）</td><td></td><td></td></tr>
<tr><td>安全监督（1 人）</td><td></td><td></td></tr>
<tr><td>质量检验（1 人）</td><td></td><td></td></tr>
<tr><td>7S 监督（2～4 人）</td><td></td><td></td></tr>
</table>

【知识要点】

变化的电流能产生磁场，磁场在一定条件下又能产生电流，二者密不可分，许多电气设备的工作原理是基于电磁的相互作用，如变压器、电机、电磁铁、电工测量仪表以及其他各种铁磁元件，不仅有电路的问题，同时还有磁路的问题。只有同时掌握了电路和磁路的基本理论，才能对各种电工设备的工作原理做全面的分析。

一、磁场的基本物理量

1. 磁感应强度 *B*

磁感应强度 B 是反映磁场性质的参数。它的大小反映磁场强弱，它的方向就是磁场的方向。

一载流导体在磁场中受电磁力的作用，如图 1－28 所示。电磁力的大小就与磁感应强度 B、电流 I、垂直于磁场的导体有效长度 L 成正比。公式为

$$F = BIL\sin\alpha \tag{1-4}$$

式中，α 为磁场与导体的夹角；B 为磁感应强度，单位是特斯拉（T），工程上也曾用高斯（Gs）。两个单位的大小关系是：1 Gs $=10^{-4}$ T。

若 $\alpha=90°$，则

$$F = BIL \tag{1-5}$$

电磁力的方向可用左手定则来确定。

2. 磁通 *Φ*

磁感应强度 B 和垂直于磁场方向的某一面积 S 的乘积称为该截面的磁通 Φ。若磁场为匀强磁场，Φ 的大小为：

$$\Phi = BS \tag{1-6}$$

磁通 Φ 的单位为韦伯（Wb），工程上过去常用麦克斯韦（Mx），两个单位的大小关系是：1Mx $=10^{-8}$Wb。

3. 磁导率 *μ*

磁导率 μ 是用来衡量磁介质磁性性能的物理量。磁导率 μ 的单位为亨/米（H/m）

如图 1－29 所示一直导体，通电后在导体周围产生磁场，在导体附近一处 x 点的磁感应强度 B 与导体中的电流 I 及 x 点所处空间几何位置、磁介质 μ 有关。公式为：

$$B_x = \mu \frac{I}{2\pi r} \tag{1-7}$$

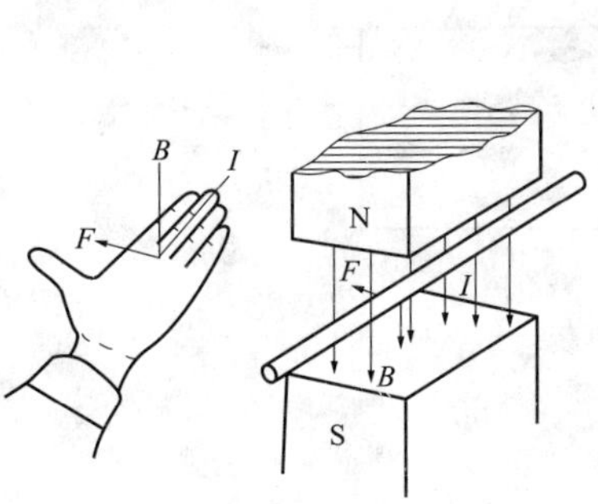

图 1－28　载流导体受电磁力作用

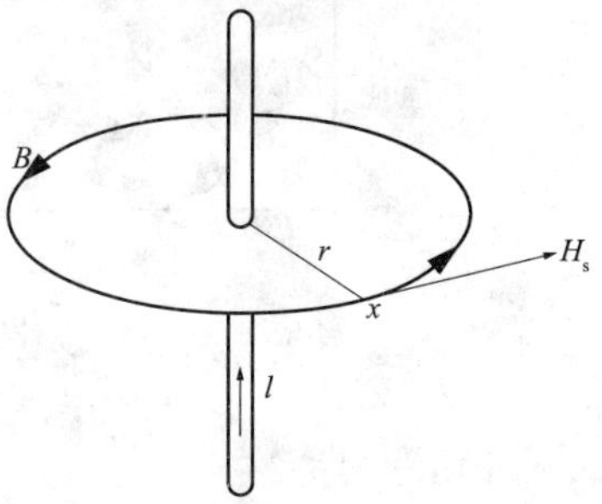

图 1－29　直导体周围的磁场

由式（1－7）可知磁导率 μ 越大，在同样的导体电流和几何位置下，磁场越强，磁感应强度 B 越大，磁介质的导磁性能越好。不同的介质，磁导率 μ 也不同，例如真空中的磁

导率 $\mu_0 = 4\pi \times 10^{-7}$ H/m，一般磁介质的磁导率 μ 与真空中磁导率 μ_0 的比值，称为相对磁导率，用表示 μ_r 表示，即

$$\mu_r = \frac{\mu}{\mu_0} \tag{1-8}$$

根据相对磁导率不同，我们往往把材料分成三大类，第一类 μ_r 略小于 1，称为逆磁材料，如铜、银等；第二类 μ_r 略大于 1，如各类气体、非金属材料、铝等，这两类的的相对磁导率 μ_r 约等于 1，所以常统称为非铁磁性材料；第三类为铁磁性物质，如铁、钴、镍及其合金等，它们的磁导率很高，相对磁导率 μ_r 远远大于 1，可达几百到上万，所以电气设备如变压器、电机都将绕组套装在用铁磁性材料制成的铁芯上。

需要注意的是，铁磁性物质的磁导率 μ 是个变量，它随磁场的强弱而变化。

4. 磁场强度 *H*

磁场强度 H 也是磁场的一个基本物理量。磁场内某点的磁场强度 H 等于该点磁感应强度 B 除以该点的磁导率 μ，即

$$H = \frac{B}{\mu} \tag{1-9}$$

式中，H 为磁场强度，单位为安/米（A/m）由图 1－29 可知 x 点的磁场强度 H 为

$$H_x = \frac{B_x}{\mu} = \frac{I}{2\pi r} \tag{1-10}$$

由此可见，磁场强度的大小取决于电流的大小、载流导体的形状及几何位置，而与磁介质无关。H 和 B 同为矢量。H 的方向就是该点 B 的方向。在后面学到的磁路问题中，常常用到磁场强度这个物理量。

二、铁磁性材料

由前面所学磁导率知识可知，不同的物质其磁导率不同，其中铁磁性材料的磁导率很高，

铁磁质之所以具有高导磁性，是因为铁磁质内部分子电流形成很多微小磁场，称为磁畴。在没有外磁场作用时，这些磁畴杂乱无章分布，磁性相互抵消，对外不显磁性。当有外磁场作用时，这些磁畴逐步转向外磁场方向，相互叠加形成一个很强的附加磁场，从而使铁磁质内部具有很强的磁性，如图 1－30 所示。

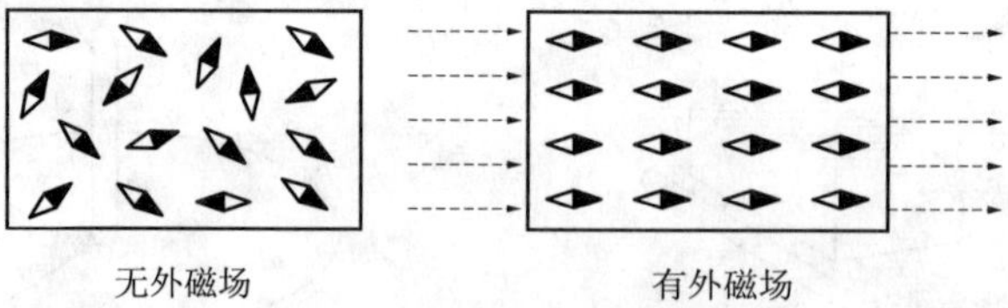

图 1－30　磁化现象

三、铁磁性材料分类

按照铁磁性材料磁滞回线的形状以及在工程中的用途不同，铁磁材料可分为三大类。如表 1－6 所示。分别为软磁材料、硬磁材料和矩磁材料。三种材料的特点分别如下：

1. 软磁材料

具有较小的矫顽力，磁滞回线较窄。一般用来制造电机、电器及变压器等的铁心。常用的有铸铁、硅钢、坡莫合金及铁氧体等。铁氧体在电子技术中应用也很广泛，可做计算机的磁芯，磁鼓以及录音机的磁带、磁头。

2. 硬磁材料——永磁材料

具有较大的矫顽力，磁滞回线较宽。一般用来制造永久磁铁。常用的有碳钢、钴钢及铁镍铝钴合金等。在磁电式仪表、电声器材、永磁发电机等设备器材中所用的磁铁就是硬磁材料制成的。

3. 矩磁材料

具有较小的矫顽力和较大的剩磁，磁滞回线接近矩形，稳定性也良好。在计算机和控制系统中可用作记忆元件、开关元件和逻辑元件。常用的有镁锰铁氧体及 1J51 型铁镍合金。

表 1－6　铁磁材料分类

分类	磁滞回线	特点	用途
软磁材料	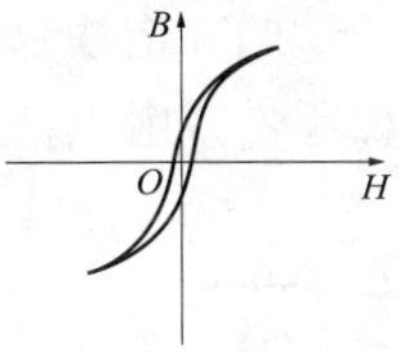	磁导率高，易磁化也易去磁，磁滞回线较窄，磁滞损耗小。	硅钢、铸钢、铁镍合金等 电机、变压器、继电器铁芯 高频半导体收音机中的磁棒
硬磁材料	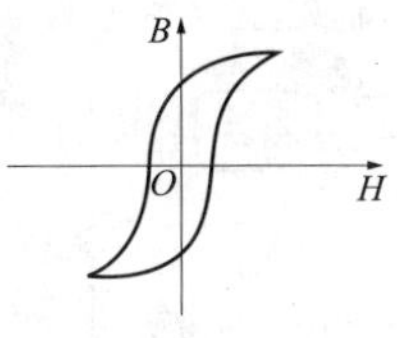	磁滞回线很宽，不易磁 化，也不易去磁，一旦磁化后能保持很强的剩磁，适宜于制作永久磁铁。	碳钢、钴钢等 磁电式仪表、扬声器中的磁钢、永久磁铁
矩磁材料	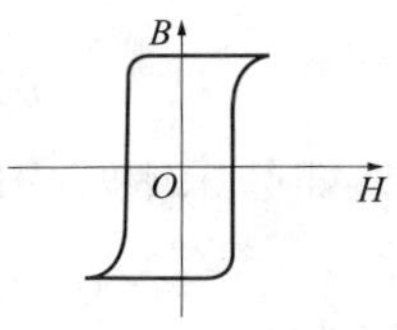	磁滞回线的形状如回矩形。在很小的外磁场作用下就能磁化，一经磁化便达到饱和值，去掉外磁，磁性仍能保持在饱和值。主要用来做记忆元件	锰镁铁氧体 磁带、计算机中存储器的磁心

四、磁路的欧姆定律

如图 1－31 所示通电线圈，其芯子为铁磁质。由于铁磁质磁导率远大于空气磁导率，使铁芯内磁通远大于空气中的漏磁通，忽略空气漏磁通可近似认为通电线圈磁场几乎全部集中在铁芯内 ，这种集中在一定路径内的磁场称为磁路。显然磁路形状取决于铁芯形状，几种电磁设备的磁路如图 1－31 所示。

如图圆环形铁芯，当圆环半径较小时可近似认为圆环内磁场为均匀磁场，则其内部磁通

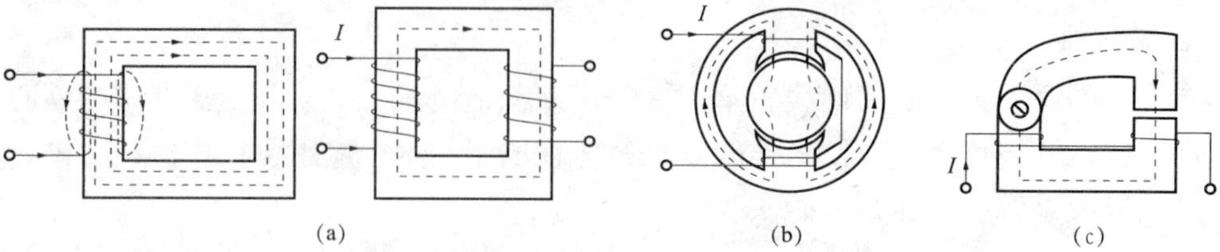

图 1-31　不同的磁路

(a) 变压器；(b) 电动机；(c) 继电器

$$\phi = B \cdot S = \mu \cdot H \cdot S = \frac{\mu \cdot S \cdot N \cdot I}{l} = \frac{N \cdot I}{l/\mu \cdot S} = \frac{N \cdot I}{R_m} \quad (1-11)$$

该式称为磁路欧姆定律。

其中，NI 称为磁通势，R_m 称为磁阻。分别对应电阻元件在电路中的电动势和电阻，磁通势对应电流，两个关系式相似，故称此式为磁路欧姆定律。

五、电磁铁

电磁铁是利用通电的铁芯线圈所产生的强磁场来吸引铁磁物质（衔铁）动作的电器。它广泛地应用在继电器、接触器及自动装置中。电磁铁由励磁线圈、铁芯和衔铁组成，其结构如图 1-32 所示。工作时，电流通入励磁线圈产生磁场，使铁芯和衔铁都被磁化，衔铁受到电磁力的作用与铁芯吸合，而电磁铁的衔铁可带动其他机械零件或触点动作，实现各种控制和保护。断电时，磁场消失，衔铁在弹性力的作用下释放。

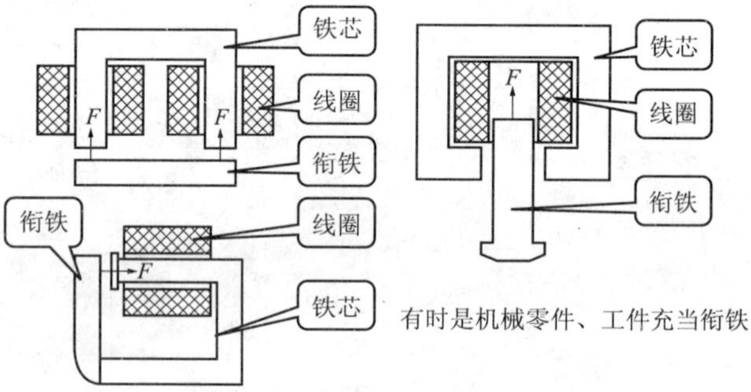

图 1-32　电磁铁结构

当衔铁为被加工的工件时，则起到固定工件位置的作用，如磨床中常用的电磁吸盘。因此电磁铁在生产上的应用非常广泛。

根据电磁铁线圈中所通过的电流不同，可分直流电磁铁和交流电磁铁两大类，如表 1-7 所示。

表 1-7　交直流电磁铁性能比较

名称 / 项目 / 特性	交流电磁铁	直流电磁铁
电源电压 U 一定	ϕ 一定 $R_m = \frac{I}{\mu S}$	$I = \frac{U}{R}$ 一定

续表

项目	特性（名称）	交流电磁铁	直流电磁铁
磁滞涡流损耗		有	无
在衔铁吸合过程中	磁阻 $R_m = \frac{l}{\mu S}$	变小	变小
	磁通 ϕ	不变	变大
	吸力	平均吸力不变	吸力变大

六、变压器

1. 单相变压器的基本结构和原理

（1）单相变压器的基本结构。

单相变压器主要由铁芯和绕组两个基本部分组成。

① 铁芯。

铁芯是变压器磁路的主体，其作用是构成变压器的磁路，使绕组之间实现电磁耦合。铁芯分为铁芯柱和铁轭两部分，铁芯柱上套装绕组，铁轭使磁路闭合。为种结构比较简单，有较多的空间装设绝缘材料，装配较容易，且用铁量较少。为了提高铁芯导磁性能，减少铁芯内的磁滞损耗和涡流损耗，铁芯通常采用含硅量约为5%，厚度为0.35～0.5mm且表面涂有绝缘漆的硅钢片交错叠装而成。

根据铁芯的结构不同，可分成壳式和心式两种变压器，如图1－33所示。

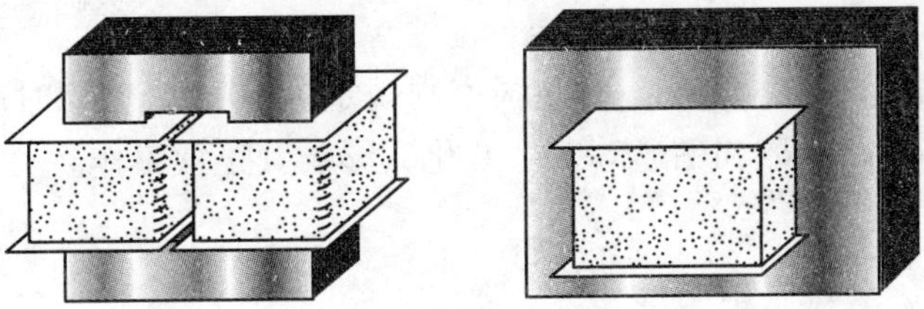

（a）　　（b）

图1－33　变压器结构

（a）心式变压器；（b）壳式变压器

壳式结构的铁芯包围着绕组的上下和侧面。这种结构的变压器机械强度较好，铁芯容易散热，但用铁量较多，制造也较为复杂。

心式结构的绕组套装在铁芯的两个铁芯柱上，即绕组包围铁芯。这一般小功率单相变压器多采用壳式结构，容量较大的单相变压器常采用心式结构。

② 绕组。

绕组构成变压器的电路。与电源相连接的绕组称为一次侧绕组或初级绕组，与负载相连的绕组称为二次侧绕组或次级绕组。根据两侧绕组匝数的不同，也可将匝数多的称为高压绕组，匝数少的称为低压绕组。

单相小容量变压器的绕组多用高强度漆包线绕制。为了降低绕组和铁芯间的绝缘要求，一般高压绕组同心地套在低压绕组的外面。

2. 变压器的额定值

为确保电气产品安全、可靠、经济、合理运行，生产厂家为用户提供其在给定的工作条件下能长期正常运行而规定的容许数值，称额定值，它们通常标注在电器产品的铭牌和说明书上，并用下标“$_N$”表示，如额定电压 U_N，额定电流 I_N，额定功率 P_N。

（1）额定电压 U_{N1}、U_{N2}。

额定电压是根据变压器的绝缘强度和允许温升而规定的电压值，单位为 V 或 kV。U_{N1} 为一次侧绕组额定电压、U_{N2} 为二次侧绕组额定电压。其中 U_{N2} 指一次侧加上额定电压 U_{N1} 时二次侧绕组的空载电压。

应该注意，三相变压器的额定电压都是指其线电压。

（2）额定电流 I_{N1}、I_{N2}。

额定电流是根据变压器允许温升而规定的电流值，单位为 A 或 kA。同样应注意，三相变压器中额定电流都是指其线电流。使用变压器时，不要超过其额定电流值。变压器长期过负荷运行将缩短其使用寿命。

（3）额定容量 S_N。

变压器额定容量是指在额定电压和额定电流情况下，其输出的额定视在功率。单相变压器为

$$S_N = U_{2N}I_{2N} \tag{1-12}$$

三相变压器为

$$S_N = \sqrt{3}U_{2N}I_{2N} \tag{1-13}$$

由于变压器效率很高，双绕组变压器一、二次侧绕组额定容量按相等设计。

（4）额定频率 f。

我国规定标准工频频率为 50Hz，有些国家则规定为 60Hz，使用时应注意。改变使用频率会导致变压器某些电磁参数如磁通等发生变化，影响其正常工作。

七、点火线圈

1. 传统点火系统的组成

点火系统的组成如图 1－34 所示，各装置的作用如下：

（1）电源作用：点火系统的电源是蓄电池或发电机，作用是供给点火系统所需的电能。发动机起动时由蓄电池供电，正常工作时由发电机供电。

（2）点火开关作用：接通或断开点火系统初级电路，控制发动机起动、工作和熄火。

（3）点火线圈作用：为自耦变压器，将低电压变为能击穿火花塞间隙所需的高电压。

（4）分电器组成：分电器由断电器、配电器、点火提前角调节装置和电容器等组成。功用：接通和断开点火线圈初级电流，使点火线圈次级产生高压电，并按发动机点火顺序将高压电分送到各气缸火花塞，随发动机转速、负荷和燃油牌号的变化，自动或人为地调节点火提前角。电容器与断电触点并联，以减小触点分开时的火花，延长触点使用寿命。

（5）高压导线作用：用以连接点火线圈与分电器中心插孔以及分电器旁电极和各缸火

花塞。

(6) 火花塞作用：将高压电引入气缸燃烧室，产生电火花点燃可燃混合气。

(7) 附加电阻作用：改善正常工作时的点火性能和起动时的点火性能。

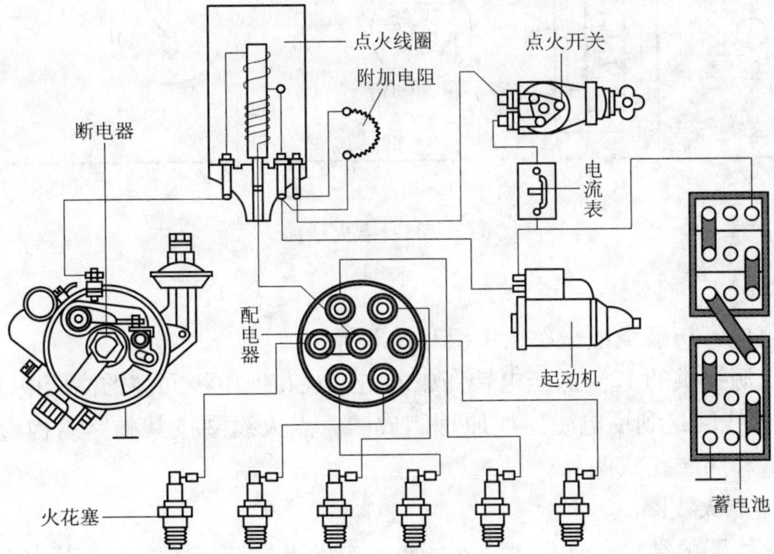

图 1－34　点火系统的组成

2. 工作原理

在传统点火系统中，蓄电池或发电机供给 12V 低电压，经点火线圈和断电器转变为高电压，再经配电器分送到各缸火花塞，使电极间产生电火花。如图 1－35 所示。

发动机工作时，分电器轴连同凸轮一起在发动机凸轮轴的驱动下旋转，凸轮旋转时交替地使断电器触点打开与闭合。因此传统点火系统的工作原理可分为触点闭合，初级电流增长；触点打开，次级绕组产生高压；火花塞电极间火花放电三个阶段。在点火开关接通的情况下，当触点闭合时，点火线圈一次绕组中有电流流过，流过一次绕组的电流称为一次电流 i_1，一次电流所流过的路径称为一次电路，或低压电路。其路径如下：

蓄电池正极→电流表→点火开关→点火线圈“＋开关”接线柱→附加电阻→“开关”接线柱→点火线圈一次绕组→点火线圈“－”接线柱→断电器触点→搭铁→蓄电池负极。

电流通过一次绕组时，在铁芯中产生磁场。当断电器凸轮将触点打开时，一次电路被切断，一次绕组中的电流迅速下降到零，引起磁通突降，在一次绕组中产生自感电动势，达 200～300V。因此，二次绕组中将在互感的作用下产生与二次绕组和一次绕组匝比成正比的高压电动势，达 15～20kV。该电动势击穿火花塞间隙，产生电火花，点燃混合气。二次绕组上产生的电压称为二次电压 U_2，二次绕组所在的电路称为二次电路，或高压电路。其路径为：

二次绕组→附加电阻→点火开关→蓄电池正极→蓄电池负极→高压导线→配电器旁电极→分火头→高压导线→二次绕组。

发动机工作期间，断电器凸轮每转一周，各缸按点火顺序轮流点火一次。

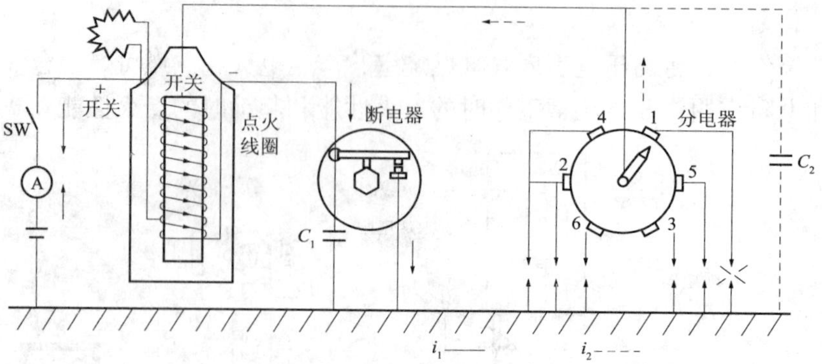

图 1-35　点火线路

3. 点火线圈

点火线圈组成：初级绕组、次级绕组和铁芯等组成。

作用：将电源提供的 12V 低压电转变成能击穿火花塞电极间隙的高压电。

构造：点火线圈是利用电磁感应原理制成的。点火线圈按其磁路结构形式的不同，一般分为开磁路式和闭磁路式两种。

（1）开磁路点火线圈。

开磁路点火线圈的结构：如图 1-36 所示，它的上端装有胶木盖，其中央突出部分为高压插孔，其余的接线柱为低压接线柱。

特点：为了减少涡流和磁路损失，铁芯由若干层涂有绝缘漆的硅钢片叠成，包在硬纸做成的绝缘套管内。套管外面有用直径为 0.06～0.10mm 的漆包线分层绕制的次极绕组，绕组匝数为 11 000～26 000 匝。每层绕组之间都用绝缘纸隔开，最外层的绝缘纸层数较多。再用同样方法将初级的绕组绕在次极绕组的外边。初级的绕组因通过的电流较大。所以一般用 0.5～1.0mm 的漆包线绕制，匝数为 230～380 匝；绕组绕好后在真空中浸以石蜡和松香的混合物，以增强绝缘性。外壳与绕组之间装有导磁用的钢套。钢套作用是减小磁阻，并使初级绕组的热量易于散出。两个绕组连同铁芯浸渍石蜡和松香的混合物后装入外壳中，并支于瓷质绝缘座上。为加强绝缘防止潮气浸入，利于散热，在外壳内填满沥青或变压器油，前者称为干式点火线圈；后者称为油浸式点火线圈。点火线圈上端装有胶木盖，用来密封点火线圈内部，并可防止高压电击穿刺激绕组的绝缘层，向外壳放电。

根据低压接线柱的数目不同进行分类。

点火线圈分类：有两接线柱和三接线柱之分。三接线柱式点火线圈：上装有一附加电阻，接在标有“开关”和“开关电源”的两接线柱上，附加电阻由低碳钢丝或镍铬丝制成，具有受热时电阻迅速增大，冷却时电阻迅速降低的特性。因此，在发动机工作时，可自动调节初级电流，改善高速时的点火特性。在安装时应将附加电阻的两接线柱接至起动机的辅助开关触点上，以便起动时将其短路隔除，以提高起动时的初级电流，使起动容易。两接线柱式点火线圈：无附加电阻，如 EQ1090 型汽车上装的 DQ125 型点火线圈即是。其“-”接线柱接至分电器触点，而“+”接线柱上接有两根导线，其中一根蓝色导线接至起动机电磁开关的附加电阻短路接线柱上，另一根白色导线接至点火开关。这根白色导线就是附加电阻线，阻值为 1.712Ω，相当于三接线柱点火线圈的附加电阻。当初级电流通过开磁路点火线圈时，使铁芯磁化，磁路的上下部分是从空气中通过的，因此漏磁较多，能量损失大。

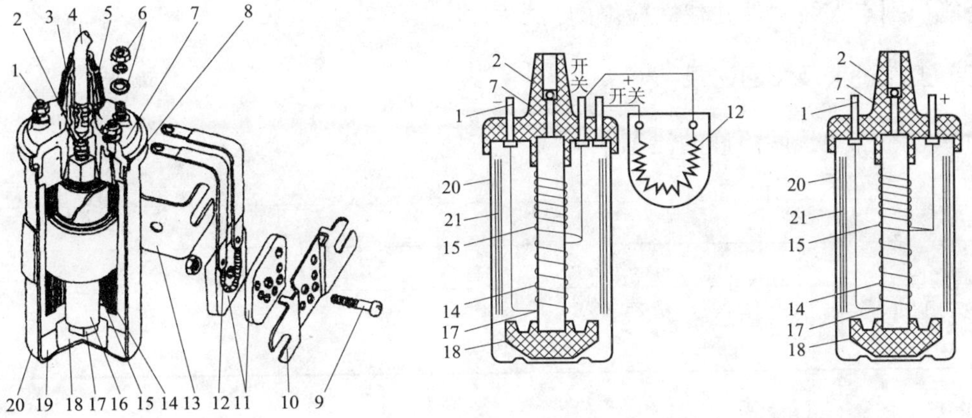

(a)　　　　　　　　　(b)　　　　　　　　　(c)

图 1－36　开磁路点火线圈

（a）结构示意图；（b）三接线柱式原理图；（c）二接线柱式原理图

1－“－”接线柱；2－次级绕组引出头及弹簧；3－橡胶罩；4－高压阻尼线；5－高压线插座；6－螺母及垫片
7－绝缘盖；8－橡胶密封圈；9－螺钉及螺母；10－附加电阻盖；11－附加电阻瓷质绝缘体；12－附加电阻及接线片
13－固定夹；14－初级绕组；15－次级绕组；16－绝缘纸；17－铁芯；18－瓷绝缘体；19－沥青材料
20－外壳；21－导磁钢套

（2）闭磁路点火线圈。

闭磁路点火线圈的结构如图 1－37 所示。

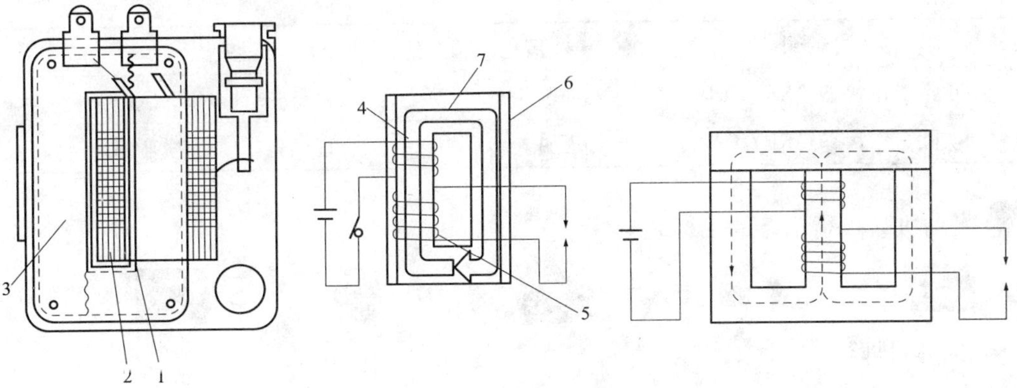

(a)　　　　　　　　　(b)　　　　　　　　　(c)

图 1－37　闭磁路点火线圈

（a）闭磁路点火线圈；（b）“口”字形铁芯；（c）“日”字形铁芯

1－初级绕组；2－次级绕组；3－铁芯；4－正接线柱；5－负接线柱；6－高压接线柱；7－磁力线

工作任务 1　点火线圈检测的任务分析

班级______　姓名______　学号______　工号______　日期______　测评等级______

一、工作与学习目标

◆能确认实际故障现象

◆能识别点火线圈件并建立检修的初步思路

二、工作过程及学习记录

（1）列举点火线圈检修的注意事项：

____；

____；

____。

（2）填写车辆基本信息。

基本信息	车身底盘号		车　型	
	发动机型号		公里数	
故障现象				

（3）故障确认。

① 安装车辆防护套件。

② 在右图中圈出发动机故障指示灯，画箭头指向，并注明“故障指示灯”。

③ 确认故障现象，观察发动机故障指示灯，填写相应内容。

指示灯的颜色	□黄色　□红色　□绿色　□蓝色
正常工作状态“KEY ON”	□4～6s 后熄灭　□一直点亮　□闪烁
实际工作状态“KEY ON”	□4～6s 后熄灭　□一直点亮　□闪烁

④ 发动机故障指示灯的图标是（　　）

A. 　B. 　C. 　D. 　E. 

（4）故障排除。

① 点火系统的认识。

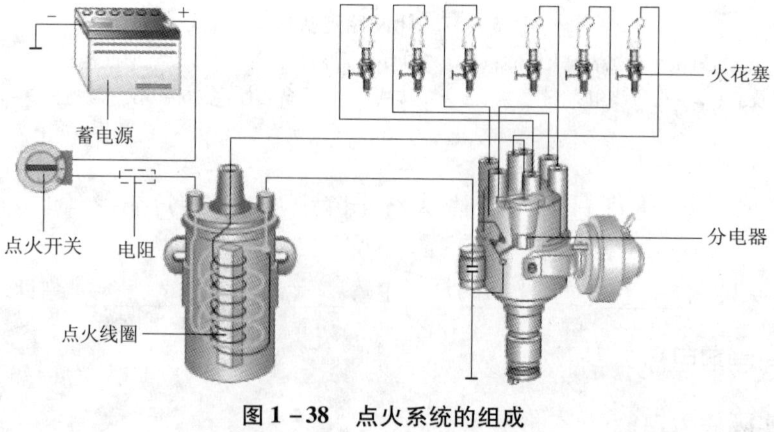

图 1－38　点火系统的组成

② 点火系统作用：

Ⅰ. ________：给点火系提供电能。
Ⅱ. ________：控制点火系初级电路、仪表电路、起动机电路等。
Ⅲ. 点火线圈：将 12V 的低压电转变为 10 ~ 30kV的高压电。
Ⅳ. ________。
a. ________：接通和切断初级电路。
b. ________：将高压电按气缸的工作顺序送往各缸的火花塞。
Ⅴ. ________：产生电火花，点燃混合气。

③ 点火线圈组成：

Ⅰ. 组成：________、________、________、________、________等。
Ⅱ. 工作原理（变压器的工作原理）：____________。
Ⅲ. 种类。
按铁芯结构型式有两种：
____
______________________________________。

Ⅰ. 构造：______（0.5 ~ 1.0mm 高强度漆包线 200 匝）、______（0.06 ~ 0.10mm 漆包线 2 万匝）、______、______、______、______、______等。
Ⅱ. 作用：将电源电压变为________高电压。
Ⅲ. 原理：________。
Ⅳ. 附加电阻的作用
a. 材料：用________制成（热敏电阻）。
b. 特点：阻值随温度上升而________。
20℃时电阻为 1.27 ~ 1.7Ω。
c. 位置：________。
d. 作用改善点火性能。
低速时通电时间长，阻值增大，限制电流，防止________。
高速时通电时间短，阻值减小，保证电流，防止________。
e. 两柱式点火线圈一般用附加电阻线，直接连接点火开关和点火线圈。

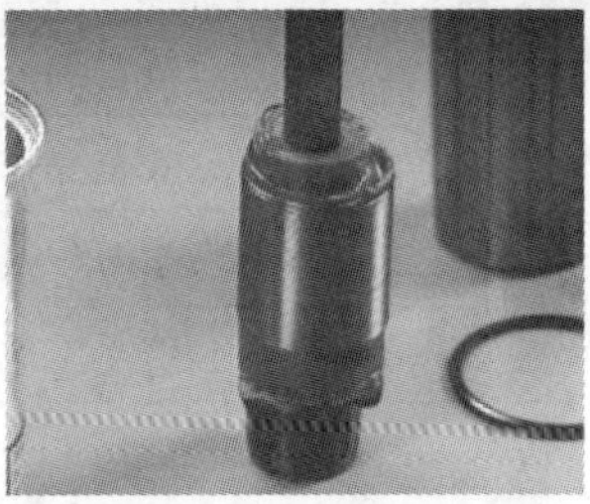

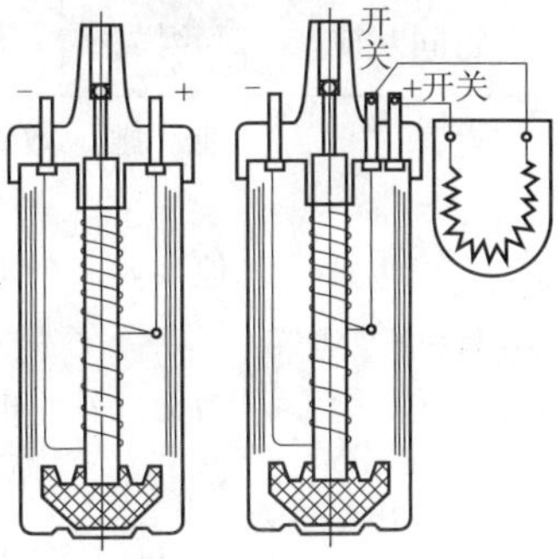

图 1－39　点火线圈

三、工作效果评价

1. 自我评价

（1）通过本次学习，我学到的知识点/技能点有：________________________________。

不理解的有：____。

（2）我认为在以下方面还需要深化学习并提升岗位能力：________________________

____。

（3）本次工作和学习过程中，我的表现可得到：□  □  □ 。

2. 互相评价

（1）综合能力测评：参阅评价内容说明。

（2）专业能力测评。

①“点火线圈各组成部分名称填写”由评价人任意指定各个元器件，评价对象指出对应元器件的名称，评价人填写并判断正误，给予评定。

②评价结果全对得 ，错一项得 ，错两项或以上得 。

任务评价表

<table>
<tr><td rowspan="2">项目</td><td colspan="6" rowspan="2">评价内容
综合能力测评：
（1）请在对应条目的○内打“√”或“×”，不能确定的条目不填，可以在小组评价时让本组同学讨论并写出结论。
（2）评价结果全对得 ，错一项得 ，错两项得 。</td><td colspan="3">评价等级
（学生互评）</td></tr>
<tr><td></td><td></td><td></td></tr>
<tr><td rowspan="4">综合能力
测评项目
（组内互评）</td><td colspan="2">○按时到场</td><td colspan="2">○工装齐备</td><td colspan="2">○书、本、笔齐全</td><td></td><td></td><td></td></tr>
<tr><td colspan="2">○安全操作</td><td colspan="2">○责任心强</td><td colspan="2">○7S 管理规范</td><td></td><td></td><td></td></tr>
<tr><td colspan="2">○学习积极主动</td><td colspan="2">○合理使用教学资源</td><td colspan="2">○主动帮助他人</td><td></td><td></td><td></td></tr>
<tr><td colspan="2">○接受工作分配</td><td colspan="2">○有效沟通</td><td colspan="2">○高效完成工作任务</td><td></td><td></td><td></td></tr>
<tr><td rowspan="2">专业能力
测评项目
（组间互评）</td><td rowspan="2">点火
系统
组成</td><td>传统型</td><td></td><td></td><td></td><td></td><td colspan="3"></td></tr>
<tr><td>电子型</td><td></td><td></td><td></td><td></td><td></td><td></td><td></td></tr>
<tr><td>小组评语及建议</td><td colspan="6">他（她）做到了：

他（她）的不足：

给他（她）的建议：</td><td colspan="3">组长签名：

年　月　日</td></tr>
</table>

续表

老师评语及建议		评价等级：______ 教师签名： 年　月　日

工作任务2　点火线圈检测的方案制订

班级______　姓名______　学号______　工号______　日期______　测评等级______

一、工作与学习目标

- ◆ 能够识读点火线圈电路
- ◆ 能根据点火线圈工作情况，制订检修方案
- ◆ 能够展示学习成果并相互评价

二、工作过程及学习记录

（1）分析发动机系统图中点火线圈电路。

① 点火线路的识别，根据图1－40和图1－41所示填空。

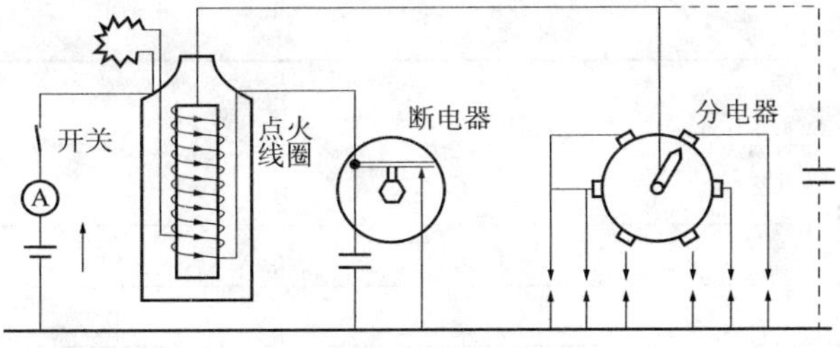

图1－40　初级电压回路

② 触点闭合，初级电流增长。

初级电路（低压电路）：________→________→________→________→________→________→________→________。

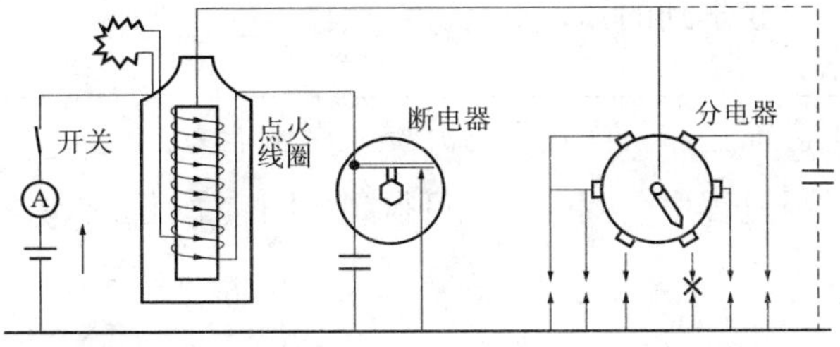

图1－41　次级电压回路

③ 触点打开，次级绕组产生高压。

次级电路（高压电路）：________→________→________→________→________→________→________→________→________→________。

（2）根据图 1-42 所示电路图，分析点火线圈可能导致故障的原因，按先后顺序填写并展示。

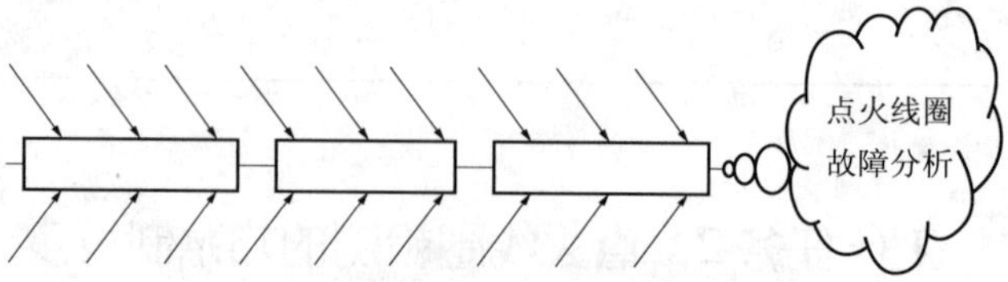

图 1-42　点火线圈故障分析

（3）制订点火线圈的检修方案并展示。

序号	检查项目	使用工具
A		
B		

（4）展示检修方案并说明。

我们组最棒！

① 其他组的创意：____。

② 本组的创意：____。

三、工作效果评价

1. 自我评价

（1）通过本次学习，我学到的知识点/技能点有：________________。

不理解的有：________________________________。

（2）我认为在以下方面还需要深化学习并提升岗位能力：________________。

（3）本次工作和学习过程中，我的表现可得到：□ 😎 □ 🙂 □ ☹。

2. 互相评价

（1）综合能力测评：参阅评价内容说明。

（2）专业能力测评。

①“读识点火线圈电路”由评价人任意指定某个点火线圈电路符号，评价对象指出对应接线点符号的含义及所在位置，评价人填写并判断正误，给予评定。

② 评价结果全对得 ，错一项得 ，错两项或以上得 。

任务评价表

<table>
<tr><td rowspan="2">项目</td><td colspan="6" rowspan="2">评价内容
综合能力测评：
(1) 请在对应条目的○内打“√”或“×”，不能确定的条目不填，可以在小组评价时让本组同学讨论并写出结论。
(2) 评价结果全对得 ，错一项得 ，错两项得 。</td><td colspan="3">评价等级
（学生互评）</td></tr>
<tr><td></td><td></td><td></td></tr>
<tr><td rowspan="4">综合能力
测评项目
（组内互评）</td><td colspan="2">○按时到场</td><td colspan="2">○工装齐备</td><td colspan="2">○书、本、笔齐全</td><td></td><td></td><td></td></tr>
<tr><td colspan="2">○安全操作</td><td colspan="2">○责任心强</td><td colspan="2">○7S 管理规范</td><td></td><td></td><td></td></tr>
<tr><td colspan="2">○学习积极主动</td><td colspan="2">○合理使用教学资源</td><td colspan="2">○主动帮助他人</td><td></td><td></td><td></td></tr>
<tr><td colspan="2">○接受工作分配</td><td colspan="2">○有效沟通</td><td colspan="2">○高效完成工作任务</td><td></td><td></td><td></td></tr>
<tr><td rowspan="2">专业能力
测评项目
（组间互评）</td><td rowspan="2">点火
系统
组成</td><td>传统型</td><td></td><td></td><td></td><td></td><td colspan="3"></td></tr>
<tr><td>电子型</td><td></td><td></td><td></td><td></td><td></td><td></td><td></td></tr>
<tr><td>小组评语及建议</td><td colspan="6">他（她）做到了：

他（她）的不足：

给他（她）的建议：</td><td colspan="3">组长签名：

年 月 日</td></tr>
<tr><td>老师评语及建议</td><td colspan="6"></td><td colspan="3">评价等级：______

教师签名：

年 月 日</td></tr>
</table>

工作任务 3　点火线圈检测的方案实施

班级______　姓名______　学号______　工号______　日期______　测评等级______

一、工作与学习目标

◆ 能够根据制订的维修方案排除故障

◆ 能检测并判断电子元器件工作性能

◆ 能够总结排故思路并相互评价

二、工作过程及学习记录

诊断仪的品牌/型号	□　　　□
选用的故障诊断插头	OBD－Ⅱ　　　CAN
进入发动机故障诊断的操作路径	
是否正常进入系统	是　　　否
故障代码及内容	
数据流	

（1）诊断仪初步诊断。

（2）检查电源、接地、点火线圈外部情况、初次级绕组断短路搭铁及发火强度。

（3）总结故障排除思路并示范：______________________________

____

____。

（4）其他组的思路给了我以下启发：__________________________

____

____。

三、工作效果评价

1. 自我评价

（1）通过本次学习，我学到的知识点/技能点有：________________

____。

不理解的有：____。

（2）我认为在以下方面还需要深化学习并提升岗位能力：__________

____。

（3）本次工作和学习过程中，我的表现可得到：□  □  □ 。

2. 互相评价

（1）综合能力测评：参阅评价内容说明。

（2）专业能力测评。

①“点火线圈检修”由评价人任意设定一个点火线圈间隙的故障点，评价对象对设定的故障点进行诊断排除，评价人依据结果判断正误，给予评定。

②评价结果全对得 ，错一项得 ，错两项或以上得 。

任务评价表

<table>
<tr><td rowspan="2">项目</td><td colspan="6">评价内容
综合能力测评：
（1）请在对应条目的○内打“√”或“×”，不能确定的条目不填，可以在小组评价时让本组同学讨论并写出结论。
（2）评价结果全对得😎，错一项得🙂，错两项得🙁。</td><td colspan="3">评价等级
（学生互评）</td></tr>
<tr><td colspan="6"></td><td>😎</td><td>🙂</td><td>🙁</td></tr>
<tr><td rowspan="4">综合能力
测评项目
（组内互评）</td><td colspan="6">○按时到场　○工装齐备　○书、本、笔齐全</td><td></td><td></td><td></td></tr>
<tr><td colspan="6">○安全操作　○责任心强　○7S 管理规范</td><td></td><td></td><td></td></tr>
<tr><td colspan="6">○学习积极主动　○合理使用教学资源　○主动帮助他人</td><td></td><td></td><td></td></tr>
<tr><td colspan="6">○接受工作分配　○有效沟通　○高效完成工作任务</td><td></td><td></td><td></td></tr>
<tr><td rowspan="2">专业能力
测评项目
（组间互评）</td><td rowspan="2">点火
系统
组成</td><td>传统型</td><td></td><td></td><td></td><td></td><td colspan="3"></td></tr>
<tr><td>电子型</td><td></td><td></td><td></td><td></td><td></td><td></td><td></td></tr>
<tr><td>小组评语及建议</td><td colspan="6">他（她）做到了：
他（她）的不足：
给他（她）的建议：</td><td colspan="3">组长签名：
年　月　日</td></tr>
<tr><td>老师评语及建议</td><td colspan="6"></td><td colspan="3">评价等级：______
教师签名：
年　月　日</td></tr>
</table>

工作任务 4　点火线圈检修的完工检验

班级______　姓名______　学号______　工号______　日期______　测评等级______

一、工作与学习目标

- ◆ 能够按照企业标准对车辆进行检验
- ◆ 能够确认故障排除并对点火线圈的使用提出合理化建议

二、检验项目

项目	检验结果			备注
故障指示灯亮 4 ~ 6s 后熄灭				
点火线圈复位完整				
所有装饰件完好				
连接器连接可靠				
未有工具设备遗漏				

三、根据所学知识，提出点火线圈使用和检修的合理化建议，并进行展示

____

____

____

____。

单元二 思考与练习

一、填空题

1. 国产点火线圈按磁路结构可分________式和________式两种。其作用是__________。
2. 电磁铁由________、________和________三个主要部分组成。
3. 涡流损耗会引起铁芯________，减小涡流的方法可采用________叠成铁芯。

二、选择题

1. 点火线圈高压线脱落，会造成（　　）。

A. 高压无火　　B. 高压火弱　　C. 点火错乱

2. 通电线圈插入铁芯后，它的磁场将（　　）。

A. 增强　　B. 减弱　　C. 不变　　D. 不知道

3. 铁磁物质的相对磁导率是（　　）。

A. $\mu_r < 1$　　B. $\mu_r > 1$　　C. $\mu_r \geqslant 1$　　D. $\mu_r \leqslant 1$

三、判断题

1. 闭磁路点火线圈的磁阻较小，漏磁较少，能量转换效率高。（　　）
2. 磁体的 N 极和 S 极总是成对出现，不能单独出现。（　　）

四、简答题

1. 为什么要在点火线圈设附加电阻？其作用是什么？
2. 简述传统点火系产生高压电原理。

单元三　晶体管控制电路的检修

班级______　姓名______　学号______　工号______　日期______　测评等级______

<table>
<tr><td>工作任务</td><td>晶体管控制电路的检修</td><td>教学模式</td><td colspan="2">任务驱动和行动导向</td></tr>
<tr><td>建议学时</td><td>4 学时</td><td>教学地点</td><td colspan="2">一体化实训室</td></tr>
<tr><td>任务描述</td><td colspan="3">王先生早上驾驶一辆东风雪铁龙世嘉轿车（1.8L 排量）去上班，发现右转向灯不好使了，我们作为维修技工，需要根据维修手册，使用诊断仪，参考相关资料排除故障，恢复发动机系统功能，提出合理化使用建议，并最终检验合格后交付前台。</td><td>
维修流程？</td></tr>
<tr><td>学习目标</td><td colspan="3">1. 能够执行晶体管控制电路检修的操作规程，树立良好的安全文明操作意识。
2. 能够根据维修手册和其他资源分析晶体管控制电路的常见故障原因。
3. 能够描述晶体管控制电路的检查项目和技术要求。
4. 能够主动获取信息，展示学习成果，对工作过程进行总结与反思，与他人进行有效沟通，团结协作。
5. 能够运用所学知识，为顾客解析晶体管控制电路故障发生的现象并分析原因。</td><td>
</td></tr>
<tr><td rowspan="10">学习准备</td><td colspan="4">1. 设备器材：每组配套：东风雪铁龙汽车 1 台，东风雪铁龙发动机实验台 1 台，工具车 2 台，诊断仪 2 台，数字万用表 4 块，东风雪铁龙维修手册 2 份，网络资源。
2. 分六组，小组人员岗位分配表（由组长分配）。</td></tr>
<tr><td rowspan="2">工作岗位</td><td colspan="2">时段一</td><td colspan="2">时段二</td></tr>
<tr><td colspan="2">______年______月______日
____时____分至____时____分</td><td colspan="2">______年______月______日
____时____分至____时____分</td></tr>
<tr><td>主修人员（1 人）</td><td colspan="2"></td><td colspan="2"></td></tr>
<tr><td>辅修人员（1 人）</td><td colspan="2"></td><td colspan="2"></td></tr>
<tr><td>工具管理（1 人）</td><td colspan="2"></td><td colspan="2"></td></tr>
<tr><td>零件摆放（1 人）</td><td colspan="2"></td><td colspan="2"></td></tr>
<tr><td>安全监督（1 人）</td><td colspan="2"></td><td colspan="2"></td></tr>
<tr><td>质量检验（1 人）</td><td colspan="2"></td><td colspan="2"></td></tr>
<tr><td>7S 监督（2～4 人）</td><td colspan="2"></td><td colspan="2"></td></tr>
</table>

【知识要点】

一、半导体基础及二极管

1. 物理基础

所谓半导体，就是它们导电能力介于导体和绝缘体之间，也就是半导体的原子结构最外层都是四个电子。如硅（Si），锰（Mn）等及它们的氧化物，半导体对温度特别敏感，环境温度升高时，它们的导电能力要增强很多，因此利用这种特性就制成了各种热敏电阻。又如有些半导体（如镉、铅等的硫化物）受到光照时，它们的导电能力变得很强，当无光照时，又变得像绝缘体那样不导电。利用这种特性制成光敏电阻。

更重要的是：如果在纯净的半导体中掺入某种微量杂质元素后，其导电能力就会大幅度增加，例如在纯净硅中掺入百万分之一的硼元素（B），硅的电阻率就从大约 $2\times10^{3}\Omega\cdot m$ 减小到 $4\times10^{-3}\Omega\cdot m$。利用这种特性就制成了各种不同用途的半导体器件，如二极管、三极管、场效应管及晶闸管等。

为什么半导体掺入微量杂质元素后其导电能力会有很大增加呢？主要在于其内部特性。下面介绍半导体的内部结构和导电机理。

2. 本征半导体

完全纯净的、具有完整晶体结构的半导体，称为本征半导体。常用的半导体是硅和锗。

硅或锗是四价元素，其最外层电子轨道上有四个价电子。在本征半导体的晶体结构中，相邻两个原子的价电子相互共有，即每个原子的四个价电子既受自身原子核的束缚，又为相邻的四个原子所共有；每两个相邻原子之间都共有一对价电子。这种组合方式称为共价键结构，图 1－43 为单晶硅共价键结构的平面示意图。

在共价键结构中，每个原子的最外层虽然具有八个电子处于较为稳定的状态，但是共价键中的价电子并不像绝缘体中的电子被束缚得那样紧，在室温下，有极少数价电子由于热运动能获得足够的能量而脱离共价键束缚成为自由电子。

当一部分价电子挣脱共价键的束缚而成为自由电子后，共价键中就留下相应的空位，这个空位被称为空穴。原子因失去一个价电子而带正电，也可以说空穴带正电。在本征半导体中，电子与空穴总是成对出现的，它们被称为电子空穴对，如图 1－44 所示。

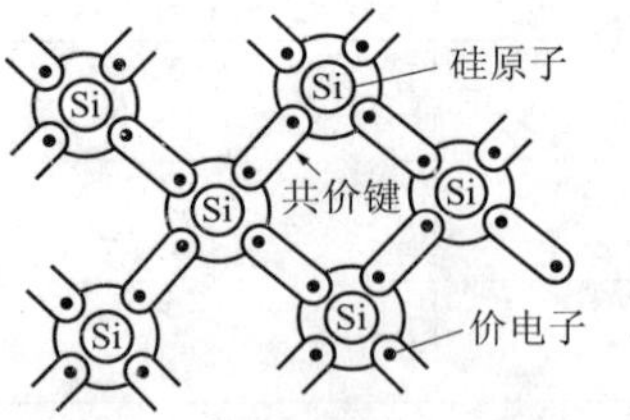

图 1－43　单晶硅中的共价键结构

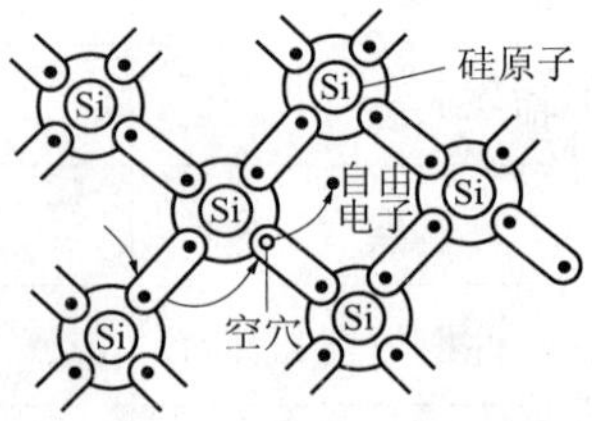

图 1－44　电子空穴对的形成

因此，当半导体两端加上外电压时，半导体中将出现两部分电流，这就是半导体导电方式的最大特点，也是半导体和金属导体在导电原理上的本质差别。

自由电子和空穴统称为载流子。本征半导体中的自由电子和空穴总是成对出现，同时又不断复合的。在一定温度下，当载流子的产生和复合达到动态平衡时，半导体中的载流子

（自由电子和空穴）便会维持一定的数目。温度越高，载流子数目就越多，导电性就越好，所以温度对半导体器件的性能影响很大。

3. 杂质半导体

在本征半导体中，如果掺入微量的杂质（某些特殊元素），将使掺杂后的半导体（杂质半导体）的导电能力显著改变。根据掺入杂质性质的不同，杂质半导体分为电子型半导体（N 型）和空穴型半导体（P 型）两大类。

（1）N 型半导体。

若在纯净的硅晶体中掺入微量的五价元素（如磷），这样，硅原子占有的某些位置会被掺入的微量元素（如磷）原子所取代。而整个晶体结构基本不变。磷原子与硅原子组成共价键结构只需四个价电子，而磷原子的最外层有五个价电子，多余的那个价电子不受共价键束缚，只需获得很少的能量就能成为自由电子。由此可见，掺入一个五价元素的原子，就能提供一个自由电子。必须注意的是，产生自由电子的同时并没有产生空穴，但由于热运动原有的晶体仍会产生少量的电子空穴对。所以，只要在本征半导体中掺入微量的五价元素，就可以得到大量的自由电子，且自由电子数目远比掺杂前的电子空穴对数目要多得多。这种以自由电子导电为主要导电方式的杂质半导体称为电子型半导体，简称 N 型半导体。N 型半导体中存在着大量的自由电子，这就提高了电子与空穴的复合机会，相同温度下空穴的数目比掺杂前要少。所以，在 N 型半导体中，电子是多数载流子（简称多子），空穴是少数载流子（简称少子），如图 1－45 所示。N 型半导体主要靠自由电子导电，掺入的杂质浓度越高，自由电子数目越大，导电能力也就越强。

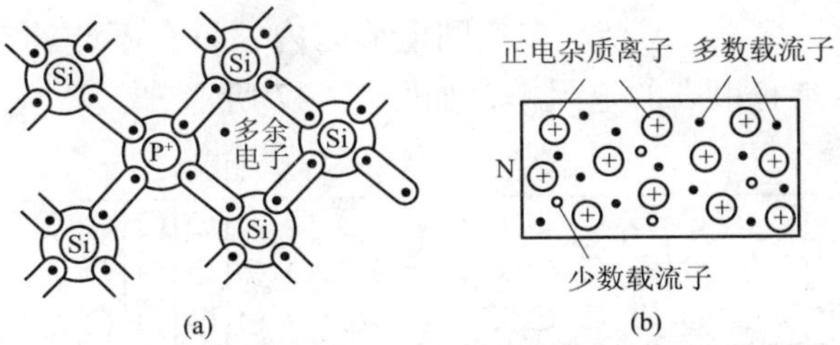

图 1－45　单晶硅中掺五价元素形成 N 型半导体

（2）P 型半导体。

在纯净的硅（或锗）晶体内掺入微量的三价元素硼（或铟），因硼原子的最外层有三个价电子，当它与周围的硅原子组成共价键结构时，会因缺少一个电子而在晶体中产生一个空穴，掺入多少三价元素的杂质原子，就会产生多少空穴。因此，这种半导体将以空穴导电为其主要导体方式，称为空穴型半导体，简称 P 型半导体。所以，P 型半导体是空穴为多子，电子为少子的杂质半导体，如图 1－46（a）所示。必须注意的是，产生空穴的同时并没有产生新的自由电子，但原有的晶体仍会产生少量的电子空穴对。

P 型半导体中，一个三价元素的杂质原子产生一个空穴，杂质原子产生的空穴很容易被相邻共价键中的电子来填补，这样，杂质原子就会因获得一个电子而带负电荷，成为带有负电荷的杂质离子。因此，P 型半导体可以用带有负电荷而不能运动的杂质离子和与之数量相等的空穴去表示。其中有少量由热激发产生的电子空穴对。如图 1－46（b）所示。P 型半导体主要靠空穴导电，掺入的杂质浓度越高，空穴数目越大，导电能力也就越强。

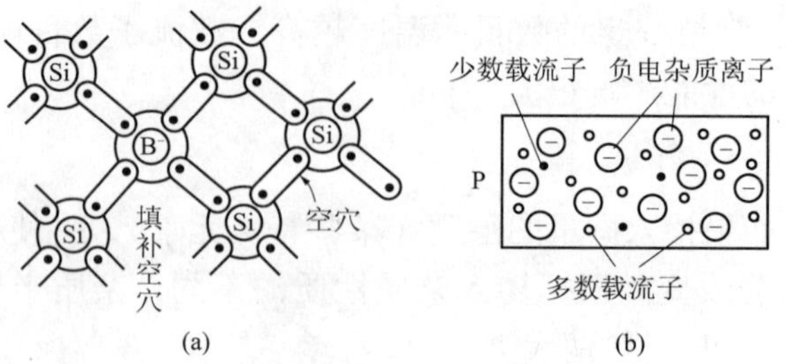

图 1－46　单晶硅中掺三价元素形成 P 型半导体

从以上分析可知，不论是 N 型半导体还是 P 型半导体，它们的导电能力是由多子的浓度决定的。可以认为，多子的浓度约等于掺杂原子的浓度，它受温度的影响很小。

4. PN 结

在一块硅片上采用不同的掺杂工艺，一边形成 N 型半导体，一边形成 P 型半导体，则在两种半导体的交界面附近形成 PN 结。PN 结是构成各种半导体器件的基础。

（1）PN 结的形成。

在一块硅或锗的晶片上，采取不同的掺杂工艺，分别形成 N 型半导体区和 P 型半导体区。由于 N 区的多数载流子为电子（即电子浓度高），少子为空穴（空穴浓度低），而 P 区正相反，多数载流子为空穴（即空穴浓度高），少子为电子（电子浓度低）；在 P 区与 N 区的交界面两侧，由于浓度的差别，空穴要从浓度高的 P 区向浓度低的 N 区扩散，N 区的自由电子要向 P 区扩散，由于浓度的差别而引起的运动称为扩散运动。这样，在 P 区就留下了一些带负电荷的杂质离子，在 N 区就留下了一些带正电荷的杂质离子，从而形成一个空间电荷区。这个空间电荷区就是 PN 结。在空间电荷区内，只有不能移动的杂质离子而没有载流子，所以空间电荷区具有很高的电阻率，如图 1－47 所示。

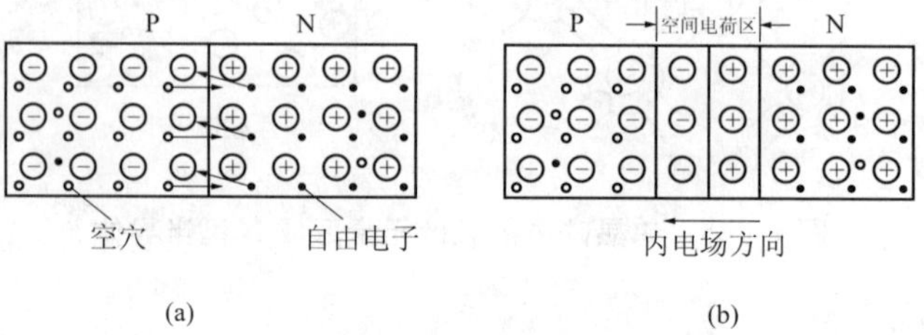

图 1－47　PN 结的形成

空间电荷区形成了一个从带正电荷的 N 区指向带负电荷的 P 区的电场，称为内电场。显然，不论是 P 区的多子空穴，还是 N 区的多子电子，在扩散过程中通过空间电荷区时，都要受到内电场的阻力。内电场阻止多数载流子的继续扩散。因此，随着扩散运动的进行，空间电荷区将不断变宽，内电场将不断加强，扩散运动将不断减弱。另一方面，由于内电场的存在，使少子产生漂移运动；P 区少数载流子电子向 N 区漂移，N 区的少数载流子空穴向 P 区漂移；少数载流子在内电场作用下产生的定向运动称为漂移运动。不论是 P 区的少子电子，还是 N 区的少子空穴，在内电场作用下向对方漂移的结果，都会导致空间电荷区变窄，内电场削弱。

由此可见，在 P 区与 N 区的交界面进行着两种相反的运动，即扩散运动和漂移运动；开始时，扩散运动占优势，随着扩散运动的进一步进行，内电场不断加强，迫使扩散运动逐渐减弱。随后，内电场的加强更有利于少数载流子的漂移运动。而在一定温度下，少子的数目是有限的，所以在交界面进行的两种相反的运动——扩散与漂移，最终会达到动态平衡。这时，空间电荷区的宽度将不再变化，内电场将为某一稳定的值。

（2）PN 结的单向导电性。

若在 PN 结两端外加电压，将会破坏 PN 结原有的平衡。如图 1-48（a）所示，P 区接电源正极，N 区接电源负极，由于外电场的方向与内电场的方向相反，在外电场的作用下，P 区的空穴要向 N 区移动，与一部分杂质负离子中和。同样，N 区的电子也要向正空间电荷区移动，与一部分杂质正离子中和。结果使空间电荷区变窄，内电场被削弱，有利于多数载流子的扩散运动，形成较大的正向电流。在一定范围内，外加电压越高，外电场越强，空间电荷区就越窄，扩散运动所形成的正向电流也越大。因此，加正向电压时，PN 结呈低电阻而处于导通状态。空穴与电子虽然带有不同极性的电荷，但由于它们运动的方向相反，形成的电流方向是一致的，PN 结的正向电流为空穴电流和电子电流两部分之和。电流方向由 P 区指向 N 区。

若外接电压方向相反，即如图 1-48（b）所示，N 区接电源正极，P 区接电源负极，则外电场方向与内电场方向一致。外电场加强了内电场，结果阻止多子的扩散，有利于少子的漂移运动，使空间电荷增加，空间电荷区变宽。P 区的少子电子和 N 区的少子空穴都会向对方漂移而形成反向电流（由 N 区指向 P 区）。因少数载流子的数量很少，所以反向电流一般很小。但由于少数载流子的数目受温度的影响很大，温度越高，少数载流子的数目就越多，反向电流就会相应增大。因此，在 PN 结外加反向电压时，PN 结呈高阻状态而处于反向截止。

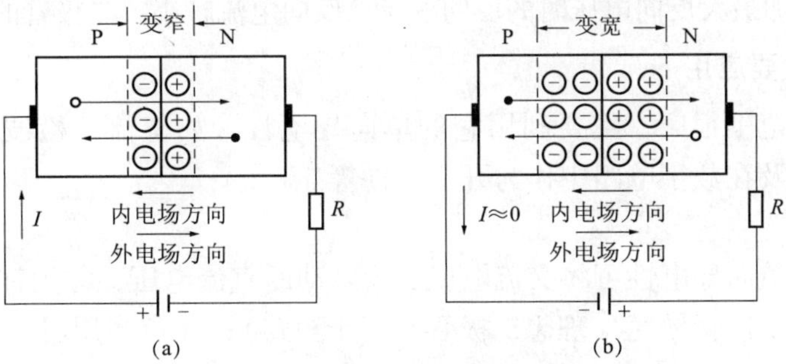

图 1-48　PN 结的正向和反向偏置

（a）加正向电压；（b）加反向电压

由此看来，PN 结正偏时导通，电阻很小，电流很大；反偏时截止，电阻很大，电流很小，这就是 PN 结的单向导电性。

5. 二极管的基本结构

二极管是由一个 PN 结作管心，外加管壳与电极引线构成的。从 P 区引出的电极称为阳极或正极，用“+”表示。从 N 区引出的电极称为阴极或负极，用“-”表示。二极管的图形符号如图 1-49（c）所示

按结构分，二极管有点接触型和面接触型，如图 1-49（a）、图 1-49（b）所示。点接触型一般为锗管，由于其 PN 结结面积很小，因此结电容很小。所谓结电容是由于 PN 结的 P 区和 N 区带有不同的电荷，可以看成电容器的两个极板，因此把 PN 结的电容称为结电

容。一般点接触型适用于高频小功率的工作或数字电路中的开关元件。面接触型一般为硅管，因其 PN 结结面积很大（结电容大），故可通过较大电流。

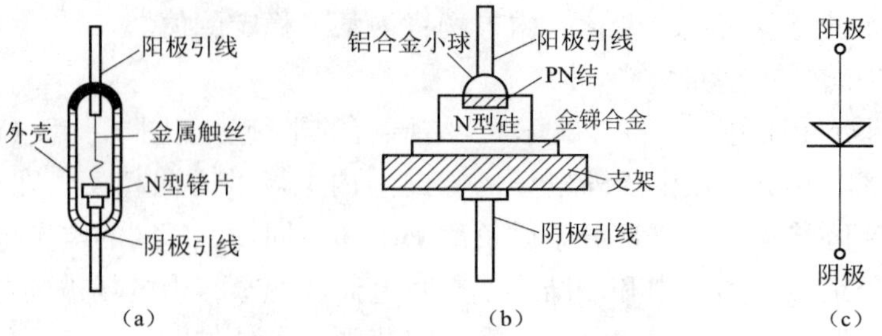

图 1－49　二极管的结构类型及符号

（a）点接触型；（b）面接触型；（c）表示符号

6. 二极管的主要参数

二极管参数是表征二极管的性能及其适用范围的重要数据，是选择使用二极管的主要依据。

（1）最大整流电流 I_{OM}。

它是指二极管长期工作时，允许通过二极管的最大正向平均电流，使用时不能超过最大整流电流，否则会使二极管迅速损坏。

（2）最大反向工作电压 U_{RM}。

指二极管不被击穿所允许的最大反向电压 U_{RM}。

（3）最大反向电流 I_{RM}。

它是指二极管加最大反向电压时的反向电流。反向电流越小，二极管的单向导电性越好。

7. 二极管的主要应用

二极管的应用范围很广，主要利用它的单向导电性，如整流、检波、限幅、钳位、隔离、元件保护，以及在数字电路中作为开关元件等。

（1）整流。

利用二极管的单向导电性可将交流电压变为脉动的直流电压，称为整流，如图 1－50 所示。在正半周时，二极管导通（理想二极管相当于短路）；在负半周时，二极管截止（理想二极管相当于开路）。

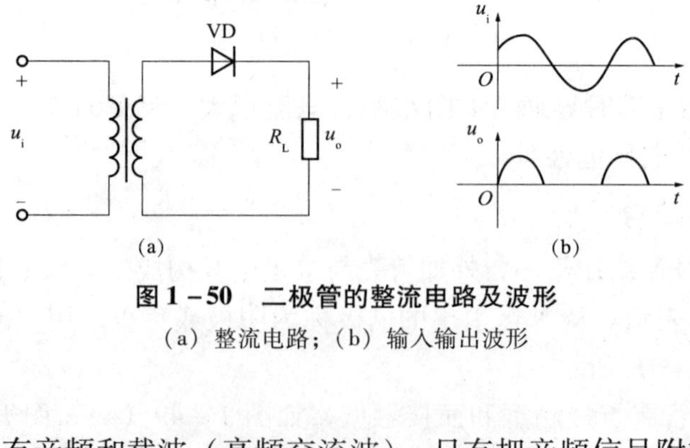

图 1－50　二极管的整流电路及波形

（a）整流电路；（b）输入输出波形

（2）检波。

电台发射的信号有音频和载波（高频交流波）。只有把音频信号附在载波上才能发射得更远，而接收装置（如收音机、电视机等）是把音频和载波一起接收。如何把载波去掉，留下有用的音频信号就称为检波，如图 1－51 所示。

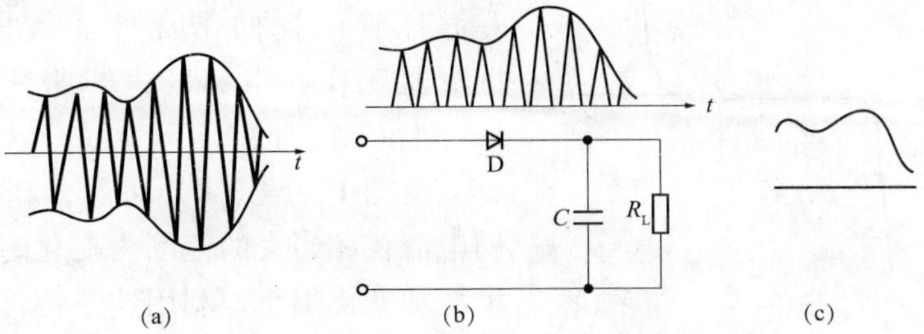

图 1－51　二极管检波电路及波形

（a）输入波形；（b）检波电路；（c）输出波形

（3）限幅。

限幅的作用是限制输出电压的幅度，如图 1－52 所示，设 u_i 为正弦波，U_s 为限幅电压，且 $U_s < U_m$。

当 $u_i < u_s$ 时，二极管 VD 截止（相当于开路），u_o 的波形与 u_i 波形相同（$u_o = u_i$）；当 $u_i > U_s$ 时，二极管 VD 导通（相当于短路），$u_o = U_s$，此时电路的最大正向输出电压为 U_s，称为正向限幅电路。

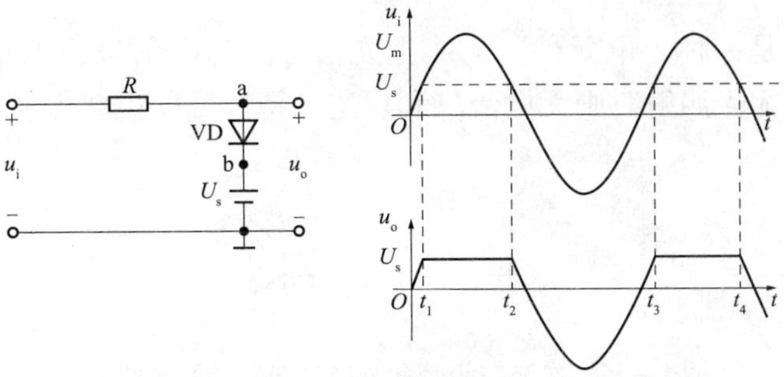

图 1－52　限幅电路

（4）钳位与隔离。

当二极管正向导通时，由于正向压降很小，可以忽略，所以强制使其阳极电位与阴极电位基本相等，这种作用称为二极管的钳位作用。

当二极管加反向电压截止时，相当于开路，阳极与阴极断开，称二极管的隔离作用，如图 1－53 所示。

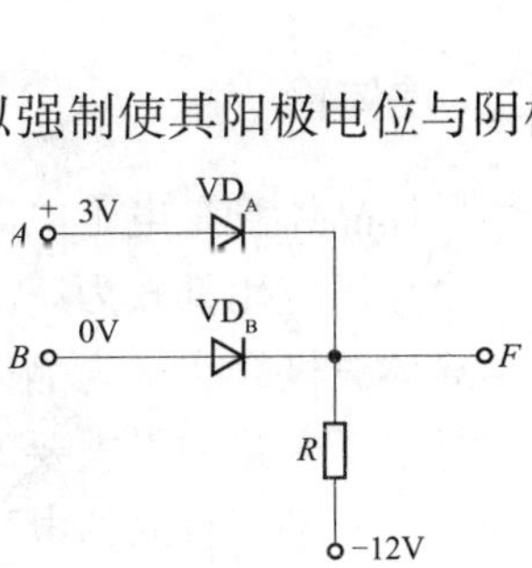

图 1－53　二极管的钳位与隔离作用

当输入电位 $U_A = 3V$，$U_B = 0$ 时，因为二极管 VD_A 两端的电压大于二极管 VD_B 的电压，所以 VD_A 就优先导通。若忽略管压降，则 U_F 约等于 3V，VD_B 上加的是反向电压，因而截止。U_F 的电位被钳制在 3V，VD_A 起钳位作用，VD_B 起隔离作用，是把输入端 *B* 与输出端 *F* 隔离开来，有较强的抗干扰能力。

8. 稳压二极管的伏安特性

稳压二极管（单向击穿二极管）是一种特殊的面接触型二极管，它和普通二极管一样也有一个 PN 结，然而它只有在与适当数值的电阻串联后才有稳压作用。它的符号如图 1－54（a）所示。

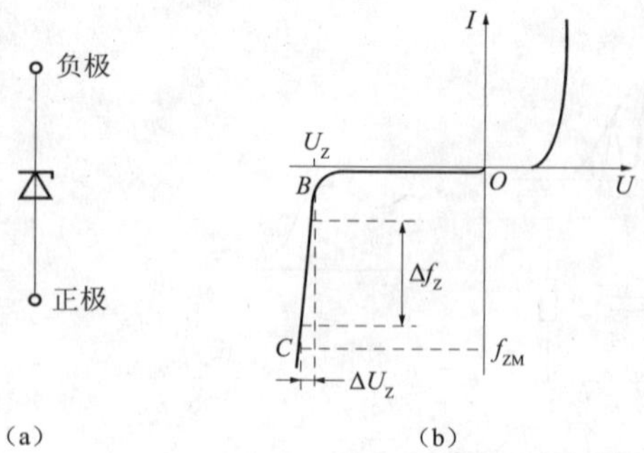

图1-54　稳压二极管的特性曲线及图形符号

(a) 符号；(b) 伏安特性

稳压管的伏安特性与二极管相似，其差别是稳压管的反向击穿性曲线比普通二极管较陡，且工作在击穿区，即曲线的 *BC* 段，如图1-54（b）所示。

由图1-54（b）可见，稳压管击穿后，反向电流在相当大的范围内变化时，稳压管两端的电压却变化很小，利用这一特性，稳压管在电路中起稳压作用。

稳压管是一种特殊二极管，当去掉反向电压后，稳压管又能恢复正常工作，但如果反向电流超过允许范围时，它将被过热击穿而损坏。

9. 发光二极管和光敏二极管

（1）发光二极管。

发光二极管是一种光电元件，它是能把电能变为光能的半导体器件，当发光二极管正向导通时，则发光，截止时不发光，其表示符号如图1-55（a）所示。

（2）光敏二极管。

光敏二极管是也是一种光电元件，它能把光信号变为电信号，当光敏二极管被光照射时，它就会有电流，无光照射时则无电流，利用这一特性可以实现各种控制。其图形符号如图1-55（b）所示。

图1-55　发光二级管和光敏二极管的图形符号

(a) 发光二极管；(b) 光敏二极管

二、晶体管

半导体晶体管是电子电路中最重要的电子器件，它具有放大作用和开关作用。在汽车电路中两个作用应用都较为广泛。

半导体三极管也称为晶体三极管，外形图如图1-56所示，是一种固体半导体器件，可以说它是电子电路中最重要的器件。它最主要的功能是电流放大和开关作用。晶体管作为一种可变开关，基于输入的电压，控制流出的电流，因此晶体管可做为电流的开关，和一般机械开关不同处在于晶体管是利用电讯号来控制，而且开关速度可以非常之快，最高的切换速

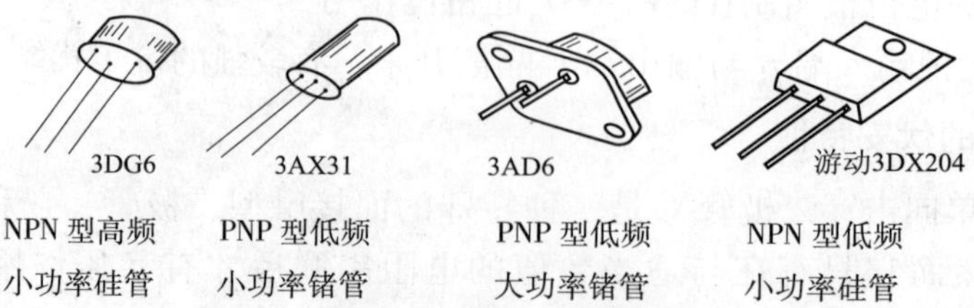

图1-56　常用晶体三极管的外形

度可达 100GHz 以上。

晶体管的结构主要有平面型和合金型两大类，如图 1－57 所示。硅管主要是平面型，锗管主要是合金型。晶体管是通过一定的工艺在一块半导体基片上制成两个 PN 结，再引出三个极，然后用管壳封装而成。

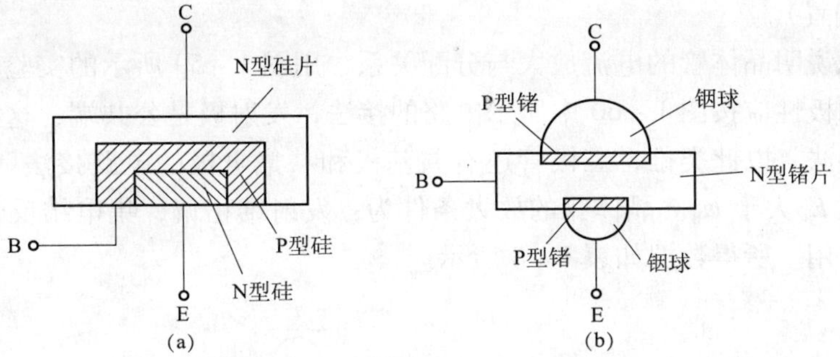

图 1－57　晶体管的结构

（a）硅平面管；（b）锗合金管

三极管具有三个电极。二极管由一个 PN 结构成，三极管由两个 PN 结构成，共用的一个电极成为三极管的基极（用字母 B 表示）。其他的两个电极成为集电极（用字母 C 表示）和发射极（用字母 E 表示）。由于不同的组合方式，形成了一种是 NPN 型的三极管，另一种是 PNP 型的三极管。其结构示意图如图 1－58 所示。

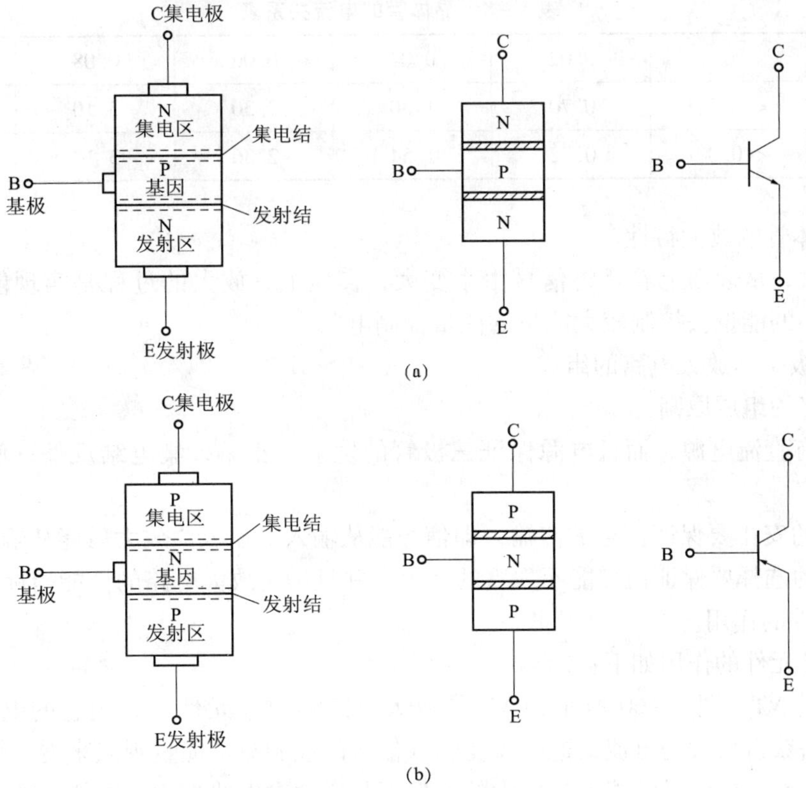

图 1－58　晶体管的结构示意图及符号

（a）NPN 型；（b）PNP 型

1. 晶体管的电流分配关系与放大作用

（1）晶体管放大的外部条件。

下面以 NPN 型晶体管为例来分析晶体管的电流放大原理。为了使晶体管具有电流放大作用，在电路的联结（即外部条件）上必须使发射结加正向电压（正向偏置），集电结加反向电压（反向偏置）。

为了定量地说明晶体管的电流放大与分配关系，用图 1－59 所示的实验电路来测量这三个电流。电路的极性应按图 1－60 中所示电路的接法，发射极是公共端，这种接法称为晶体管的共发射极接法。以此类推，三极管还有共基极和共集电极的电路接法。E_B 和 E_C 的极性一定要正确，且 E_C 大于 E_B。晶体管的放大条件为：发射结正偏，集电结反偏。这样晶体管才有电流放大作用。所得数据如表 1－8 所示。

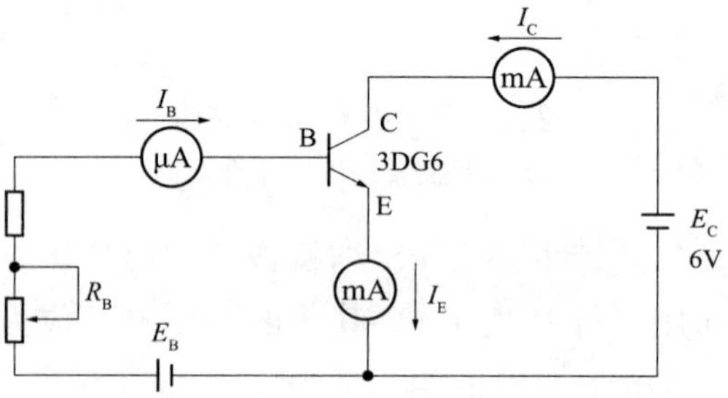

图 1－59　晶体管电流放大实验电路

表 1－8　晶体管的电流关系表

I_B/mA	0	0.02	0.04	0.06	0.08	0.10
I_C/mA	< 0.001	0.70	1.50	2.30	3.10	3.95
I_E/mA	< 0.001	0.72	1.54	2.36	3.18	4.05

（2）晶体管的放大特性。

所谓放大，从表面上看是将信号由小变大，实质上，放大的过程是实现能量转换的过程，即用较小的能量去控制较大能量的能量控制电路。

① 共射极基本放大电路的组成。

放大电路的组成原则：

a. 必须有直流电源，而且电源保证三极管的发射结正偏，集电结反偏，使三极管处于放大状态。

b. 元件的安排要保证信号的传输，即信号能从输入端输入，放大后能从输出端输出。

c. 元件的选择要保证信号能不失真的放大，并且满足放大电路的性能指标要求。

② 各元件的作用。

电路中各元件的作用如下：

a. 晶体管 VT：图 1－60 所示的 VT 是放大电路的放大元件。利用它的电流放大作用，在集电极电路获得放大的电流，这电流受输入信号的控制。从能量观点来看，输入信号的能量是较小的，而输出信号的能量是较大的，但不是说放大电路把输入的能量放大了，能量是守恒的，不能放大，输出的较大能量来自直流电源 E_C。即能量较小的输入信号通过晶体管的控制作用，去控制电源 E_C所供给的能量，以便在输出端获得一个能量较大的信号。这种小能量对大能量的控制作用，就是放大作用的实质，所以晶体管也可以说是一个控制元件。

b. 集电极电源 E_C：其作用是为整个电路提供能源，保证三极管的发射结正向偏置，集电结反向偏置。一般为几伏到几十伏。

c. 基极电源 E_B与基极电阻 R_B：使发射结处于正偏，并提供大小适当的基极偏置电流，使放大电路得到合适的工作点。R_B阻值一般为几十千欧。

d. 集电极电阻 R_C：其作用是将集电极电流的变化转换成电压的变化，以实现电压放大。R_C阻值一般为几千欧到几十千欧。

e. 耦合电容 C_1和 C_2：它们分别接在放大电路的输入端和输出端。利用电容器对直流的阻抗很大，对交流的阻抗很小这一特性，隔断放大电路的输入端与信号源以及输出端与负载之间的直流通路，保证放大电路的静态工作点不因输入—输出的连接而发生变化。同时，又要保证交流信号畅通无阻地经过放大电路，沟通信号源、放大电路和负载三者之间的交流通路。通常要求电容 C_1和 C_2上的交流压降小到可以忽略不计，即对交流信号可视作短路，所以电容值要求取值较大，对交流信号频率其容抗近似为零。一般取 5 ~ 50μF，用的是极性电容器，因此连接时一定要注意其极性。

f. 符号“⊥”为接地符号，是电路中的零参考电位。图 1 – 60 所示的电路中用两个电源 E_B、E_C供电。实际上 E_B可以省去，再把 R_B改接一下，只由 E_C供电，这样只要适当增大 R_B，使 I_B维持不变即可。如图 1 – 61 所示。

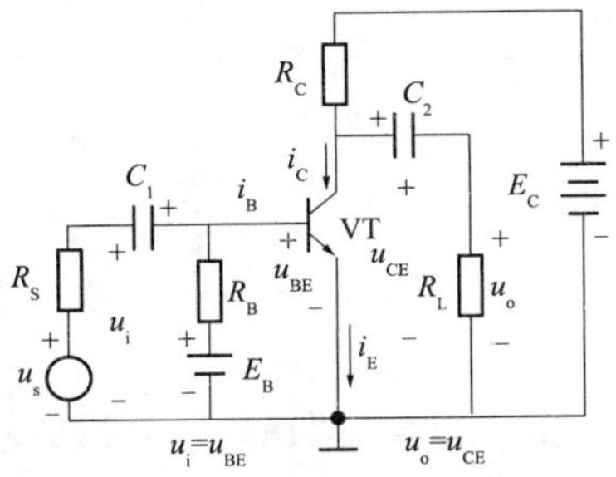

图 1 – 60　共射极单管放大电路

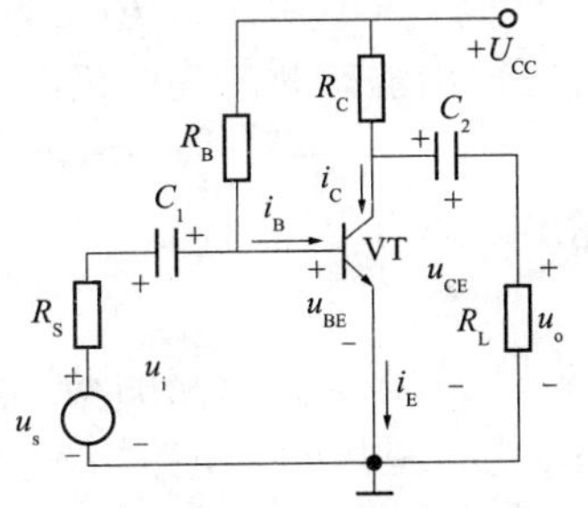

图 1 – 61　单电源供电的共射极单管放大电路

（3）共发射极放大电路的静态分析。

① 所谓静态，是指输入信号为零时，电路中只有直流而无交流，称该放大电路为直流工作状态或静态。

② 静态工作点：在静态电路中，各极电流和各极电压分别用 I_B（I_{BQ}）、I_C（I_{CQ}）、和 U_{BE}（U_{BEQ}）、U_{CE}（U_{CEQ}）表示，它们代表着输入、输出特性曲线上的一个点，所以习惯上称它们为静态工作点，简称为 Q 点。

③ 直流通路：所谓直流通路，是指当输入信号 $u_i = 0$ 时，在直流电源 U_{CC}的作用下，直流电流所流过的路径，用于研究静态工作点。

画直流通路规则：

a. 电容视为开路。

b. 电感线圈视为短路（即忽略线圈电阻）。

c. 信号源视为短路，但应保留其内阻。

图 1－62 所示的共射极放大电路，其直流通路如图 1－63 所示。

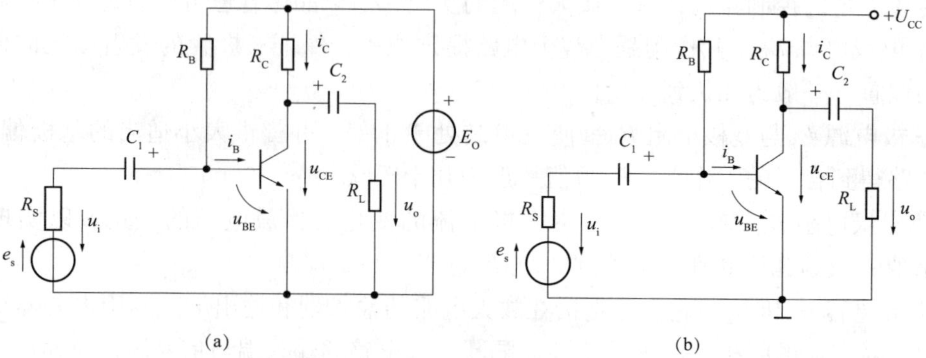

图 1－62　共射极放大电路

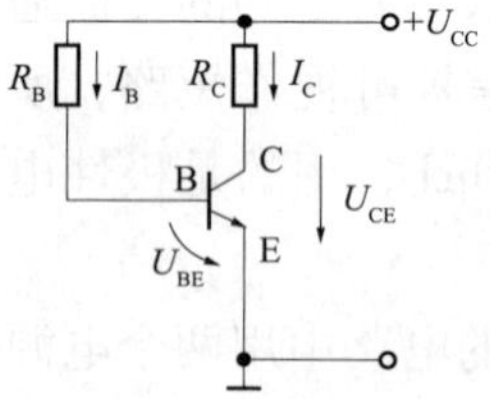

图 1－63　放大电路的直流通路

用估算法确定静态工作点，首先画放大电路的直流通路。

由输入回路方程可得：$U_{CC}=I_BR_B+U_{BE}$　　(1－14)

$$I_B=\frac{U_{CC}-U_{BE}}{R_B}\approx\frac{U_{CC}}{R_B} \qquad (1-15)$$

由于 $U_{CC}\geqslant U_{BE}$（硅管 U_{BE} 约为 0．7V，锗管 U_{BE} 约为 0．3V），故可忽略不计。显然当 U_{CC} 和 R_B 确定后，静态基极电流 I_B 就近似为一个固定值，因此常把这种电路称作固定式偏置放大电路。I_B 称固定偏置电流，R_B 称固定偏置电阻。

由 I_B 可得出静态时的集电极电流

$$I_C=\beta I_B \qquad (1-16)$$

由输出回路可得：

$$U_{CE}=U_{CC}-I_CR_C \qquad (1-17)$$

（4）共发射极放大电路的动态分析。

所谓动态，是指放大电路加入交流输入信号（$u_i\neq0$）时的状态。即在静态分析的基础上，当放大电路接入交流输入信号时，晶体管的各个电流和电压都含有直流分量和交流分量，此时放大电路的工作状态称为动态。动态分析就是分析信号在电路中的传输情况，即分析各个电压、电流随输入信号变化的情况。动态时，放大电路中即有直流分量，还有交流分量，此时电路在直流和交流共同作用下工作。放大电路动态分析的基本方法是微变等效电路法和图解法。

（5）晶体管的开关特性。

在数字逻辑电路中，晶体管被作为开关元件工作在饱和与截止两种状态，相当于一个由基极信号控制的无触点开关，其作用对应于触点开关的“闭合”与“断开”。

（6）晶体管在汽车电子电路中的应用。

晶体管的最主要的性能是放大。在汽车电子电路中，主要用来对微弱信号进行放大，如图 1－64 所示，就是利用晶体管的放大特性制作的汽车电气线路搭铁（短路）探测器。

汽车在行驶过程中，由于颠簸、震动等原因，电气线束与车体摩擦而损坏其绝缘层，发生搭铁（短路）故障。本探测器就是为了在不拆解导线的情况下，快速查出搭铁故障所发生的部位而制作的。

探测器工作原理如下，当导线搭铁后，在搭铁点就会产生短路电流，短路点就会向周围发出高次谐波信号。这个信号就被由线圈和铁芯构成的传感器接收到，在传感器中产生交变的电信号。这个信号很微弱，经过晶体管 VT_1 放大后，在 VT_1 的集电极就会得到放大了的交变信号，再送入 VT_2 的基极进行放大，使接在 VT_2 集电极的发光二极管闪烁发光，接在 VT_2 发射极的扬声器发出声响。传感器越接近故障点，接收到的信号越强，经过放大后，发光二极管越亮，扬声器发出的声响越强。根据发光二极管亮度变化和扬声器声音变化，就能快速找到故障点。

汽车电子电路中，由一个晶体管组成的单管放大电路已经很少用到了。经常是应用由多个晶体管和外围元件组成的集成运算放大器来承担信号的放大任务。

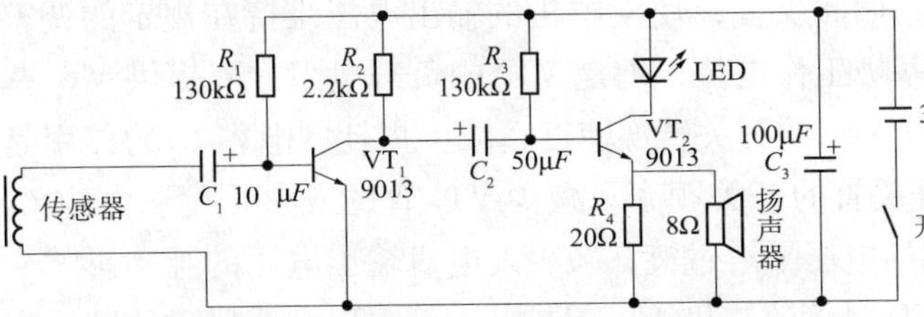

图 1-64　汽车电气线路搭铁探测器电路

2. 汽车电子电路中的晶体管开关电路的应用

利用晶体管饱和导通和截止之间状态转换，将晶体管作为一个电子开关使用，这样的电路一般称为晶体管开关电路。晶体管开关电路在汽车电路中的应用相当广泛，主要用于电子调压器、电子点火器以及各种信号报警电路中，作为电子开关使用。下面我们重点学习电子调压器和电子点火器。

（1）电子调压器。

汽车交流发电机发出的电压随着发动机的转速和负荷会产生波动，发电机输出电压与发电机励磁绕组通过的励磁电流成正比，通过控制励磁线圈线路通断就可以控制流过的励磁电流的平均值的大小，从而使发电机输出电压基本稳定在一个定值。电子调压器就是利用晶体管的开关作用来控制励磁线圈电路的通断，达到调节电压的目的。

国产 JFT201 型电子调压器适用于 14V、500W 以下的各种交流发电机，如图 1-65 所示。

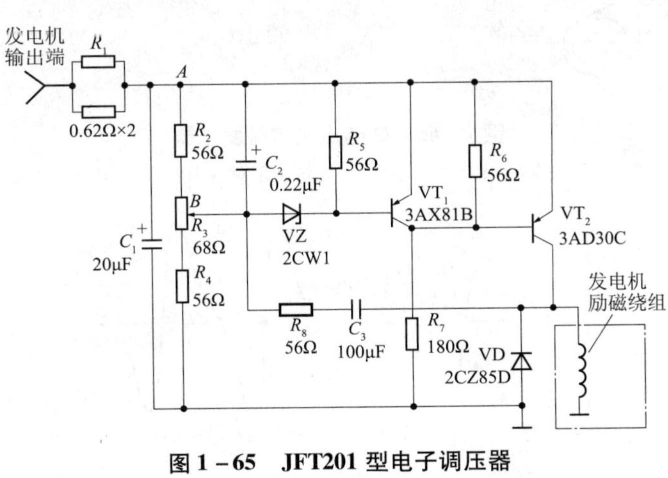

图 1-65　JFT201 型电子调压器

电阻 R_2、R_3、R_4组成分压电路，B 点电位随着发电机输出电压的变化而变化。在发电机输出电压小于预定调节电压值时，AB 之间的电压小于稳压二极管 VZ 的反向击穿电压，稳压二极管 VZ 截止，晶体管 VT_1 基极电流等于零，VT_1 截止。而 VT_2 的发射极和基极处于较高的电压作用下饱和导通，接通励磁线圈，发电机正常发电。当发电机输出电压升高，达到预定调节值时，AB 之间的电压大于稳压二极管 VZ 的反向击穿电压，稳压二极管 VZ 导通，晶体管 VT_1 基极流过电流，VT_1 饱和导通，同时 VT_1 将 VT_2 的发射极和基极短路，使 VT_2 截止，断开励磁线圈，发电机输出电压下降。

当发电机输出电压稍低于调节值时，稳压二极管 VZ 又恢复到截止状态，VT_1 由导通变为截止，使 VT_2 导通。如此反复，使发电机的输出电压维持在规定的调整值附近。

电阻 R_5提供 VT_1 基极工作电位，R_7是 VT_1 的负载电阻，R_6提供 VT_2 基极工作电位。电阻 R_8和 C_3可以加速晶体管 VT_2 的开关转换速度，减少损耗。电容 C_1的作用是延缓分压电阻上的电压变换速度，降低开关管的开关频率，减少 VT_2 管的发热程度。电容 C_2是滤波电容，可以使稳压二极管 VZ 两端的电压平滑过渡，减少发电机输出电压的脉动影响，降低开关管的开关频率和损耗。二极管 VD 是续流二极管，保护开关管 VT_2 免受励磁线圈反向电动势的冲击。

（2）电子点火器。

晶体管点火电路的点火信号由装在分电器内的信号发生器提供，如图 1－66 所示为一种磁感应式信号发生器，随着分电器的旋转，信号转子转动，它的凸起与信号线圈之间的间隙不断变化，随之通过信号线圈的磁通量发生变化，凸起接近信号线圈时磁通迅速增加，在线圈两端产生电压信号；当凸起与信号线圈正对时，磁通变化量最小，线圈两端电压为零；当凸起离开信号线圈时磁通迅速减小，线圈两端电压急剧地改变极性，产生负的电压信号。如图 1－67 所示。

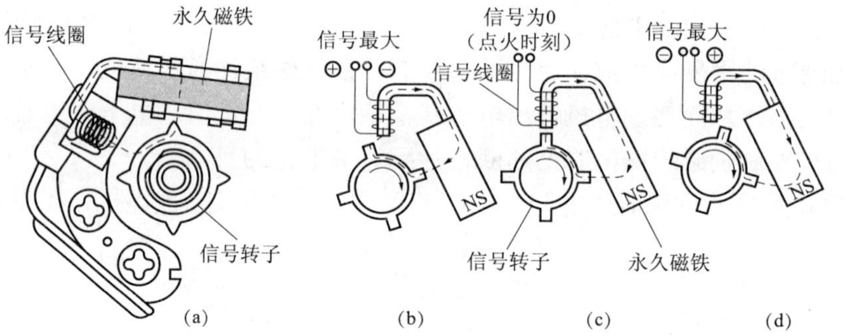

图 1－66　磁感应式信号发生器

（a）整体结构；（b）转子接近圈；（c）转子正对线圈；（d）转子离开线圈

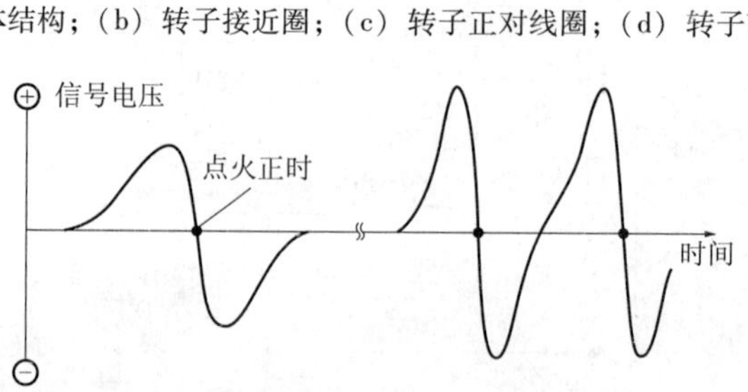

图 1－67　磁感应点火信号发生器信号波形

（a）低转速时；（b）高转速时

电子点火器原理如图 1－68 所示。

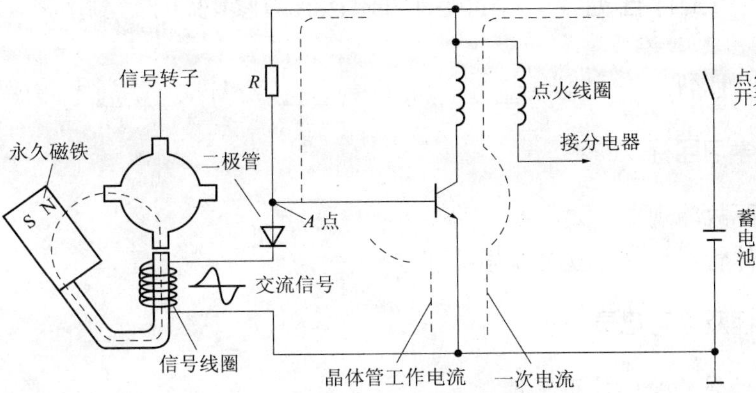

图 1－68　晶体管点火电路原理

当发动机不转时，通过信号线圈的磁通不变，不产生信号。闭合点火开关，蓄电池电压经过电阻 *R* 加到晶体管基极，形成基极电流，晶体管饱和导通，点火线圈的一次线圈通过电流。虽然信号线圈中也有电流流过，但是二极管 VD 的结电压保证 *A* 点电位足以使晶体管饱和导通。

当发动机转动时，信号线圈产生电压。当信号发生器产生正电压时，如图 1－69（a）所示，线圈电压上正下负，使 *A* 点电位更高，保证晶体管饱和导通，点火线圈的一次线圈流过电流。当信号发生器产生负电压信号时，如图 1－69（b）所示，线圈电压上负下正，使 *A* 点电位变为零或负值，晶体管基极没有电流流过，晶体管截止，点火线圈的一次线圈断开，二次线圈产生高压，送入分电器点火。

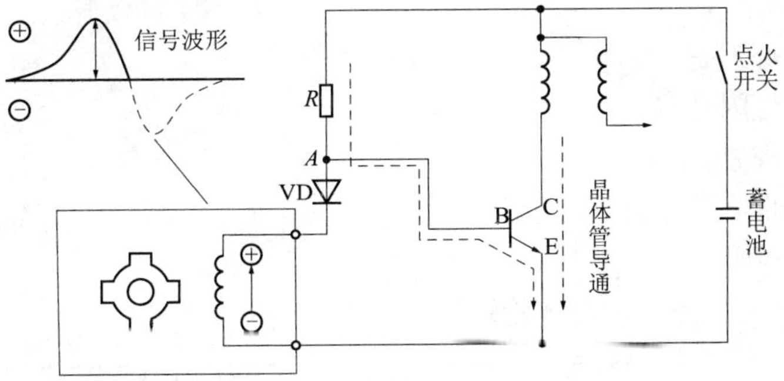

（a）

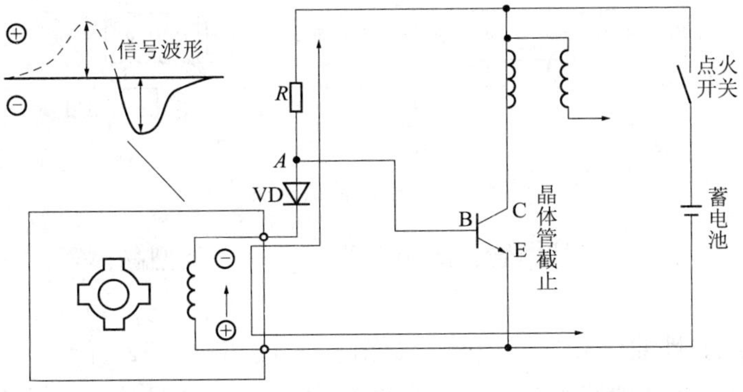

（b）

图 1－69　信号电压极性变化与晶体管的导通

工作任务1　晶体管控制电路检修的任务分析

班级______　姓名______　学号______　工号______　日期______　测评等级______

一、工作与学习目标

◆能确认实际故障现象

◆能识别晶体管器件并建立初步思路

二、工作过程及学习记录

(1) 列举晶体管检修的注意事项。

注意事项有：____

____

____。

(2) 填写车辆基本信息。

基本信息	车身底盘号		车型	
	发动机型号		公里数	
故障现象				

(3) 故障确认。

① 转向指示灯不亮；

② 观察转向灯闪光器；

③ 确认故障现象。

(4) 晶体管的识别。

① 晶极管的类型：

Ⅰ、根据图1－70中所示晶体管结构图进行填图：

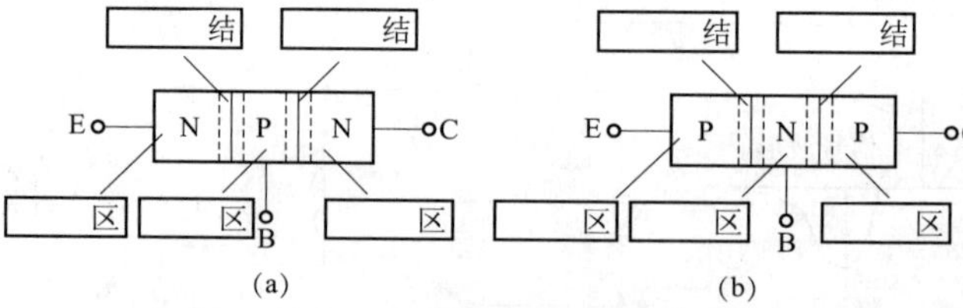

图1－70　晶体管结构图

Ⅱ、图中a为________类型晶体管，图中b为________类型晶体管，并填写两种类型晶体管的三个极。

② 晶体管的输出特性曲线并回答问题：如图1－71、图1－72所示。

Ⅰ、在晶体管输出特性曲线上写出相应区域的名称。并说明晶体管的PN结处于各区域时的状态。

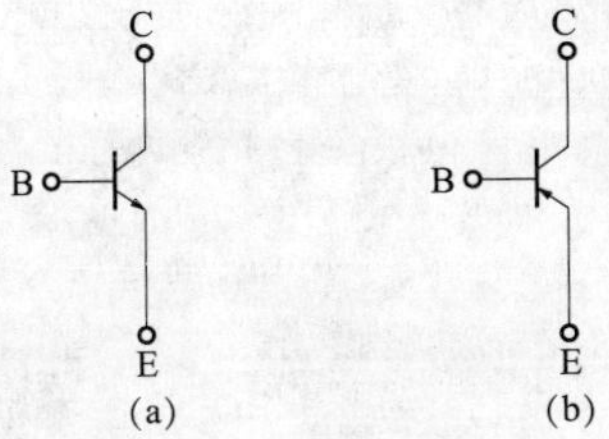

图 1－71　晶体管的表示

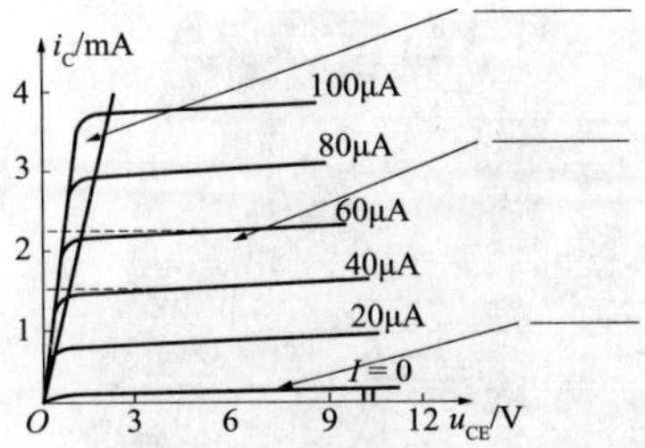

图 1－72　晶体管的特性

Ⅱ、说明晶体管的 PN 结处于各工作区域时的状态。

____

____

③ 使用数字万用表判断晶体管类型及管脚：如图 1－73 所示为晶体管 BC337。

晶体管的类型：晶体管按 PN 结的排列方式不同可分为两种类型：________管和________管。

我们知道晶体管的内部就像二个________组合而成的。其形式如图 1－74 所示。中间的是基极（B 极）。

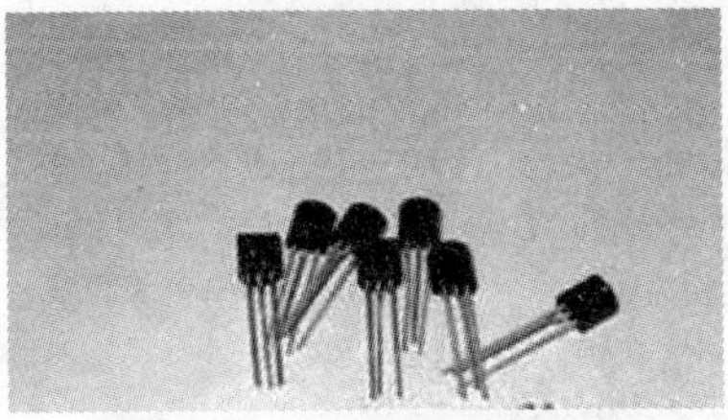

图 1－73　晶体管 BC337

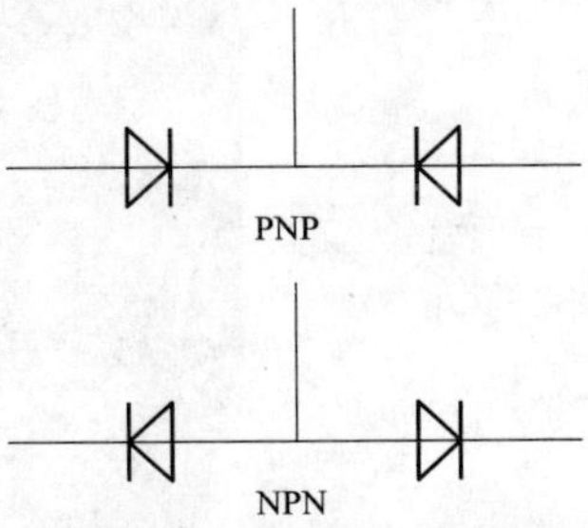

图 1－74　晶体管的内部形式

首先我们要先找到基极并判断是 PNP 还是 NPN 管。对于 PNP 管的基极是二个负极的共同点，NPN 管的基极是二个正极的共同点。我们可以用数字万用表的________挡去测基极，如图 1－75 所示。

图 1－75　万用表的二极管测量挡

对于 PNP 管，当黑表笔（连表内电池负极）在基极上，红表笔去测另两个极时一般为相差不大的较小读数（一般 0.5～0.8），如表笔反过来接则为一个较大的读数（一般为 1）。

对于 NPN 管来说，则是________（连表内电池正极）连在基极上。从图 1－76 中可以得知，此管为 NPN 管，中间的管脚为基极。

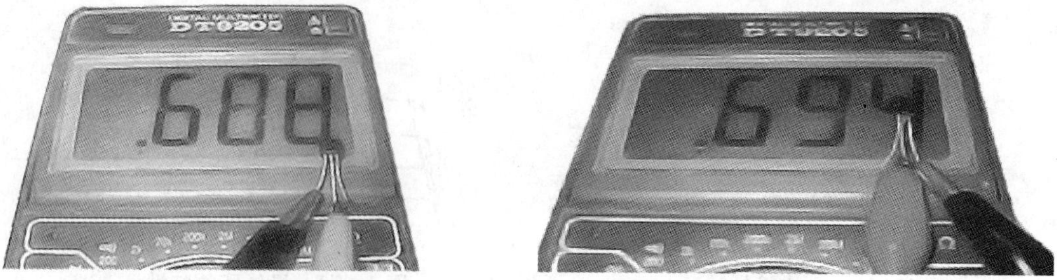

图 1－76　判断 BC337 的 B 极和管型

判断出晶体管的类型并找到基极后，就可以来判断发射极和集电极了。而利用数字万用表的晶体管________挡（hFE 测量三极管直流放大倍数）去测。

把数字万用表打到 hFE 挡上，BC337 插到 NPN 的小孔上，B 极对上面的 B 字母。读数，再把它的另二脚反转，再读数。读数较大的那次极性就对上表上所标的字母，这时就对着字母去认 BC337 的 C，E 极。如图 1－77 所示。

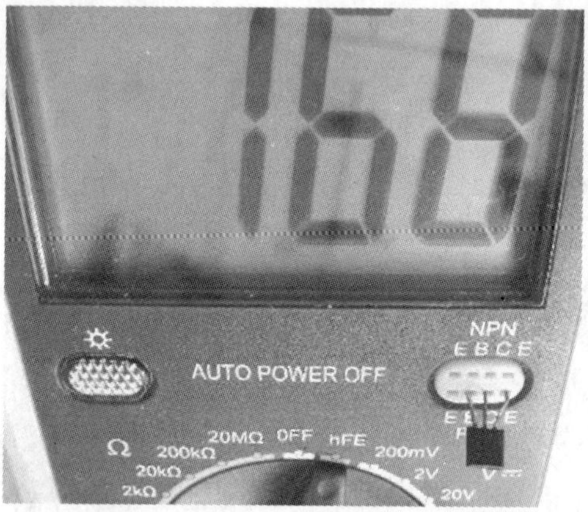

图 1－77　万用表上的 hFE 挡

三、工作效果评价

1. 自我评价

（1）通过本次学习，我学到的知识点/技能点有：____

____

不理解的有：____。

（2）我认为在以下方面还需要深化学习并提升岗位能力：____________________________

____。

（3）本次工作和学习过程中，我的表现可得到：□  □  □ 。

2. 互相评价

（1）综合能力测评：参阅评价内容说明。

（2）专业能力测评。

①“各种类型晶体管名称填写”由评价人任意指定任一个晶体管，评价对象说出晶体管

的名称，评价人填写并判断正误，给予评定。

②评价结果全对得，错一项得，错两项或以上得。

任务评价表

<table>
<tr><td rowspan="2">项目</td><td colspan="7" rowspan="2">评价内容
综合能力测评：
（1）请在对应条目的○内打“√”或“×”，不能确定的条目不填，可以在小组评价时让本组同学讨论并写出结论。
（2）评价结果全对得，错一项得，错两项得。</td><td colspan="3">评价等级
（学生互评）</td></tr>
<tr><td></td><td></td><td></td></tr>
<tr><td rowspan="4">综合能力
测评项目
（组内互评）</td><td colspan="3">○按时到场</td><td colspan="2">○工装齐备</td><td colspan="2">○书、本、笔齐全</td><td></td><td></td><td></td></tr>
<tr><td colspan="3">○安全操作</td><td colspan="2">○责任心强</td><td colspan="2">○7S 管理规范</td><td></td><td></td><td></td></tr>
<tr><td colspan="3">○学习积极主动</td><td colspan="2">○合理使用教学资源</td><td colspan="2">○主动帮助他人</td><td></td><td></td><td></td></tr>
<tr><td colspan="3">○接受工作分配</td><td colspan="2">○有效沟通</td><td colspan="2">○高效完成工作任务</td><td></td><td></td><td></td></tr>
<tr><td rowspan="2">专业能力
测评项目
（组间互评）</td><td rowspan="2">作用</td><td>二极管</td><td></td><td></td><td></td><td></td><td colspan="3"></td></tr>
<tr><td>晶体管</td><td></td><td></td><td></td><td></td><td></td><td></td><td></td></tr>
<tr><td>小组评语及建议</td><td colspan="7">他（她）做到了：

他（她）的不足：

给他（她）的建议：</td><td colspan="3">组长签名：

年　月　日</td></tr>
<tr><td>老师评语及建议</td><td colspan="7"></td><td colspan="3">评价等级：______

教师签名：

年　月　日</td></tr>
</table>

工作任务2　晶体管控制电路检修的方案制订

班级______　姓名______　学号______　工号______　日期______　测评等级______

一、工作与学习目标

- ◆ 能够识读晶体管控制电路
- ◆ 能根据晶体管电路控制方式，制订检修方案
- ◆ 能够展示学习成果并相互评价

二、工作过程及学习记录

（1）分析晶体管控制电路。

如图 1－78 所示为继电器驱动电路，电路的作用是__________________________________。

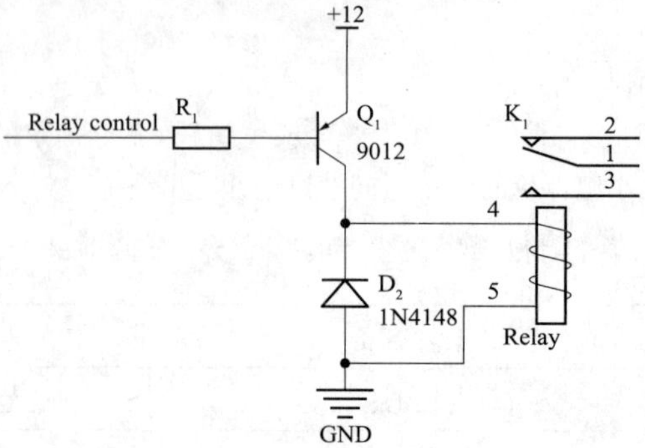

图 1－78　继电器驱动电路

① 晶体管主要有两个作用，一是具有放大作用，二是具有开关作用。在图中电路中晶体管 Q_1 是起________作用。

② 电路中 D_2 是________，它有________特性。在此电路中起________作用。

③ 电路中的电阻 R_1 起________作用。

（2）根据电路图（图 1－79），分析晶体管检测电路可能导致故障的原因（继电器、线路、接线点），按先后顺序填写并展示。

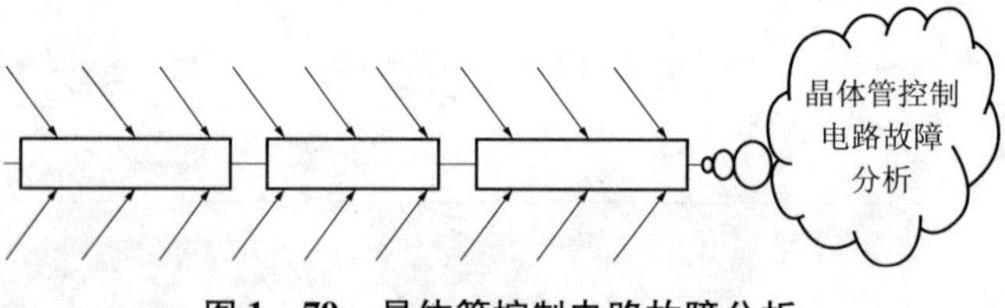

图 1－79　晶体管控制电路故障分析

（3）展示检修方案并说明：

① 其他组的创意：____

____

② 本组的创意：____

三、工作效果评价

1. 自我评价

（1）通过本次学习，我学到的知识点/技能点有：____________________

____。

不理解的有：____。

（2）我认为在以下方面还需要深化学习并提升岗位能力：________________

____。

（3）本次工作和学习过程中，我的表现可得到：□  □  □ 。

2. 互相评价

（1）综合能力测评：参阅评价内容说明。

（2）专业能力测评。

①“识读晶体管控制电路”由评价人任意指定某个电路接线点符号，评价对象指出对应接线点符号的含义及所在位置，评价人填写并判断正误，给予评定。

②评价结果全对得 ，错一项得 ，错两项或以上得 。

任务评价表

<table>
<tr><td rowspan="2">项目</td><td colspan="6" rowspan="2">评价内容
综合能力测评：
（1）请在对应条目的○内打“√”或“×”，不能确定的条目不填，可以在小组评价时让本组同学讨论并写出结论。
（2）评价结果全对得 ，错一项得 ，错两项得 。</td><td colspan="3">评价等级
（学生互评）</td></tr>
<tr><td></td><td></td><td></td></tr>
<tr><td rowspan="4">综合能力
测评项目
（组内互评）</td><td colspan="2">○按时到场</td><td colspan="2">○工装齐备</td><td colspan="2">○书、本、笔齐全</td><td></td><td></td><td></td></tr>
<tr><td colspan="2">○安全操作</td><td colspan="2">○责任心强</td><td colspan="2">○7S 管理规范</td><td></td><td></td><td></td></tr>
<tr><td colspan="2">○学习积极主动</td><td colspan="2">○合理使用教学资源</td><td colspan="2">○主动帮助他人</td><td></td><td></td><td></td></tr>
<tr><td colspan="2">○接受工作分配</td><td colspan="2">○有效沟通</td><td colspan="2">○高效完成工作任务</td><td></td><td></td><td></td></tr>
<tr><td rowspan="2">专业能力
测评项目
（组间互评）</td><td rowspan="2">作用</td><td>二极管</td><td></td><td></td><td></td><td></td><td colspan="3"></td></tr>
<tr><td>晶体管</td><td></td><td></td><td></td><td></td><td></td><td></td><td></td></tr>
<tr><td>小组评语及建议</td><td colspan="6">他（她）做到了：

他（她）的不足：

给他（她）的建议：</td><td colspan="3">组长签名：

年 月 日</td></tr>
<tr><td>老师评语及建议</td><td colspan="6"></td><td colspan="3">评价等级：______

教师签名：

年 月 日</td></tr>
</table>

工作任务3　晶体管控制电路检修的方案实施

班级______ 姓名______ 学号______ 工号______ 日期______ 测评等级______

一、工作与学习目标

◆ 能够根据制订的维修方案排除故障
◆ 能检测并判断电子元器件工作性能
◆ 能够总结排故思路并相互评价

二、工作过程及学习记录

（1）诊断仪初步诊断。
（2）检查电源、接地、线圈、晶体管、二极管、电阻、线路。
（3）再次使用诊断仪诊断。

检测项目	检测端子	操作事项	检测结果	初步判断
故障部位：				
排除方法：				

（4）总结故障排除思路并示范。

____
____。

（5）其他组的思路给了我以下启发。

____
____。

三、工作效果评价

1. 自我评价

（1）通过本次学习，我学到的知识点/技能点有：______________
____。
不理解的有：______________________________。
（2）我认为在以下方面还需要深化学习并提升岗位能力：__________
____。

（3）本次工作和学习过程中，我的表现可得到：□ □ □ 。

2. 互相评价

（1）综合能力测评：参阅评价内容说明。

（2）专业能力测评。

①“晶体管控制电路”由评价人任意设定一个晶体管故障点，评价对象对设定的故障点进行诊断排除，评价人依据结果判断正误，给予评定。

②评价结果全对得 ，错一项得 ，错两项或以上得 。

任务评价表

项目	评价内容 综合能力测评： （1）请在对应条目的○内打“√”或“×”，不能确定的条目不填，可以在小组评价时让本组同学讨论并写出结论。 （2）评价结果全对得 ，错一项得 ，错两项得 。						评价等级（学生互评）		
综合能力测评项目（组内互评）	○按时到场		○工装齐备		○书、本、笔齐全				
	○安全操作		○责任心强		○7S 管理规范				
	○学习积极主动		○合理使用教学资源		○主动帮助他人				
	○接受工作分配		○有效沟通		○高效完成工作任务				
专业能力测评项目（组间互评）	作用	二极管							
		晶体管							
小组评语及建议	他（她）做到了： 他（她）的不足： 给他（她）的建议：						组长签名： 年 月 日		
老师评语及建议							评价等级：______ 教师签名： 年 月 日		

工作任务4　晶体管控制电路检修完工检验

班级______　姓名______　学号______　工号______　日期______　测评等级______

一、工作与学习目标

◆ 能够按照企业标准对车辆进行检验

◆ 能够确认故障排除并对晶体管控制电路的使用提出合理化建议

二、检验项目

项目	检验结果			备注

故障指示灯亮4～6s后熄灭				
保险丝及保险丝盒复位完整				
所有装饰件完好				
连接器连接可靠				
未有工具设备遗漏				

三、根据所学知识，提出晶体管控制电路使用和检修的合理化建议，并进行展示

____
____
____
____
____。

单元三　思考与练习

一、填空题

1. 三极管有两个________结，分别为________、________，三个电极分别为________、________和________，三极管按内部结构不同可分为________和________型。

2. 晶体三极管实现电流放大作用的偏置条件是________正偏和________反偏，电流分配关系是________。

3. 在模拟电子电路中，晶体管通常被用作________元件，工作在输出特性曲线上的________区；在数字电子电路中，晶体三极管通常被用作________元件，工作在输出特性曲线上________区或________区或________区。

4. 在一块正常放大电路板上，测得三极管 1、2、3 脚对地电压分别为 −10V、−10.2V、−14V，则该管为________型________材料三极管，1 脚是________极，2 脚是________极，3 脚是________极。

5. NPN 型三极管，当 $U_{BE}>0.5V$，$U_{BE}>U_{CE}$时，工作在________状态；当 $U_{BE}>0.5V$，$U_{BE}<U_{CE}$时，工作在________状态；当 $U_{BE}<0$ 时，工作在________状态。

6. 放大器的主要功能就是________不失真地放大。

7. 放大器按用途不同可分为________、________和________，按信号频率高低可分为________、________、和________等。

8. 放大器的静态是指________为零时的工作状态：当有信号输入时电路中的电压、电流都随输入信号作相应变化，称为________。

9. 为了使放大器不失真地放大信号，放大器必须设置适当的________以保证三极管始终工作在________区。

10. 画放大器的直流通路时把________视为开路，画交流通路时把________和________视为短路。

二、选择题

1. 三极管的发射结正偏，集电结反偏时，三极管处于（　　）。

A. 放大状态　　B. 饱和状态　　C. 截止状态

2. 三极管在饱和状态时，它的 I_C将（　　）。

A. 随 I_B的增加而增加　　B. 随 I_B的增加而减小　　C. 与 I_B无关

3. 三极管的特性曲线是指它的（　　）。

A. 输入特性曲线　　B. 输出特性曲线　　C. 输入特性和输出特性曲线

4. 在三极管的输出特性曲线中，每一条曲线与（　　）对应。

A. 输入电压　　B. 基极电压　　C. 基极电流

5. 用万用表测得电子线路中的晶体管 $U_E=-3V$，$U_{CE}=6V$，$U_{BC}=-5.4V$，则该晶体管是（　　）。

A. PNP 型，处于放大状态　　B. PNP 型，处于截止状态

C. NPN 型，处于放大状态　　D. NPN 型，处于截止状态

6. 3DG6 型晶体管是（　　）。

A. 高频小功率硅 NPN 型三极管

B. 高频小功率锗 NPN 型三极管

C. 高频小功率锗 PNP 型三极管

三、判断题

1. 晶体三极管的发射区和集电区是由同一类半导体（N 型或 P 型）构成的，所以发射极和集电极可以相互调换使用。（　　）

2. 晶体三极管的放大作用具体体现在 $\Delta I_C=\beta\Delta I_B$。（　　）

3. 晶体三极管具有能量放大作用。（　　）

4. 晶体二极管和晶体三极管都是非线性器件。（　　）

5. 因三极管有两个 PN 结，二极管有一个 PN 结，所以用两个二极管可连接成一个三极管。

6. 晶体三极管的主要性能是具有电压和电流放大作用。(　　)
7. 放大器具有能量放大作用。(　　)
8. 放大器必须对电信号有功率放大作用，否则不能称为放大器。(　　)
9. 放大器的主要技术指标，仅指电压放大倍数。(　　)
10. 放大器的输入电阻与静态工作点有关。(　　)

四、简答题

1. 晶体管有哪三种工作状态？其外部条件是什么？
2. 晶体管式闪光器具有哪些优点？

项目二

汽车电源系统检修

单元一　蓄电池亏电的故障检修

班级______　姓名______　学号______　工号______　日期______　测评等级______

<table>
<tr><td>工作任务</td><td colspan="2">蓄电池亏电的故障检修</td><td>教学模式</td><td colspan="2">任务驱动和行动导向</td></tr>
<tr><td>建议学时</td><td colspan="2">4 学时</td><td>教学地点</td><td colspan="2">一体化实训室</td></tr>
<tr><td>任务描述</td><td colspan="4">有一客户开来一辆卡罗拉轿车，发动机在中等转速时，充电指示灯不熄灭，要求给予维修。要完成这个工作任务，我们需掌握蓄电池的结构及工作原理，以及充电系其他常见故障现象及检修方法。作为维修技工，需要根据维修手册，参考相关资料排除故障，提出合理化使用建议，并最终检验合格后交付前台。下面就分步来完成本学习情境的学习任务。</td><td>
维修流程?</td></tr>
<tr><td>学习目标</td><td colspan="4">1. 能正确使用数字万用表、高率放电计、密度计对蓄电池进行检测，并能准确判断蓄电池的技术性能。
2. 能正确使用充电机对蓄电池进行充电。
3. 学会更换蓄电池。</td><td>
</td></tr>
<tr><td rowspan="5">学习准备</td><td colspan="5">1. 设备器材：卡罗拉汽车 1 台，工具车 2 台，数字万用表 4 块，卡罗拉维修手册 2 份，高率放电计 4 个，密度计 4 个，带刻度的玻璃管（5mm 内径）4 个，充电机 2 个，小针 10 个，蒸馏水，凡士林，砂布，网络资源。
2. 分六组，小组人员岗位分配表（由组长分配）。</td></tr>
<tr><td rowspan="2">工作岗位</td><td colspan="2">时段一</td><td colspan="2">时段二</td></tr>
<tr><td colspan="2">______年______月______日
____时____分至____时____分</td><td colspan="2">______年______月______日
____时____分至____时____分</td></tr>
<tr><td>主修人员（1 人）</td><td colspan="2"></td><td colspan="2"></td></tr>
</table>

续表

<table>
<tr><td>工作任务</td><td colspan="2">蓄电池亏电的故障检修</td><td>教学模式</td><td>任务驱动和行动导向</td></tr>
<tr><td>建议学时</td><td colspan="2">4 学时</td><td>教学地点</td><td>一体化实训室</td></tr>
<tr><td rowspan="8">学习准备</td><td rowspan="2">工作岗位</td><td colspan="2">时段一</td><td>时段二</td></tr>
<tr><td colspan="2">______年______月______日
___时___分至___时___分</td><td>______年______月______日
___时___分至___时___分</td></tr>
<tr><td>辅修人员（1 人）</td><td colspan="2"></td><td></td></tr>
<tr><td>工具管理（1 人）</td><td colspan="2"></td><td></td></tr>
<tr><td>零件摆放（1 人）</td><td colspan="2"></td><td></td></tr>
<tr><td>安全监督（1 人）</td><td colspan="2"></td><td></td></tr>
<tr><td>质量检验（1 人）</td><td colspan="2"></td><td></td></tr>
<tr><td>7S 监督（2 ~ 4 人）</td><td colspan="2"></td><td></td></tr>
</table>

【知识要点】

蓄电池是一种将化学能转变为电能的装置，属于可逆的直流电源，它既能将化学能转化为电能，也能将电能转换为化学能。用于汽车上的蓄电池，必须满足起动发动机的需要，即在 5 ~ 10 s 的短时间内，提供汽车起动机足够大的电流。汽油机起动电流为 200 ~ 600 A，有的柴油机起动电流达 1000 A。在发动机工作时，汽车用电设备所需电能主要由发电机供给。

一、蓄电池的作用和种类

蓄电池是一种将化学能转化为电能的装置，是可逆的直流电源。用于汽车上的蓄电池为汽车发动机起动提供电能。

目前汽车上使用的蓄电池主要有两大类：铅酸蓄电池（以下简称铅蓄电池）和铅碱蓄电池。同时，由于人们对燃油汽车排放要求的提高和能源危机的冲击，各国正在不断探索和研制电动汽车，其主要的动力源为新型高能蓄电池。

由于铅酸蓄电池结构简单，价格低廉，易于满足大量生产的汽车的需要，同时其内阻小，起动性能好，能在短时间内供给起动机所需要的大电流，因此在汽车上得到了广泛应用。本书中所提到的蓄电池，如不作特殊说明，指的都是铅酸蓄电池。

车用蓄电池可分为湿荷电蓄电池、干荷电蓄电池、免维护蓄电池和少维护蓄电池 4 种。

二、蓄电池的构造

普通铅酸蓄电池主要由极板、隔板、电解液、壳体和联条等部分组成，结构如图 2 – 1 所示。蓄电池由 3 只或 6 只单格电池串联而成，每只单格电池电压约为 2V，串联成 6V 或 12V 以供汽车选用。汽油机汽车均选用 12V 蓄电池；柴油机汽车电源设计为 24V。

1. 极板

极板是蓄电池的核心部分，蓄电池充放电过程中，电能与化学能的相互转换依靠极板上的活性物质与电解液中硫酸的化学反应来实现。极板分正、负极板两种，均由栅架和活性物质组成。结构如图 2 - 2 所示。

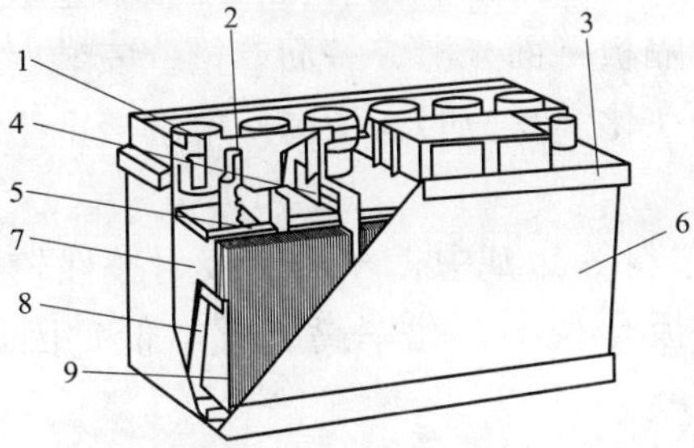

图 2 - 1　蓄电池的结构

1 - 排气栓；2 - 负极桩；3 - 电池盖；4 - 穿壁连接；5 - 汇流条；6 - 整体槽；7 - 负极板；8 - 隔板；9 - 负极板

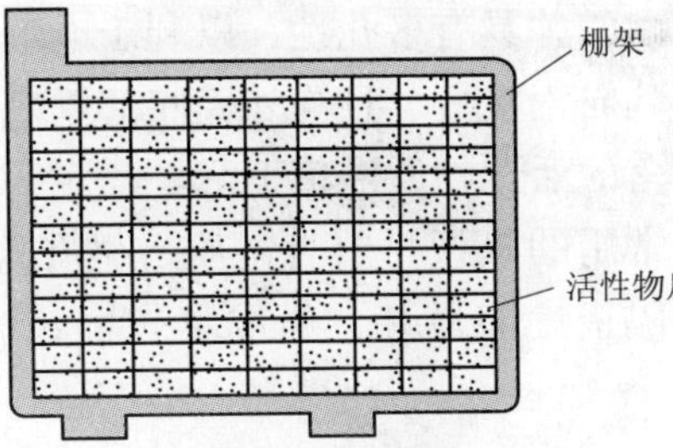

图 2 - 2　极板

栅架的作用是固结活性物质。栅架一般由铅锑合金铸成，具有良好的导电性、耐蚀性和一定的机械强度。铅锑合金中，铅占 94%，锑占 6%。加入少量的锑是为了提高栅架的机械强度和浇铸性能。但是铅锑合金耐电化学腐蚀性能较差，锑有一定的副作用，会加速氢的析出而加速电解液的消耗，还会引起蓄电池自放电和栅架腐烂，缩短蓄电池使用寿命。所以，多采用低锑合金栅架，含锑量为 2% ~3. 5%。在板栅合金中加入 0. 1% ~0. 2% 的砷，可以减缓腐蚀速度，提高硬度与机械强度，增强其抗变形能力，延长蓄电池的使用寿命。目前，国内外已使用铅锑砷合金作板栅。

正极板上的活性物质为二氧化铅（PbO_2），深棕色；负极板上的活性物质为海绵状纯铅（Pb），深灰色。正、负极板上的活性物质分别充填在铅锑合金铸成的栅架上，是参与电化学反应的工作物质，主要由铅粉、添加剂和一定浓度的稀硫酸混合而成。

极板的厚度对蓄电池的容量和起动性能有着极大的影响。目前国产极板厚度为 1. 8 ~2. 4mm，正极板厚度为 2. 2mm，负极板厚度为 1. 8mm；国外大都采用 1. 1 ~1. 5mm 厚的薄型极板。

将正、负极板各一片浸入电解液中，可获得 2 V 左右的电动势。为了增大蓄电池的容量，常将多片正、负极板分别并联，组成正、负极板组，如图 2 - 3 所示。在每个单格电池中，正极板的片数要比负极板少一片，这样每片正极板就都处于两片负极板之间，可以使正极板两侧放电均匀，避免因放电不均匀造成极板拱曲。

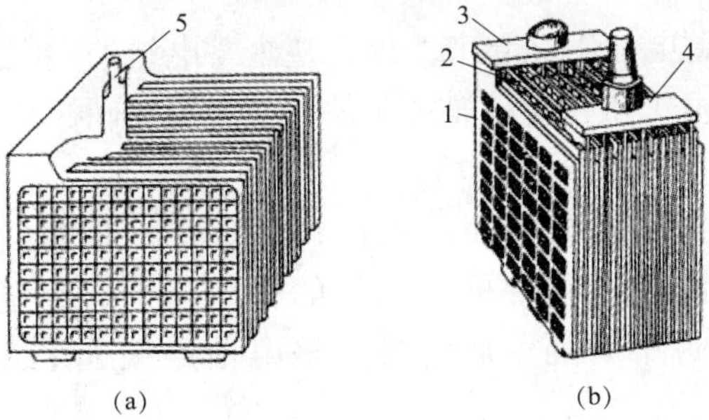

图 2 - 3　极板组

（a）极板组；（b）极板组总成

1 - 极板；2 - 隔板；3、4 - 模板；5 - 极桩

2. 隔板

隔极放置在正负极板之间，将正、负极板隔开，以防正、负极板相互接触造成短路。隔板应耐酸并具有多孔性，以利于电解液的渗透。隔板一面光滑，一面有槽，安装时，有槽的一面朝向正极板，且与外壳底部垂直。其目的是在化学反应时，沟槽使电解液上下沟通，并使脱落的活性物质沿槽下沉。

常用的隔板材料有木质、微孔橡胶和微孔塑料等。其中，木质隔板耐酸性较差；微孔橡胶隔板性能最好，但成本较高；微孔塑料隔板孔径小、孔率高、成本低，因此被广泛采用。

3. 电解液

电解液在蓄电池的化学反应中起到离子间导电的作用，并参与蓄电池的化学反应，由密度为1.84 g/cm^3的纯硫酸和蒸馏水按一定的比例配制而成。两者以不同的比例混合后形成不同密度的电解液。蓄电池电解液的密度一般为1.24～1.31g/cm^3，使用中密度应根据地区、气候条件和制造厂的要求而定。

电解液的密度对蓄电池的工作有重要影响，密度大，可减少结冰的危险并提高蓄电池的容量，但密度过大则黏度增加，反而会降低蓄电池的容量，缩短使用寿命。另外，电解液的纯度也是影响蓄电池性能和使用寿命的重要因素之一。

4. 外壳

蓄电池外壳为一整体式结构的容器，极板、隔板和电解液均装入外壳内。外壳应该耐酸、耐热、耐震。壳体多采用硬橡胶或聚丙烯塑料制成，为整体式结构，底部有凸起的肋条以搁置极板组。

蓄电池电压一般有6V和12V两种规格，因此壳内由间壁分成3个或6个互不相通的单格，各单格之间用铅质联条串联起来。壳体上部使用相同材料的电池盖密封，电池盖上设有对应于每个单格电池的加液孔，用于添加电解液和蒸馏水，以及测量电解液密度、温度和液面高度。加液孔盖上的通风孔可使蓄电池化学反应中产生的气体顺利排出。在极板组上部装有防护板，以防止测量电解液相对密度、液面高度或添加电解液时，损坏极板上部。

5. 联条

联条的作用是将单格蓄电池串联起来，提高整个蓄电池的端电压。联条一般由铅锑合金铸造而成，有外露式、跨桥式和穿壁对焊式3种，前者用在硬橡胶外壳和盖上，后两种用在塑料外壳和盖上。

外露式是指连接条外露在蓄电池盖的上面；跨桥式是指连接条下部在蓄电池的平面上，或埋在盖下，连接部分跨接在各单格电池的中间壁上；穿壁对焊式是指在中间壁上打孔，使极板组柄直接穿过中间隔壁而将各单格电池连接起来。穿壁对焊式连接方式如图2－4所示。

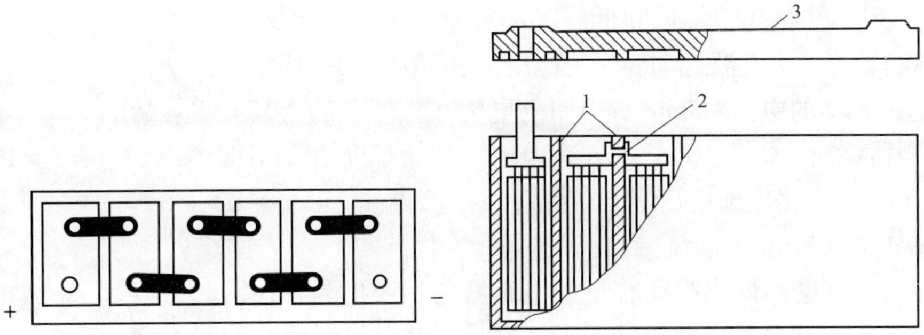

（a）　　（b）

图 2－4　单格电池的连接方式

（a）外露式；（b）穿壁式

1－容器间壁；2－联条；3－蓄电池盖。

6. 加液孔盖

加液孔盖是用来封住加液孔的，用橡胶或塑料制成。旋入孔盖可防止电解液溅出，盖上有通气孔，可随时排出蓄电池内的 H_2 和 O_2，以免发生爆炸事故。下部有特制的隔层，作用是在汽车颠簸时，防止电解液从通气孔中溅出。新的蓄电池通气孔是密封的，在使用时，应先将盖上的通气孔打开，以保持畅通。

7. 极桩

极桩是蓄电池极板与汽车电气系统的连接件，它分为正极桩和负极桩两个，正极桩用“＋”或涂以红颜色表示，负极桩用“－”或涂以蓝颜色表示。极桩由铅锑合金铸成。

三、影响蓄电池容量的因素

1. 蓄电池的容量

蓄电池的容量标志着蓄电池对外供电的能力。一只完全充足电的蓄电池，在允许的放电范围内所输出的电量称之为蓄电池的容量

（1）额定容量。

额定容量是检验蓄电池质量的重要指标之一。GB 5008.1—1991 标准规定，以 20 h 放电率的放电电流在电解波初始温度为 25 ±5℃，密度为 1.28 ±0.01 g/cm³（25℃）的条件下，连续放电到现定的单幅终止电压 1.75 V，蓄电池所输出的电荷量，称为蓄电池的额定容量，记为 C_{20}。

例如，6－QA－60 型蓄电池，在电解液初始温度为 25℃时，以 3 A 的放电电流持续放电 20h，单格电压降到 1.75 V，其额定容量 $C_{20}=3\times 20$ A·h＝60 A·h。

（2）额定储备容量。

额定储备容量是指充足电的蓄电池在电解度为 25℃条件下，以 25 A 电流放电到单格终止电压 1.75 V 时所能维持的时间。符号为 C_m，单位为 min。它是国际上通用的另一种蓄电池容量表示方法。

（3）起动容量。

起动容量是表示蓄电池在发动机电力起动时的供电能力，用倍率和持续时间表示。起动

容量有两种规定：常温起动容量和低温起动容量。

① 常温起动容量。常温起动容量为电解液初始温度为 25℃时，以 5 min 至单格电池电压降至 1.5V 时所输出的电荷。5min 放电率的电流在数值上约为其额定容量的 3 倍。例如，对于 6—Q—100 型蓄电池，$C_{20}=100\text{A}\cdot\text{h}$，在电解液初始温度为 25℃时，以 $3C_{20}=3\times100\text{A}=300\text{A}$ 的电流放电 5min，单格电池电压降至 1.5V，蓄电池端电压降至 $1.5\times6\text{V}=9\text{V}$，其起动容量为 $300\times5/60\text{A}\cdot\text{h}=25\text{A}\cdot\text{h}$。

② 低温起动容量。低温起动容量为电解液初始温度为 -18℃时，以 5min 放电率的电流放电，放电 2.5min 至单格电池电压降至 1V 时所输出的电荷。

提示：发动机长期处于急速或低速工况工作，蓄电池容易出现亏电。

2. 影响蓄电池容量的因素

影响蓄电池容量的因素有以下四方面：

（1）极板的构造。

极板的面积大，能参与电化学反应的活性物质就多，故其容量也就大。采用薄型极板、增加极板的片数以及提高活性物质的孔率，都有利于提高蓄电池的容量。

（2）放电电流。

放电电流越大，蓄电池的容量就越低。因为放电电流越大，单位时间所消耗的硫酸越多，极板孔隙内由于硫酸消耗较快造成孔隙内电解液密度下降相对较快，所以大电流放电时，极板表面活性物质的孔隙极易被生成的硫酸铅堵塞，使孔限内实际参加化学反应的活性物质的数量下降。因此随着放电电流的增加，蓄电池的容量也会减小。蓄电池容量与放电电流的关系如图 2-5 所示。

（3）电解液的温度。

电解液温度较低时，其黏度增大，致使渗透能力下降，造成容量降低。此外，温度越低，电解液的溶解度与电离度也越低，则加剧了容量的下降。蓄电池容量与温度的关系如图 2-6 所示。

温度每下降 1℃，容量下降约为 1%（小电流放电）或 2%（大电流放电）。因此，适当提高蓄电池的温度（<40℃）将有利于提高蓄电池的容量及起动性能。

在寒冷地区冬季起动汽车时，由于低温和大电流放电，蓄电池端电压下降较多，是造成起动困难的原因之一。

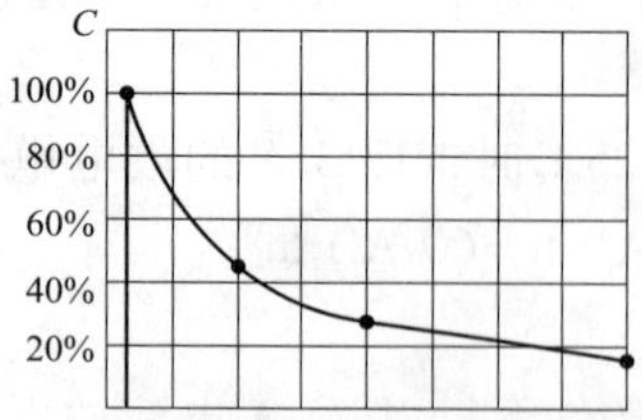

图 2-5　蓄电池容量与放电电流的关系

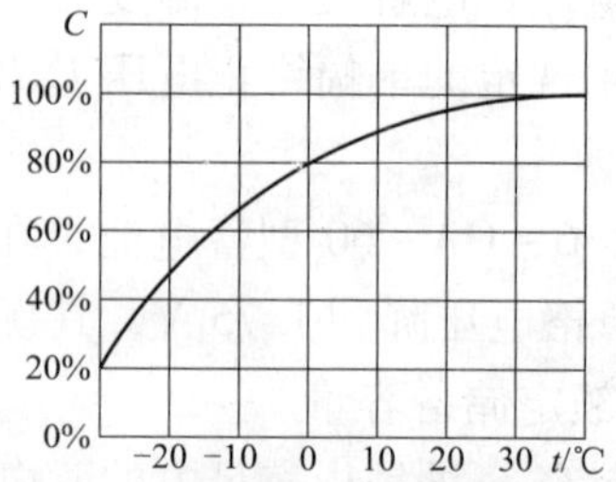

图 2-6　蓄电池容量与温度的关系

在使用起动机起动发动机时，一次起动时间不应超过 5 s；连续两次起动应间隔 15 s 以上，使电解液充分渗透到极板孔隙内层，以提高极板孔隙内活性物质的利用率和再次起动的端电压，延长蓄电池的使用寿命。

（4）电解液的密度。

适当增加电解液的相对密度，可减小内阻，有利于提高电解液的渗透能力，使蓄电池的容量增加。但相对密度较高时，由于电解液的黏度增加使内阻增加，引起渗透能力降低从而导致容量下降。此外，电解液密度较高时，易造成极板硫化而导致容量下降。蓄电池容量与电解液密度的关系见图 2－10。实践证明，电解液密度偏低，有利于提高放电电流和容量以及延长蓄电池的使用寿命，冬季在不使电解液结冰的前提下，也应尽可能采用稍低密度的电解液。

四、蓄电池的型号

按照我国原机械工业部 JB2599－85《起动型铅蓄电池标准》规定，其型号的编制由五部分组成，蓄电池的型号一般都标注在外壳上，蓄电池产品型号和含义如下：

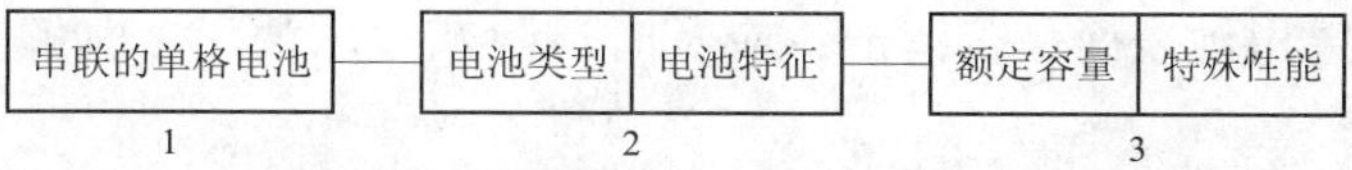

第 1 部分表示串联的单格电池数，用阿拉伯数字组成，其标准电压是这个数字的 2 倍。

第 2 部分表示蓄电池的类型和特征，用汉语拼音字母表示。其中，前半部分字母表示蓄电池的类型，如“Q”表示起动用铅蓄电池；后半部分为蓄电池的特征代号，如“A”表示干荷电式，具有两种特征时按表 4－2 顺序将两个代号并列标志，各代号具体含义见表2－1。

表 2－1　铅蓄电池特征代号

特征代号	蓄电池特征	特征代号	蓄电池特征	特征代号	蓄电池特征
A	干荷电	J	胶体电解液	D	带液式
H	湿荷电	M	密封式	Y	液密式
W	免维护	B	半密封式	Q	气密式
S	少维护	F	防酸式	I	激活式

第 3 部分表示蓄电池的额定容量，我国目前规定采用 20 h 放电率的容量安培小时数 A·h。

此外，有的蓄电池在额定容量后面用一个字母表示其具有的特殊性能，如：Q—高起动率；S—塑料槽；D—低温起动性能好。

例如，CA1170P2K2 柴油车用型号为 6—QAW—100S 的蓄电池，是由 6 个单格串联而成，标准电压为 12 V，干荷电式免维护蓄电池，它采用了塑料整体式外壳，薄型极板，使用时只需加入规定密度的电解液，静止 0.5 h，就可以投入使用。

五、蓄电池充电注意事项

蓄电池充电时有许多安全注意事项，应该严格遵守。

（1）严格遵守各种充电方法的充电规范。

（2）将充电机与蓄电池连接时，要注意极性，正对正，负对负，以免损坏蓄电池。

（3）在充电机工作时，不要连接或脱开充电机引线。

（4）在充电过程中，注意各个单格电池电压和电解液密度，及时判断充电程度和技术状况。

（5）在充电过程中，要注意各个单格电池的温升，以免温度过高影响蓄电池的使用性能。

（6）室内充电时，打开蓄电池加液孔盖，使气体顺利逸出，以免发生事故。

（7）充电室要安装通风设备，严禁在蓄电池附近产生电火花、明火和吸烟。

（8）充电时，导线必须连接可靠。

六、蓄电池的使用与维护

1. 蓄电池的维护

实践证明，只有正确使用与维护蓄电池，才能保证蓄电池经常处于完好的工作状态并延长其使用寿命。在日常使用中，应注意做好以下工作：

（1）定期检查蓄电池安装是否牢固，线夹与极桩的连接是否牢固，并及时清除线夹和极桩上的氧化物。在其表面涂上凡士林或黄油可防止氧化。

（2）经常检查蓄电池表面是否清洁，应及时清除灰尘、油污、电解液等脏物，畅通加液孔盖通气小孔。

（3）定期检查电解液的液面高度。液面一般应高出极板 10 ~ 15 mm，液面过低时应及时补充蒸馏水。除非确知液面降低是由于电解液溅出所致，否则一般不允许加注硫酸溶液。

（4）检查蓄电池的放电程度，如果放电程度冬季超过 25%，夏季超过 50% 时，就应立即对蓄电池进行补充充电。

（5）定期对蓄电池进行补充充电，不考虑蓄电池放电程度，强制性进行补充充电，以保证蓄电池始终保持充足电状态；避免极板硫化。定期补充充电一般为每月一次，城市公共汽车可短些，而长途运输车辆可更长一些。

（6）连接蓄电池时，细心查明极性，不要接错。

（7）脱开蓄电池时，始终要先拆负极（搭铁）电缆。

（8）千万不要把工具放在蓄电池上，它们可能会同时触及到两个极桩，使蓄电池短路而引起事故。

2. 蓄电池常见故障

蓄电池的外部故障有壳体或盖子裂纹、封口胶干裂、极桩松动或腐蚀等；内部故障有极板硫化、活性物质脱落、极板短路、自行放电、极板拱曲等。下面简单分析几种常见故障现象和原因以及排除方法。

（1）极板硫化。

蓄电池长期处于放电状态或者充电不足状态，会在极板上逐渐生成一层白色的粗晶粒硫酸铅，正常充电时，不能转化为 PbO_2 和 Pb，称为硫酸铅硬化，简称硫化。这种粗晶粒硫酸铅会堵塞极板孔隙，使电解液渗入困难，容量降低且硫化层导电性差，内阻显著增大，起动性能和充电性能下降。

（2）自行放电。

充足电的蓄电池，放置不用，会逐渐失去电荷，这种现象称为自行放电。对于充足电的蓄电池，如果每昼夜容量下降不大于 2%，就是正常的自放电，超过 2% 就是有故障了。

自行放电的原因主要有：

1）电解液不纯，杂质与极板之间以及沉附于极板上的不同杂质之间形成电位差，通过电解液产生局部放电。

2）电池溢出的电解液堆积在盖板上，使正负极桩形成通路。

3）极板活性物质脱落，下部沉淀物过多使极板短路。

4）蓄电池长期放置不用，硫酸下沉，下部密度比上部大，极板上下部发生电位差引起自行放电等。

（3）极板短路。

隔板损坏、极板拱曲变形或活性物质大量脱落都会造成极板短路。

极板短路的外部特征是充电电压低，密度上升很慢，充电中气泡很少，而且用高率放电叉测试时，单格电池电压很低或者为零。

对于短路的蓄电池必须拆开，查明原因并排除故障。

（4）活性物质脱落。

活性物质脱落，主要是指正极板上 PbO_2 的脱落，这是蓄电池早期损坏的主要原因之一。

充电中，如果正极板形成致密的 PbO_2 层则不易脱落，然而实验证明，致密的 PbO_2 层是在疏松的 $PbSO_4$ 表面上形成的。所以 PbO_2 脱落的主要原因是放电而不是充电。实验证明，降低电解液密度，减小放电电流以及提高电解液温度，都有利于形成疏松的 $PbSO_4$ 层，因而有利于防止活性物质脱落。反之，若采用高密度电解汇或者是低温大电流放电，都容易形成致密的 $PbSO_4$ 层，加速活性物质脱落。

负极板上活性物质脱落的主要原因是大电流过充电，产生大量的氢气和氧气，当氢气从负极板的孔隙向外冲出时，会使活性物质脱落。

另外，汽车行驶中的颠簸振动，也会加速活性物质的脱落。

工作任务1　蓄电池亏电检修的任务分析

班级______　姓名______　学号______　工号______　日期______　测评等级______

一、工作与学习目标

- ◆能确认实际故障现象
- ◆能初步维护蓄电池

二、工作过程及学习记录

（1）蓄电池外观检查。

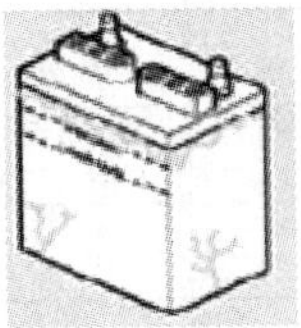	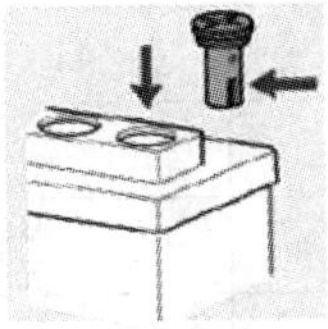	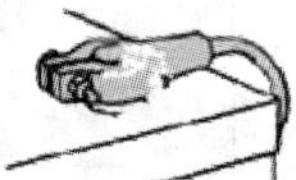	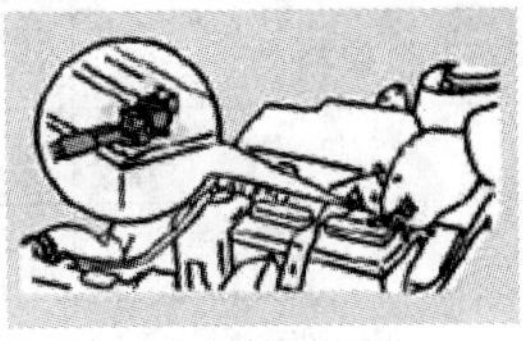
裂纹检查	通气孔检查	腐蚀检查	安装牢固性检查

检查蓄电池外壳是否有裂纹。

正常 □　　损伤 □

检查加液孔盖通气孔是否畅通。

正常 □　　堵塞 □

检查正、负极柱是否腐蚀。

正常 □　　腐蚀 □

检查正、负极柱安装是否牢固。

正常 □　　松动 □

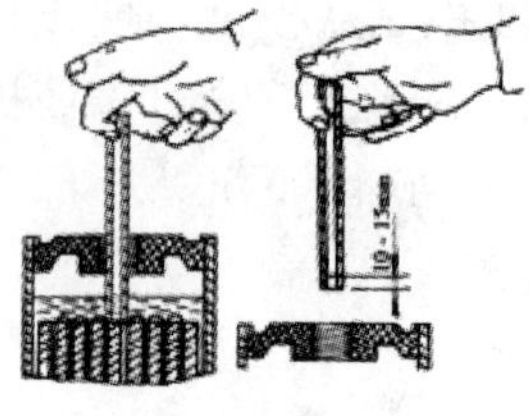

玻璃管检查法

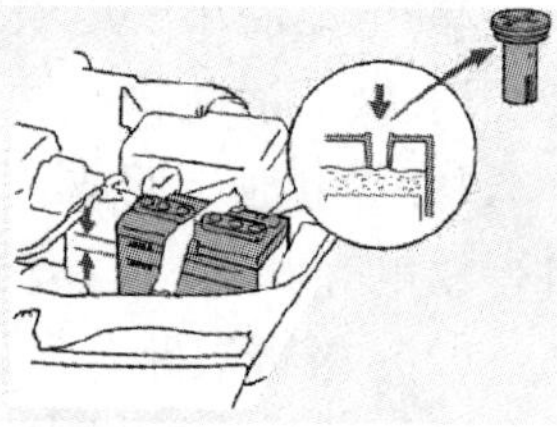

液面高度指示线检查法

（2）蓄电池液面高度检查（根据蓄电池型号选择检查方法）。

①玻璃管检查法。

单格数	1	2	3	4	5	6
测量值						
正常						
低于标准						
高于标准						

开路端电压检测法

②液面高度指示线检查法。

正常 □　　低于标准 □　　高于标准 □

（3）电荷情况检查（自行选择一种或两种结合的方法进行检测）。

①利用数字万用表对蓄电池进行检测检查蓄电池的开路端电压。

测量值：________　正常 □　　低于标准 □

②利用高率放电计对蓄电池进行检测。

以 20 小时放电率对蓄电池放电 5s，判断蓄电池的技术性能。

测量值：________　正常 □　　需要充电 □　　更换 □

高率放电计检查法

③通过蓄电池指示器进行检查。

正常 □　　需要充电 □　　更换 □

④利用密度计对蓄电池进行检测。

通过对蓄电池各单格电解液的密度检测，判断蓄电池的技术性能。

指示器检查法

电解液温度：________________________________

单格数	1	2	3	4	5	6
测量值						
正常						
低于标准						
高于标准						

三、工作效果评价

1. 自我评价

（1）通过本次学习，我学到的知识点/技能点有：______________________________

不理解的有：____。

（2）我认为在以下方面还需要深化学习并提升岗位能力：____________________

____。

（3）本次工作和学习过程中，我的表现可得到：□ □ □ 。

2. 互相评价

（1）综合能力测评：参阅评价内容说明。

（2）专业能力测评。

①“蓄电池的检查”由评价人任意指定各检查项目，评价对象进行检查，评价人填写并判断正误，给予评定。

② 评价结果全对得 ，错一项得 ，错两项或以上得 。

任务评价表

<table>
<tr><td rowspan="2">项目</td><td colspan="6" rowspan="2">评价内容
综合能力测评：
（1）请在对应条目的○内打“√”或“×”，不能确定的条目不填，可以在小组评价时让本组同学讨论并写出结论。
（2）评价结果全对得 ，错一项得 ，错两项得 。</td><td colspan="3">评价等级
（学生互评）</td></tr>
<tr><td></td><td></td><td></td></tr>
<tr><td rowspan="4">综合能力
测评项目
（组内互评）</td><td colspan="2">○按时到场</td><td colspan="2">○工装齐备</td><td colspan="2">○书、本、笔齐全</td><td></td><td></td><td></td></tr>
<tr><td colspan="2">○安全操作</td><td colspan="2">○责任心强</td><td colspan="2">○7S 管理规范</td><td></td><td></td><td></td></tr>
<tr><td colspan="2">○学习积极主动</td><td colspan="2">○合理使用教学资源</td><td colspan="2">○主动帮助他人</td><td></td><td></td><td></td></tr>
<tr><td colspan="2">○接受工作分配</td><td colspan="2">○有效沟通</td><td colspan="2">○高效完成工作任务</td><td></td><td></td><td></td></tr>
<tr><td rowspan="2">专业能力
测评项目
（组间互评）</td><td rowspan="2">电荷
检查</td><td>测量项目</td><td></td><td></td><td></td><td></td><td colspan="3"></td></tr>
<tr><td>测量值</td><td></td><td></td><td></td><td></td><td></td><td></td><td></td></tr>
<tr><td>小组评语及建议</td><td colspan="6">他（她）做到了：
他（她）的不足：
给他（她）的建议：</td><td colspan="3">组长签名：
年 月 日</td></tr>
<tr><td>老师评语及建议</td><td colspan="6"></td><td colspan="3">评价等级：______
教师签名：
年 月 日</td></tr>
</table>

工作任务2　蓄电池亏电的故障检修的方案制订

班级______　姓名______　学号______　工号______　日期______　测评等级______

一、工作与学习目标

◆ 能够全面掌握蓄电池

◆ 能根据蓄电池工作原理，制订检修方案

◆ 能够展示学习成果并相互评价

二、工作过程及学习记录

蓄电池的品牌/型号	□　□□
外观检查	完整　缺陷
液面高度	
电荷检查	是　否
是否需要充电	
充电方法选择	

制订蓄电池亏电的检修方案并展示。

序号	检查项目	使用工具
A		
B		

我们组最棒！

三、工作效果评价

1. 自我评价

（1）通过本次学习，我学到的知识点/技能点有：____。

（2）我认为在以下方面还需要深化学习并提升岗位能力：____。

（3）本次工作和学习过程中，我的表现可得到：□ □ □ 。

2. 互相评价

（1）综合能力测评：参阅评价内容说明。

（2）专业能力测评。

①“蓄电池故障”由评价人任意指定检查项目，评价对象应相应进行检查，评价人填写并判断正误，给予评定。

② 评价结果全对得 ，错一项得 ，错两项或以上得 。

任务评价表

<table>
<tr><td rowspan="2">项目</td><td colspan="6" rowspan="2">评价内容
综合能力测评：
（1）请在对应条目的○内打“√”或“×”，不能确定的条目不填，可以在小组评价时让本组同学讨论并写出结论。
（2）评价结果全对得 ，错一项得 ，错两项得 。</td><td colspan="3">评价等级
（学生互评）</td></tr>
<tr><td></td><td></td><td></td></tr>
<tr><td rowspan="4">综合能力
测评项目
（组内互评）</td><td colspan="2">○按时到场</td><td colspan="2">○工装齐备</td><td colspan="2">○书、本、笔齐全</td><td></td><td></td><td></td></tr>
<tr><td colspan="2">○安全操作</td><td colspan="2">○责任心强</td><td colspan="2">○7S 管理规范</td><td></td><td></td><td></td></tr>
<tr><td colspan="2">○学习积极主动</td><td colspan="2">○合理使用教学资源</td><td colspan="2">○主动帮助他人</td><td></td><td></td><td></td></tr>
<tr><td colspan="2">○接受工作分配</td><td colspan="2">○有效沟通</td><td colspan="2">○高效完成工作任务</td><td></td><td></td><td></td></tr>
<tr><td rowspan="2">专业能力
测评项目
（组间互评）</td><td rowspan="2">电荷
检查</td><td>测量项目</td><td></td><td></td><td></td><td></td><td colspan="3"></td></tr>
<tr><td>测量值</td><td></td><td></td><td></td><td></td><td></td><td></td><td></td></tr>
<tr><td>小组评语及建议</td><td colspan="6">他（她）做到了：
他（她）的不足：
给他（她）的建议：</td><td colspan="3">组长签名：
年 月 日</td></tr>
<tr><td>老师评语及建议</td><td colspan="6"></td><td colspan="3">评价等级：______
教师签名：
年 月 日</td></tr>
</table>

工作任务3　蓄电池亏电检修的方案实施

班级______　姓名______　学号______　工号______　日期______　测评等级______

一、工作与学习目标

◆ 能够根据制订的维修方案排除故障
◆ 能检测并判断蓄电池工作性能
◆ 能够总结排故思路并相互评价

二、工作过程及学习记录

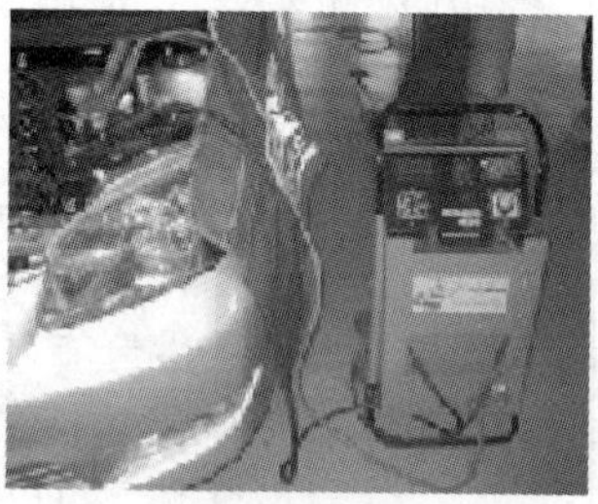
蓄电池的充电

蓄电池的更换

（1）蓄电池的充电。

记录蓄电池充电方法与操作步骤：____；

选择充电电流：______________________________。

（2）蓄电池的更换。

记录蓄电池的更换方法与操作步骤：____。

（3）总结故障排除思路并示范：____。

（4）其他组的思路给了我以下启发：____。

三、工作效果评价

1. 自我评价

（1）通过本次学习，我学到的知识点/技能点有：____。

不理解的有：______________________________。

（2）我认为在以下方面还需要深化学习并提升岗位能力：______________________________。

（3）本次工作和学习过程中，我的表现可得到：□ □ □。

2. 互相评价

（1）综合能力测评：参阅评价内容说明。

（2）专业能力测评。

①“蓄电池亏电检修”由评价人任意设定一个蓄电池故障点，评价对象对设定的故障点进行诊断排除，评价人依据结果判断正误，给予评定。

② 评价结果全对得 ，错一项得 ，错两项或以上得 。

任务评价表

<table>
<tr><td rowspan="2">项目</td><td colspan="6" rowspan="2">评价内容
综合能力测评：
（1）请在对应条目的○内打“√”或“×”，不能确定的条目不填，可以在小组评价时让本组同学讨论并写出结论。
（2）评价结果全对得，错一项得，错两项得。</td><td colspan="3">评价等级
（学生互评）</td></tr>
<tr><td></td><td></td><td></td></tr>
<tr><td rowspan="4">综合能力
测评项目
（组内互评）</td><td colspan="2">○按时到场</td><td colspan="2">○工装齐备</td><td colspan="2">○书、本、笔齐全</td><td></td><td></td><td></td></tr>
<tr><td colspan="2">○安全操作</td><td colspan="2">○责任心强</td><td colspan="2">○7S 管理规范</td><td></td><td></td><td></td></tr>
<tr><td colspan="2">○学习积极主动</td><td colspan="2">○合理使用教学资源</td><td colspan="2">○主动帮助他人</td><td></td><td></td><td></td></tr>
<tr><td colspan="2">○接受工作分配</td><td colspan="2">○有效沟通</td><td colspan="2">○高效完成工作任务</td><td></td><td></td><td></td></tr>
<tr><td rowspan="2">专业能力
测评项目
（组间互评）</td><td rowspan="2">电荷
检查</td><td>测量项目</td><td></td><td></td><td></td><td></td><td colspan="3"></td></tr>
<tr><td>测量值</td><td></td><td></td><td></td><td></td><td></td><td></td><td></td></tr>
<tr><td>小组评语及建议</td><td colspan="6">他（她）做到了：

他（她）的不足：

给他（她）的建议：</td><td colspan="3">组长签名：

年　月　日</td></tr>
<tr><td>老师评语及建议</td><td colspan="6"></td><td colspan="3">评价等级：______

教师签名：

年　月　日</td></tr>
</table>

【知识拓展】

目前，除了铅蓄电池以外，汽车上经常采用的蓄电池有免维护蓄电池、碱性蓄电池等。

一、免维护蓄电池

免维护蓄电池又称 MF 蓄电池。免维护是指在汽车合理使用期间，不需要对蓄电池进行加注蒸馏水、检测电解液液面高度、检测电解液密度等维护作业。与其他铅蓄电池相比，免维护蓄电池具有以下特点：

（1）栅架材料采用铅钙合金或低锑合金。既提高了栅架的机械强度，又减少了蓄电池的耗水量和自放电。

（2）隔板采用了袋式微孔聚氯乙烯隔板。将正极板装在隔板袋内，既可避免正极板上的活性物质脱落，又能防止极板短路。因此壳体底部不需要凸起的肋条，从而降低了极板组的高度，增大了极板上方的容积，使电解液储存量增多。

（3）采用了新型安全通气装置和气体收集器。在蓄电池盖内部设置了一个氧化铝过滤器，可阻止水蒸气和硫酸气体通过，同时又可以使氢气和氧气顺利逸出。通气塞中装有催化剂银，可促使氢、氧离子重新结合成水回到蓄电池中。

（4）蓄电池内部安装有电解液密度计（俗称电眼），可自动显示蓄电池的存电状态和电解液液面的高低。如果密度计的观察窗呈绿色，表明蓄电池存电充足，可正常使用；若显示深绿色或黑色，表明蓄电地存电不足，需补充充电；若显示浅黄色，表明蓄电池已接近报废。

二、碱性蓄电池

碱性蓄电池具有质量轻、寿命长、自放电少等优点，而且没有铅酸蓄电池因过充电和过放电而造成活性物质钝化的现象。但碱性蓄电池活性物质的导电性差、内阻大，价格较高。

碱性蓄电池以氢氧化钾 KOH 的水溶液或氢氧化钠 NaOH 的水溶液为电解液，其中以 KOH 的水溶液作为电解液的应用最为广泛。

碱性蓄电池的典型代表有铁镍蓄电池、镉镍蓄电池、银锌蓄电池等。

三、电动汽车用蓄电池

由于人们对燃油汽车排放要求的提高和石油资源短缺的冲击，世界各国正在不断研制电动汽车以替代燃油汽车。电动汽车不但可以节约石油，而且可以减少废气与噪声污染，是一种理想的交通运输工具。电动汽车上使用的蓄电池应当符合以下要求：使用寿命长，比容量高，使用持续里程长，质量小，充放电性能好。

目前正在研制的新型高能电池很多，如钠硫电池、燃料电池、锌—空气电池、锂合金电池、氢镍电池等。

工作任务4　蓄电池亏电检修完工检验

班级______　姓名______　学号______　工号______　日期______　测评等级______

一、工作与学习目标

◆ 能够按照企业标准对车辆进行检验

◆ 能够确认故障排除并对蓄电池的使用提出合理化建议

二、检验项目

项目	检验结果			备注

故障指示灯亮 4 ~ 6s 后熄灭				
蓄电池复位完整				

续表

项目	检验结果			备注

所有装饰件完好				
连接器连接可靠				
未有工具设备遗漏				

单元一 思考与练习

一、填空题

1. 蓄电池常见有________、________、________和________四种类型。

2. 蓄电池常见故障有________、________、________、________等。

3. 蓄电池充放电过程的总反应方程式为________。

二、选择题

1. 汽车蓄电池有下列哪些作用？(　　)

A. 作为电源

B. 稳压

C. 在汽车充电系统发生故障时提供车辆所必需的电能

D. 都正确

2. (　　) 铅蓄电池使用前，一定要经过初充电。

A. 干荷电

B. 普通

C. 免维护蓄电池

3. 铅蓄电池不使用时，放电严重，电压下降过快的现象是电池（　　）。

A. 电解液消耗过快故障

B. 容量下降故障

C. 自放电严重故障

D. 极板硫化故障

三、判断题

1. 蓄电池正极板比负极板多。(　　)

2. 蓄电池极板越厚越好。(　　)

3. 蓄电池的放电电流越大，其输出容量越大。(　　)

四、名词解释

额定容量

五、简答题

1. 蓄电池充电有哪几种类型？各有什么特点？

2. 蓄电池故障各有什么特点？

单元二　发电机总成的拆装与检测

班级______　姓名______　学号______　工号______　日期______　测评等级______

工作任务	发电机总成的拆装与检测	教学模式	任务驱动和行动导向
建议学时	4 学时	教学地点	一体化实训室
任务描述	有一客户的现代轿车在起动发动机前充电指示灯亮，起动发动机后，充电指示灯不灭，行驶一段距离后，蓄电池亏电严重，发动机无法起动，要求给予检修。要完成这个工作任务，首先我们还需掌握发电机的结构及工作原理，发电机常见故障现象及检修方法，作为维修技工，需要根据维修手册，参考相关资料排除故障，提出合理化使用建议，并最终检验合格后交付前台。下面就分步来完成本学习情境的学习任务。	 维修流程？	
学习目标	1. 能正确使用数字万用表、高率放电计、密度计对蓄电池进行检测，并能准确判断蓄电池的技术性能。 2. 能分析交流发电机的工作原理。 3. 能对交流发电机进行拆装与检测。 4. 学会更换发电机。		
学习准备	1. 设备器材：现代轿车 1 台，工具车 2 台，数字万用表 4 块，现代轿车维修手册 2 份，实验台 3 个，发电机 6 个，检测工具，网络资源。 2. 分六组，小组人员岗位分配表（由组长分配）。		

工作岗位	时段一 ______年______月______日 ___时___分至___时___分	时段二 ______年______月______日 ___时___分至___时___分
主修人员（1 人）		
辅修人员（1 人）		
工具管理（1 人）		
零件摆放（1 人）		
安全监督（1 人）		
质量检验（1 人）		
7S 监督（2 ~ 4 人）		

【知识要点】

发电机是汽车电源的重要组成部分，它与发电机调节器互相配合工作，其主要任务是对除起动机以外的所有用电设备供电，并向蓄电池充电。汽车用发电机可分为交流发电机和直流发电机两种。由于交流发电机在许多方面优于直流发电机，直流发电机已被淘汰，目前所有汽车均采用交流发电机，主要有硅整流交流发电机、感应子式交流发电机等几种，其中普遍应用硅整流交流发电机。

一、交流发电机的结构

汽车用交流发电机，多采用三相同步交流发电机，由 6 只二极管构成三相桥式全波整流器。主要由定子、转子、滑环、电刷、整流二极管、前后端盖、风扇及带轮等组成。JF132 型交流发电机的组件，如图 2 –7 所示。

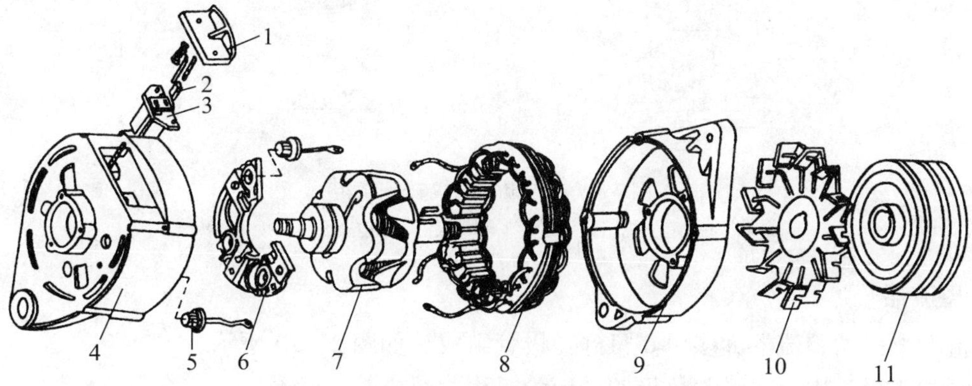

图 2 –7　JF132 型交流发电机的组件

1 – 电刷弹簧压盖；2 – 电刷；3 – 电刷架；4 – 后端盖；5 – 硅二极管；6 – 散热板；
7 – 转子总成；8 – 定子总成；9 – 前端盖；10 – 风扇；11 – 三角皮带轮

1. 转子

转子是发电机的磁场部分，它主要由两块爪极、磁轭、磁场绕组、滑环及轴等组成，如图 2 –8 所示。

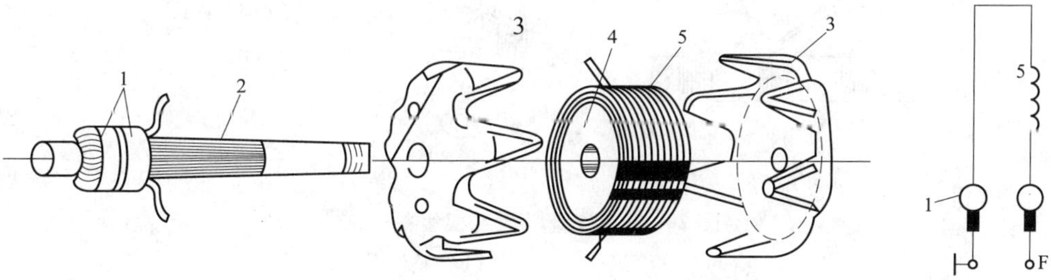

图 2 –8　交流发电机转子

1 – 滑环；2 – 转子轴；3 – 爪极；4 – 磁轭；5 – 磁场绕组

2. 定子

定子是产生和输出交流电的部件，又叫电枢，由定子铁芯和定子绕组组成。

定子槽内置有三相对称绕组，三相绕组大多数采用 Y 形（星形）连接，也有用△形连接的。如图 2 –9 所示。

定子绕组应遵循的原则：

（1）每相绕组的线圈个数、每个线圈的匝数和每个线圈的节距都必须完全相等。

（2）三相绕组的起端 A、B、C（或末端 X、Y、Z）在定子槽内的排列，必须相隔 120°电角度。

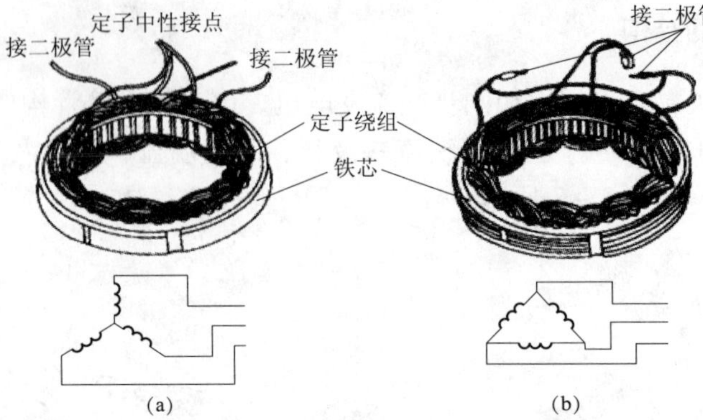

图 2-9　交流发电机转子绕组

（a）定子绕组星形连接；（b）定子绕组三角形连接

3. 整流器

交流发电机的整流器大多由 6 只硅二极管组成，如图 2-10 所示。

外壳为正极、中心引线为负极的二极管，称为负极管，管壳底上注有黑色标记；

外壳为负极、中心引线为正极的二极管，称为正极管，管壳底上有红色标记。

安装三只正极管的整流板（装在外侧）称为正整流板。

安装三只负极管的整流板（装在内侧）称为负整流板。

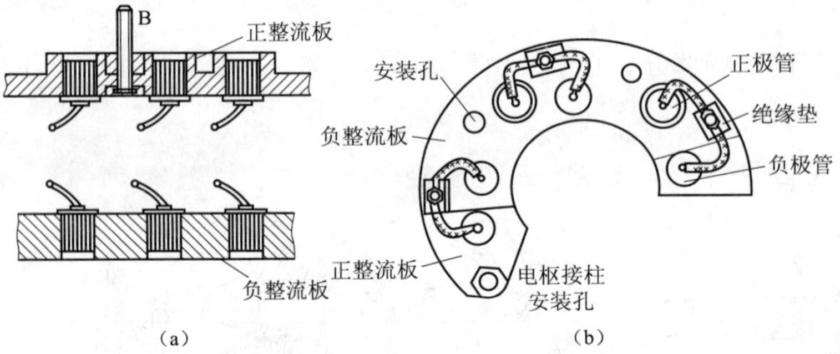

图 2-10　整流极板二极管的安装

（a）二极管安装示意图；（b）整流板总成

4. 带轮及风扇

交流发电机的前端装有带轮和风扇，由发动机通过传动带驱动发电机的转子轴和风扇一起旋转。

发电机工作时，定子绕组和励磁绕组中都会有热量产生，温度过高会烧坏导线的绝缘导致发电机不能正常工作，所以为发电机散热是必需的，为了提高散热能力，有的发电机装有两个风扇（前后各一个）。如丰田轿车的发电机。

5. 端盖

端盖一般分两部分（前端盖和后端盖），起支撑转子、定子、整流器和电刷组件的作用。端盖一般用铝合金铸造，一是有效地防止漏磁，二是铝合金散热性能好后端盖上装有电刷组件。

二、交流发电机的工作原理

1. 交流电动势的产生（图 2－11 所示）。

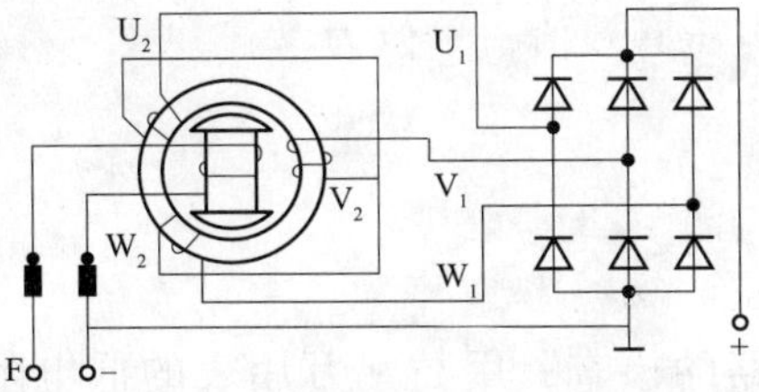

图 2－11　交流发电机工作原理

交流发电机定子的三相绕组按一定的规律排列在发电机的定子槽内，依次相差 120°电角度。

2. 整流原理

六管交流发电机的整流装置实际是一个由 6 只硅整流二极管组成的三相桥式整流电路。如图 2－12（a）所示。3 个二极管 VD_1、VD_3、VD_5 组成共阴极组接法，3 个二极管 VD_2、VD_4、VD_6 组成共阳极组接法。每个时刻有两个二极管同时导通，其中一个在共阴极组，一个在共阳极组，同时导通的两个管子总是将发电机的电压加在负荷两端，如图 2－12（b）、（c）所示。

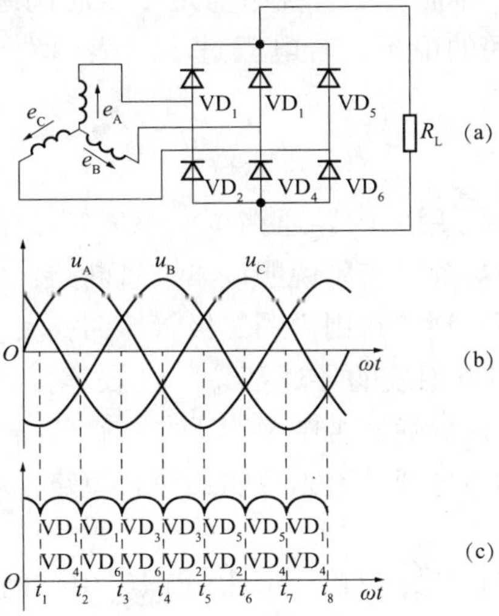

图 2－12　三相桥式整流电路中的电压、电流波形

（a）电路；（b）三相桥式整流电路中的电压；（c）电流波形

当 $0=t_1$ 时，C 相电位最高，而 B 相电位最低，所对应的二极管 VD_5、VD_4 均处于正向导通状态。电流从绕组 C 出发，经 VD_5→负载 R_Δ→VD_4→绕组 B 构成回路。由于二极管的内阻很小，所以此时发电机的输出电压可视为 B、C 绕组之间的线电压。

在 $t_1 \sim t_2$ 时间内，A 相的电位最高，而 B 相电位最低，故对应 VD_1、VD_4 处于正向导通状态。同理，交流发电机的输出电压可视为 A、B 绕组之间的线电压。

在 $t_2 \sim t_3$ 时间内，A 相电位最高，而 C 相电位最低，故 VD_1、VD_6 处于正向导通状态。同理，交流发电机的输出电压可视为 A、C 绕组之间的线电压。

依次类推，周而复始，在负载上便可获得一个比较平稳的直流脉动电压。交流发电机输出电压的平均值为 $U = 2.34U_{\Phi}$。

式中 U——输出直流电压平均值，单位为 V；

U_{Φ}——发电机相电压有效值，单位为 V。

三、发电机的检测

1. 转子的检测

(1) 转子绕组短路与断路的检查：用数字万用表的低电阻挡检测两滑环之间的电阻，应符合技术标准。若阻值为“∞”，则说明断路；若阻值过小，则说明短路。一般阻值为 3.5 ~ 6Ω。

(2) 转子绕组搭铁检查：即检查转子绕组与铁芯（或转子轴）之间的绝缘情况。用万用表导通挡检测两滑环与铁芯（或转子轴）之间的导通情况。若为零且表发出响声，说明有搭铁故障，正常应为“∞”。

2. 定子的检测

(1) 定子绕组短路与断路的检查：用数字万用表的低电阻挡位检测定子绕组三个接线端，两两相测。正常值时阻值小于 1Ω 且相等。阻值为“∞”，说明断路；阻值为零，说明短路。

(2) 定子绕组搭铁检查：即检查定子绕组与定子铁芯间绝缘情况。用数字万用表导通挡测定子绕组接线端与铁芯间的电阻，若电阻过小（表内发出响声），说明有绝缘不良故障。正常应指示“∞”。

3. 整流器的检测

(1) 检测正极管：用数字万用表的导通挡位，黑表笔接整流器输出端子，红表笔分别接整流器各接柱，万用表均应导通，否则说明该二极管断路，应更换整流器总成；调换两表笔进行测试，此时万用表均不导通，否则说明二极管短路，亦应更换整流器总成。

(2) 检测负极管：用数字万用表的导通挡位，红表笔接整流器负管的外壳，黑表笔分别接整流器各接柱，万用表均应导通，否则说明该二极管断路，应更换整流器总成；调换两表笔进行测试，此时万用表均不导通，否则说明二极管短路，亦应更换整流器总成。

工作任务 1　发电机总成的拆装与检测任务分析

班级______　姓名______　学号______　工号______　日期______　测评等级______

一、工作与学习目标

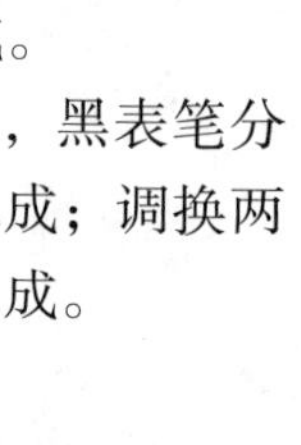

◆能认识交流发电机的构造特点

◆能掌握交流发电机的工作原理

◆掌握交流发电机的检测与维修方法

◆掌握交流发电机的正确使用

二、工作过程及学习记录

（1）如图 2－13 所示为汽车交流发电机的结构图。按要求填写名称及作用。

7 为________部分，其作用是________。8 为________部分，其作用是________。1，9 为________；6 为________；10 为________；11 为________。

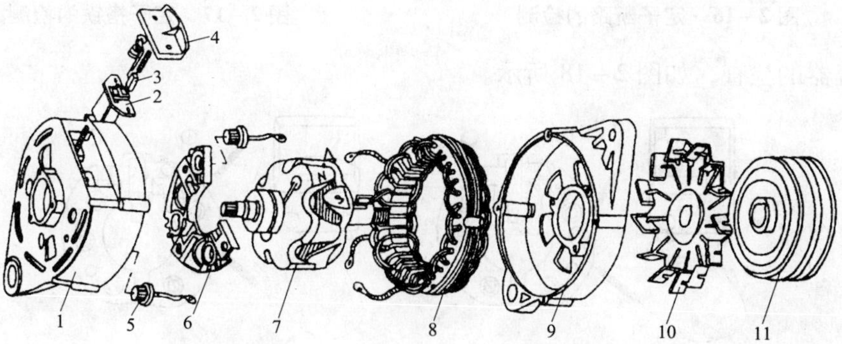

图 2－13　某型号交流发电机结构

（2）写出交流发电机的拆装步骤。

第一步	
第二步	
第三步	
第四步	
第五步	
第六步	
第七步	

（3）零部件检测。

①转子的检测，如图 2－14、图 2－15 所示。

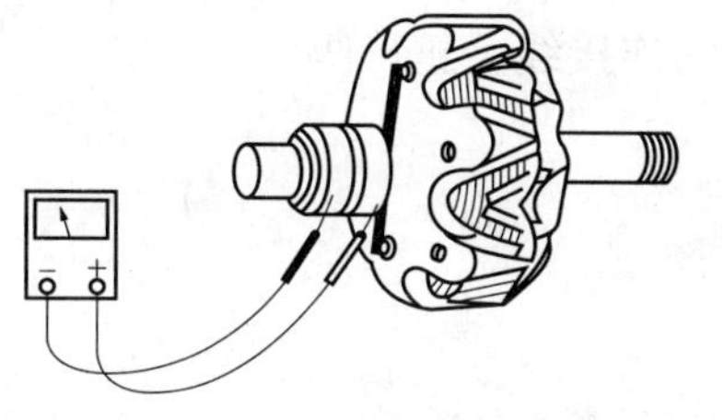

图 2－14　励磁绕组短路、断路的检测

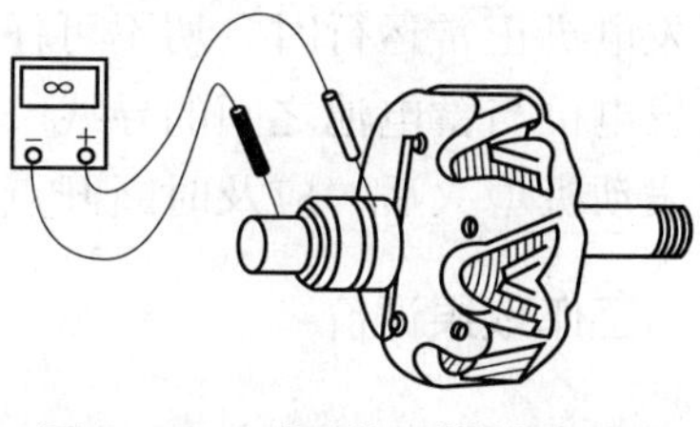

图 2－15　励磁绕组搭铁的检测

②定子的检测，如图 2－16、图 2－17 所示。

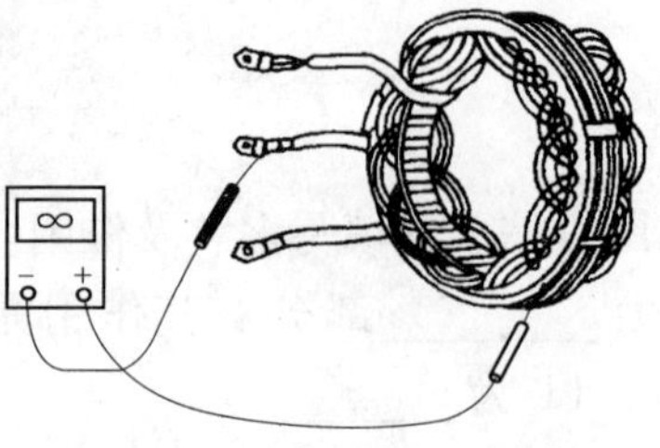

图 2－16　定子断路的检测

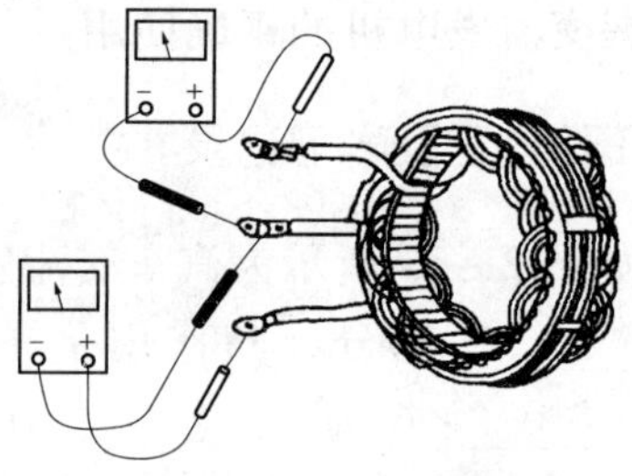

图 2－17　定子搭铁的检测

③整流器的检查，如图 2－18 所示。

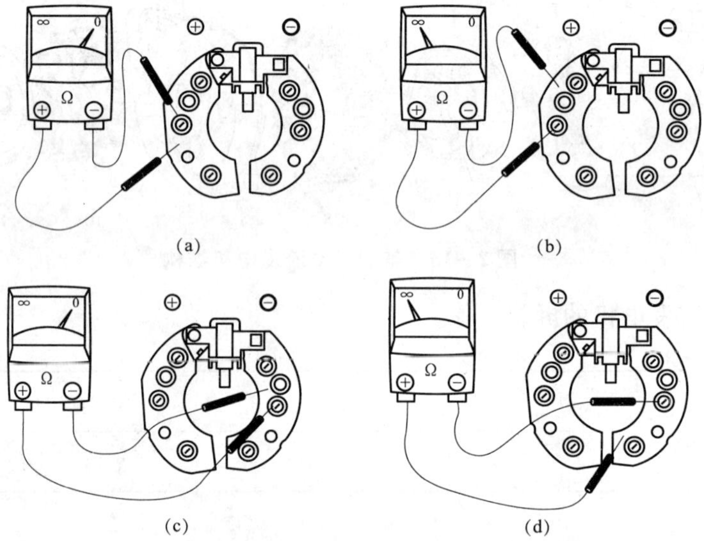

图 2－18　整流二极管的检测

（a）检测正二极管的正向电阻；（b）检测正二极管的反向电阻；
（c）检测负二极管的正向电阻；（d）检测负二极管的反向电阻

（4）交流发电机的正确使用。
①蓄电池的极性必须是________搭铁，不能接反。
②发电机运转时，不能用试火的方法检查发电机是否发电，否则会烧坏________。
③整流器和定子绕组连接时，用兆欧表或 220V 交流电源检查发电机的绝缘情况，正确吗？
④发电机与蓄电池之间的连接要牢靠。
⑤一旦发现交流发电机有故障应立即检修，及时排除故障，不应再连续运转。
⑥发电机正常运行时，切不可任意拆卸各电器的连接线，正确吗？
⑦发电机与蓄电池之间的导线一定要连接可靠。
⑧发动机熄火后，应及时断开点火开关。

三、工作效果评价

1. 自我评价

（1）通过本次学习，我学到的知识点/技能点有：________________________________；

不理解的有：____

____。

（2）我认为在以下方面还需要深化学习并提升岗位能力：____________________

____。

（3）本次工作和学习过程中，我的表现可得到：□ □ □ 。

2. 互相评价

（1）综合能力测评：参阅评价内容说明。

（2）专业能力测评。

①“发电机总成的拆装与检测”由评价人任意指定各检查项目，评价对象进行检查，评价人填写并判断正误，给予评定。

② 评价结果全对得 ，错一项得 ，错两项或以上得 。

任务评价表

<table>
<tr><td rowspan="2">项目</td><td colspan="6" rowspan="2">评价内容
综合能力测评：
（1）请在对应条目的○内打“√”或“×”，不能确定的条目不填，可以在小组评价时让本组同学讨论并写出结论。
（2）评价结果全对得 ，错一项得 ，错两项得 。</td><td colspan="3">评价等级
（学生互评）</td></tr>
<tr><td></td><td></td><td></td></tr>
<tr><td rowspan="4">综合能力
测评项目
（组内互评）</td><td colspan="2">○按时到场</td><td colspan="2">○工装齐备</td><td colspan="2">○书、本、笔齐全</td><td></td><td></td><td></td></tr>
<tr><td colspan="2">○安全操作</td><td colspan="2">○责任心强</td><td colspan="2">○7S 管理规范</td><td></td><td></td><td></td></tr>
<tr><td colspan="2">○学习积极主动</td><td colspan="2">○合理使用教学资源</td><td colspan="2">○主动帮助他人</td><td></td><td></td><td></td></tr>
<tr><td colspan="2">○接受工作分配</td><td colspan="2">○有效沟通</td><td colspan="2">○高效完成工作任务</td><td></td><td></td><td></td></tr>
<tr><td rowspan="2">专业能力
测评项目
（组间互评）</td><td rowspan="2">零部件
检测</td><td>测量项目</td><td></td><td></td><td></td><td></td><td colspan="3"></td></tr>
<tr><td>测量结果</td><td></td><td></td><td></td><td></td><td></td><td></td><td></td></tr>
<tr><td>小组评语及建议</td><td colspan="6">他（她）做到了：

他（她）的不足：

给他（她）的建议：</td><td colspan="3">组长签名：

年　月　日</td></tr>
<tr><td>老师评语及建议</td><td colspan="6"></td><td colspan="3">评价等级：______

教师签名：

年　月　日</td></tr>
</table>

工作任务2　发电机总成的拆装与检测的方案制订

班级______　姓名______　学号______　工号______　日期______　测评等级______

一、工作与学习目标

- 能够全面掌握交流发电机
- 能根据交流发电机工作原理，制订检修方案
- 掌握交流发电机的不解体检测方法
- 能够展示学习成果并相互评价

二、工作过程及学习记录

（1）交流发电机的不解体检测，如图2－19所示。

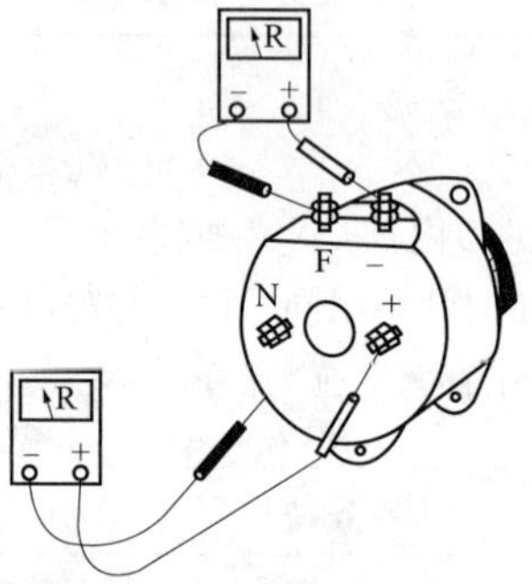

图2－19　交流发电机的不解体检测

（2）制订发电机总成的检修方案并展示。

（3）展示检修方案并说明。

①其他组的创意：____。

②本组的创意：____。

三、工作效果评价

1. 自我评价

（1）通过本次学习，我学到的知识点/技能点有：____。

不理解的有：____。

（2）我认为在以下方面还需要深化学习并提升岗位能力：____。

（3）本次工作和学习过程中，我的表现可得到：□  □  □ 。

2. 互相评价

（1）综合能力测评：参阅评价内容说明。

（2）专业能力测评。

①“交流发电机总成的检修”由评价人任意指定检查项目，评价对象应相应进行检查，评价人填写并判断正误，给予评定。

② 评价结果全对得 ，错一项得 ，错两项或以上得 。

任务评价表

<table>
<tr><td rowspan="2">项目</td><td colspan="6" rowspan="2">评价内容
综合能力测评：
（1）请在对应条目的○内打“√”或“×”，不能确定的条目不填，可以在小组评价时让本组同学讨论并写出结论。
（2）评价结果全对得 ，错一项得 ，错两项得 。</td><td colspan="3">评价等级
（学生互评）</td></tr>
<tr><td></td><td></td><td></td></tr>
<tr><td rowspan="4">综合能力
测评项目
（组内互评）</td><td colspan="6">○按时到场　○工装齐备　○书、本、笔齐全</td><td></td><td></td><td></td></tr>
<tr><td colspan="6">○安全操作　○责任心强　○7S 管理规范</td><td></td><td></td><td></td></tr>
<tr><td colspan="6">○学习积极主动　○合理使用教学资源　○主动帮助他人</td><td></td><td></td><td></td></tr>
<tr><td colspan="6">○接受工作分配　○有效沟通　○高效完成工作任务</td><td></td><td></td><td></td></tr>
<tr><td rowspan="2">专业能力
测评项目
（组间互评）</td><td rowspan="2">发电机
检测</td><td>测量项目</td><td></td><td></td><td></td><td></td><td colspan="3"></td></tr>
<tr><td>测量结果</td><td></td><td></td><td></td><td></td><td></td><td></td><td></td></tr>
<tr><td>小组评语及建议</td><td colspan="6">他（她）做到了：
他（她）的不足：
给他（她）的建议：</td><td colspan="3">组长签名：
年　月　日</td></tr>
<tr><td>老师评语及建议</td><td colspan="6"></td><td colspan="3">评价等级：______
教师签名：
年　月　日</td></tr>
</table>

工作任务 3　发电机总成的拆装与检测的方案实施

班级______　姓名______　学号______　工号______　日期______　测评等级______

一、工作与学习目标

◆ 能够根据制订的维修方案排除故障

◆ 能检测并判断发电机工作性能

◆ 能够总结排故思路并相互评价

二、工作过程及学习记录

（1）项目操作。

序号	作业项目	考核内容	检测结果
1	拆解及清洗	交流发电机零件	
2	硅整流交流发电机的检查	转子的检查	
		定子的检查	
		整流器的检查	
		电刷组件的检查	
3	发电机装复	组装工艺和方法	
4	安全文明生产	遵守安全操作规程，正确使用工量具，操作现场整洁	
		安全用电，防火，无人身、设备事故	

（2）总结故障排除思路并示范：________________________________。

（3）其他组的思路带来的启发：________________________________
________________________________。

三、工作效果评价

1. 自我评价

（1）通过本次学习，我学到的知识点/技能点有：________________________________
________________________________。

不理解的有：________________________________。

（2）我认为在以下方面还需要深化学习并提升岗位能力：________________________________
________________________________。

（3）本次工作和学习过程中，我的表现可得到：□ □ □ 。

2. 互相评价

（1）综合能力测评：参阅评价内容说明。

（2）专业能力测评。

①“发电机总成的拆装与检测”由评价人任意设定一个发电机故障点，评价对象对设定的故障点进行诊断排除，评价人依据结果判断正误，给予评定。

② 评价结果全对得 ，错一项得 ，错两项或以上得 。

任务评价表

项目	评价内容 综合能力测评： (1) 请在对应条目的○内打“√”或“×”，不能确定的条目不填，可以在小组评价时让本组同学讨论并写出结论。 (2) 评价结果全对得 ，错一项得 ，错两项得 。				评价等级 （学生互评）	

综合能力 测评项目 （组内互评）	○按时到场	○工装齐备	○书、本、笔齐全			
	○安全操作	○责任心强	○7S 管理规范			
	○学习积极主动	○合理使用教学资源	○主动帮助他人			
	○接受工作分配	○有效沟通	○高效完成工作任务			
专业能力 测评项目 （组间互评）	发电机检测	测量项目				
		测量结果				
小组评语及建议	他（她）做到了： 他（她）的不足： 给他（她）的建议：			组长签名： 年 月 日		
老师评语及建议				评价等级：______ 教师签名： 年 月 日		

【知识拓展】

交流发电机的整流器除了有六管外，还有八管、九管、十一管等。

一、九管交流发电机的整流原理

九管交流发电机的特点是除了常用的 6 个二极管外，又增加了 3 个功率较小的二极管，专门用来供给磁场电流，又称为磁场二极管，采用磁场二极管后，可以省去继电器，利用充电指示灯即可指示发电机工作情况的好坏。九管交流发电机充电系统的线路如图 2－20 所示。

发电机工作时，定子三相绕组产生的三相交流电动势，经 $VD_1 \sim VD_6$ 六个二极管组成的三相桥式整流电路整流后，输出直流电压 U_B 向蓄电池充电和向用电设备供电。发电机的磁场电流由 3 个磁场二极管 VD_7、VD_8、VD_9 和 3 个共阳极组二极管 VD_2、VD_4、VD_6 组成的三相桥式整流电路整流后的直流电压供给。发电机工作时，充电指示灯由蓄电地端电压与磁场二极管输出端 L 的电压 U_L 差值所控制。充电指示灯不仅可以在停车后发亮提醒驾驶员及时关断电源开关，又可以指示发电机的工作情况，同时还省去了结构复杂的继电器。

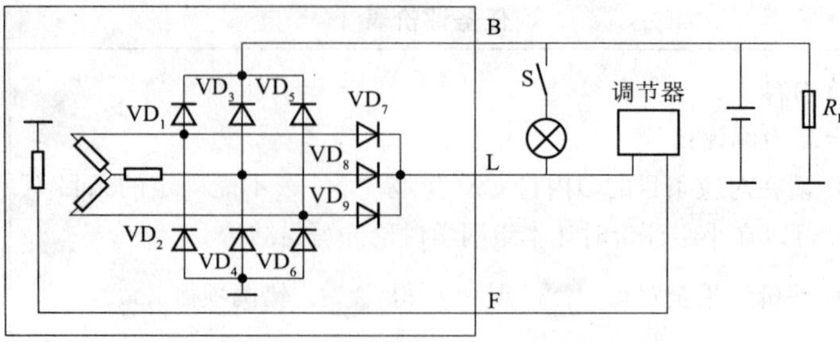

图 2－20　九管交流发电机充电系统线路

二、八管交流发电机的工作原理

有的交流发电机除具有组成三相桥式整流电路的 6 个二极管外、还具有 2 个中性点二极管，其接线柱的记号为“N”。中性点对发电机外壳（即搭铁）之间的电压 U_N 是通过 3 个负极管三相半波整流得到的直流电压，所以 U_N = （1/2） U。中性点电压一般用来控制各种继电器如磁场继电器、充电指示灯继电器等。

有的交流发电机还利用中性点的输出提高发电机的输出功率，如图 2－21 所示。

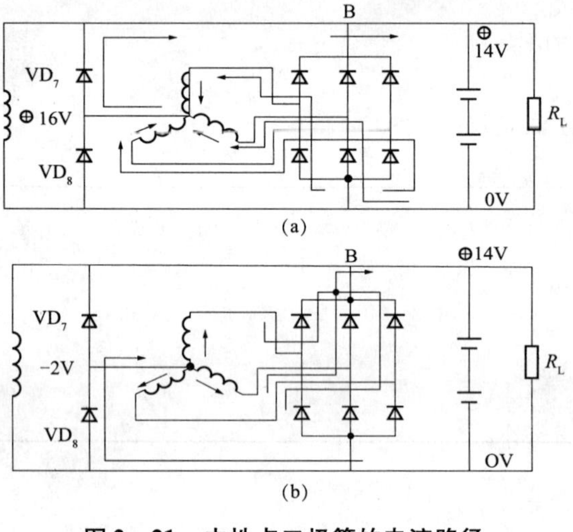

图 2－21　中性点二极管的电流路径

（a）中性点瞬时值高于输出电压；（b）中性点瞬时值低于输出电压

发电机高速时，当中性点电压的瞬时值高于输出电压（平均电压 14V）时，从中性点输出的电流如图 2－21（a）所示，其输出电路为：定子绕组→中性点二极管 VD_7→负载（包括蓄电池）→负极管→定子绕组。当中性点电压瞬时值低于搭铁电位时，流过中性点二极管 VD_8的电流如图 2－21（b）所示，其输出电路为定子绕组→正极管→“B”接线柱→负载（包括蓄电池）→中性点二极管 VD_8→定子绕组。

实验证明，加装中性点二极管后，在发电机转速超过 2000r/min 时，其输出功率可提高 11%～15%。

三、十一管交流发电机的工作原理

十一管交流发电机的整流器总成由 6 只整流二极管、3 只磁场二极管和 2 只中性点二极管组成，如图 2－22 所示。桑塔纳、奥迪 100、丰田皇冠轿车等均装有此类交流整流发电机。十一管交流发电机兼有八管与九管交流发动机的特点和作用。

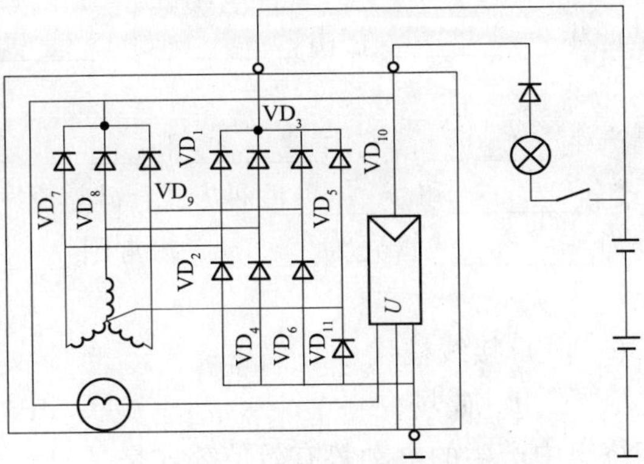

图 2－22　十一管交流发电机的线路

工作任务 4　发电机总成的拆装与检测完工检验

班级______　姓名______　学号______　工号______　日期______　测评等级______

一、工作与学习目标

- ◆ 能够按照企业标准对车辆进行检验
- ◆ 能够确认故障排除并对交流发电机的使用提出合理化建议

二、检验项目

项目	检验结果			备注

故障指示灯亮 4～6s 后熄灭				
交流发电机复位完整				
所有装饰件完好				
连接器连接可靠				
未有工具设备遗漏				

三、根据所学知识，提出发电机使用和检修的合理化建议，并进行展示

____

____

____。

单元二 思考与练习

一、填空题

1. 转子总成的作用是产生________。它由________、________绕组、两块________、________等组成。

2. 定子总成的作用是产生________，它由________和________所组成。

3. 定子绕组的连接方式有________和________两种方式，硅整流发电机常采用________。

4. 正管子的中心引线为________，管壳为________，常用________字标明。

二、选择题

1. F 是硅整流发电机（　　）接线柱代号。

A. 电枢　　B. 磁场　　C. 中性抽头

2. 硅整流发电机每相绕组中产生的电动势有效值公式是（　　）。

A. $E = Cn\varphi$　　B. $E = CN\varphi$　　C. $E = CI\varphi$

3. 硅整流发电机中因二极管具有单向导电性，故不必装（　　）。

A. 调节器　　B. 限流器　　C. 断流器

三、判断题

1. 硅整流发电机和直流发电机可以互换使用。（　　）

2. 散热板上压装的三个硅二极管是负极管子。（　　）

3. 交流电的瞬时电压使二极管正极电位高于负极电位时就导通。（　　）

四、名词解析

电刷

五、简答题

1. 硅整流发电机具有哪些优点？

2. 硅整流发电机的工作原理如何？

3. 硅整流发电机的励磁过程怎样？

单元三　充电指示灯常亮的故障检修

班级______　姓名______　学号______　工号______　日期______　测评等级______

工作任务	充电指示灯常亮的故障检修	教学模式	任务驱动和行动导向
建议学时	4 学时	教学地点	一体化实训室
任务描述	丰田 4S 站前台接待接到一辆丰田威驰 05 款轿车，客户反映：车辆在行驶过程中充电指示灯突然点亮，行驶一段距离后感觉动力性越来越差，直至熄火，之后就无法起动（起动机不工作）。客户要求给予检修。要完成这个工作任务，首先我们还需掌握汽车充电系工作原理，作为维修技工，需要根据维修手册，参考相关资料排除故障，提出合理化使用建议，并最终检验合格后交付前台。下面就分步来完成本学习情境的学习任务。		 维修流程？

续表

<table>
<tr><td>工作任务</td><td>充电指示灯常亮的故障检修</td><td>教学模式</td><td>任务驱动和行动导向</td></tr>
<tr><td>建议学时</td><td>4 学时</td><td>教学地点</td><td>一体化实训室</td></tr>
<tr><td>学习目标</td><td colspan="2">1. 学会判断充电系统的电路控制方式，并能利用检测设备正确进行相关线路检测。
2. 能通过故障现象，分析充电系统故障原因。
3. 能确定故障诊断步骤，并能予以故障排除。</td><td>
</td></tr>
<tr><td rowspan="9">学习准备</td><td colspan="3">1. 设备器材：丰田威驰汽车 1 台，工具车 2 台，数字万用表 4 块，丰田威驰维修手册 2 份，试灯，常用拆装工具，网络资源。
2. 分六组，小组人员岗位分配表（由组长分配）。</td></tr>
<tr><td>工作岗位</td><td>时段一
____年____月____日
___时___分至___时___分</td><td>时段二
____年____月____日
___时___分至___时___分</td></tr>
<tr><td>主修人员（1 人）</td><td></td><td></td></tr>
<tr><td>辅修人员（1 人）</td><td></td><td></td></tr>
<tr><td>工具管理（1 人）</td><td></td><td></td></tr>
<tr><td>零件摆放（1 人）</td><td></td><td></td></tr>
<tr><td>安全监督（1 人）</td><td></td><td></td></tr>
<tr><td>质量检验（1 人）</td><td></td><td></td></tr>
<tr><td>7S 监督（2 ~ 4 人）</td><td></td><td></td></tr>
</table>

【知识要点】

一、蓄电池充电不足故障

故障现象：闭合点火开关发动机起动时，充电指示灯会亮，发动机起动后充电指示灯也熄灭，但是蓄电池很快出现亏电现象，并且起动发动机时，起动机运转无力、夜间行车前照明灯灯光暗淡。

故障原因：发动机转动皮带过松或损坏；发电机“B”端子与蓄电池正极柱线路短路或导线端子接触不良，发电机电刷与滑环接触不良；调节器的调节电压过低或其内部电路有故障；发电机转子绕组短路使磁场变弱而导致发电机输出功率降低；发电机整流器故障或定子绕组有短路、缺相故障而导致发电机输出功率降低；蓄电池使用时间过长、极板硫化、损坏或活性物质脱落；全车线路中有导线搭铁而漏电。

故障诊断与排除：出现蓄电池充电不足现象时，具体诊断方法如下：检查蓄电池的技术状态是否良好，如使用时间过长或负载电压低于9.6V，则需要更换蓄电池。检查传动带的挠度是否符合规定（5～7mm）。检查发电机“B”端子至蓄电池正极的线路是否断路或导线端子是否接触不良。拆下发电机总成。检查电刷组件，如电刷高度过低，则更换电刷；如电刷弹簧卡滞或弹力不足，应更换弹簧。试验检测调节器的调节电压，如调节电压过低（低于14.2V）或调节器损坏，应予更换。如上述检测均良好，则分析检测发电机总成。断开所有电器开关，拆下蓄电池正极电缆端子，并且该端子与蓄电池正极柱之间串联一个电流表，检测全车电路有无漏电现象。如有漏电，可将驾驶室内和发动机罩下的熔断器上的熔断丝逐一拔下，检查漏电发生在哪一条线路，然后进行排除。

二、充电系统指示灯不亮故障

1. 故障现象：发动机正常运转时，充电指示灯一直不亮

故障原因：充电指示灯灯丝断路；熔断丝烧断使指示灯线路不通；指示灯或调节器电源线路导线断路或接头松动；蓄电池极柱上的电缆线头松动；点火开关故障；发电机电刷与滑环接触不良；调节器内部电路故障，如调节器内部电子元件损坏而使大功率三极管不能导通。

故障排除方法：首先起动发动机并怠速运转，然后检查发电机充电系统能否充电。将充电指示灯不亮分为充电系统能充电和不能充电两种情况分别进行排除。接通点火开关时充电指示灯不亮，起动发动机后发电机又能发电，说明发电机充电系统正常；检查仪表盘上的充电指示灯是否正常，若灯丝断路，则需更换。当接通点火开关充电指示灯不亮，起动发动机后发电机且不能发电时，故障排除方法如下：首先断开点火开关，检查仪表熔断丝。如该熔断丝断路，更换相同规格的熔断丝；如熔断丝良好，继续检查。接通点火开关，用万用表检测熔断丝上的电压值，如电压为零，说明点火开关以及点火开关与熔断丝之间线路有故障，应予检修或更换。

2. 电源系统不充电故障

故障现象：发动机起动后，仪表盘上充电指示灯始终亮着，这说明发电机出现了不充电故障。

故障原因：发电机磁场绕组短路、断路或搭铁而导致磁场电流减小或不通；定子绕组短路、断路或搭铁故障；整流器故障；电刷与滑环接触不良；调节器故障；发电机的传动带过松而打滑，发电机不转或转速过低而不发电。

故障诊断：当充电指示灯常亮时，说明点火开关、熔断丝以及充电指示灯技术状态良好，起动发动机并将其转速逐渐升高，此时用万用表检测发电机“B”端子与发电机壳体间电压，如万用表指示的电压高于蓄电池电压，说明发电机发电，可能发电机“B”端子与蓄电池正极的线路断路；如电压为零或过低，说明充电系统有故障，应按如下方法继续检查。断开点火开关，检查发电机传动带的挠度是否符合规定（5～7mm），挠度过大应调整；如传动带的挠度正常，则继续检查，拆下调节器接线端子上的导线，接通点火开关，用万用表检测调节器接线柱上的导线电压，如电压为零，充电指示灯亮，说明仪表盘与调节器之间的线路搭铁，应予检修。

3. 充电指示灯时亮时灭故障

故障现象：接通点火开关和发动机正常运转时，充电指示灯不稳定，时亮时灭。

故障原因：发电机传动带挠度过大而出现打滑现象；发电机整流二极管断路、定子绕组

连接不良或断路而导致发电机输出功率降低；发电机电刷磨损过多；调节器调节电压过低；相关线路接触不良。

故障排除：检查传动带的挠度是否符合规定；检查相关线路连接情况，如不正常，则需检修；拆下调节器和电刷组件总成，并按前述方法检查调节器和电刷，如不正常，则需检修或更换；检修发电机总成。

4. 发电机充电电流过大故障

故障现象：汽车灯泡易烧。蓄电池温度过高且电解液消耗过快。这说明发电机充电电流过大。

故障原因：发电机充电电流过大的原因往往是由于电压调节器调节电压过高或者是由于调节器失效造成的。

故障诊断：确认灯泡易烧、蓄电池电解液温度过高或电解液消耗过快而无其他原因时，应予更换调节器。

综上所述，汽车电源系统常见的故障即有不充电、充电电流过大、充电电流不稳、调节器故障等。电源系统各电器元件的结构简单、维修方便，但由于使用不当可能引起很多故障发生。

工作任务1　充电指示灯常亮的故障检修任务分析

班级______　姓名______　学号______　工号______　日期______　测评等级______

一、工作与学习目标

◆能掌握充电系统的电路控制方式

◆能利用检测设备正确进行相关线路检测

◆掌握试灯检测方法

二、工作过程及学习记录

（1）充电指示灯的作用。

①充电指示灯的作用是用于监控发电机是否发电，正常情况下，点火开光位于“ON”时充电指示灯________，发车后应熄灭。

②充电指示灯常亮的故障原因归纳起来有三个：一是发电量过小；二是由发电机不发电故障引起；三是充电指示灯“L”线回路问题。根据故障现象可以判定导致该车充电指示灯常亮的故障原因是由发电机不发电故障引起的。

（2）充电系统检查。

①接到车辆后，检查蓄电池工作性能，如果蓄电池亏电对车辆暂时更换蓄电池。

②对充电系统做基本检查：

首先检查发电机是否发电，如果发现发车后蓄电池电压比发车前更低一些。这就证明故障现象确实是由发电机不发电引起的；

然后检查发电机皮带是否过松或打滑，正常情况下，在大拇指的压力下发电机皮带应有10～15mm 的挠度，检查发现皮带正常；

再检查充电系统的相关保险，如果均未发现问题；当用起子去接触发电机皮带轮时，如果感觉不到吸力，说明励磁回路没有构成，初步判断故障可能在控制线路或发电机内部。

（3）丰田威驰轿车充电系统工作原理如图2－23所示。

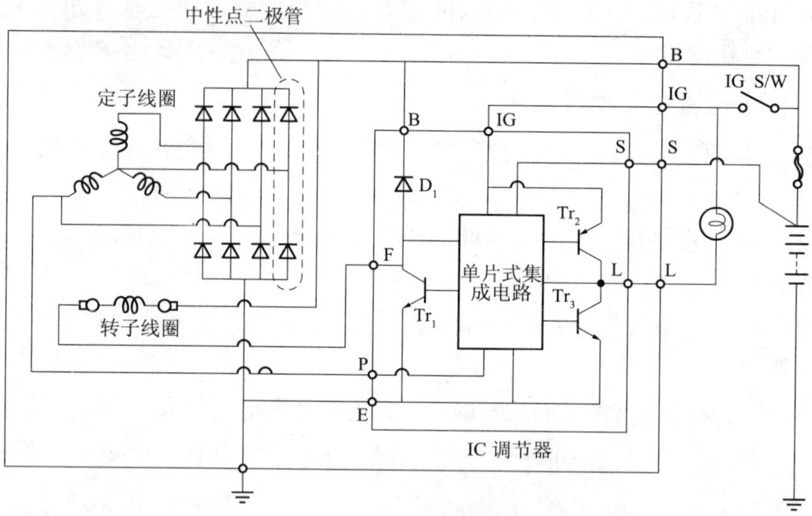

图2－23　丰田威驰轿车充电系统工作原理图

①线路连接关系以及各线路的作用。

a. 发电机端子“B”→________；此线路为充电线，用于发电机给蓄电池充电和给用电设备提供电源。

b. 蓄电池正极→________→________；用于给IC电压调节器提供工作电源。

c. 蓄电池正极→________；用于检测蓄电池的端电压，提供给IC电压调节器，以便及时控制激磁电流。

d. 蓄电池正极→________→________；用于IC电压调节器控制充电指示灯。

e. “P”线，用于检测三相绕组其中一相电压，提供给IC电压调节器，以便及时控制激磁电流。

f. “F”线，将激磁绕组的一端连接于发电机“B”端子，另一端连接于IC电压调节器上，由IC电压调节器对激磁回路进行控制。

②工作过程分析。

接通点火开关IG－S/W但不起动发动机，蓄电池电压通过________给________提供电源。此时，激磁回路为：____。

指示灯控制回路为：____。

三、工作效果评价

1. 自我评价

（1）通过本次学习，我学到的知识点/技能点有：____；

不理解的有：____。

（2）我认为在以下方面还需要深化学习并提升岗位能力：______________________________

____

（3）本次工作和学习过程中，我的表现可得到：□ □ □ 。

2. 互相评价

（1）综合能力测评：参阅评价内容说明。

（2）专业能力测评。

①“充电指示灯常亮的故障检修”由评价人任意指定各检查项目，评价对象进行检查，评价人填写并判断正误，给予评定。

② 评价结果全对得 ，错一项得 ，错两项或以上得 。

任务评价表

<table>
<tr><td rowspan="2">项目</td><td colspan="5" rowspan="2">评价内容
综合能力测评：
（1）请在对应条目的○内打“√”或“×”，不能确定的条目不填，可以在小组评价时让本组同学讨论并写出结论。
（2）评价结果全对得 ，错一项得 ，错两项得 。</td><td colspan="3">评价等级
（学生互评）</td></tr>
<tr><td></td><td></td><td></td></tr>
<tr><td rowspan="4">综合能力
测评项目
（组内互评）</td><td colspan="5">○按时到场　○工装齐备　○书、本、笔齐全</td><td></td><td></td><td></td></tr>
<tr><td colspan="5">○安全操作　○责任心强　○7S 管理规范</td><td></td><td></td><td></td></tr>
<tr><td colspan="5">○学习积极主动　○合理使用教学资源　○主动帮助他人</td><td></td><td></td><td></td></tr>
<tr><td colspan="5">○接受工作分配　○有效沟通　○高效完成工作任务</td><td></td><td></td><td></td></tr>
<tr><td rowspan="2">专业能力
测评项目
（组间互评）</td><td rowspan="2">线路
检测</td><td>测量项目</td><td></td><td></td><td></td><td colspan="3"></td></tr>
<tr><td>测量结果</td><td></td><td></td><td></td><td></td><td></td><td></td></tr>
<tr><td>小组评语及建议</td><td colspan="5">他（她）做到了：

他（她）的不足：

给他（她）的建议：</td><td colspan="3">组长签名：

年　月　日</td></tr>
<tr><td>老师评语及建议</td><td colspan="5"></td><td colspan="3">评价等级：______

教师签名：

年　月　日</td></tr>
</table>

工作任务2　充电指示灯常亮的故障检修的方案制订

班级______　姓名______　学号______　工号______　日期______　测评等级______

一、工作与学习目标

- ◆ 能够全面掌握充电系工作原理
- ◆ 能制订充电系检修方案
- ◆ 能够展示学习成果并相互评价

二、工作过程及学习记录

（1）对发电机上的相关控制线进行检查（检查“S”线为常火线，“IG”线在点火开关处于“ON”位置时有12V电压）。

（2）将发电机从车上拆下并解体，对调节器、碳刷、整流器、定子、转子进行检查。

（3）对充电系电路进行检测。

（4）制订发电机总成的检修方案并展示。

序号	检查项目	使用工具
A		
B		

（5）展示检修方案并说明：

①其他组的创意：____。

②本组的创意：____。

三、工作效果评价

1. 自我评价

（1）通过本次学习，我学到的知识点/技能点有：____。

不理解的有：________________________________。

（2）我认为在以下方面还需要深化学习并提升岗位能力：____。

（3）本次工作和学习过程中，我的表现可得到：□ □ □ 。

2. 互相评价

（1）综合能力测评：参阅评价内容说明

（2）专业能力测评。

①“充电系线路的检修”由评价人任意指定检查项目，评价对象应相应进行检查，评价人填写并判断正误，给予评定。

② 评价结果全对得 ，错一项得 ，错两项或以上得 。

任务评价表

项目	评价内容					评价等级（学生互评）		
	综合能力测评： （1）请在对应条目的○内打“√”或“×”，不能确定的条目不填，可以在小组评价时让本组同学讨论并写出结论。 （2）评价结果全对得 ，错一项得 ，错两项得 。							
综合能力测评项目（组内互评）	○按时到场	○工装齐备	○书、本、笔齐全					
	○安全操作	○责任心强	○7S 管理规范					
	○学习积极主动	○合理使用教学资源	○主动帮助他人					
	○接受工作分配	○有效沟通	○高效完成工作任务					
专业能力测评项目（组间互评）	充电系线路检测	测量项目						
		测量结果						
小组评语及建议	他（她）做到了： 他（她）的不足： 给他（她）的建议：					组长签名： 年 月 日		
老师评语及建议						评价等级：______ 教师签名： 年 月 日		

工作任务3　充电指示灯常亮的故障检修的方案实施

班级______　姓名______　学号______　工号______　日期______　测评等级______

一、工作与学习目标

◆ 能够根据制订的维修方案排除故障

◆ 能检测并判断发电系工作性能

◆ 能够总结排故思路并相互评价

二、工作过程及学习记录

（1）线路检测。

①“IG”线的检测：

拔下发电机线路控制插头，点火开关处于“ON”，用万用表测量“IG”点电压：________。

正常 □　　不正常 □

②“S”线的检测：

拔下发电机线路控制插头，用万用表测量“S”点电压：________。

正常 □　　不正常 □

③“L”线的检测：

拔下发电机线路控制插头，点火开关处于“ON”，用万用表测量“L”点电压：________。

正常 □　　不正常 □

④“B”线的检测：

起动发动机，用万用表测量蓄电池“+”端电压：________。

正常 □　　不正常 □

（2）故障现象。

根据车主反馈的信息进行故障现象确认，并记录故障现象确认过程：____。

（3）故障原因分析。

记录可能引起该现象的故障原因：____。

（4）故障诊断过程。

记录故障诊断过程：____。

（5）总结故障排除思路并示范：________________________________。

（6）其他组的思路给了我以下启发：____。

三、工作效果评价

1. 自我评价

（1）通过本次学习，我学到的知识点/技能点有：____。

不理解的有：________________________________。

（2）我认为在以下方面还需要深化学习并提升岗位能力：____。

（3）本次工作和学习过程中，我的表现可得到：□  □  □ 。

2. 互相评价

（1）综合能力测评：参阅评价内容说明。

（2）专业能力测评。

①“充电指示灯常亮的故障检修”由评价人任意设定一个发电机线路故障点，评价对象对设定的故障点进行诊断排除，评价人依据结果判断正误，给予评定。

② 评价结果全对得 ，错一项得 ，错两项或以上得 。

任务评价表

<table>
<tr><td rowspan="2">项目</td><td colspan="6" rowspan="2">评价内容
综合能力测评：
（1）请在对应条目的○内打“√”或“×”，不能确定的条目不填，可以在小组评价时让本组同学讨论并写出结论。
（2）评价结果全对得 ，错一项得 ，错两项得 。</td><td colspan="3">评价等级
（学生互评）</td></tr>
<tr><td></td><td></td><td></td></tr>
<tr><td rowspan="4">综合能力
测评项目
（组内互评）</td><td colspan="2">○按时到场</td><td colspan="2">○工装齐备</td><td colspan="2">○书、本、笔齐全</td><td rowspan="4"></td><td rowspan="4"></td><td rowspan="4"></td></tr>
<tr><td colspan="2">○安全操作</td><td colspan="2">○责任心强</td><td colspan="2">○7S 管理规范</td></tr>
<tr><td colspan="2">○学习积极主动</td><td colspan="2">○合理使用教学资源</td><td colspan="2">○主动帮助他人</td></tr>
<tr><td colspan="2">○接受工作分配</td><td colspan="2">○有效沟通</td><td colspan="2">○高效完成工作任务</td></tr>
<tr><td rowspan="2">专业能力
测评项目
（组间互评）</td><td rowspan="2">充电系
路线
检测</td><td>测量项目</td><td></td><td></td><td></td><td></td><td colspan="3"></td></tr>
<tr><td>测量结果</td><td></td><td></td><td></td><td></td><td></td><td></td><td></td></tr>
<tr><td>小组评语及建议</td><td colspan="6">他（她）做到了：
他（她）的不足：
给他（她）的建议：</td><td colspan="3">组长签名：
年　月　日</td></tr>
<tr><td>老师评语及建议</td><td colspan="6"></td><td colspan="3">评价等级：______
教师签名：
年　月　日</td></tr>
</table>

【知识拓展】

交流发电机的硅二极管具有单向导电特性，有阻止反向电流的作用，所以不需另设逆电流截流继电器。另外，交流发电机具有自动限制最大电流的能力，不需要电流限制继电器。但交流发电机当转子转速及负载在很大范围内变化时，均可引起发电机的输出电压发生较大变化，因而不能满足用电设备的工作需要。基于上述原因，为了保证用电设备正常工作，防止蓄电池过充电，交流发电机必须配用电压调节器，使其输出电压保持稳定。

1. 触点式电压调节器

触点式电压调节器又称振动式电压调节器，有双级式和单级式之分，其基本原理就是通过改变触点闭合或断开的时间长短来改变励磁电流的大小。

2. 晶体管式电压调节器

触点式电压调节器由触点、铁芯、线圈、磁轭、弹簧等机械部分组成，不仅结构复杂，质量和体积大，而且火花易烧蚀触点，寿命短，对无线电干扰大，虽然采取了一些措施，但仍具有一定的机械惯性和磁惯性，触点开闭动作迟缓。如果发电机在高速满负荷下突然失载，就可能由于触点不能马上切断励磁回路而导致发电机瞬时过电压，对整流二极管或晶体管造成危害。晶体管式电压调节器利用晶体管的开关特性来控制发电机的磁场电流，使发电机的输出电压保持恒定。国内外生产的晶体管式电压调节器组成：由 2 ~ 4 个晶体管，1 ~ 2 个稳压二极管和一些电阻、电容、二极管等。调节器对外伸出有“ + ”（或“S”、“点火”）、“F”（或“磁场”）、“E”（或“搭铁”、“ - ”）等字样的接线柱或引出线，分别与交流发电机等连接构成整个汽车电气装置的充电系统。

3. 集成电路电压调节器

集成电路电压调节器也叫 IC 电压调节器。与分立元器件的晶体管式电压调节器一样。IC 电压调节器也是利用晶体管组成开关电路，以控制磁场电流来调节发电机的输出电压。所不同的是，在集成电路电压调节器上，所有的晶体管都不再用外壳，而是把二极管、晶体管的管心都集成在一块基片上，这样就实现了调节器的小型化，故可将其装在发电机内部，减少了外部线路，缩小了整个充电系统的体积。目前国内外生成的集成电路调节器的结构大多采用混合式，即由混合电路加集成电路组成，并没有集成化，一般由一个集成块、一个晶体管、一个稳压二极管、一个续流二极管和几个电阻等部分构成。引出线有 3 根和 4 根两种。例如，上海桑塔纳轿车用的发电机调节器应用了混合电路加集成电路技术，集成电路和保护电阻共同贴在一块陶瓷基片上，封装在一个金属盒中，并和电刷架连成一体，便于安装和维修。

4. 电压调节器的使用与检修

（1）调节器与交流发电机的搭铁形式必须一致。内搭铁式调节器只能与内搭铁式发电机配合使用，外搭铁式调节器只能与外搭铁式发电机配合使用，否则发电机无磁场电流而不能输出电压。

（2）调节器与交流发电机的电压等级必须一致，否则充电系统不能正常工作。

（3）调节器的调节电压不能过高或过低，避免损坏用电设备或引起蓄电池充电不足。

（4）对晶体管电压调节器进行检查前，应先了解调节器的电路特点及搭铁极性，再确定相应的测试方法。

工作任务4　充电指示灯常亮的故障检修完工检验

班级______　姓名______　学号______　工号______　日期______　测评等级______

一、工作与学习目标

◆ 能够按照企业标准对车辆进行检验

◆ 能够确认故障排除并对充电系的检修提出合理化建议

二、检验项目

项目	检验结果			备注

故障指示灯亮 4 ~6s 后熄灭				
交流发电机、蓄电池复位完整				
所有装饰件完好				
连接器连接可靠				
未有工具设备遗漏				

三、根据所学知识，提出充电系检修的合理化建议，并进行展示

____

____

____

____

单元三 思考与练习

一、填空题

1. 电压调节器的作用是当发动机的________发生变化时，________调节发电机________电流，使________基本保持不变。

2. 晶体管调节器一般由________和________、________三个基本部分组成。

3. 具有内装式调节器的交流发电机称为________式交流发电机。

二、选择题

1. 当一辆解放汽车行驶时，充电指示灯亮，说明（　　）。

A. 发电机有故障　　B. 调节器有故障

C. 充电线路有故障　　D. 不一定

2. 红旗轿车发电机的接线端子，当点火开关打到点火挡时，用万用表分别测试接线端子的电压，其结果是（　　）。

A. 有一个接线柱是 12V　　B. 有二个接线柱是 12V

C. 有三个接线柱是 12V　　D. 所有的接线柱都不是 12V

3. 当发电机炭刷坏时，发电机将不发电，其原因是炭刷坏了以后，将使（　　）。

A. 激磁电路断路

B. 三项绕组中的某一项绕组断路

C. 使发电机的输出线路中断

D. 使发电机的中性点输出线路中断

三、判断题

1. 充电指示灯灭说明发电机有故障。(　　)

2. 充电指示灯亮即为蓄电池处于充电状态。(　　)

3. 硅整流发电机在自励正常发电时，充电指示灯断电熄灭。(　　)

四、简答题

1. 说明充电指示灯的作用和工作过程。

2. 说明发电机不发电的现象，如何诊断不发电的故障部位。

3. 说明调节器的作用和原理。

项目三

汽车起动系统检修

单元一　起动机总成的拆装与检测

班级______　姓名______　学号______　工号______　日期______　测评等级______

<table>
<tr><td>工作任务</td><td>起动机总成的拆装与检测</td><td>教学模式</td><td colspan="3">任务驱动和行动导向</td></tr>
<tr><td>建议学时</td><td>4 学时</td><td>教学地点</td><td colspan="3">一体化实训室</td></tr>
<tr><td>任务描述</td><td colspan="3">有一客户的现代轿车在点火开关打到“Start”后，听到起动机扫膛的声音，发动机无法起动，要求给予检修。要完成这个工作任务，首先我们还需掌握起动机的结构及工作原理，起动机常见故障现象及检修方法，作为维修技工，需要根据维修手册，参考相关资料排除故障，提出合理化使用建议，并最终检验合格后交付前台。下面就分步来完成本学习情境的学习任务。</td><td colspan="2">
维修流程?</td></tr>
<tr><td>学习目标</td><td colspan="3">1. 熟悉起动机各部件，掌握起动机的拆装方法和顺序，正确使用拆装工具。
2. 通过拆装起动机，进一步巩固对起动机工作原理的理解，要求能清楚地说出每个零部件的作用。
3. 能够根据相关的标准对检测结果做出正确的结论。
4. 学会更换起动机。</td><td colspan="2"></td></tr>
<tr><td rowspan="5">学习准备</td><td colspan="5">1. 设备器材：现代汽车 1 台，工具车 2 台，数字万用表 4 块，轿车维修手册 2 份，实验台 3 个，起动机 6 个，检测工具，电气万能实验台 2 个，网络资源。
2. 分六组，小组人员岗位分配表（由组长分配）。</td></tr>
<tr><td rowspan="2">工作岗位</td><td colspan="2">时段一</td><td colspan="2">时段二</td></tr>
<tr><td colspan="2">______年______月______日
___时___分至___时___分</td><td colspan="2">______年______月______日
___时___分至___时___分</td></tr>
<tr><td>主修人员（1 人）</td><td colspan="2"></td><td colspan="2"></td></tr>
<tr><td>辅修人员（1 人）</td><td colspan="2"></td><td colspan="2"></td></tr>
</table>

续表

<table>
<tr><td>工作任务</td><td colspan="2">起动机总成的拆装与检测</td><td>教学模式</td><td>任务驱动和行动导向</td></tr>
<tr><td>建议学时</td><td colspan="2">4 学时</td><td>教学地点</td><td>一体化实训室</td></tr>
<tr><td rowspan="7">学习准备</td><td rowspan="2">工作岗位</td><td colspan="2">时段一</td><td>时段二</td></tr>
<tr><td colspan="2">________年______月______日
___时___分至___时___分</td><td>________年______月______日
___时___分至___时___分</td></tr>
<tr><td>工具管理（1 人）</td><td colspan="2"></td><td></td></tr>
<tr><td>零件摆放（1 人）</td><td colspan="2"></td><td></td></tr>
<tr><td>安全监督（1 人）</td><td colspan="2"></td><td></td></tr>
<tr><td>质量检验（1 人）</td><td colspan="2"></td><td></td></tr>
<tr><td>7S 监督（2 ~ 4 人）</td><td colspan="2"></td><td></td></tr>
</table>

【知识要点】

发动机必须依靠外力带动曲轴旋转后，才能进入正常工作状态，通常把汽车发动机曲轴在外力作用下，从开始转动到怠速运转的全过程，称为发动机的起动。起动系的作用就是供给发动机曲轴足够的起动转矩，以便使发动机曲轴达到必需的起动转速，使发动机进入自行运转状态。当发动机进入自行运转状态后，便结束任务立即停止工作。

发动机常用的起动方式，有人力起动、辅助汽油机起动和电力起动机起动。现代汽车上均采用电力起动机起动，电力起动机简称为起动机，均安装在汽车发动机飞轮壳前端的座孔上，用螺栓紧固。

电力起动系简称起动系，由蓄电池、起动机和起动控制电路等组成，如图 3 - 1 所示，起动控制电路包括起动按钮或开关、起动继电器等。

一、起动机的组成

起动机总成一般由直流串励式电动机、传动机构、控制装置等三大部分组成。其结构如图 3 - 1 所示。

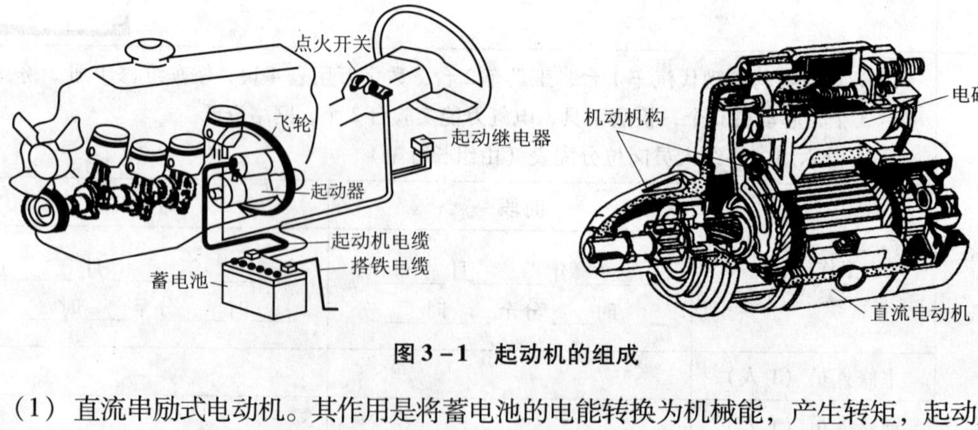

图 3 - 1　起动机的组成

（1）直流串励式电动机。其作用是将蓄电池的电能转换为机械能，产生转矩，起动发动机。

（2）传动机构（单向离合器）。其作用是在发动机起动时，使起动机驱动汽轮啮入飞轮齿环，将起动机的转矩传给发动机曲轴；而在发动机起动后，使驱动欺上欺上齿轮与飞轮齿环脱离（打滑或退出）防止“飞散”，起保护作用。

（3）控制装置（即开关）。其作用是接通与切断电动机与蓄电池之间的电路，一般还具有接入与隔除点火线圈附加电阻的作用。

二、直流串励式电动机的构造

直流串励式电动机主要由电枢、定子、电刷与电刷架、轴承与机壳、端盖等部件组成。

1. 电枢

电枢（转子）由铁芯电枢绕组、换向器、电枢轴等组成。

电枢是电动机的转子，用来产生电磁转矩。它由铁芯、绕组、换向器和电枢轴等组成。

（1）铁芯。

铁芯由硅钢片冲制叠成。电枢铁芯由许多相互绝缘的硅钢片叠成，其圆周表面有槽，用来安装电枢绕组。

（2）电枢绕组。

起动机要产生较大的转矩，而供电电压又很低，因此电枢绕组的电流都很大，电枢绕组都是用较粗的矩形裸铜线绕制而成，为了防止裸铜线短路，在铁芯与铜线之间，铜线与铜线之间用绝缘性能较好的复合绝缘纸隔开。

电枢绕组各线圈的端头都焊在换向器铜片的凸缘上，通过电刷将蓄电池的电流引入。

（3）换向器。

换向器由铜片和云母片相间叠压而成。铜片与铜片、铜片与电枢轴间均绝缘，铜片接电枢绕组，用夹固加焊方式连接。换向器通过电刷来连接磁场绕组与电枢绕组。

换向器的结构如图 3－2 所示。它由一定数量的燕尾形铜片压装而成。铜片和铜片之间、铜片与压环、轴套之间均用云母（或硬塑料）绝缘。铜片的一端有焊接电枢绕组端头的凸缘。为了避免电刷磨损的粉末落入铜片间形成短路，起动机的铜片间云母不割低。

换向器的作用：将电源提供的直流电转化成电枢绕组所需要的交流电，以保证电枢绕组所产生的转矩方向不变。

（4）电枢轴。

电枢轴一般用优质钢材制成。除了固装铁芯和换向器外，还伸出一定长度的花键及阶梯光轴，用以套装传动机构和在端盖上作支撑用，如图 3－3 所示。

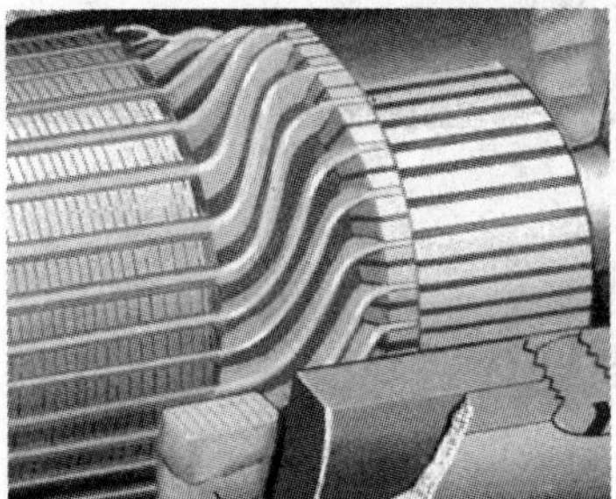

图 3－2　换向器

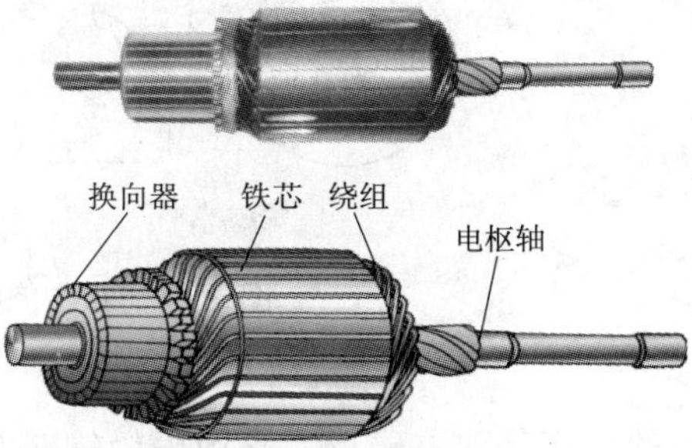

图 3－3　电枢结构

（5）电枢及其内部连接。

常用波绕法，两端焊在换向片上，与每一绕组两端相连接的换向器片相隔 90°，如图 3 -4所示。

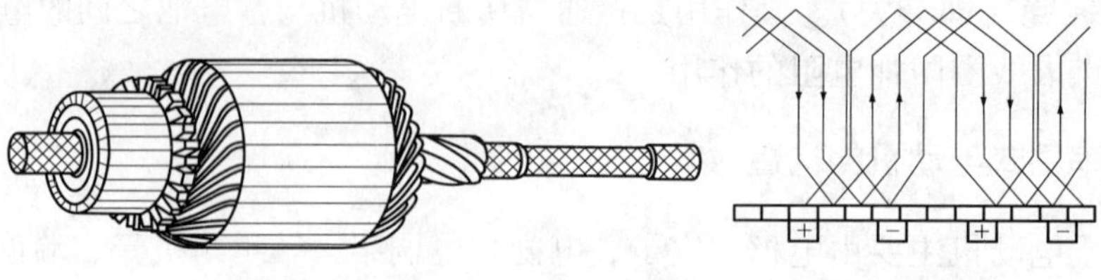

图 3 -4　电枢绕组绕法

2. 定子

（1）组成如图 3 -5 所示。

铁芯。低碳钢制成。

绕组。由矩形铜条绕制。一端接外壳上的接线柱，另一端接两只非搭铁的电刷。

磁极数目。一般为 4 或 6 个，同性相对安装。

（2）作用：产生磁场。

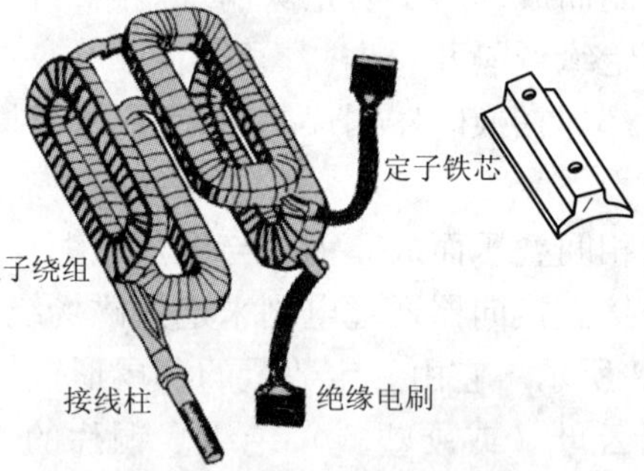

图 3 -5　定子的构造

磁极绕组与电枢绕组的连接方式有并励式、串励式和复励式三种。常见的汽车用起动机均用串励式，如图 3 -6 所示。

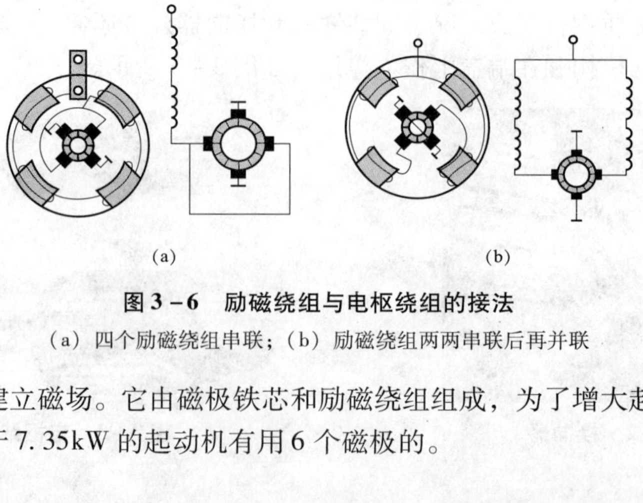

图 3 -6　励磁绕组与电枢绕组的接法

（a）四个励磁绕组串联；（b）励磁绕组两两串联后再并联

磁极的作用是建立磁场。它由磁极铁芯和励磁绕组组成，为了增大起动转矩，磁极数一般为 4 个，功率大于 7. 35kW 的起动机有用 6 个磁极的。

3. 电刷及电刷架

（1）电刷由铜粉（80%～90%）和石墨粉（10%～20%）压制而成，如图3-7所示。

（2）电刷架如图3-8所示。

一般为四个，为金属框式，两个正电刷与端盖绝缘，两个负电刷直接接铁。电刷架上装有弹力较大的盘形弹簧。

图3-7　电刷

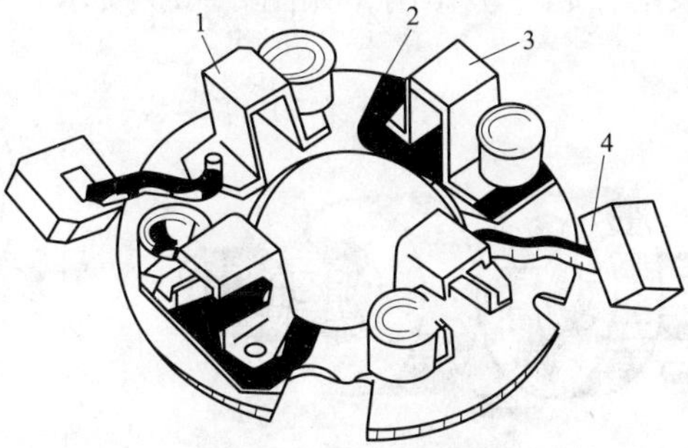

图3-8　电刷与刷架

1-接地电刷架；2-绝缘垫；3-绝缘电刷架；4-接地电刷

4. 轴承与机壳

（1）轴承采用青铜石墨轴承或铁基含油轴承，可承受冲击性载荷。减速式起动机电枢转速高，故用滚柱轴承或滚珠轴承。

（2）机壳为基础件，并起导磁作用。一端有四个检查窗口，中部有一接线柱，其在机壳内与励磁绕组的一端相接。

5. 端盖

端盖分前后两个。前端盖用钢板压制，内装电刷架。后端盖用灰铸铁铸成，内装电机传动机构，设拨叉座及驱动齿轮行程调整螺钉。每个端盖的中间均装有青铜石墨轴承或铁基含油轴承；后端盖与机壳之间装中间轴承板对轴起中间支承作用。整机由两个长螺栓通过前后端盖夹紧机壳固定。

三、传动机构

传动机构单向传递电动机的力矩，起动发动机。在起动后自动打滑，保护起动机电枢不致产生飞车。

起动机的传动机构是起动机的主要组成部件，它包括离合器和拨叉两个部分。

（1）作用。起动机的作用单向传递电动机的力矩，起动发动机。在起动后自动打滑，保护起动机电枢不致产生飞车。离合器的作用是将电动机的电磁转矩传递给发动机使之起动，同时又能在发动机起动后自动打滑，保护起动机不致飞散损坏。拨叉的作用是使离合器做轴向移动，将驱动齿轮啮入和脱离飞轮齿圈。

（2）种类。滚柱式单向离合器：适用于中小型汽车；摩擦片式单向离合器：适用于中型汽车；弹簧式单向离合器：适用于大型汽车。

3. 滚柱式单向离合器

（1）结构。滚柱式单向离合器由驱动齿轮、十字块、滚柱和弹簧等组成。离合器总成套装在电枢轴的花键上，可以轴向移动，如图 3－9 所示。

（2）工作原理。起动时，拨叉将离合器推出，驱动齿轮与飞轮啮合，电动机通电后，带动十字块旋转。此时十字块处于主动状态，使滚柱滚入窄端，将十字块与外壳卡紧。起动后，飞轮齿圈带动驱动齿轮与外壳高速旋转，当转速超过十字块时，就迫使滚柱滚入宽端，各自自由滚动，起保护作用，如图 3－10 所示。

图 3－9　滚柱式单向离合器的构造

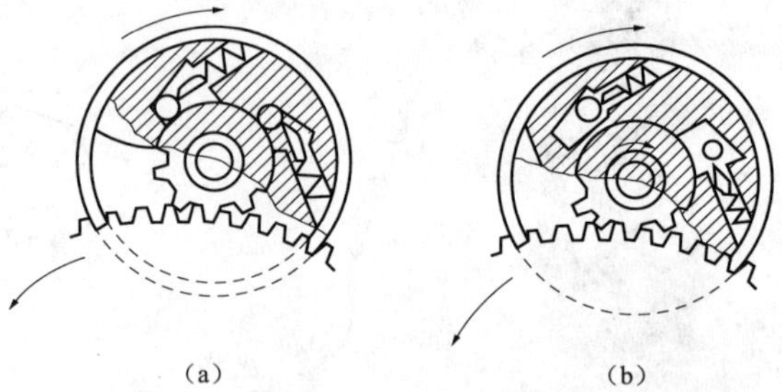

图 3－10　滚柱式单向离合器的工作原理

4. 摩擦片式单向离合器

（1）结构。摩擦片式单向离合器由内、外接合毂，主、从动摩擦片等组成。外接合毂与小齿轮一体，套装在电动机轴上，内接合毂通过内花键与与电动机的轴接合。从动摩擦片（青铜材料）装入外接合毂的切槽中，主动摩擦片插入内接合毂的切槽内，主、从动摩擦片相间排列。离合器工作时，利用两者的摩擦力传递转矩，如图 3－11 所示。

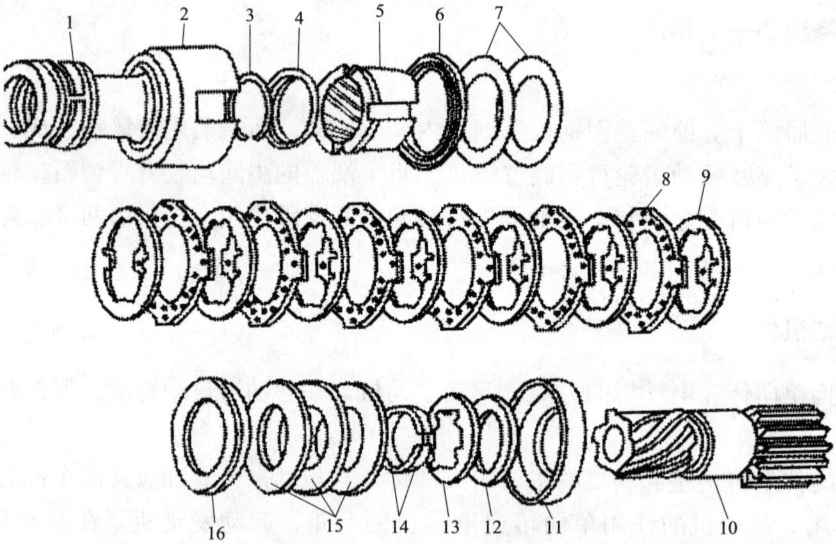

图 3－11　摩擦片式单向离合器

1－拨叉环；2－主动盘；3－卡环；4－锁圈；5－被动盘；6－压盘；7－调整垫圈；8－主动摩擦片；9－被动摩擦片；10－驱动齿轮轴套；11－后端盖；12－挡圈；13－锥面盘；14－半圆卡环；15－保险弹簧垫圈；16－承推环

（2）工作原理。起动时，当驱动齿轮啮入飞轮齿圈后，电动机通电旋转，内接合毂在惯性力作用下沿着螺旋花键向右移动，摩擦片被压紧而将起动机的力矩传递驱动齿轮。当发动机的阻力矩较大时，内接合器会继续右移，增大摩擦片之间的压力，直到摩擦片之间的摩擦力足够所需的起动力矩，带动曲轴旋转，起动发动机。起动后，驱动齿轮被飞轮齿圈带动，其转速超过电枢转速时，内接合毂沿着螺旋花键向左退出，摩擦片之间的压力消除。驱动齿轮不会带动电枢轴旋转，起到保护作用。

5. 弹簧式单向离合器

（1）结构。由驱动齿轮、连接套筒和螺旋弹簧组成，连接套筒与电枢轴通过花键连接，连接套筒与驱动齿轮外面套有扭力弹簧，其两端内径较小，分别箍紧在齿轮和套筒上，如图 3－12 所示。

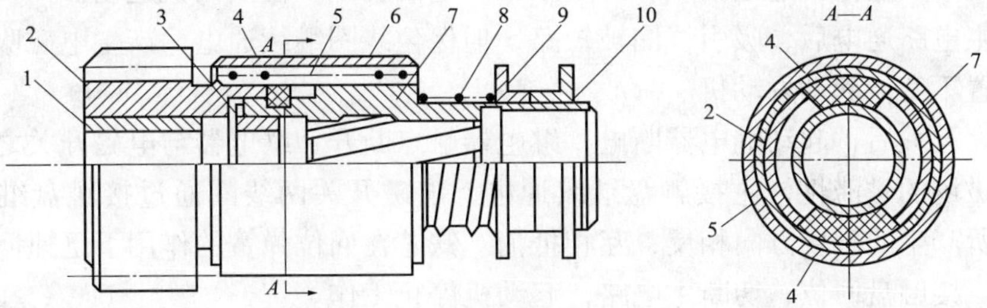

图 3－12　弹簧式单向离合器

1－衬套；2－起动机驱动齿轮；3－限位套；4－扇形套；5－扭力弹簧；6－护套；
7－花键套筒；8－弹簧；9－滑套；10－卡簧

（2）工作原理。起动时，电枢轴带动连接套筒旋转，扭力弹簧顺其旋转方向扭转，圈数增加，内径变小，将齿轮柄与连接套筒包紧，成为整体。这样电动机的力矩传给驱动齿轮，带动曲轴旋转，起动发动机。起动后，驱动齿轮转速高于电枢转速，扭力弹簧被反向扭转，内径变大，齿轮与连接套筒松脱，各自转动，起到保护作用。

四、控制装置

（1）作用。起动时，控制驱动齿轮与飞轮的啮合，接通电动机的主电路。起动后，切断电动机的主电路，使驱动齿轮与飞轮自动断开。

（2）组成。由吸引线圈、保持线圈、铁芯等组成，如图 3－13 所示。

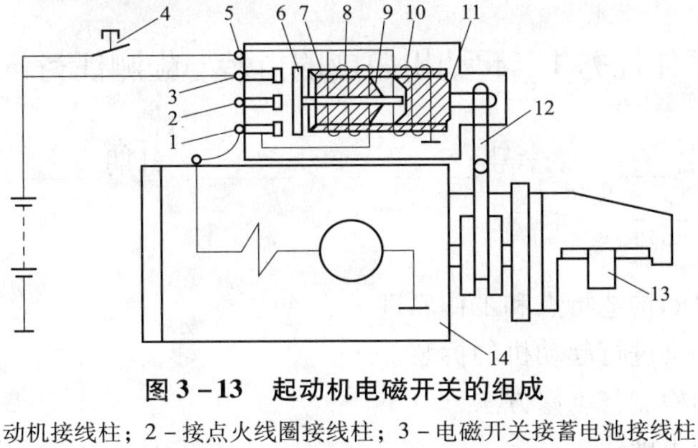

图 3－13　起动机电磁开关的组成

1－起动开关接电动机接线柱；2－接点火线圈接线柱；3－电磁开关接蓄电池接线柱；4－起动开关；
5－接起动开关接线柱；6－接触盘；7－黄铜套筒；8－吸引线圈；9－固定铁芯；10－保持线圈；
11－活动铁芯；12－传动叉；13－驱动齿轮；14－直流电动机

(3) 工作过程

置点火开关于起动位置，起动机继电器通电，继电器触点闭合，接通电磁开关电路；电磁开关通电，两线圈电流方向相同，共同产生吸力，使驱动齿轮啮合，主开关接通。

电磁开关通电后，吸引和保位线圈通电，两者流过的电流方向相同，共同产生电磁吸力，在电磁吸力的作用下，活动铁芯克服回位弹簧的弹力左行，通过杠杆机构，使小齿轮开始啮入飞轮齿圈；活动铁芯继续左移时，通过推杆使接触盘左移，接通电动机主电路。在接触盘尚未接通之前，由于吸引线圈的电流流经励磁绕组和电枢绕组，会产生一个较小的电磁转矩，使小齿轮缓慢旋转与飞轮啮合。在小齿轮完全与飞轮啮合后，接触盘接通电动机的主电路，蓄电池的大电流流进电动机，产生正常的电磁转矩，使发动机起动。

起动机主电路通电后，吸引线圈被短路，但保位线圈继续通电，产生电磁吸力，维持齿轮的啮合位置不变，起动发动机。

松开点火开关后，起动继电器断电，继电器触点断开，继电器与电磁开关之间的电路被切断。由于磁场的磁滞性，主接触盘继续通电，电磁开关两线圈通过接触盘继续通电。此时，两线圈所产生的磁场方向相反，互相抵消。铁芯在回位弹簧的作用下迅速回位，驱动齿轮退出啮合，接触盘回位，切断主电路，起动机停止工作。

电磁开关的工作过程如图 3－14 所示。

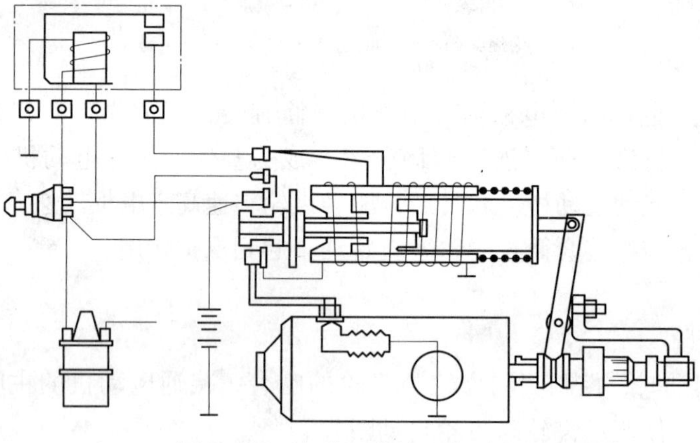

图 3－14　电磁开关的工作过程

工作任务 1　起动机总成的拆装与检测任务分析

班级______　姓名______　学号______　工号______　日期______　测评等级______

一、工作与学习目标

◆能认识起动机的构造特点和工作原理
◆能正确使用工具进行起动机的拆装
◆掌握起动机的检测与维修方法
◆掌握起动机的正确使用

二、工作过程及学习记录

(1) 如图 3－15 所示为汽车用起动机的结构图。按要求填写名称及作用。

3 为________部分，其作用是________；6 为________部分，其作用是________；

1，7 为________；2 为________，其作用是________。

4 为________；5 为________。

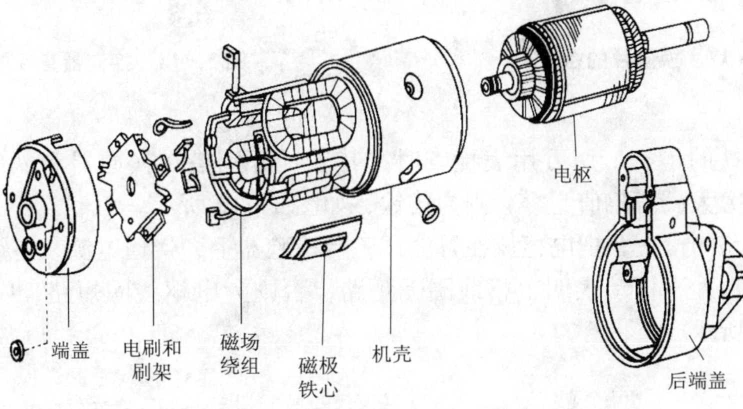

图 3－15　某型号起动机结构

(2) 写出起动机的拆装步骤。

第一步	
第二步	
第三步	
第四步	
第五步	
第六步	
第七步	

(3) 零部件检测。

①转子总成的检修：

a. 电枢轴。

用游标卡尺检测轴颈外径与衬套内径，配合间隙应为 0.035～0.077mm。最大不超过 0.15mm，间隙过大应更换衬套并重新铰配。电枢轴弯曲可用百分表检测，其径向圆跳动应不大于 0.10～0.15mm，否则应予以校正，如图 3－16 所示。

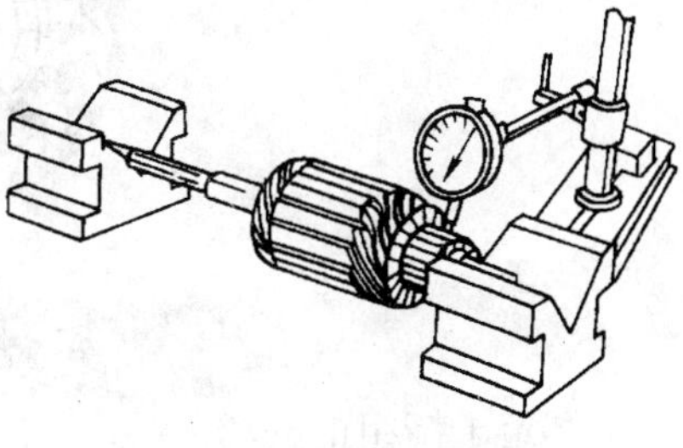

图 3－16　电枢轴的检查

b. 换向器。

检查换向器表面有无烧蚀和失圆。轻微烧蚀用 00 号砂纸打磨，严重时应车削，换向器与电枢轴的同轴度不大于0.03mm，否则在车床上修整。换向器直径不小于标准值1.10mm，换向片高出云母片0.40～0.80mm，如图3－17和图3－18所示。

图3－17　换向片的检查

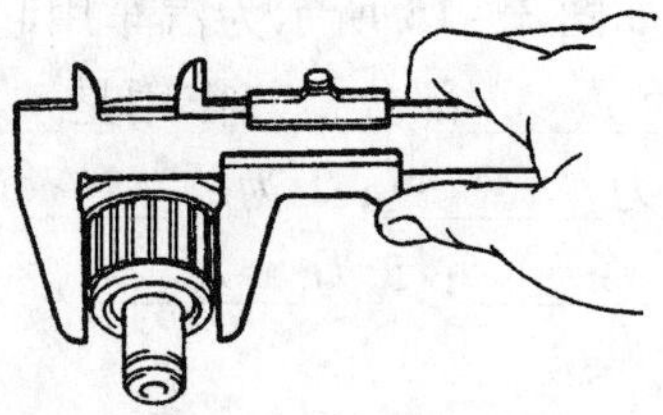

图3－18　换向器直径的检查

c. 电枢。

电枢线圈搭铁的检查。用万用表检查时，其表针分别搭在换向器和铁芯（或电枢轴）上，阻值应为无穷大，若阻值为零，则为搭铁，如图3－19所示。

电枢线圈短路的检查。把电枢放在万能试验台检验器上，接通电源，将锯片放在检验器上并转动电枢。锯片不振动表明电枢线圈无短路，否则为电枢线圈短路，应予以修理或更换，如图3－20所示。

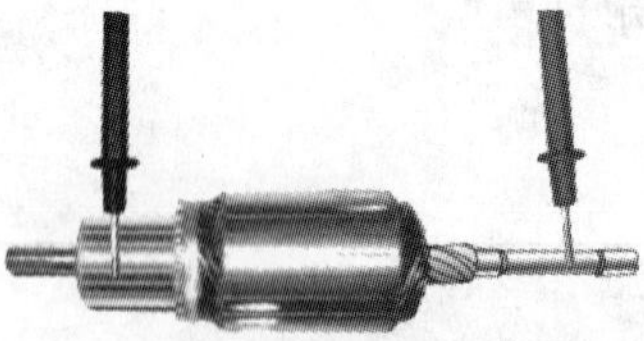

图3－19　电枢线圈搭铁的检查

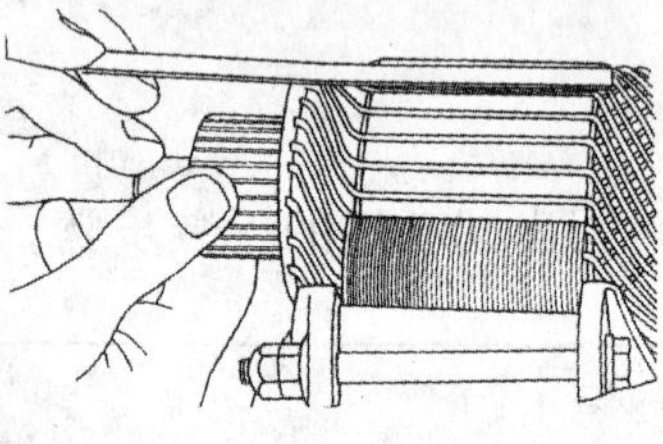

图3－20　电枢线圈短路的检查

电枢线圈断路的检查　检视电枢线圈的导线是否甩出或脱焊。用万用表两表针分别依次与相邻换向器接触，其读数应一致，否则说明电枢线圈断路，如图3－21所示。

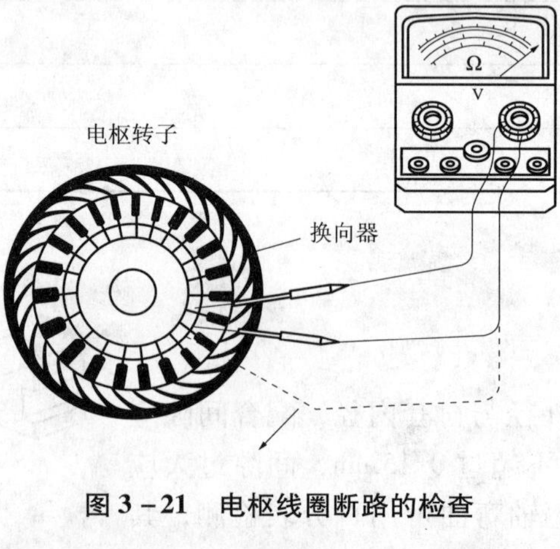

图3－21　电枢线圈断路的检查

②定子绕组的检验：

a. 磁场线圈搭铁的检验。用万用表的两表针分别接磁场接柱和外壳，若阻值为无穷大，则正常；若阻值为零，则为搭铁故障，如图3－22所示。

b. 用12V蓄电池检查定子绕组短、断路。蓄电池正极接起动机接线柱，负极接正电刷，将起子放在每个磁极上迅速检查磁极对起子的吸力，应相同。磁极吸力弱的为匝间短路，各磁极均无吸力为断路。将万用表置于导通挡，测接线柱与正电刷的导通情况，如不导通，也为断路，如图3-23所示。

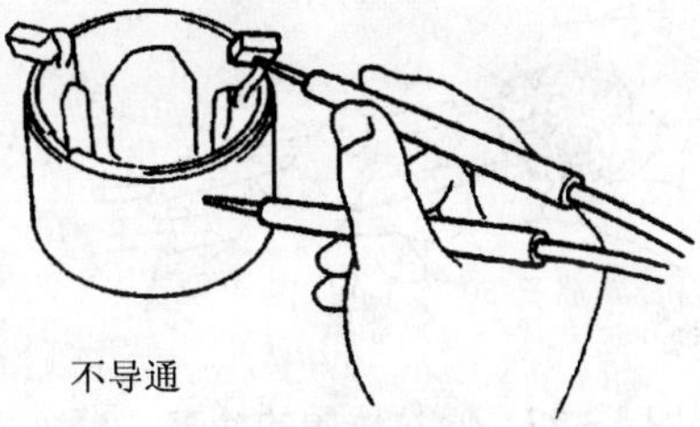

图3-22 磁场线圈搭铁的检查

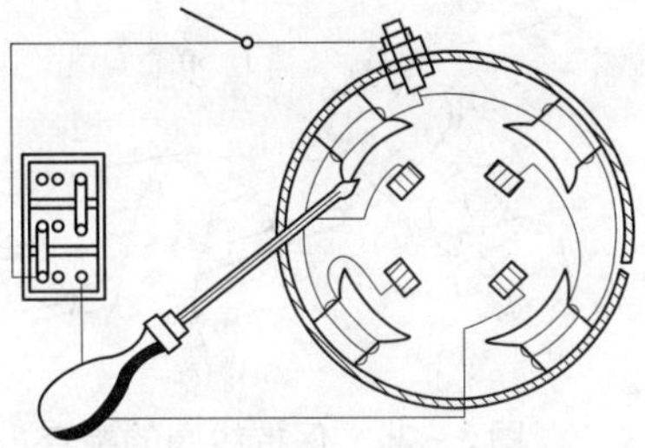

图3-23 磁场线圈短路、断路的检查

③电刷总成的检修：

a. 电刷高度的检查。电刷磨损后的高度不应小于电刷原高度的一半，一般不小于10mm，电刷在架内活动自如，无卡滞，电刷与换向器的接触面不低于80%。

b. 电刷架的检查。用万用表的导通挡位测两绝缘电刷架与电刷架座盖，阻值应为无穷大，否则说明绝缘体损坏；相同方法测两搭铁电刷架与电刷架座盖，阻值应为零，否则说明电刷架松动搭铁不良。

c. 电刷弹簧的检查。用弹簧秤检查弹簧的弹力，应为11.76~14.7N，过弱应更换，如图3-24所示。

④单向离合器的检查。按顺时针转动驱动齿轮，应自由转动；逆时针转动时应该被锁住，如图3-25所示。

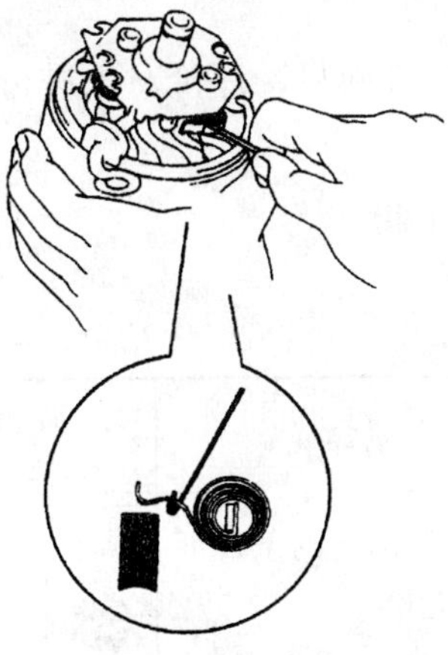

图3-24 电刷弹簧的检查

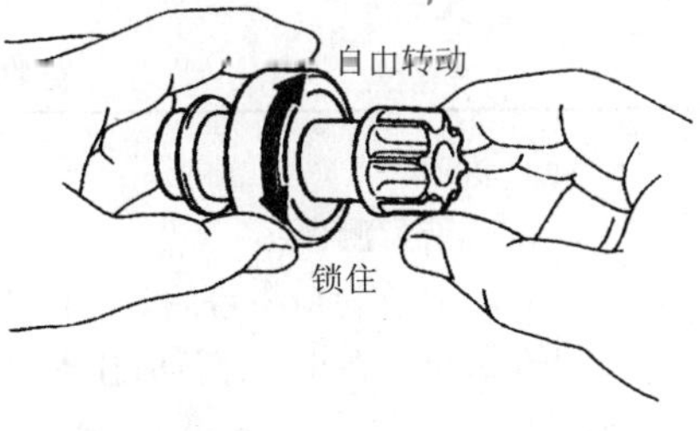

图3-25 单向离合器的检查

⑤电磁开关的检查（用万用表的低电阻挡位测量）。

a. 将两表针分别接于磁场接柱和电磁开关外壳，若有电阻，说明保持线圈良好；若电阻为零，则为短路；若电阻无穷大，则为断路，如图3-26所示。

b. 两表针分别接于磁场接柱和起动机接线柱，若有电阻，说明吸拉线圈良好；若电阻为零，则为短路；若电阻无穷大，则为断路，如图3-27所示。

c. 用手将接触盘铁芯压住，让电磁开关上的电源接柱与起动机接柱连通，测量两接柱间的电阻应为零，否则为接触不良。

⑥起动机的装复。按分解的反顺序装复起动机各零件。装复后应转动灵活，电枢轴的轴向间隙不大于0.05~1.00mm。

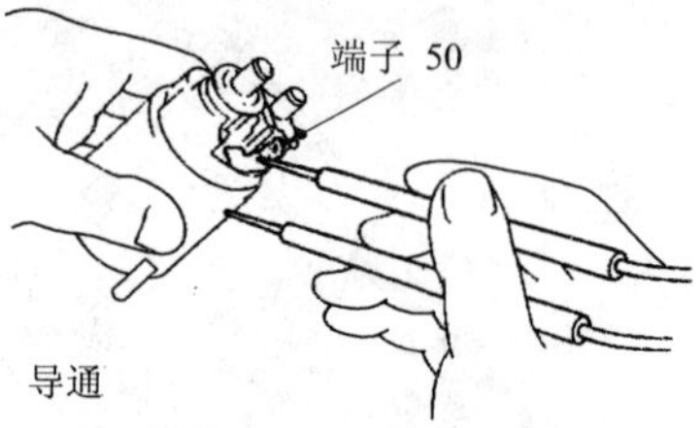

图3－26　保持线圈的检查

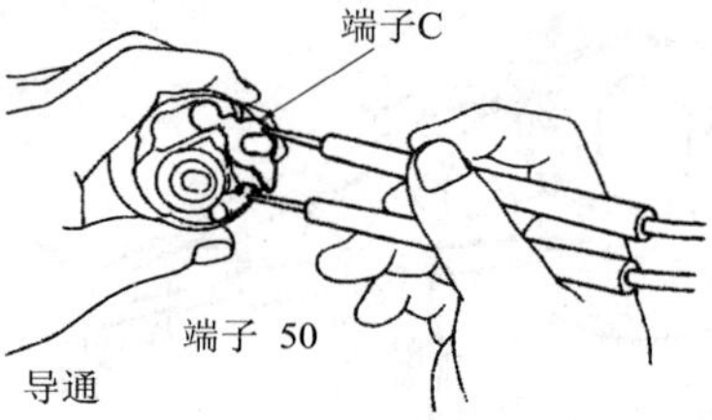

图3－27　吸拉线圈的检查

三、工作效果评价

1. 自我评价

（1）通过本次学习，我学到的知识点/技能点有：________________________。

不理解的有：________________________。

（2）我认为在以下方面还需要深化学习并提升岗位能力：________________________

________________________。

（3）本次工作和学习过程中，我的表现可得到：□　□　□。

2. 互相评价

（1）综合能力测评：参阅评价内容说明。

（2）专业能力测评。

①“起动机总成的拆装与检测”由评价人任意指定各检查项目，评价对象进行检查，评价人填写并判断正误，给予评定。

② 评价结果全对得，错一项得，错两项或以上得。

任务评价表

项目	评价内容 综合能力测评： （1）请在对应条目的○内打“√”或“×”，不能确定的条目不填，可以在小组评价时让本组同学讨论并写出结论。 （2）评价结果全对得，错一项得，错两项得。			评价等级（学生互评）		
综合能力测评项目（组内互评）	○按时到场	○工装齐备	○书、本、笔齐全			
	○安全操作	○责任心强	○7S 管理规范			
	○学习积极主动	○合理使用教学资源	○主动帮助他人			
	○接受工作分配	○有效沟通	○高效完成工作任务			

续表

<table>
<tr><td rowspan="2">项目</td><td colspan="6" rowspan="2">评价内容
综合能力测评：
（1）请在对应条目的○内打“√”或“×”，不能确定的条目不填，可以在小组评价时让本组同学讨论并写出结论。
（2）评价结果全对得 ，错一项得 ，错两项得 。</td><td colspan="3">评价等级
（学生互评）</td></tr>
<tr><td></td><td></td><td></td></tr>
<tr><td rowspan="2">专业能力
测评项目
（组间互评）</td><td rowspan="2">零部件
检测</td><td>测量项目</td><td></td><td></td><td></td><td></td><td colspan="3"></td></tr>
<tr><td>测量结果</td><td></td><td></td><td></td><td></td><td></td><td></td><td></td></tr>
<tr><td>小组评语及建议</td><td colspan="6">他（她）做到了：

他（她）的不足：

给他（她）的建议：</td><td colspan="3">组长签名：

年　月　日</td></tr>
<tr><td>老师评语及建议</td><td colspan="6"></td><td colspan="3">评价等级：______

教师签名：

年　月　日</td></tr>
</table>

工作任务2　起动机总成的拆装与检测的方案制订

班级______　姓名______　学号______　工号______　日期______　测评等级______

一、工作与学习目标

- ◆ 能够全面掌握起动机
- ◆ 能根据起动机工作原理，制订检修方案
- ◆ 能够展示学习成果并相互评价

二、工作过程及学习记录

（1）检查项目。

<table>
<tr><td>序号</td><td>作业项目</td><td>作业内容</td><td>检查结果</td></tr>
<tr><td>1</td><td>解体及清洗</td><td>解体操作</td><td></td></tr>
<tr><td rowspan="2">2</td><td rowspan="2">检修起动机各主要零件（零件修复可口述）</td><td>转子总成的检测</td><td></td></tr>
<tr><td>定子总成的检验</td><td></td></tr>
</table>

续表

序号	作业项目	作业内容	检查结果
2	检修起动机各主要零件（零件修复可口述）	电刷总成的检修	
		单向离合器的检验	
		电磁开关的检验	
3	起动机装复	组装工艺和方法	

（2）制订起动机总成的检修方案并展示。

序号	检查项目	使用工具
A		
B		

（3）展示检修方案并说明：

①其他组的创意：____。

②本组的创意：______________________________________。

三、工作效果评价

1. 自我评价

（1）通过本次学习，我学到的知识点/技能点有：____。

（2）我认为在以下方面还需要深化学习并提升岗位能力：____。

（3）本次工作和学习过程中，我的表现可得到：□  □  □ 。

2. 互相评价

（1）综合能力测评：参阅评价内容说明。

（2）专业能力测评。

①“起动机总成的检修”由评价人任意指定检查项目，评价对象应相应进行检查，评价人填写并判断正误，给予评定。

② 评价结果全对得 ，错一项得 ，错两项或以上得 。

任务评价表

<table>
<tr><td rowspan="2">项目</td><td colspan="6" rowspan="2">评价内容
综合能力测评：
（1）请在对应条目的○内打“√”或“×”，不能确定的条目不填，可以在小组评价时让本组同学讨论并写出结论。
（2）评价结果全对得 😎，错一项得 🙂，错两项得 ☹。</td><td colspan="3">评价等级
（学生互评）</td></tr>
<tr><td>😎</td><td>🙂</td><td>☹</td></tr>
<tr><td rowspan="4">综合能力
测评项目
（组内互评）</td><td colspan="2">○按时到场</td><td colspan="2">○工装齐备</td><td colspan="2">○书、本、笔齐全</td><td></td><td></td><td></td></tr>
<tr><td colspan="2">○安全操作</td><td colspan="2">○责任心强</td><td colspan="2">○7S 管理规范</td><td></td><td></td><td></td></tr>
<tr><td colspan="2">○学习积极主动</td><td colspan="2">○合理使用教学资源</td><td colspan="2">○主动帮助他人</td><td></td><td></td><td></td></tr>
<tr><td colspan="2">○接受工作分配</td><td colspan="2">○有效沟通</td><td colspan="2">○高效完成工作任务</td><td></td><td></td><td></td></tr>
<tr><td rowspan="2">专业能力
测评项目
（组间互评）</td><td rowspan="2">起动机
检测</td><td>测量项目</td><td></td><td></td><td></td><td></td><td colspan="3"></td></tr>
<tr><td>测量结果</td><td></td><td></td><td></td><td></td><td></td><td></td><td></td></tr>
<tr><td>小组评语及建议</td><td colspan="6">他（她）做到了：
他（她）的不足：
给他（她）的建议：</td><td colspan="3">组长签名：

年　月　日</td></tr>
<tr><td>老师评语及建议</td><td colspan="6"></td><td colspan="3">评价等级：______
教师签名：

年　月　日</td></tr>
</table>

工作任务 3　起动机总成的拆装与检测的方案实施

班级：______　姓名______　学号______　工号______　日期______　测评等级：______

一、工作与学习目标

- ◆ 能够根据制订的维修方案排除故障
- ◆ 能检测并判断起动机工作性能
- ◆ 能够总结排故思路并相互评价

二、工作过程及学习记录

（1）起动机的拆装。

记录拆装步骤：____

____。

（2）起动机的检测。

①直流电机的检查。

a. 转子的检查。

A. 目测换向器表面是否出现异常磨损和赃污。

有 □　　无 □

B. 测量换向器片绝缘槽深度：测量值________。

正常 □　　小于极限 □

C. 转子绕组断路的检查（如图 3 – 28 所示）：测量值________。

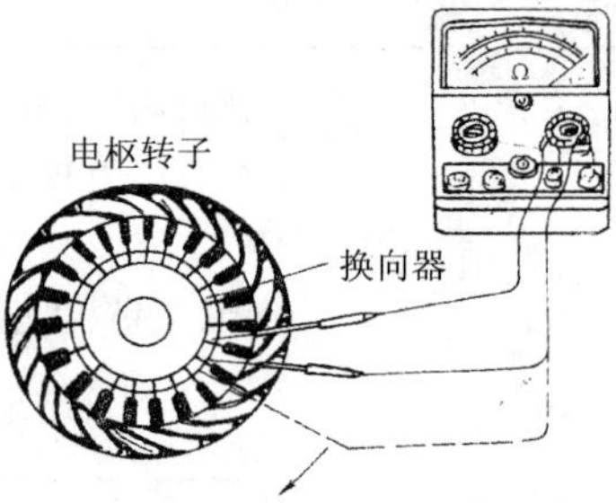

图 3 – 28　转子绕组断路的检查

正常 □　　断路 □

D. 转子绕组绝缘的检查（如图 3 – 29 所示）：测量值________。

正常 □　　不绝缘 □

b. 定子的检查。

A. 定子绕组断路的检查（如图 3 – 30 所示）：测量值________。

正常 □　　断路 □

B. 定子绕组绝缘检查（串励式）：测量值________。

正常 □　　不绝缘 □

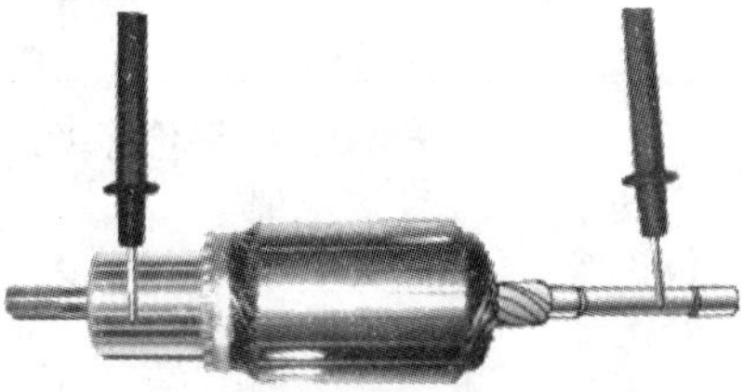

图 3 – 29　转子绕组绝缘的检查

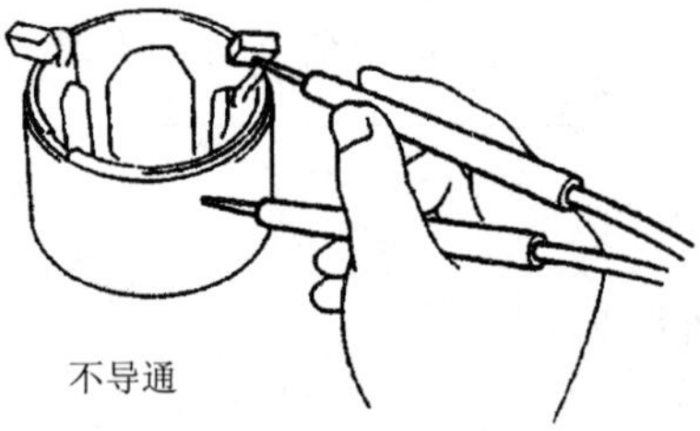

图 3 – 30　定子绕组绝缘的检查

c. 电刷组件的检查。

A. 目测电刷是否有异常磨损________。有 □　　无 □

B. 用手按压各弹簧，检查弹力是否一致________。一致 □　　不一致 □

C. 电刷长度的检查：测量值________。正常 □　　小于极限 □

②操纵机构的检查。

a. 电磁开关保持线圈的检查：测量值________。

正常 □　　短路 □　　断路 □

b. 电磁开关吸拉线圈的检查（如图 3 – 31 所示）：测量值________。

正常 □　　短路 □　　断路 □

c. 用手压下电磁开关移动铁芯，检查主接柱是否导通________。导通 □　　不导通 □

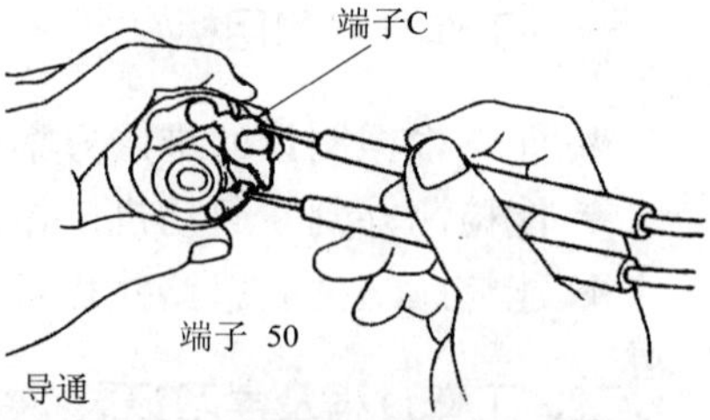

图 3 – 31　电磁开关吸拉线圈的检查

（3）传动机构的检查。

①目测各传动部件是否有损坏________。有 □　　无 □

②单向离合器的检查（如图 3－32 所示）________。正常 □　　打滑 □

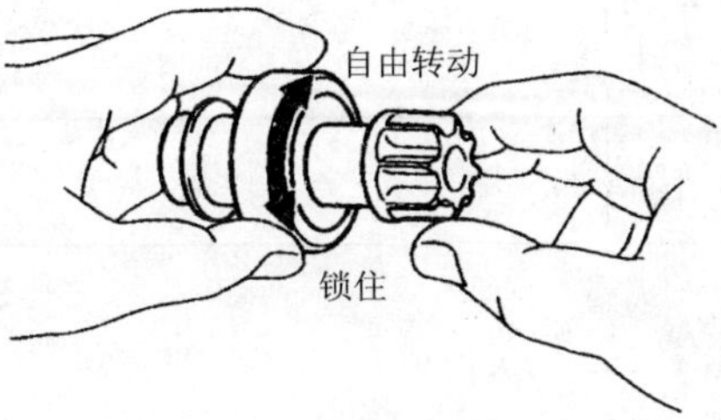

图 3－32　单向离合器的检查

（4）总结故障排除思路并示范：________________________________。

（5）其他组的思路给了我以下启发：______________________________。

三、工作效果评价

1. 自我评价

（1）通过本次学习，我学到的知识点/技能点有：____。

不理解的有：________________________________。

（2）我认为在以下方面还需要深化学习并提升岗位能力：____。

（3）本次工作和学习过程中，我的表现可得到：□ □ □。

2. 互相评价

（1）综合能力测评：参阅评价内容说明。

（2）专业能力测评。

①“起动机总成的拆装与检测”由评价人任意设定一个起动机故障点，评价对象对设定的故障点进行诊断排除，评价人依据结果判断正误，给予评定。

② 评价结果全对得 ，错一项得 ，错两项或以上得 。

任务评价表

项目	评价内容 综合能力测评： （1）请在对应条目的○内打“√”或“×”，不能确定的条目不填，可以在小组评价时让本组同学讨论并写出结论。 （2）评价结果全对得 ，错一项得 ，错两项得 。	评价等级（学生互评）		
综合能力测评项目（组内互评）	○按时到场　○工装齐备　○书、本、笔齐全			
	○安全操作　○责任心强　○7S 管理规范			
	○学习积极主动　○合理使用教学资源　○主动帮助他人			
	○接受工作分配　○有效沟通　○高效完成工作任务			

续表

<table>
<tr><td rowspan="2">专业能力
测评项目
（组间互评）</td><td rowspan="2">起动机
检测</td><td>测量项目</td><td></td><td></td><td></td><td></td><td colspan="3"></td></tr>
<tr><td>测量结果</td><td></td><td></td><td></td><td></td><td></td><td></td><td></td></tr>
<tr><td>小组评语及建议</td><td colspan="6">他（她）做到了：
他（她）的不足：
给他（她）的建议：</td><td colspan="3">组长签名：
年　月　日</td></tr>
<tr><td rowspan="2">项目</td><td colspan="6" rowspan="2">评价内容
综合能力测评：
（1）请在对应条目的○内打“√”或“×”，不能确定的条目不填，可以在小组评价时让本组同学讨论并写出结论。
（2）评价结果全对得 ，错一项得 ，错两项得 。</td><td colspan="3">评价等级
（学生互评）</td></tr>
<tr><td></td><td></td><td></td></tr>
<tr><td>老师评语及建议</td><td colspan="6"></td><td colspan="3">评价等级：______
教师签名：
年　月　日</td></tr>
</table>

【知识拓展】

下面介绍两种常用起动机。

1. 减速起动机

在起动机的电枢轴与驱动齿轮之间装有齿轮减速器的起动机，称为减速起动机。串激式直流电动机的功率与其转矩和转速成正比，可见，当提高电动机转速的同时降低其转矩时，可以保持起动机功率不变，故当采用高速、低转矩的串激式直流电动机作为起动机，在功率相同的情况下，可以使起动机的体积和质量大大减小。但是，起动机的转矩过低，不能满足起动发动机的要求。为此，在起动机中采用高速、低转矩的直流电动机时，在电动机的电枢轴与驱动齿轮之间安装齿轮减速器，可以在降低电动机转速的同时提高其转矩。减速起动机的齿轮减速器有外啮合式、内啮合式、行星齿轮式等三种不同形式，如图 3－33 所示。

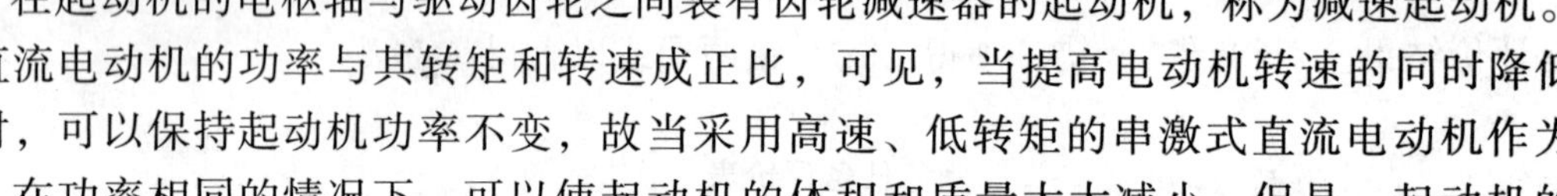

图 3－33　减速起动机的三种形式

外啮合式减速起动机，其减速机构在电枢轴和起动机驱动齿轮之间利用惰轮做中间传动，且电磁开关铁芯与驱动齿轮同轴心，直接推动驱动齿轮进入啮合，无须拨叉。因此，起动机的外形与普通的起动机有较大的差别。通常分有惰轮外啮合式减速起动机和无惰轮外啮合式减速起动机，如图 3 – 34 所示。外啮合式减速机构的传动中心距较大，因此受起动机构的限制，其减速比不能太大，一般不大于 5，多用在小功率的起动机上。

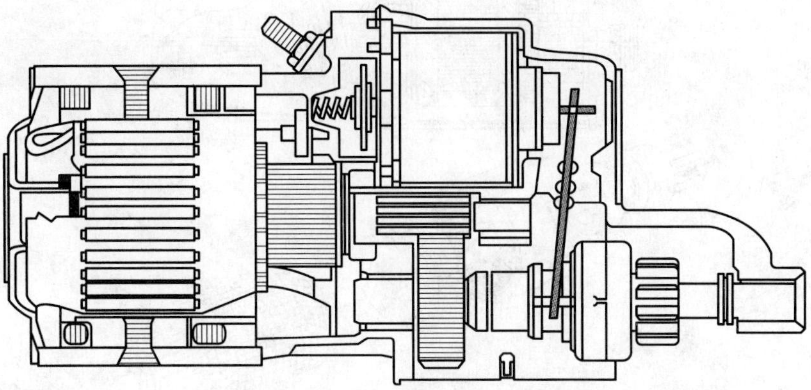

图 3 – 34　无惰轮外啮合式减速起动机

内啮合式减速起动机，其减速机构传动中心距小，可有较大的减速比，故适用于较大功率的起动机。但内啮合式减速机构噪声较大，驱动齿轮仍需拨叉拨动进入啮合，因此，起动机的外形与普通起动机相似，如图 3 – 35 所示。

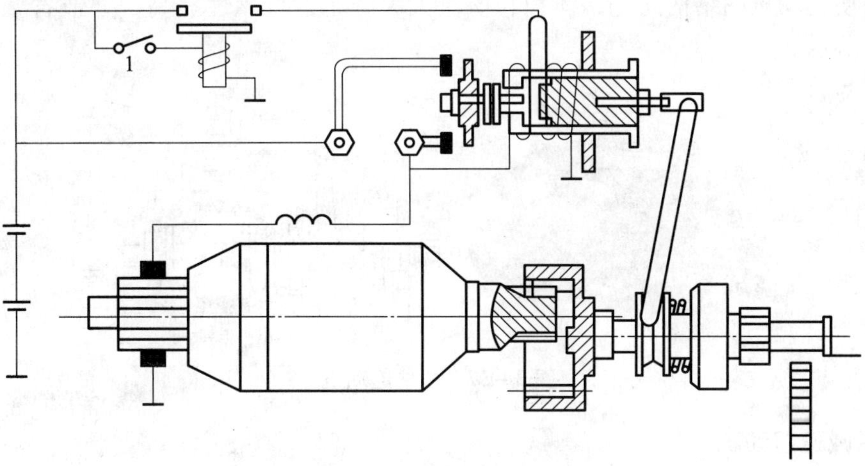

图 3 – 35　内啮合式减速起动机

如图 3 – 36 所示，为行星齿轮式减速起动机的结构原理图。行星齿轮式减速起动机减速机构结构紧凑、传动比大、效率高。由于输出轴与电枢轴同轴线、同旋向，电枢轴无径向载荷，振动轻，整机尺寸减小。另外，行星齿轮式减速起动机还具有以下优点：

（1）负载平均分配在三个行星齿轮上，可以采用塑料内齿圈和粉末冶金的行星齿轮，使质量减轻、噪声降低。

（2）尽管增加行星齿轮减速机构，但是起动机的轴向其他结构与普通起动机相同，故配件可以通用。

因此，行星齿轮式减速起动机应用越来越广泛，丰田系列轿车和部分奥迪轿车也都采用行星齿轮式减速起动机。

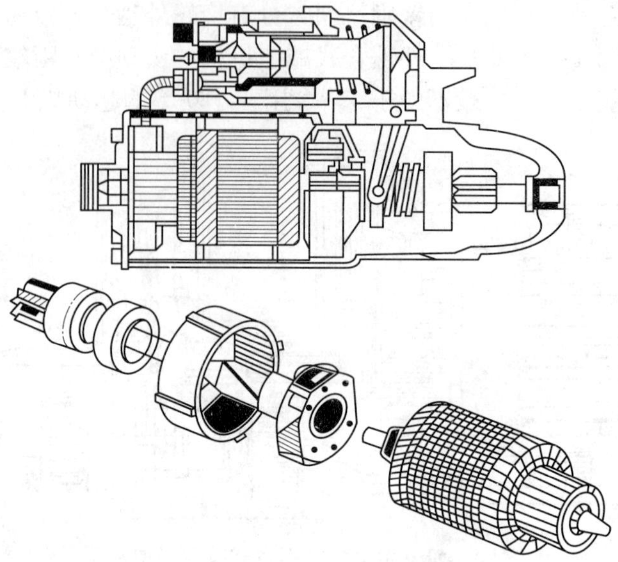

图 3－36　行星齿轮式减速起动机

2. 永磁起动机

以永磁材料作为磁极的起动机，称为永磁起动机。它取消了传统起动机中的励磁绕组和磁极铁芯，使起动机的结构简化，体积和质量大大减小，可靠性提高，并节省了金属材料，如图 3－37 所示。

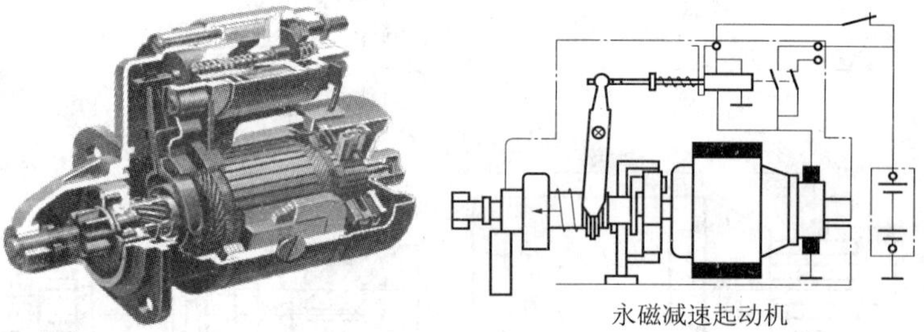

永磁减速起动机

图 3－37　永磁起动机

3. 永磁减速起动机

采用高速低转矩的永磁电动机，并在驱动齿轮与电枢轴之间安装齿轮减速器的起动机，称为永磁减速起动机。永磁减速起动机的体积和质量可以进一步减小，目前已得到广泛应用。

工作任务 4　起动机总成的拆装与检测完工检验

班级______　姓名______　学号______　工号______　日期______　测评等级______

一、工作与学习目标

- 能够按照企业标准对车辆进行检验
- 能够确认故障排除并对起动机的使用提出合理化建议

二、检验项目

项目	检验结果			备注

起动机复位完整				
所有装饰件完好				
连接器连接可靠				
未有工具设备遗漏				

三、根据所学知识，提出起动机使用和检修的合理化建议，并进行展示

____
____
____。

单元一 思考与练习

一、填空题

1. 发动机的起动方式有________、________和________三种，现代汽车常用的起动方式是________。

2. 起动机都是由________、________和________三大部分组成的。

3. 按操纵方式的不同，起动机可分为________和________两种方式。

4. 起动机传动机构由________和________等部件构成。

二、选择题

1. 在磁路未饱和时，起动机用电动机的转矩（　　）。

A. 与励磁电流的平方成正比

B. 与励磁电流成正比

C. 与励磁电流的大小无关

2. 功率较小的起动机上广泛使用的离合器是（　　）。

A. 单向滚柱式　　B. 摩擦片式　　C. 弹簧式

3. 电磁开关将起动机主电路接通后，铁芯靠（　　）线圈产生的电磁力保持在吸合位置上。

A. 吸引线圈　　B. 保持线圈　　C. A 和 B 共同作用

三、判断题

1. 换向器的作用是使直流电动机维持定向旋转。（　　）

2. 直流电动机电枢绕组用多匝导线绕制的目的是产生较大转矩，实现电枢平稳运转。（　　）

3. 直流串励式电动机的转矩特性表征了它能较容易地起动发动机。(　　)

四、简答题

1. 起动机具有哪些优点？
2. 起动机的工作原理如何？
3. 起动机的励磁过程怎样？

单元二　起动机无法起动的故障检修

班级______　姓名______　学号______　工号______　日期______　测评等级______

<table>
<tr><td>工作任务</td><td colspan="2">起动机无法起动的故障检修</td><td>教学模式</td><td colspan="2">任务驱动和行动导向</td></tr>
<tr><td>建议学时</td><td colspan="2">4 学时</td><td>教学地点</td><td colspan="2">一体化实训室</td></tr>
<tr><td>任务描述</td><td colspan="4">有一客户的现代轿车在点火开关打到“Start”后，起动机没有反应，发动机无法起动，要求给予检修。要完成这个工作任务，首先我们还需掌握起动机的结构及工作原理，起动机常见故障现象及检修方法，作为维修技工，需要根据维修手册，参考相关资料排除故障，提出合理化使用建议，并最终检验合格后交付前台。下面就分步来完成本学习情境的学习任务。</td><td>
维修流程？</td></tr>
<tr><td>学习目标</td><td colspan="4">1. 学会判断起动系统的电路控制方式，并能利用检测设备正确进行相关线路检测。
2. 能通过故障现象，分析起动系统故障原因。
3. 能确定故障诊断步骤，并能予以故障排除。</td><td>
</td></tr>
<tr><td rowspan="10">学习准备</td><td colspan="5">1. 设备器材：现代汽车 1 台，工具车 2 台，数字万用表 4 块，轿车维修手册 2 份，试灯，常用拆装检测工具，电气万能实验台 2 个，网络资源。
2. 分六组，小组人员岗位分配表（由组长分配）。</td></tr>
<tr><td rowspan="2">工作岗位</td><td colspan="2">时段一</td><td colspan="2">时段二</td></tr>
<tr><td colspan="2">______年______月______日
____时____分至____时____分</td><td colspan="2">______年______月______日
____时____分至____时____分</td></tr>
<tr><td>主修人员（1 人）</td><td colspan="2"></td><td colspan="2"></td></tr>
<tr><td>辅修人员（1 人）</td><td colspan="2"></td><td colspan="2"></td></tr>
<tr><td>工具管理（1 人）</td><td colspan="2"></td><td colspan="2"></td></tr>
<tr><td>零件摆放（1 人）</td><td colspan="2"></td><td colspan="2"></td></tr>
<tr><td>安全监督（1 人）</td><td colspan="2"></td><td colspan="2"></td></tr>
<tr><td>质量检验（1 人）</td><td colspan="2"></td><td colspan="2"></td></tr>
<tr><td>7S 监督（2～4 人）</td><td colspan="2"></td><td colspan="2"></td></tr>
</table>

【知识要点】

一、起动机不转的故障诊断与排除

（1）起动发动机的同时，接通前大灯或喇叭，观察灯光亮度和喇叭声响是否正常，如变弱，则检查蓄电池是否亏电和线路连接是否松动。

（2）短接起动机电磁开关与蓄电池正极接柱，观察起动机运转情况，如运转正常，则检查点火开关。

（3）短接起动机开关接柱，观察起动机运转情况，如运转正常，则检查起动机电磁开关。

（4）从车上拆下起动机，然后拆下起动机电刷，检查起动机电刷和换向器表面状况，换向器表面应无烧蚀现象，电刷在电刷架内应活动自如，无卡滞现象，电刷与换向器的接触面积不应小于4/5，电刷长度不应小于新电刷的2/3。

（5）以上检测都正常，若起动机不转，则故障为励磁线圈断路。

（6）若外部电路接触火花很大，则故障为励磁线圈或电刷架搭铁。

（7）确认并排除故障后，将起动机装回发动机。

（8）再次起动发动机，发动机能正常起动，确认系统正常无故障。

二、起动机运转无力的故障诊断与排除

若将点火开关转到起动位置时，起动机能转动，但转速很低（转矩小的缘故），不能正常起动，故障多发生在蓄电池、起动机及其之间的电路上。例如：蓄电池亏电较多，导线接触不良，起动机内部的激磁绕组和电枢绕组有短路或接铁处、电刷与换向器之间接触不良、电磁开关的触头接触不良以及轴承与转轴过紧或过松等，检查步骤如下。

（1）检查蓄电池是否亏电较多，方法如下，可按喇叭和开前照灯试验，若喇叭音量小，前照灯灯光暗淡，则可能是蓄电池存电不足、或连接线松动而接触不良；此时可用手触摸蓄电池各接线端子，若发热，为其接线连接不良，应拆下导线，用砂纸打磨后重新装回，并用螺栓紧固。若手摸蓄电池各接线端子的温度正常，为蓄电池故障，应予以维修或更换。

（2）如果蓄电池正常时，再用螺丝刀短接起动机的电源主接柱和电机主接柱，观察短接处的火花强弱和起动机的运转情况。

① 火花强（表示电流很大），起动机运转正常，证明蓄电池到起动机之间的线路和起动机良好，故障出在电磁开关上，例如：接触盘和触头烧蚀严重或脏污而造成接触不良等。

② 火花强，起动无力。则可能是起动机内部绕组局部短路或有接铁处。也可能是转轴与轴承配合过紧（摩擦阻力大）或过松而使电枢与磁极碰擦（有摩擦声）。

③ 火花弱（表示电流小），起动无力，则可能是接线柱与接线头之间氧化、脏污或松脱，引起接触不良；也可能是电刷与换向器之间接触不良。

三、起动机空转的故障诊断与排除

接通点火开关起动挡，起动机只是空转，不能带动发动机曲轴运转，原因可能是单向离合器打滑；拨叉脱落或变形、缓冲弹簧折断或太软；飞轮齿环有几个齿损坏；电磁开关行程调整不当，以致开关闭合时间过早或起动机固定螺钉松动等，检查步骤如下。

（1）起动机空转时转速很高，可听到高速转动的“嗡嗡”声，但发动机不转，一般为

单向离合器打滑，可检查单向离合器锁止力矩，并予以修理调整。

（2）起动机空转且伴有齿轮撞击声，可检查缓冲弹簧是否折断或过软，起动机电磁开关行程调整是否得当，起动机固定螺钉是否松动等，并根据情况予以修理。

（3）起动机空转，此时切断电源，摇转曲轴，使飞轮齿环转过一个角度，再起动，可以正常带动发动机运转，说明飞轮齿环有连续几个齿损坏。

四、起动机异响的故障诊断与排除

起动机工作时有异响一般故障原因为：电磁开关工作不良，蓄电池亏电，机械故障等。检查步骤如下。

（1）起动机驱动小齿轮周期性地撞击飞轮齿环，发出“哒、哒……”声，一般是电磁开关的保持线圈或吸拉线圈断路、短路或接触不良，蓄电池亏电。诊断方法：

首先，检查蓄电池是否亏电（按喇叭，开大灯观察喇叭音响和灯光明亮程度是否正常），若蓄电池存电良好，则为电磁开关工作不良。

其次，用万用表检查电磁开关的保持线圈和吸拉线圈是否短路、断路或接触不良。

（2）起动时起动机有“扫膛”现象，故障为转子轴向间隙过大，一般为铜套磨损或损坏（解体起动机更换铜套）。

（3）起动时有较大的响声并且转子转动无力，一般是装配过紧或转子轴弯曲等机械故障导致。此时必须解体起动机进行检查并按规定装配。

工作任务1　起动机无法起动的故障检修任务分析

班级______　姓名______　学号______　工号______　日期______　测评等级______

一、工作与学习目标

◆能掌握起动系统的电路控制方式

◆能利用检测设备正确进行相关线路检测

◆掌握试灯检测方法

二、工作过程及学习记录

（1）认识常见元器件。

①起动继电器有________个，分别为________和________，端子________和________为绕组，阻值一般为 80 ~ 90Ω，测量值为________。

②熔断器的测量阻值为________。

（2）分析起动系统线路连接，如图 3 – 38 所示。

①起动继电器线圈电路。

②起动系线路的检测。

检测时使用万用表，采用逐点搭铁检测法可确诊断路部位，采用依次拆断检测法可确诊短路搭铁部位。检测程序可从前向后，也可从后向前，或从中间向两边依次选择各个节点进行，主要分两个线路的检测：一是起动控制线路，主要检测线路的通断情况；二是起动机供

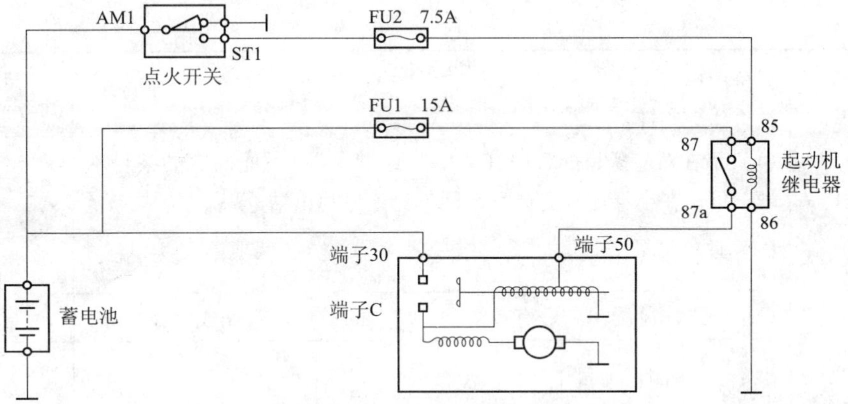

图 3-38　起动系统线路连接

电线路，重点检测线路各节点的电压降情况，各节点连接处的电压降不得大于 0. 2V。

三、工作效果评价

1. 自我评价

（1）通过本次学习，我学到的知识点/技能点有：______________________________。

不理解的有：______________________________。

（2）我认为在以下方面还需要深化学习并提升岗位能力：______________________________

______________________________。

（3）本次工作和学习过程中，我的表现可得到：□  □  □ 。

2. 互相评价

（1）综合能力测评：参阅评价内容说明。

（2）专业能力测评。

①“起动机无法起动的故障检修”由评价人任意指定各检查项目，评价对象进行检查，评价人填写并判断正误，给予评定。

② 评价结果全对得 ，错一项得 ，错两项或以上得 。

任务评价表

项目	评价内容 综合能力测评： （1）请在对应条目的○内打“√”或“×”，不能确定的条目不填，可以在小组评价时让本组同学讨论并写出结论。 （2）评价结果全对得 ，错一项得 ，错两项得 。	评价等级（学生互评）		

综合能力测评项目（组内互评）	○按时到场　○工装齐备　○书、本、笔齐全			
	○安全操作　○责任心强　○7S 管理规范			
	○学习积极主动　○合理使用教学资源　○主动帮助他人			

续表

<table>
<tr><td rowspan="2">项目</td><td colspan="6" rowspan="2">评价内容
综合能力测评：
（1）请在对应条目的○内打“√”或“×”，不能确定的条目不填，可以在小组评价时让本组同学讨论并写出结论。
（2）评价结果全对得 ，错一项得 ，错两项得 。</td><td colspan="3">评价等级
（学生互评）</td></tr>
<tr><td></td><td></td><td></td></tr>
<tr><td></td><td colspan="6">○接受工作分配　○有效沟通　○高效完成工作任务</td><td></td><td></td><td></td></tr>
<tr><td rowspan="2">专业能力
测评项目
（组间互评）</td><td rowspan="2">线路
检测</td><td>测量项目</td><td></td><td></td><td></td><td></td><td colspan="3"></td></tr>
<tr><td>测量结果</td><td></td><td></td><td></td><td></td><td></td><td></td><td></td></tr>
<tr><td>小组评语及建议</td><td colspan="6">他（她）做到了：

他（她）的不足：

给他（她）的建议：</td><td colspan="3">组长签名：

年　月　日</td></tr>
<tr><td>老师评语及建议</td><td colspan="6"></td><td colspan="3">评价等级：______

教师签名：

年　月　日</td></tr>
</table>

工作任务2　起动机无法起动的故障检修方案制订

班级______　姓名______　学号______　工号______　日期______　测评等级______

一、工作与学习目标

- ◆ 能够全面掌握起动系工作原理
- ◆ 能制订起动系检修方案
- ◆ 能够展示学习成果并相互评价

二、工作过程及学习记录

（1）对起动系的相关控制线进行检查。

（2）将起动机从车上拆下并解体，对电刷架、电刷、控制装置、定子、转子进行检查。

（3）对起动系电路进行检测。

（4）制订起动机总成的检修方案并展示。

序号	检查项目	使用工具
A		
B		

三、工作效果评价

1. 自我评价

①通过本次学习，我学到的知识点/技能点有：____。

不理解的有：____。

（2）我认为在以下方面还需要深化学习并提升岗位能力：____。

（3）本次工作和学习过程中，我的表现可得到：□  □  □ 。

2. 互相评价

（1）综合能力测评：参阅评价内容说明。

（2）专业能力测评。

①“起动系线路的检修”由评价人任意指定检查项目，评价对象应相应进行检查，评价人填写并判断正误，给予评定。

②评价结果全对得 ，错一项得 ，错两项或以上得 。

任务评价表

<table>
<tr><td rowspan="2">项目</td><td colspan="6" rowspan="2">评价内容
综合能力测评：
（1）请在对应条目的○内打“√”或“×”，不能确定的条目不填，可以在小组评价时让本组同学讨论并写出结论。
（2）评价结果全对得 ，错一项得 ，错两项得 。</td><td colspan="3">评价等级
（学生互评）</td></tr>
<tr><td></td><td></td><td></td></tr>
<tr><td rowspan="4">综合能力
测评项目
（组内互评）</td><td colspan="6">○按时到场　○工装齐备　○书、本、笔齐全</td><td></td><td></td><td></td></tr>
<tr><td colspan="6">○安全操作　○责任心强　○7S 管理规范</td><td></td><td></td><td></td></tr>
<tr><td colspan="6">○学习积极主动　○合理使用教学资源　○主动帮助他人</td><td></td><td></td><td></td></tr>
<tr><td colspan="6">○接受工作分配　○有效沟通　○高效完成工作任务</td><td></td><td></td><td></td></tr>
<tr><td rowspan="2">专业能力
测评项目
（组间互评）</td><td rowspan="2">起动系
线路
检测</td><td>测量项目</td><td></td><td></td><td></td><td></td><td colspan="3"></td></tr>
<tr><td>测量结果</td><td></td><td></td><td></td><td></td><td></td><td></td><td></td></tr>
</table>

续表

项目	评价内容	评价等级（学生互评）		
项目	评价内容 综合能力测评： (1) 请在对应条目的○内打“√”或“×”，不能确定的条目不填，可以在小组评价时让本组同学讨论并写出结论。 (2) 评价结果全对得 ，错一项得 ，错两项得 。			
小组评语及建议	他（她）做到了： 他（她）的不足： 给他（她）的建议：	组长签名： 年 月 日		
老师评语及建议		评价等级：______ 教师签名： 年 月 日		

工作任务3 起动机无法起动的故障检修的方案实施

班级______ 姓名______ 学号______ 工号______ 日期______ 测评等级______

一、工作与学习目标

◆ 能够根据制订的维修方案排除故障

◆ 能检测并判断发电系工作性能

◆ 能够总结排故思路并相互评价

二、工作过程及学习记录

(1) 线路检测，如图 3-38 所示。

①控制回路检测：

a. 将点火开关旋至“ST”，挡位置于“驻车挡”或“空挡”，测量继电器线圈“+”端电压：________。正常 □ 不正常 □

b. 测量继电器线圈“—”端与搭铁线间的导通情况：________。正常 □ 不正常 □

c. 测量继电器触点输入端的电压：________。正常 □ 不正常 □

d. 将点火开关旋至“ST”，挡位置于“驻车挡”或“空挡”，测量起动机“50”端子的电压：________。正常 □ 不正常 □

②主回路检查：

a. 检查蓄电池正、负极接线柱是否松动、有无腐蚀：________。正常 □ 松动 □

腐蚀 □

b. 测量起动机“30”端子的电压：________。正常 □　　不正常 □

（2）故障现象。

根据车主反馈的信息进行故障现象确认，并记录故障现象确认过程：____。

（3）故障原因分析。

记录可能引起该现象的故障原因：________________________。

（4）故障诊断过程。

记录故障诊断过程：________________________________。

（5）总结故障排除思路并展示：____。

（6）其他组的思路给了我以下启发：____。

三、工作效果评价

1. 自我评价

（1）通过本次学习，我学到的知识点/技能点有：____。

不理解的有：________________________________。

（2）我认为在以下方面还需要深化学习并提升岗位能力：____。

（3）本次工作和学习过程中，我的表现可得到：□ □ □。

2. 互相评价

（1）综合能力测评：参阅评价内容说明。

（2）专业能力测评。

任务评价表

项目	评价内容 综合能力测评： （1）请在对应条目的○内打“√”或“×”，不能确定的条目不填，可以在小组评价时让本组同学讨论并写出结论。 （2）评价结果全对得，错一项得，错两项得。			评价等级（学生互评）		
综合能力测评项目（组内互评）	○按时到场	○工装齐备	○书、本、笔齐全			
	○安全操作	○责任心强	○7S 管理规范			
	○学习积极主动	○合理使用教学资源	○主动帮助他人			
	○接受工作分配	○有效沟通	○高效完成工作任务			

续表

<table>
<tr><td rowspan="2">项目</td><td colspan="6" rowspan="2">评价内容
综合能力测评：
（1）请在对应条目的○内打“√”或“×”，不能确定的条目不填，可以在小组评价时让本组同学讨论并写出结论。
（2）评价结果全对得（全对），错一项得（错一项），错两项得（错两项）。</td><td colspan="3">评价等级
（学生互评）</td></tr>
<tr><td>全对</td><td>错一项</td><td>错两项</td></tr>
<tr><td rowspan="2">专业能力
测评项目
（组间互评）</td><td rowspan="2">起动系
线路
检测</td><td>测量项目</td><td></td><td></td><td></td><td></td><td colspan="3"></td></tr>
<tr><td>测量结果</td><td></td><td></td><td></td><td></td><td></td><td></td><td></td></tr>
<tr><td>小组评语及建议</td><td colspan="6">他（她）做到了：
他（她）的不足：
给他（她）的建议：</td><td colspan="3">组长签名：
年　月　日</td></tr>
<tr><td>老师评语及建议</td><td colspan="6"></td><td colspan="3">评价等级：______
教师签名：
年　月　日</td></tr>
</table>

工作任务4　起动机无法起动的故障检修完工检验

班级______　姓名______　学号______　工号______　日期______　测评等级______

一、工作与学习目标

- ◆ 能够按照企业标准对车辆进行检验
- ◆ 能够确认故障排除并对起动系的检修提出合理化建议

二、检验项目

项目	检验结果			备注
	全对	错一项	错两项	
故障指示灯亮4～6s后熄灭				
发动机、蓄电池复位完整				
所有装饰件完好				

续表

项目	检验结果			备注
连接器连接可靠				
未有工具设备遗漏				

三、根据所学知识，提出起动系检修的合理化建议，并进行展示

____

____。

单元二 思考与练习

一、填空题

1. 起动继电器用来控制起动机电磁开关中________线圈和________线圈中电流的________，以保护________。

2. 起动机通常进行________和________试验来检验其检修质量。

3. 当起动机电磁开关两线圈通电产生同向磁场时，被动铁芯被________，一方面活动铁芯拉动________，使齿轮________，另一方面它推动________，使起动机主电路________，起动机投入工作。

二、选择题

1. 12V 起动继电器的闭合电压一般应为（　　）。

A. 3 ~ 3.5V　　B. 4.5 ~ 5.5V　　C. 6 ~ 7.6V

2. 在发动机已起动，刚松开起动开关瞬时电磁开关两线圈：（　　）。

A. 均产生磁场且方向相同

B. 均产生磁场但方向相反

C. 吸引线圈不产生磁场

3. 若直流串励电动机的磁路已饱和，它的转矩：（　　）。

A. 与励磁电流平方成正比

B. 与励磁电流成正比

C. 与励磁电流无关

三、判断题

1. 起动机投入工作时，应先接通主电路，然后再使齿轮啮合。（　　）

2. 起动指示灯亮即为蓄电池处于起动状态。（　　）

3. 起动发动机时，点火线圈附加电阻被从点火电路中隔除改善发动机起动性能。（　　）

四、简答题

1. 什么是起动机的自动保护？

2. 说明起动机不工作的现象，如何诊断？

3. 起动继电器的作用是什么？简述其工作过程。

项目四

汽车照明与信号系统检修

单元一　前照灯不亮故障的检测与维修

班级______　姓名______　学号______　工号______　日期______　测评等级______

<table>
<tr><td>工作任务</td><td>排除前照灯远光不亮而近光亮的故障</td><td>教学模式</td><td colspan="2">任务驱动</td></tr>
<tr><td>建议学时</td><td>4 学时</td><td>教学地点</td><td colspan="2">一体化实训室</td></tr>
<tr><td>任务描述</td><td colspan="3">王先生今天早上在维修站向客户经理反映他的悦动轿车前照灯远光不亮而近光正常。我们作为维修技工，需要根据维修手册，使用相关仪器，参考相关资料排除故障，恢复照明系统功能，提出合理化使用建议，并最终检验合格后交付前台。</td><td>
维修流程？</td></tr>
<tr><td>学习目标</td><td colspan="3">1. 掌握悦动轿车前照灯电路图的分析方法；
2. 熟悉悦动轿车前照灯的检测流程；
3. 掌握继电器、保险丝、灯光开关的检测方法；
4. 能够举一反三，检测其他的灯光系统。</td><td>
</td></tr>
<tr><td rowspan="7">学习准备</td><td colspan="4">1. 设备器材：每组配套：悦动轿车 1 台，工具车 1 台，测电笔 1 个，万用表 1 块，悦动轿车维修手册 1 份，网络资源。
2. 分六组，小组人员岗位分配表（由组长分配）</td></tr>
<tr><td rowspan="2">工作岗位</td><td>时段一</td><td colspan="2">时段二</td></tr>
<tr><td>____年____月____日
___时___分至___时___分</td><td colspan="2">____年____月____日
___时___分至___时___分</td></tr>
<tr><td>主修人员（1 人）</td><td></td><td colspan="2"></td></tr>
<tr><td>辅修人员（1 人）</td><td></td><td colspan="2"></td></tr>
<tr><td>工具管理（1 人）</td><td></td><td colspan="2"></td></tr>
<tr><td>零件摆放（1 人）</td><td></td><td colspan="2"></td></tr>
</table>

续表

工作任务	排除前照灯远光不亮而近光亮的故障	教学模式	任务驱动
建议学时	4 学时	教学地点	一体化实训室
学习准备	工作岗位	时段一	时段二
		____年____月____日 ____时____分至____时____分	____年____月____日 ____时____分至____时____分
	安全监督（1 人）		
	质量检验（1 人）		
	7S 监督（2～4 人）		

【重点知识】

现代悦动轿车照明系统分为内部照明和外部照明两个部分。外部照明主要由前照灯（大灯）、雾灯、牌照灯、倒车灯、尾灯/制动灯、高架制动灯（选项）、转向信号灯、侧面转向灯（选项）、示位灯、示廓灯、驻车灯等组成。内部照明主要由室内灯（中心）、车顶控制台灯（阅读灯）、行李箱灯、礼貌灯等组成。

（1）前照灯。

用于夜间或光线昏暗路面上汽车行驶时的照明，装于车头，也称为大灯或头灯。远光灯一般为 40～60W，近光灯一般为 35～55W。

（2）雾灯。

在雾天、下雪、暴雨或尘埃弥漫等情况下，用来改善车前道路的照明情况。

（3）牌照灯。

用于汽车夜间行驶时照亮尾部的牌照，其亮度应保证在 25m 以外能认清牌照号码。

（4）倒车灯。

当变速器挂倒挡时，自动发亮，照明车后侧。

（5）制动灯。

在踩下制动踏板时，发出较强红光，以示制动。

（6）转向灯。

用来指示车辆行驶趋向，装于车头、车尾的左右部，也有的在汽车车侧中间装有侧转向灯。

（7）示位灯。

安装在汽车前面、后面和侧面，前照灯打开时，示位灯、仪表照明灯和牌照灯同时发亮。

（8）示廓灯。

空载高度在 3m 以上的车辆均安装示廓灯，用来标示车辆轮廓。

（9）驻车灯。

装于车头和车尾两侧，要求从车前和车后 150m 远处能确认灯光信号，车前光色为白色，车尾光色为红色。

(10) 警示灯。

一般装于车顶部，用来标示车辆特殊类型。

工作任务1 前照灯不亮故障维修的任务分析及检查

班级______ 姓名______ 学号______ 工号______ 日期______ 测评等级______

一、工作与学习目标

◆能确认实际故障现象

◆能识别灯光组成并建立初步思路

二、工作过程及学习记录

(1) 列举前照灯检修的注意事项：

____

____

____

______________________________。

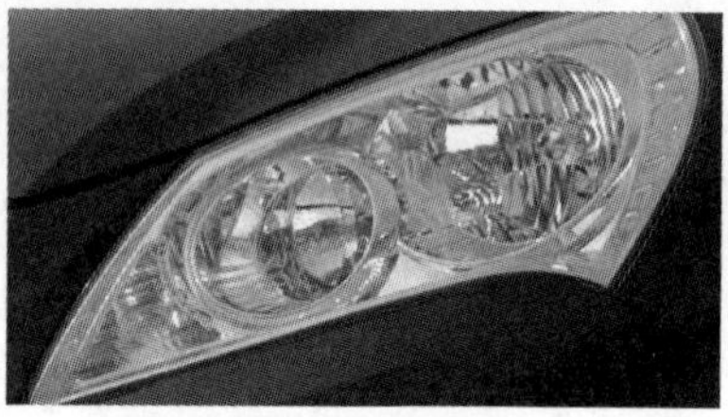

图4-1 汽车前照灯

(2) 填写车辆基本信息。

基本信息	车身底盘号		车型	
	发动机型号		公里数	
故障现象				

(3) 故障确认。

① 安装车辆防护套件。

② 确认故障现象：

____

____

____

______________________________。

(4) 对图4-2灯光系统的组成标注名称。

1-________；2-________；3-________；4-________；5-________；

6-________；7-________；8-________；9-________；10-________；

11-________；12-________；13-________；14-________；15-________；

16-________；17-________

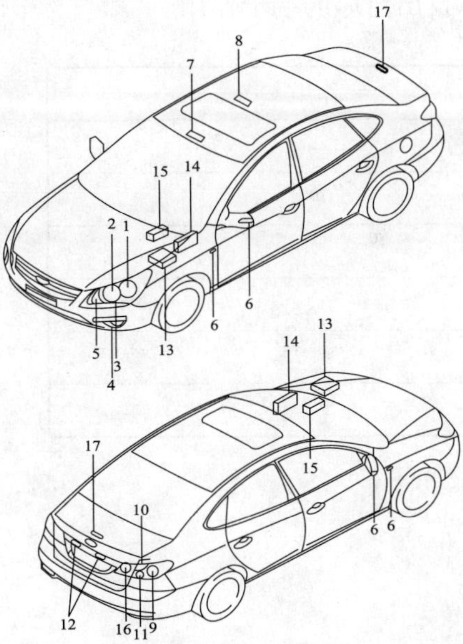

图 4－2　灯光系统

（5）打开继电器保险丝盒，找到所有灯光系统的保险丝和继电器（图 4－3）。

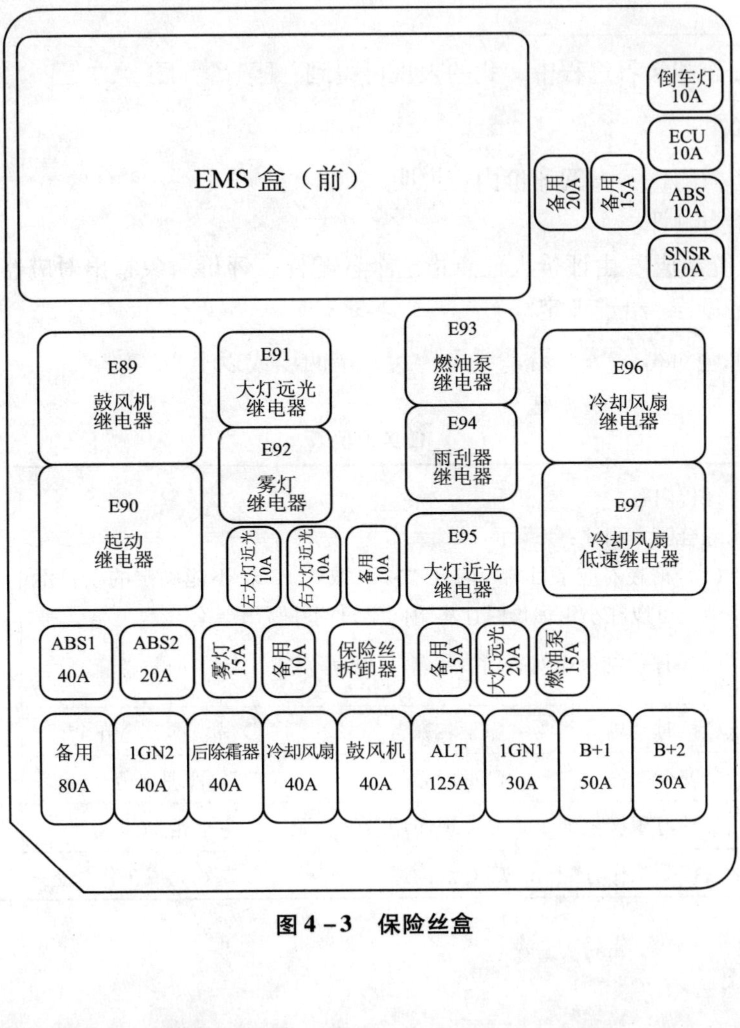

图 4－3　保险丝盒

（6）根据图4－4位置，找出对应的端子作用。

端子	作用
1	
2	
3	
4	
5	
6	

CAG69

图4－4　端子

三、工作效果评价

1. 自我评价

（1）通过本次学习，我学到的知识点/技能点有：________________。不理解的有：________________。

（2）我认为在以下方面还需要深化学习并提升岗位能力：________________。

（3）本次工作和学习过程中，我的表现可得到：□  □  □ 。

2. 互相评价

（1）综合能力测评：参阅评价内容说明。

（2）专业能力测评。

①“灯光系统组成”由评价人任意指定个各配件，评价对象指出对应器件的零件号，评价人填写并判断正误，给予评定。

② 评价结果全对得 ，错一项得 ，错两项或以上得 。

任务评价表

项目	评价内容 综合能力测评： （1）请在对应条目的○内打“√”或“×”，不能确定的条目不填，可以在小组评价时让本组同学讨论并写出结论。 （2）评价结果全对得 ，错一项得 ，错两项得 。			评价等级（学生互评） 		
综合能力测评项目（组内互评）	○按时到场	○工装齐备	○书、本、笔齐全			
	○安全操作	○责任心强	○7S管理规范			
	○学习积极主动	○合理使用教学资源	○主动帮助他人			
	○接受工作分配	○有效沟通	○高效完成工作任务			

续表

项目	评价内容	评价等级（学生互评）		
	综合能力测评： (1) 请在对应条目的○内打“√”或“×”，不能确定的条目不填，可以在小组评价时让本组同学讨论并写出结论。 (2) 评价结果全对得 ，错一项得 ，错两项得 。			
专业能力测评项目（组间互评）	灯光系统的组成			
小组评语及建议	他（她）做到了： 他（她）的不足： 给他（她）的建议：	组长签名： 年　月　日		
老师评语及建议		评价等级：______ 教师签名： 年　月　日		

工作任务2　前照灯不亮故障的维修方案制订

班级______　姓名______　学号______　工号______　日期______　测评等级______

一、工作与学习目标

- ◆ 能够识读灯光系统电路图
- ◆ 能根据电路图制订维修方案
- ◆ 能够展示学习成果并相互评价

二、工作过程及学习记录

（1）分析前照灯系统线路图。

指出电路图（图4-5）中电源的供电电路以及控制电路。

① 前照灯电源的供电电路：电源—________—________—远光灯灯泡—搭铁。

② 前照灯控制电路：电源—________—远光灯开关—________。

③ 继电器线圈通电，开关就闭合。

北京现代伊兰特悦动轿车大灯电路图

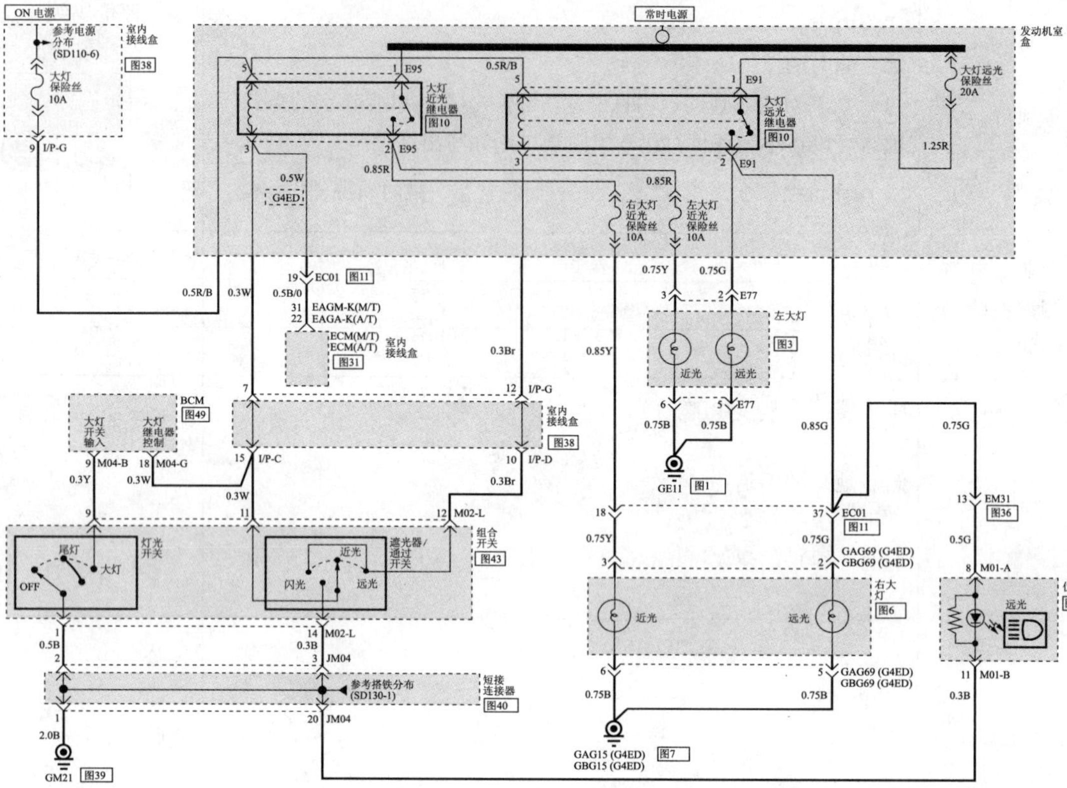

图 4-5　北京现代伊兰特悦动轿车大灯电路图

（2）根据电路图，分析可能导致故障的原因（保险丝、继电器、灯泡），按先后顺序填写并展示。

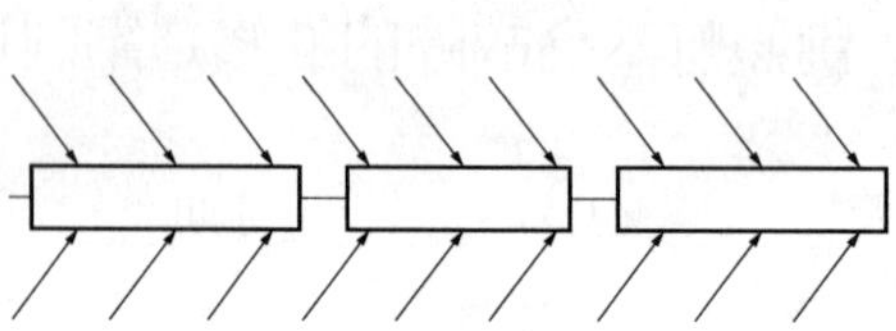

（3）制订前照灯不亮的排除方案并展示。

序号	检查项目	使用工具
A		
B		

（4）展示维修方案并说明：

① 其他组的创意：____。

② 本组的创意：____

____。

三、工作效果评价

1. 自我评价

（1）通过本次学习，我学到的知识点/技能点有：____

____。

不理解的有：____。

（2）我认为在以下方面还需要深化学习并提升岗位能力：____

____。

（3）本次工作和学习过程中，我的表现可得到：□ □ □ 。

2. 互相评价

（1）综合能力测评：参阅评价内容说明。

（2）专业能力测评。

①“诊断思路”由评价人任意指定各个配件，评价对象指出对应器件的零件号，评价人填写并判断正误，给予评定。

② 评价结果全对得 ，错一项得 ，错两项或以上得 。

任务评价表

<table>
<tr><td rowspan="2">项目</td><td colspan="6" rowspan="2">评价内容
综合能力测评：
（1）请在对应条目的○内打“√”或“×”，不能确定的条目不填，可以在小组评价时让本组同学讨论并写出结论。
（2）评价结果全对得 ，错一项得 ，错两项得 。</td><td colspan="3">评价等级
（学生互评）</td></tr>
<tr><td></td><td></td><td></td></tr>
<tr><td rowspan="4">综合能力
测评项目
（组内互评）</td><td colspan="6">○按时到场　○工装齐备　○书、本、笔齐全</td><td></td><td></td><td></td></tr>
<tr><td colspan="6">○安全操作　○责任心强　○7S 管理规范</td><td></td><td></td><td></td></tr>
<tr><td colspan="6">○学习积极主动　○合理使用教学资源　○主动帮助他人</td><td></td><td></td><td></td></tr>
<tr><td colspan="6">○接受工作分配　○有效沟通　○高效完成工作任务</td><td></td><td></td><td></td></tr>
<tr><td rowspan="3">专业能力
测评项目
（组间互评）</td><td rowspan="3">故障
排除
方案</td><td></td><td></td><td></td><td></td><td></td><td colspan="3"></td></tr>
<tr><td></td><td></td><td></td><td></td><td></td><td></td><td></td><td></td></tr>
<tr><td></td><td></td><td></td><td></td><td></td><td></td><td></td><td></td></tr>
</table>

续表

项目	评价内容 综合能力测评： （1）请在对应条目的○内打“√”或“×”，不能确定的条目不填，可以在小组评价时让本组同学讨论并写出结论。 （2）评价结果全对得 ，错一项得 ，错两项得 。	评价等级（学生互评）		
小组评语及建议	他（她）做到了： 他（她）的不足： 给他（她）的建议：	组长签名： 年　月　日		
老师评语及建议		评价等级：______ 教师签名： 年　月　日		

工作任务3　前照灯不亮故障维修的方案实施

班级______　姓名______　学号______　工号______　日期______　测评等级______

一、工作与学习目标

- ◆ 能够根据制订的维修方案排除故障
- ◆ 能检测并判断电子元器件工作性能
- ◆ 能够总结排故思路并相互评价

二、工作过程及学习记录

（1）检查前照灯插接器中的远光灯插脚（2 号），用万用表检查 2 号插脚与车身之间的电压，正常电压为________V，实测值为________V。如果电压正常，则故障点在灯泡；如果电压不正常，则故障点不在灯泡，应重点检查________。

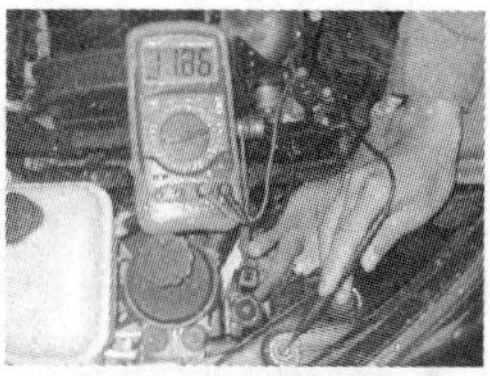

图 4－6　远光灯插脚

（2）继电器电源，用万用表测继电器的线圈和开关处，电源应为________V，实测值为________V。如果电源不正常，则是电源线路的问题（因为近光灯亮，排除电源故障）；如果电源正常，则去检查________。

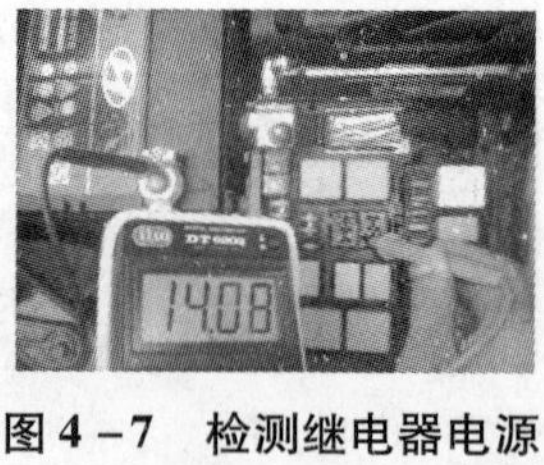

图 4－7　检测继电器电源

（3）检查继电器线圈的控制电路，点火开关拨至________挡或发动机处于着车状态；灯光开关拨至________挡；变光开关拨至________挡；万用表拨至直流电压挡；万用表红表笔接电源正端，黑表笔接远光继电器插座线圈的控制端。用万用表测继电器线圈与参考搭铁点之间的电压，正常电压应该为________V，实测值为________V。如果电压正常则最后检查继电器本身，如果电压不正常，则检查远光灯开关。

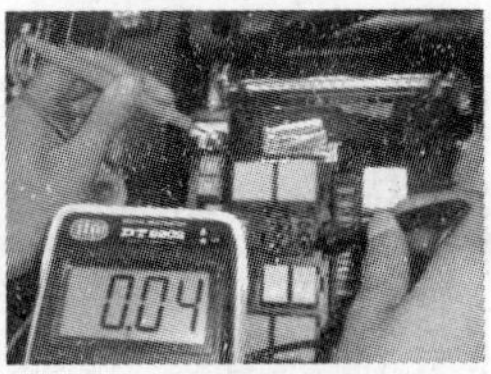

图 4－8　检查继电器控制电路

（4）检查继电器本身，包括线圈的检查与开关导通性的检查。

继电器线圈正常阻值为________欧姆，实测值为________欧姆。将继电器线圈两端接在蓄电池上，测量开关两接脚的阻值，正常阻值为________欧姆，实测阻值为________欧姆。

（5）经过上述检查，最后确定前照灯远光不亮而近光灯正常的故障原因在于________。

（6）总结故障排除思路并展示：____。

（7）其他组的思路给了我以下启发：____。

【拓展知识】

汽车照明系统的要求：

（1）夜间车前应有明亮均匀的光照，驾驶员能辨明车前 100m 以内路面的障碍物。目前汽车前照灯照明距离已达 200～400m。

（2）具有防眩目装置，避免因灯光眩目造成会车事故。

（3）光束横向应有一定的散射宽度，以便直行时能看清车身侧面运动物体及转弯时的照明需要。

（4）满载时，照明效果不应因车灯高度变化而下降。

（5）照明和信号装置的任一条线路出现故障，不得干扰其他线路的工作。

工作任务 4　前照灯不亮故障维修完工检验

班级______　姓名　　学号______　工号______　日期______　测评等级______

一、工作与学习目标

◆ 能够按照企业标准对车辆进行检验

◆ 能够确认故障排除并对前照灯的使用提出合理化建议

二、检验项目

项目	检验结果			备注
	😎	🙂	☹	
打开远光灯开关远光灯点亮				

续表

项目	检验结果			备注

保险丝及保险丝盒复位完整				
所有装饰件完好				
连接器连接可靠				
未有工具设备遗漏				

三、根据所学知识，提出前照灯使用的合理化建议，并进行展示

____

____

____。

单元一 思考与练习

一、填空题

1. 汽车的照明系统主要由________、______、________、和________部分组成。

2. 制动灯又叫________。它装在汽车的______，多采用________。

3. 前照灯的光学系统包括________、________和______三部分。

二、判断题

1. 雾灯属于照明用的灯具。(　　)

2. 制动灯属于照明用的灯具。(　　)

3. 牌照灯属于信号及标志用的灯具。(　　)

4. 前照灯属于信号及标志用的灯具。(　　)

5. 前照灯使驾驶员能看清车前100m以内路面上的任何障碍物。(　　)

三、选择题

1. 后照灯的灯泡功率一般采用（　　）。

A. 8W　　B. 18W　　C. 28W

2. 牌照灯的灯泡功率一般为（　　）。

A. 8～10W　　B. 12～14W　　C. 16～18W

3. 前照灯的近光灯丝位于（　　）。

A. 焦点上方　　B. 焦点　　C. 焦点下方

4. 前照灯的远光灯一般为（　　）。

A. 20～30W　　B. 31～40W　　C. 45～60W

5. 下列哪种说法是错误的（　　）。

A. 前照灯的光束是可调的

B. 前照灯需要防水

C. 远光灯的功率比近光灯的功率大

D. 前照灯的灯泡是不能单独更换的

6. 顾客反映前照灯超常亮而且不得不经常更换灯泡，技师甲说，这可能是由于交流发电机输出电压过高而引起的。技师乙说，这可能是电路中额外的电压降造成的。谁正确？(　　)

A. 甲正确　　B. 乙正确

C. 两人均正确　　D. 两人均不正确

7. 顾客反映外部驻车灯根本没亮，但前照灯能亮，技师甲说，从蓄电池到开关之间的电路有故障。技师乙说，灯光开关故障。谁正确？(　　)

A. 甲正确　　B. 乙正确

C. 两人均正确　　D. 两人均不正确

8. 技师甲说，如果电路中只有一个灯泡不工作，最快捷的检查方法就是用一个已知是好的灯泡替换它。技师乙说，从最容易查找的地方着手诊断检测。谁正确？(　　)

A. 甲正确　　B. 乙正确

C. 两人均正确　　D. 两人均不正确

四、简答题

1. 哪几种灯属于照明用的灯具?

2. 对汽车前照灯有何照明要求？如何满足它的要求?

单元二　转向灯不亮故障的检修

班级______　姓名______　学号______　工号______　日期______　测评等级______

<table>
<tr><td>工作任务</td><td>电动刮水器不工作故障的检修</td><td>教学模式</td><td colspan="2">任务驱动和行动导向</td></tr>
<tr><td>建议学时</td><td>4 学时</td><td>教学地点</td><td colspan="2">一体化实训室</td></tr>
<tr><td>任务描述</td><td colspan="3">有一客户开来一辆的威驰轿车，它的左侧转向灯不亮，要求给予检修。我们作为维修技工，需要根据维修手册，使用诊断工具，参考相关资料排除故障，恢复转向灯的功能，提出合理化使用建议，并最终检验合格后交付前台。</td><td>
维修流程？</td></tr>
<tr><td>学习目标</td><td colspan="3">1. 能够执行转向灯检修的操作规程，树立良好的安全文明操作意识。
2. 能够根据维修手册和其他资源分析转向灯的常见故障原因。
3. 能够描述转向灯的检查项目和技术要求。
4. 能够主动获取信息，展示学习成果，对工作过程进行总结与反思，与他人进行有效沟通，团结协作。
5. 能够运用所学知识，为顾客解析转向灯故障发生的现象并分析原因。</td><td></td></tr>
</table>

续表

工作任务	电动刮水器不工作故障的检修	教学模式	任务驱动和行动导向
建议学时	4 学时	教学地点	一体化实训室
学习准备	1. 设备器材：每组配套：威驰轿车 1 台，威驰全车电器实验台 1 台，工具车 2 台，测电笔 2 个，数字万用表 4 块，世达拆装工具 2 套，威驰维修手册 2 份，网络资源。 2. 分六组，小组人员岗位分配表（由组长分配）。		
	工作岗位	时段一	时段二
		________年______月______日 ____时____分至____时____分	________年______月______日 ____时____分至____时____分
	主修人员（1 人）		
	辅修人员（1 人）		
	工具管理（1 人）		
	零件摆放（1 人）		
	安全监督（1 人）		
	质量检验（1 人）		
	7S 监督（2 ~ 4 人）		

【知识要点】

一、汽车信号系统的组成及分布

汽车信号装置的作用是通过声、光信号向环境（如人、车辆）发出警告、示意信号，以引起有关人员注意，确保车辆行驶的安全。

灯光信号有：

（1）转向信号灯：装于汽车前后两侧面，用于在汽车转弯时发出明暗交替的闪光信号。

（2）危险报警灯：当车辆出现故障停在路面上时，按下危险警报开关，全部转向灯同时闪亮，危险报警灯与转向信号灯共用。

（3）示宽灯（前小灯）：装于汽车前后两侧边缘，白色，用于标示汽车夜间行驶或停车时的宽度轮廓。

（4）尾灯：装于汽车尾部，左右各一只，红色，用于在夜间行驶时向后面的车辆或行人提供位置信息。

（5）制动灯：装于汽车后面，用于当汽车制动或减速停车时，向车后发出灯光信号，以警示随后车辆及行人。

（6）倒车灯：装于汽车尾部，左右各一只，白色，用于照亮车后路面，并警告车后的车辆和行人，该车正在倒车。

二、闪光器的结构及工作原理

转向信号装置由转向信号灯、闪光继电器和转向开关等组成。

常见闪光器有电热式、电容式、电子式三类。其中电热式闪光器结构简单，成本低，但闪光频率不够稳定，使用寿命短，已被淘汰；而电容式闪光器闪光频率稳定，电子式闪光器具有性能稳定、可靠等优点，故被广泛应用。

1. 电容式闪光器

电容式闪光器外形和结构原理如图 4－9 所示。

工作原理：汽车转向时，接通转向开关，电流经蓄电池“ + ”极→电源开关→接线柱 B→串联线圈→常闭触点→接线柱 L→转向开关→转向灯及转向指示灯（左或右）→搭铁→蓄电池“ - ”极，构成回路。

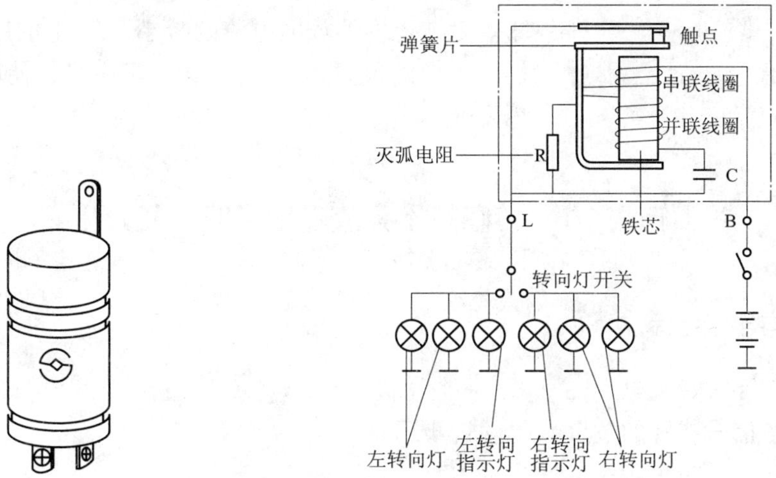

图 4－9　电容式闪光器外形和结构原理

流经串联线圈的电流产生的吸力大于弹簧片的作用力，将触点迅速打开，由于流过转向灯灯丝电流时间很短，故灯泡处于暗的状态（未来得及亮）。触点打开后，蓄电池开始向电容器 *C* 充电，回路为：蓄电池“ + ”极→电源开关→接线柱 *B*→串联线圈→并联线圈→电容 *C*→转向开关→转向灯及转向指示灯（左或右）→搭铁→蓄电池“ - ”极。由于线圈电阻较大，充电电流较小，仍不足以使转向灯亮。同时，两线圈产生的电磁吸力方向相同，使触点维持打开，随着电容器 *C* 两端电压升高，充电电流逐渐减小，电磁吸力也减小，在弹簧片作用下，触点闭合。随后，电源通过串联线圈、触点、转向开关、向转向灯供电，电容器经并联线圈、触点放电。由于此时两线圈磁力方向相反，产生的合成磁力不足以使触点打开，此时转向灯亮。随着 *C* 两端电压下降，流经并联线圈的电流减少，产生的磁力减弱，串联线圈产生的电磁吸力又将触点打开，转向灯变暗。如此反复，使转向灯以一定的频率闪烁。

2. 电子式闪光器

电子式闪光器分为晶体管式和集成电路式两类，如图 4－10 所示为带继电器触点式晶体管闪光器外形和结构原理图，其触点为常闭合触点。

工作原理：当车辆转弯时，接通电源开关 SW 和转向开关 K，电流经蓄电池“ + ”极→电源开关 SW→接线柱 B→R_1→继电器 J 的触点→接线柱 S→转向开关 K→转向灯及转向指示灯（左或右）→搭铁→蓄电池“ - ”极，转向灯亮。由于 R_1 上的分压给三极管 VT 提供了偏置电压而使其导通，集电极电流流经继电器 J 的线圈，其上产生的吸力使触点断开。三极

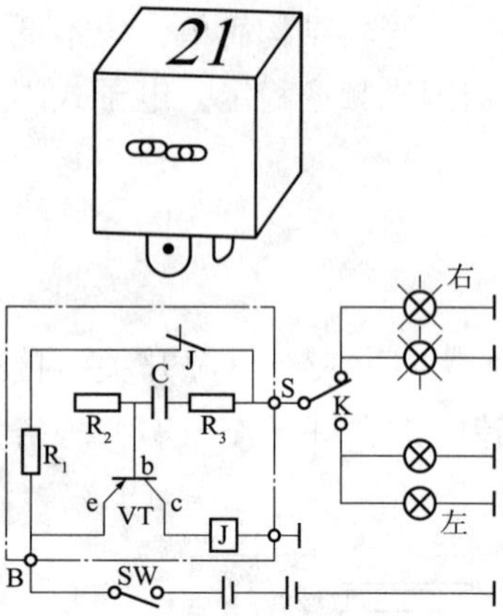

图4-10　带继电器触点式晶体管闪光器外形和结构原理

管VT导通后其基极电流向电容器充电，其回路为：蓄电池“+”极→电源开关SW→接线柱B→发射极、基极→电容器C→R_3→转向灯开关→转向灯及转向指示灯（左或右）→搭铁→蓄电池“-”极。电容器C充电过程中，随着电容器两端电压上升，基极电流变小，使集电极电流也相应变小。当流经继电器J的线圈的电流不足造成吸力减小而释放常闭合触点时，继电器J的触点又重新闭合，使转向灯点亮，同时电容器通过R_2、触点、R_3放电，由于此时R_2向VT提供了反向偏压，加速了VT的截止。随着电容器放电电流的减小，R_1上的压降又为VT提供了正向的偏置电压。这样循环往复，使转向信号灯闪烁发光。

工作任务1　转向灯不亮故障检修的任务分析

一、工作与学习目标

◆能确认实际故障现象

◆能识别各信号装置的位置并建立初步思路

二、工作过程及学习记录

（1）列举转向灯检修的注意事项：

____

____

____

____

（2）填写车辆基本信息。

基本信息	车身底盘号		车型	
	发动机型号		公里数	
故障现象				

（3）故障确认。

① 安装车辆防护套件。

② 根据图4-11确认汽车上的转向灯、信号灯。

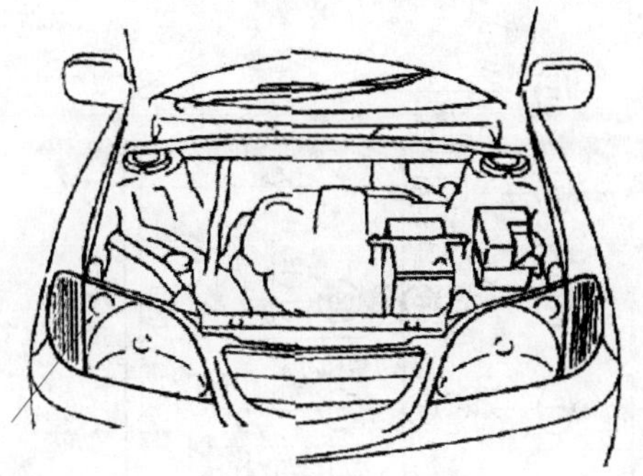

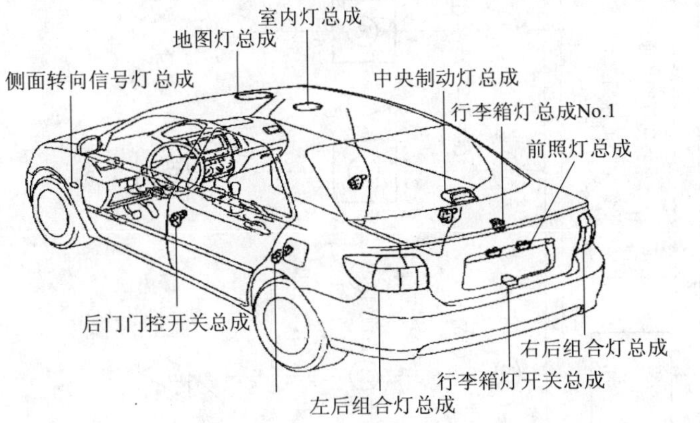

图4-11　安装车辆防护套件图

③ 确认故障现象，根据开关的操纵情况，填写相应内容。

检查项目	现象	
左转向	□ 正常	□ 不正常
右转向	□ 正常	□ 不正常
危险警报	□ 正常	□ 不正常

经过以上检查可确定转向系统的故障为____________________________________。

(4) 识读转向信号及危险报警灯电路。

转向与危险报警灯电路主要由转向信号闪光灯继电器控制，如图4-12所示。供电电流流向：蓄电池电源→100A ALT熔丝→50A AM1熔丝→点火开关IG1→10A仪表熔丝→闪光继电器1脚，此为IG电源；蓄电池电源→100A ALT熔丝→10A危险报警灯熔丝→闪光继电器4脚，此为常火电源供电。

闪光灯继电器的7脚为接地脚，经1A搭铁。闪光灯继电器的8脚外接危险信号报警灯，当按下危险信号报警灯开关，闪光灯继电器的8脚搭铁，闪光灯继电器收到危险报警信号。闪光灯继电器的5脚、6脚外接转向开关。

当转向开关“左”挡时，转向开关的5脚与6脚接通，转向信号闪光灯继电器的5脚→转向开关的6脚→1A搭铁，此时，闪光灯继电器内部左转向触点闭合，电压经闪光灯继电

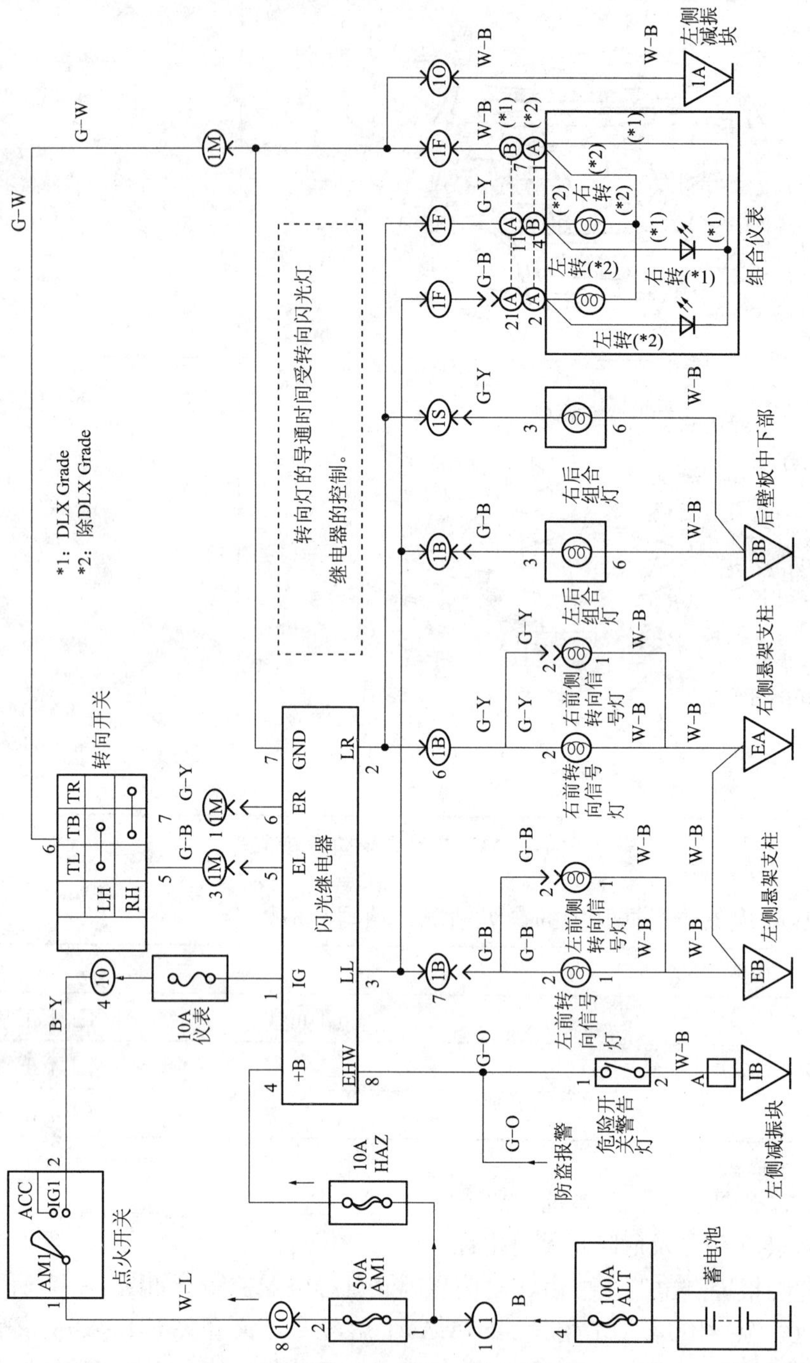

图 4－12　丰田威驰转向灯系统电路

器的 3 脚输出分四路：第一路到左前转向信号灯→EB 或 EA 搭铁，此时左前转向信号灯亮起；第二路到左前侧转向信号灯→EB 或 EA 搭铁，此时左侧转向灯亮起；第三路经左后组合灯→BB 搭铁，左后组合灯中的转向灯亮起；第四路经组合仪表的 A2 脚（或 A21 脚）→组合仪表内部的左转向指示灯→组合仪表的 A1 脚（或 B7 脚）→1A 搭铁，组合仪表上的左转向指示灯亮起。

当转向开关“右”挡时，转向开关的7脚与6脚接通，转向信号闪光灯继电器的6脚→转向开关的7脚→1A搭铁，此时，闪光灯继电器内部右转向触点闭合，电压经闪光灯继电器的2脚输出分四路：第一路到右前转向信号灯→EB或EA搭铁，此时右前转向信号灯亮起；第二路到右前侧转向信号灯→EB或EA搭铁，此时右侧转向灯亮起；第三路经右后组合灯→BB搭铁，右后组合灯中的转向灯亮起；第四路经组合仪表的A2脚（或A21脚）→组合仪表内部的右转向指示灯→组合仪表的A1脚（或B7脚）→1A搭铁，组合仪表上的右转向指示灯亮起。

三、工作效果评价

1. 自我评价

（1）通过本次学习，我学到的知识点/技能点有：______________________________

______________________________。

不理解的有：______________________________。

（2）我认为在以下方面还需要深化学习并提升岗位能力：______________________________

______________________________。

（3）本次工作和学习过程中，我的表现可得到：□  □  □ 。

2. 互相评价

（1）综合能力测评：参阅评价内容说明。

（2）专业能力测评。

①“转向信号灯的识别”由评价人任意指定各个位置，评价对象指出对应信号灯的名称，评价人填写并判断正误，给予评定。

②评价结果全对得 ，错一项得 ，错两项或以上得 。

任务评价表

项目	评价内容 综合能力测评： (1) 请在对应条目的○内打“√”或“×”，不能确定的条目不填，可以在小组评价时让本组同学讨论并写出结论。 (2) 评价结果全对得 ，错一项得 ，错两项得 。			评价等级（学生互评）		

综合能力测评项目（组内互评）	○按时到场	○工装齐备	○书、本、笔齐全			
	○安全操作	○责任心强	○7S管理规范			
	○学习积极主动	○合理使用教学资源	○主动帮助他人			
	○接受工作分配	○有效沟通	○高效完成工作任务			
专业能力测评项目（组间互评）	传感器	中文名				
		英文名				

续表

项目	评价内容	评价等级（学生互评）
项目	评价内容 综合能力测评： （1）请在对应条目的○内打“√”或“×”，不能确定的条目不填，可以在小组评价时让本组同学讨论并写出结论。 （2）评价结果全对得 ，错一项得 ，错两项得 。	  
小组评语及建议	他（她）做到了： 他（她）的不足： 给他（她）的建议：	组长签名： 年 月 日
老师评语及建议		评价等级：______ 教师签名： 年 月 日

工作任务2　转向灯不亮故障检修的方案制订

班级______　姓名______　学号______　工号______　日期______　测评等级______

一、工作与学习目标

- ◆ 能够识读转向信号灯电路
- ◆ 能根据转向信号灯的工作原理，制订检修方案
- ◆ 能够展示学习成果并相互评价

二、工作过程及学习记录

（1）熟读转向信号灯故障检修表。

故障现象	故障部位
所有的转向信号灯都不亮	闪光器电源线或保险装置断路
转向信号灯闪光频率不正常	闪光器、转向信号灯开关接线松动，闪光器故障
安全、转向警报灯不工作	（1）HAZ熔断丝 （2）转向信号闪光继电器 （3）线束
安全警报灯不工作（转向正常）	（1）安全警报信号开关总成 （2）线束
转向信号不正常（安全不正常）	（1）转向信号开关 （2）线束

续表

故障现象	故障部位
转向信号有一侧不正常	（1）转向信号开关 （2）线束
只有一个灯泡不正常	（1）灯泡 （2）线束

（2）分析转向信号灯电路图（图 4－13）。

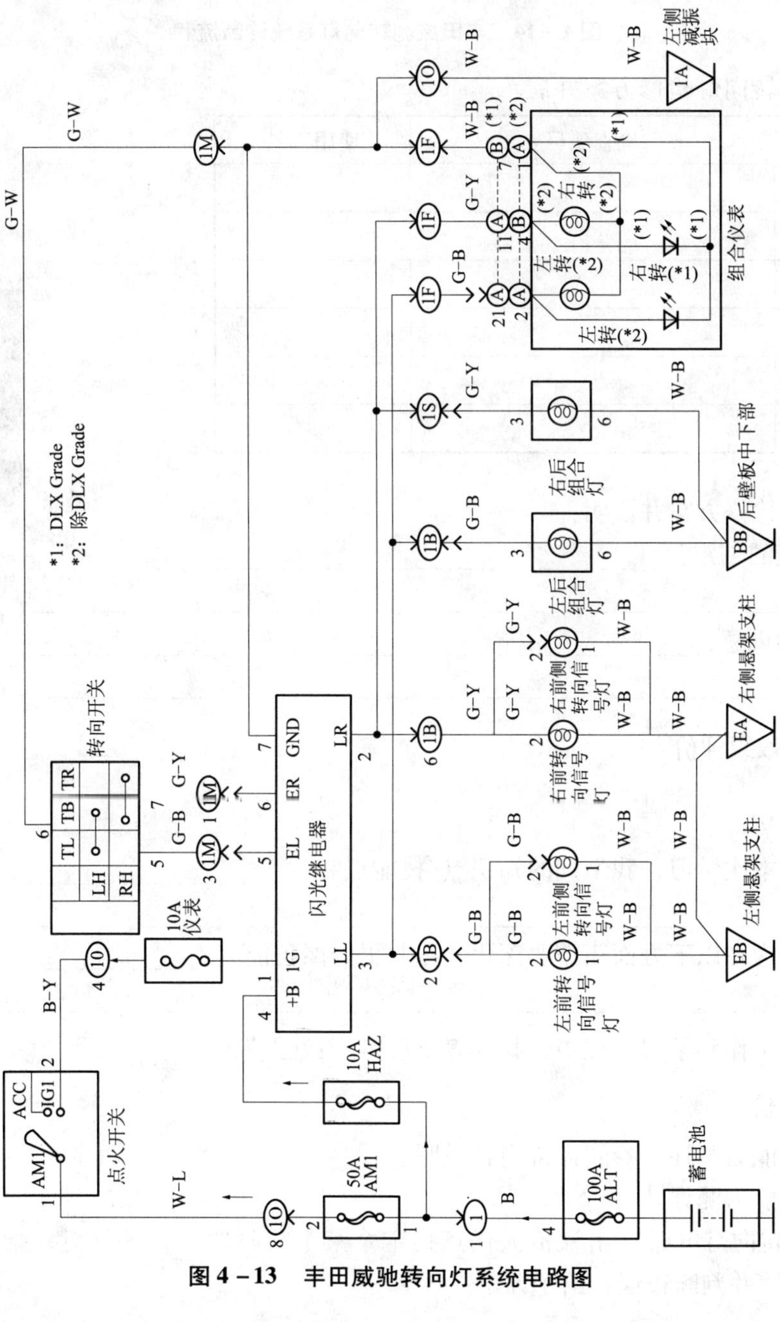

图 4－13　丰田威驰转向灯系统电路图

(3) 根据电路图（图 4－14），分析转向灯不亮的故障诊断流程。

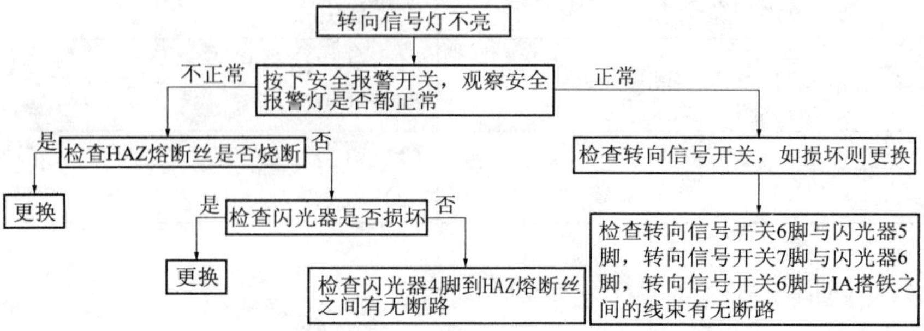

图 4－14　丰田威驰转向灯系统诊断流程

(4) 制订转向灯检修方案并展示。

序号	检查项目	使用工具
A		
B		

(5) 展示检修方案并说明：

① 其他组的创意：

② 本组的创意：

三、工作效果评价

1. 自我评价

(1) 通过本次学习，我学到的知识点/技能点有：

(2) 我认为在以下方面还需要深化学习并提升岗位能力：

(3) 本次工作和学习过程中，我的表现可得到：□  □  □ 。

2. 互相评价

(1) 综合能力测评：参阅评价内容说明。

(2) 专业能力测评。

①“识读转向灯电路”由评价人任意指定个某个故障原因，评价对象指出对应检测位置，评价人填写并判断正误，给予评定。

② 评价结果全对得，错一项得，错两项或以上得。

任务评价表

<table>
<tr><td rowspan="2">项目</td><td colspan="6" rowspan="2">评价内容
综合能力测评：
（1）请在对应条目的○内打“√”或“×”，不能确定的条目不填，可以在小组评价时让本组同学讨论并写出结论。
（2）评价结果全对得，错一项得，错两项得。</td><td colspan="3">评价等级
（学生互评）</td></tr>
<tr><td></td><td></td><td></td></tr>
<tr><td rowspan="4">综合能力
测评项目
（组内互评）</td><td colspan="2">○按时到场</td><td colspan="2">○工装齐备</td><td colspan="2">○书、本、笔齐全</td><td></td><td></td><td></td></tr>
<tr><td colspan="2">○安全操作</td><td colspan="2">○责任心强</td><td colspan="2">○7S 管理规范</td><td></td><td></td><td></td></tr>
<tr><td colspan="2">○学习积极主动</td><td colspan="2">○合理使用教学资源</td><td colspan="2">○主动帮助他人</td><td></td><td></td><td></td></tr>
<tr><td colspan="2">○接受工作分配</td><td colspan="2">○有效沟通</td><td colspan="2">○高效完成工作任务</td><td></td><td></td><td></td></tr>
<tr><td rowspan="2">专业能力
测评项目
（组间互评）</td><td rowspan="2">传感器</td><td>中文名</td><td></td><td></td><td></td><td></td><td colspan="3"></td></tr>
<tr><td>英文名</td><td></td><td></td><td></td><td></td><td></td><td></td><td></td></tr>
<tr><td>小组评语及建议</td><td colspan="6">他（她）做到了：
他（她）的不足：
给他（她）的建议：</td><td colspan="3">组长签名：
年 月 日</td></tr>
<tr><td>老师评语及建议</td><td colspan="6"></td><td colspan="3">评价等级：______
教师签名：
年 月 日</td></tr>
</table>

工作任务3 转向灯不亮故障检修的方案实施

班级______ 姓名______ 学号______ 工号______ 日期______ 测评等级______

一、工作与学习目标

◆ 能够根据制订的维修方案排除故障
◆ 能检测并判断电子元器件工作性能
◆ 能够总结排故思路并相互评价

二、工作过程及学习记录

（1）检查转向信号闪光器。

断开转向信号闪光器连接器，按照右侧图表所示，检查连接器上的端子。把端子连接到转向信号闪光器上，按照右侧图表所示，从连接器后端检查连接器的端子。

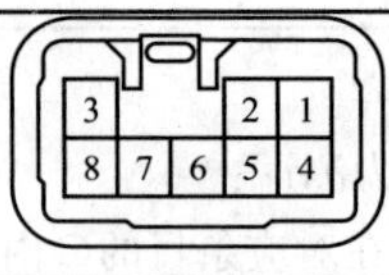

测试端子	状态	规定状态
1－搭铁	点火开关 ON	蓄电池正级电压
1－搭铁	点火开关 OFF	没有电压
4－搭铁	常火	蓄电池正极电压
7－搭铁	常火	导通

测试端子	状态	规定状态
2－搭铁	安全开关 OFF→ON	0V→0～9V（60～120 次/min）
2－搭铁	转向信号开关（右转）OFF→ON	0V→0～9V（60～120 次/min）
3－搭铁	安全开关 OFF→ON	0V→0～9V（60～120 次/min）
3－搭铁	转向信号开关（左转）OFF→ON	0V→0～9V（60～120 次/min）
5－搭铁	转向信号开关（左转）OFF→ON	大于 9V→0V
6－搭铁	转向信号开关（右转）OFF→ON	大于 9V→0V
8－搭铁	安全开关 OFF→ON	大于 9V→0V

（2）检查组合开关中的转向信号开关是否导通，如右侧图表所示。按照右侧图表检查开关在每个位置时各端子之间是否导通。如果不符合规定，则更换开关。

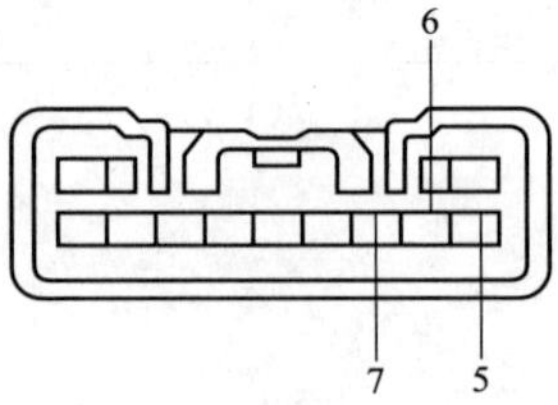

开关动作	测试端子	规定状态
右转	6－7	导通
空位	5－6－7	不导通
左转	6－5	导通

（3）再次操纵转向灯开关。

记录现象：

____

____

____

（4）总结故障排除思路并展示：____。

（5）其他组的思路给了我以下启发____。

三、工作效果评价

1. 自我评价

（1）通过本次学习，我学到的知识点/技能点有：____。

（2）我认为在以下方面还需要深化学习并提升岗位能力：____。

（3）本次工作和学习过程中，我的表现可得到：□  □  □ 。

2. 互相评价

（1）综合能力测评：参阅评价内容说明。

（2）专业能力测评。

①“转向灯不亮故障检修”由评价人任意设定一个转向灯不亮的故障点，评价对象对设定的故障点进行诊断排除，评价人依据结果判断正误，给予评定。

②评价结果全对得 ，错一项得 ，错两项或以上得 。

任务评价表

<table>
<tr><td rowspan="2">项目</td><td colspan="6" rowspan="2">评价内容
综合能力测评：
（1）请在对应条目的○内打“√”或“×”，不能确定的条目不填，可以在小组评价时让本组同学讨论并写出结论。
（2）评价结果全对得 ，错一项得 ，错两项得 。</td><td colspan="3">评价等级
（学生互评）</td></tr>
<tr><td></td><td></td><td></td></tr>
<tr><td rowspan="4">综合能力
测评项目
（组内互评）</td><td colspan="2">○按时到场</td><td colspan="2">○工装齐备</td><td colspan="2">○书、本、笔齐全</td><td></td><td></td><td></td></tr>
<tr><td colspan="2">○安全操作</td><td colspan="2">○责任心强</td><td colspan="2">○7S 管理规范</td><td></td><td></td><td></td></tr>
<tr><td colspan="2">○学习积极主动</td><td colspan="2">○合理使用教学资源</td><td colspan="2">○主动帮助他人</td><td></td><td></td><td></td></tr>
<tr><td colspan="2">○接受工作分配</td><td colspan="2">○有效沟通</td><td colspan="2">○高效完成工作任务</td><td></td><td></td><td></td></tr>
<tr><td rowspan="2">专业能力
测评项目
（组间互评）</td><td rowspan="2">传
感
器</td><td>中文名</td><td></td><td></td><td></td><td></td><td colspan="3"></td></tr>
<tr><td>英文名</td><td></td><td></td><td></td><td></td><td></td><td></td><td></td></tr>
</table>

续表

<table>
<tr><td rowspan="2">项目</td><td rowspan="2">评价内容
综合能力测评：
（1）请在对应条目的○内打“√”或“×”，不能确定的条目不填，可以在小组评价时让本组同学讨论并写出结论。
（2）评价结果全对得 ，错一项得 ，错两项得 。</td><td colspan="3">评价等级
（学生互评）</td></tr>
<tr><td></td><td></td><td></td></tr>
<tr><td>小组评语及建议</td><td>他（她）做到了：
他（她）的不足：
给他（她）的建议：</td><td colspan="3">组长签名：
年　月　日</td></tr>
<tr><td>老师评语及建议</td><td></td><td colspan="3">评价等级：______
教师签名：
年　月　日</td></tr>
</table>

工作任务4　转向灯不亮故障检修完工检验

班级______　姓名______　学号______　工号______　日期______　测评等级______

一、工作与学习目标

- ◆ 能够按照企业标准对车辆进行检验
- ◆ 能够确认故障排除并对转向灯的使用提出合理化建议

二、检验项目

<table>
<tr><td rowspan="2">项目</td><td colspan="3">检验结果</td><td>备注</td></tr>
<tr><td></td><td></td><td></td><td></td></tr>
<tr><td>转向灯正常亮</td><td></td><td></td><td></td><td></td></tr>
<tr><td>保险丝及保险丝盒复位完整</td><td></td><td></td><td></td><td></td></tr>
<tr><td>所有装饰件完好</td><td></td><td></td><td></td><td></td></tr>
<tr><td>连接器连接可靠</td><td></td><td></td><td></td><td></td></tr>
<tr><td>未有工具设备遗漏</td><td></td><td></td><td></td><td></td></tr>
</table>

三、根据所学知识，提出转向灯使用和检修的合理化建议，并进行展示

____

____

____。

单元二 思考与练习

一、填空题

1. 闪光继电器一般有________，________和________三种类型，现以________用得最多。

2. 转向灯系统一般由________、________、________和闪光器等组成。

3. 转向信号灯又称________，也叫________。它装在汽车________、________四角，它有________，________和________。

4. 闪光继电器一般有________，________和________三种类型，现以廉价的________用得最多。

5. 危险信号灯开关一般装在________上，这个开关有两个作用，一是________；二是当开关接通时，开关将________起来。

二、判断题

1. 前照灯属于信号及标志用的灯具。(　　)

2. 警报灯属于信号及标志用的灯具。(　　)

3. 转向信号灯属于照明用的灯具。(　　)

4. 现代有些汽车前照灯照明距离已达到200～250m。(　　)

5. 电容式闪光器的B接线柱应接转向开关，L接线柱接电源。(　　)

三、选择题

1. 国标中规定转向信号灯闪光频一般为（　　）。

A. 60～120次/min　　B. 45～60次/min　　C. 125～145次/min

2. 当转向开关打到某一侧时，该侧转向灯亮而不闪，故障可能是（　　）。

A. 闪光继电器坏　　B. 该侧的灯泡坏

C. 转向开关有故障　　D. 该侧灯泡的搭铁不好

3. 当转向开关打到左右两侧时，转向灯均不亮，检查故障时首先应（　　）。

A. 检查继电器　　B. 检查保险丝　　C. 检查转向开关

D. 按下紧急报警开关观看转向灯是否亮，以此来判断闪光继电器

4. 汽车的转向信号只在左转向时工作，技师甲说，闪光器坏了。技师乙说，熔丝熔断了。谁正确？(　　)

A. 甲正确　　B. 乙正确

C. 两人均正确　　D. 两人均不正确

四、简答题

1. 哪几种灯属于信号及标志用的灯？

2. 晶体管式闪光器具有哪些优点？

项目五

汽车仪表与报警系统检修

单元一　仪表指示异常的故障检修

班级______　姓名______　学号______　工号______　日期______　测评等级______

<table>
<tr><td>工作任务</td><td>仪表指示异常的故障检修</td><td>教学模式</td><td colspan="2">任务驱动和行动导向</td></tr>
<tr><td>建议学时</td><td>4 学时</td><td>教学地点</td><td colspan="2">一体化实训室</td></tr>
<tr><td>任务描述</td><td colspan="3">王先生早上驾驶一辆北京现代悦动轿车去上班，接通点火开关后，水温表指针即从 100℃回到 40℃，但发动机工作一段时间后，指针便指向 50℃左右，且转速越高指针指示越低。关闭点火开关后，水温表指针则有所回升，指向 80℃左右。作为维修技工，我们需要根据维修手册，使用诊断设备具备相关知识，参考排除故障的相关资料，提出合理化使用建议，检修恢复其使用性能。</td><td>

维修流程?</td></tr>
<tr><td>学习目标</td><td colspan="3">1. 能够了解执行水温表、水温传感器检修的操作规程，树立良好的安全文明操作意识。
2. 能够根据维修手册和其他资源分析水温表的常见故障原因。
3. 能够描述水温表传感器的检查项目和技术要求。
4. 能够主动获取信息，展示学习成果，对工作过程进行总结与反思，与他人进行有效沟通，团结协作。
5. 能够运用所学知识，为顾客解析空气流量传感器故障发生的现象并分析原因。</td><td>
</td></tr>
<tr><td rowspan="5">学习准备</td><td colspan="4">1. 设备器材：每组配套：悦动汽车 1 台，汽车仪表实验台 1 台，工具车 2 台，诊断仪 2 台，数字万用表 4 块，悦动维修手册 2 份，网络资源。
2. 分六组，小组人员岗位分配表。</td></tr>
<tr><td rowspan="2">工作岗位</td><td colspan="2">时段一</td><td colspan="1">时段二</td></tr>
<tr><td colspan="2">______年______月______日
___时___分至___时___分</td><td>______年______月______日
___时___分至___时___分</td></tr>
<tr><td>主修人员（1 人）</td><td colspan="2"></td><td></td></tr>
<tr><td>辅修人员（1 人）</td><td colspan="2"></td><td></td></tr>
</table>

续表

工作任务	仪表指示异常的故障检修	教学模式	任务驱动和行动导向
建议学时	4 学时	教学地点	一体化实训室
学习准备		时段一	时段二
	工作岗位	____年____月____日 ____时____分至____时____分	____年____月____日 ____时____分至____时____分
	工具管理（1 人）		
	零件摆放（1 人）		
	安全监督（1 人）		
	质量检验（1 人）		
	7S 监督（2～4 人）		

【知识要点】

1. 冷却液温度表

冷却液温度表用来指示发动机冷却液的工作温度。由装在仪表板上的冷却液温度表和冷却液温度传感器（俗称感温塞）两部分组成，如图 5－1 所示。

图 5－1　冷却液温度表

（1）双金属式冷却液温度表与热敏电阻式传感器。

双金属式冷却液温度表、热敏电阻式传感器与电源稳压器配套的工作原理如图 5－2 所示。

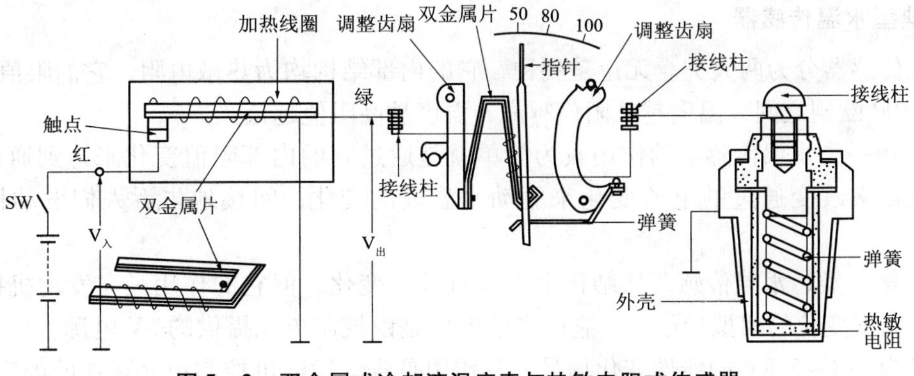

图 5－2　双金属式冷却液温度表与热敏电阻式传感器

（2）电磁式冷却液温度表与热敏电阻式传感器。

电磁式温度表与热敏电阻式传感器配套工作的冷却液温度表工作原理如图 5－3 所示。

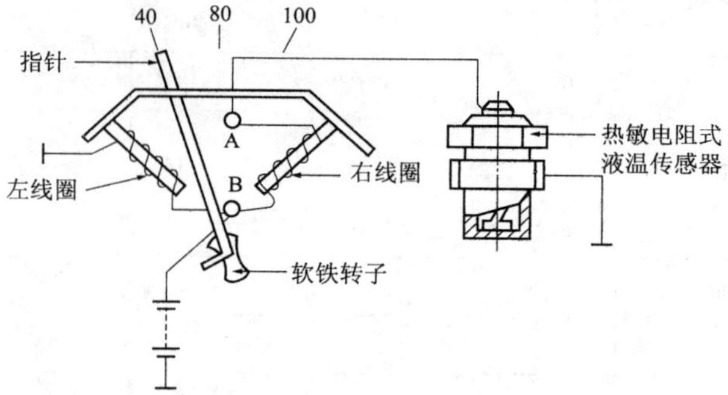

图 5－3　电磁式冷却液温度表与热敏电阻式传感器

（3）动磁式冷却液温度表与热敏电阻式传感器。

动磁式冷却液温度表结构及工作原理如图 5－4 所示，主要由永久磁铁、指针永久磁铁、三个电磁线圈和安装在指针永久磁铁上的指针所组成。

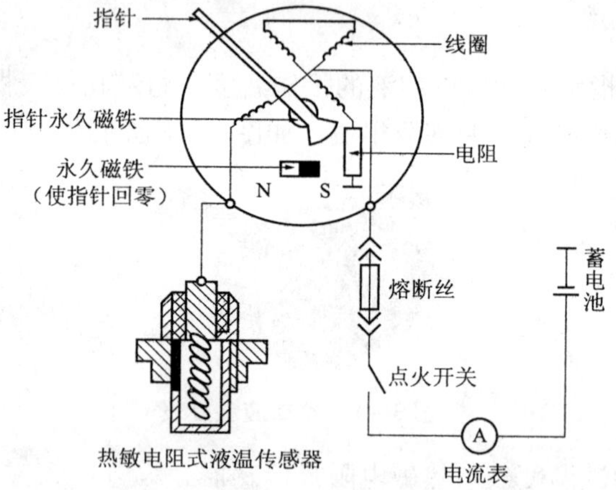

图 5－4　动磁式冷却液温度表与热敏电阻式传感器

2. 典型水温传感器

水温传感器分为两大类。无论是哪种，它的内部结构均为热敏电阻，它的阻值是在 275 欧姆至 6500 欧姆之间，温度越低阻值越高，温度越高阻值越低。

（1）第一类水温传感器的作用较为简单就是通过它的内部阻值变化来达到通过传感器的电阻变化来改变通过的电流变化来驱动水温表的变化，间接地告诉人们发动机的工作温度。

（2）第二类，水温传感器从结构上讲没有什么变化，但它的作用是向发动机控制单元提供一个温度变化的模拟量信号，它的供电电压是由控制单元提供的 5V 电源，返回控制单元的信号为 1.3～3.8V 的线性变化信号，其作用是告诉发动机控制单元现在的温度有多少。它的信号对于控制单元及其重要。例如：在 86 度以下发动机要比正常温度多喷 10% 的油料，目的是让发动机快速升温以减少发动机的低温磨损，其作用是很重要的。

这两种水温传感器它们是工作在不同的电压条件下的，供水温表用的传感器是12V的，而供发动机控制单元用的是5V的，所以二者是不能够互换的。

目前常用水温传感器有单针、两针、三针三种结构，如图5－5所示。单针水温传感器主要用于提供水温仪表信号，因此产品与ECU控制单元是相对独立。两针水温一般仅提供给ECU水温信号，三针复合水温传感器既提供给ECU水温信号，又提供给水温仪表温度信号，但它们之间是两个相互独立的热敏电阻。

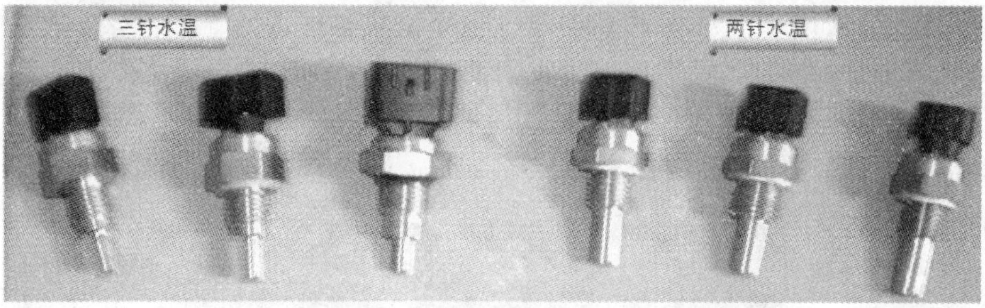

图5－5 两针三针式水温传感器

水温传感器由NTC（负温度系数）热敏电阻构成，冷却液温度的变化引起电阻值的变化，具体关系如图5－6所示，当水温越低电阻值越大，水温越高电阻值越小，系统根据接收到的电压值来计算出当前的水温。

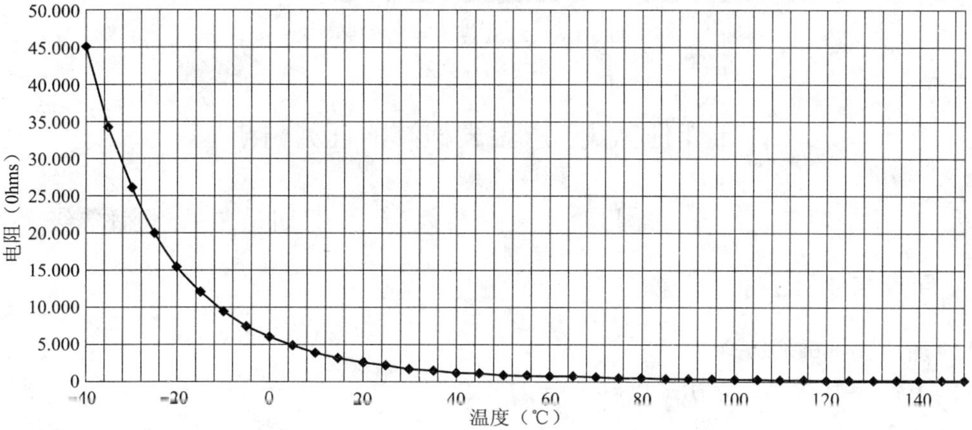

图5－6 冷却液温度传感器的信号特征

3. 水温传感器的作用

水温传感器的作用是把冷却水温度转换为电信号，输入ECU。

（1）修正喷油量；当低温时增加喷油量。

（2）修正点火提前角；低温时增大点火提前角，高温时，为防止爆燃，推迟。

（3）影响怠速控制阀；低温时ECU根据水温传感信号控制怠速控制阀动作，提高转速。

4. 水温表传感器的识别

热敏电阻式水温表由热敏电阻式水温传感器和双金属片组成。这其中，热敏电阻是水温信息的发送件，双金属片电热丝为接收件，二者串联。发送件即水温传感器安装在水道中与冷却水接触，当水温低时，热敏电阻值高，在回路中电流较小，电阻丝的发热量小，双金属片稍有弯曲，指示针在低温区（C 区）。当水温高时，热敏电阻值小，通过回路的电流较大，电阻丝的发热量较大，双金属片弯曲变形较大，指示针指向高温区（H 区）。

5. 水温表传感器的检测

在发动机水温低时，水温表水温传感器输入 ECU 的水温信息使空燃比变浓，从而使发动机工作稳定，如果此时水温传感器不发生冷机状态信息，将会使空燃比变稀，导致发动机运转不正常。同样，如果暖机后发出冷机信息，则将使空燃比变浓，发动机工作也不正常。

6. 水温传感器的安装位置（图 5－7）

图 5－7　水温传感器的安装

工作任务 1　水温表检修的任务分析

班级______　姓名______　学号______　工号______　日期______　测评等级______

一、工作与学习目标

◆能确认实际故障现象

◆能识别水温表并建立初步思路

二、工作过程及学习记录

（1）列举水温表检修的注意事项：____。

（2）填写车辆基本信息。

基本信息	车身底盘号		车型	
	发动机型号		公里数	
故障现象				

（3）准备问题：

（1）仪表板上的电压表的作用是检测________的电压。

（2）车速里程表有机械感应式和电传动动圈式，其中感应式后面________（有、无）电线连接。

（3）水温表读数有的左大右小，有的左小右大，是因为其________类型不同。

（4）水温表用的传感器是________型，检测发现无论水温高低，传感器火线电位都是________V。结论：________发生了短路搭铁。

（5）燃油表传感器安装时，其可变电阻的末端要求可靠搭铁，是为了防止滑片滑动时产生________引发事故。

（6）当水温过________或机油压力过________时，发动机不允许继续运行。

三、实施

1. 故障现象

发动机运转后冷却液温度表指针不指示。

2. 故障原因

（1）温度表损坏。

（2）冷却液温度传感器失效。

（3）温度表线路断路。

（4）稳压器损坏。

（5）发动机电脑损坏。

3. 故障诊断与排除

（1）打开发动机舱盖，拔下冷却液温度传感器插头。检查冷却液温度传感器电阻是否正常；如正常，检查传感器信号至发动机电脑信号，发动机电脑至仪表信号。

（2）如果上述线路正常，接上组合仪表插头，打开点火开关，检查冷却液温度传感器插头的黄/红线是否有电。如果有电，则说明冷却液温度传感器损坏；如果无电，则为冷却液温度表本身或稳压器故障。

（3）拆下仪表板，线束保持正常连接，将万用表连接在稳压器正极输出端和搭铁端之间测量电压，如果电压值高于10.5V或低于9.5V，则表明稳压器有故障。否则，为冷却液温度表本身故障。

四、检查

（1）故障是否已排除________。

（2）故障思路是否正确________，不正确之处应该如何修改________________________

（3）故障诊断操作中是否有不当之处________，应如何处置________________________。

（4）有无新发现知识点____

____

____。

五、工作效果评价

1. 自我评价

（1）通过本次学习，我学到的知识点/技能点有：____。

不理解的有：____。

（2）我认为在以下方面还需要深化学习并提升岗位能力：____。

（3）本次工作和学习过程中，我的表现可得到：□  □  □ 。

2. 互相评价

（1）综合能力测评：参阅评价内容说明。

（2）专业能力测评。

①“水温传感器元器件名称填写”由评价人任意指定各个元器件，评价对象指出对应元器件的名称，评价人填写并判断正误，给予评定。

②评价结果全对得 ，错一项得 ，错两项或以上得 。

任务评价表

<table>
<tr><td rowspan="2">项目</td><td colspan="7" rowspan="2">评价内容
综合能力测评：
(1) 请在对应条目的○内打“√”或“×”，不能确定的条目不填，可以在小组评价时让本组同学讨论并写出结论。
(2) 评价结果全对得 ，错一项得 ，错两项得 。</td><td colspan="3">评价等级
（学生互评）</td></tr>
<tr><td></td><td></td><td></td></tr>
<tr><td rowspan="4">综合能力
测评项目
（组内互评）</td><td colspan="3">○按时到场</td><td colspan="2">○工装齐备</td><td colspan="2">○书、本、笔齐全</td><td></td><td></td><td></td></tr>
<tr><td colspan="3">○安全操作</td><td colspan="2">○责任心强</td><td colspan="2">○7S 管理规范</td><td></td><td></td><td></td></tr>
<tr><td colspan="3">○学习积极主动</td><td colspan="2">○合理使用教学资源</td><td colspan="2">○主动帮助他人</td><td></td><td></td><td></td></tr>
<tr><td colspan="3">○接受工作分配</td><td colspan="2">○有效沟通</td><td colspan="2">○高效完成工作任务</td><td></td><td></td><td></td></tr>
<tr><td rowspan="2">专业能力
测评项目
（组间互评）</td><td rowspan="2">传
感
器</td><td>中文名</td><td></td><td></td><td></td><td></td><td colspan="3"></td></tr>
<tr><td>英文名</td><td></td><td></td><td></td><td></td><td></td><td></td><td></td></tr>
<tr><td>小组评语及建议</td><td colspan="7">他（她）做到了：
他（她）的不足：
给他（她）的建议：</td><td colspan="3">组长签名：

年　月　日</td></tr>
</table>

续表

项目	评价内容 综合能力测评： （1）请在对应条目的○内打“√”或“×”，不能确定的条目不填，可以在小组评价时让本组同学讨论并写出结论。 （2）评价结果全对得 ，错一项得 ，错两项得 。	评价等级 （学生互评）		
老师评语及建议		评价等级：______ 教师签名： 年　月　日		

工作任务2　水温表检修的方案制订

班级______　姓名______　学号______　工号______　日期______　测评等级______

一、工作与学习目标

- ◆ 能够识读水温表的电路
- ◆ 能根据水温表控制方式，制订检修方案
- ◆ 能够展示学习成果并相互评价

二、工作过程及学习记录

分析：

（1）水温表及其传感器结构上的异同点及调整部位。

（2）仔细观察电磁式水温表与电热式水温表的结构待点。

（3）观察电磁式水温表与燃油表的异同点。

三、检查与诊断思路

（1）使用注意事项：____

____

____。

（2）电流表的检验及故障处理：____

____

____。

四、展示检修方案并说明：

（1）其他组的创意：____。

（2）本组的创意：____。

五、工作效果评价

1. 自我评价

（1）通过本次学习，我学到的知识点/技能点有：____。

不理解的有：____。

（2）我认为在以下方面还需要深化学习并提升岗位能力：____________________________________。

（3）本次工作和学习过程中，我的表现可得到：□ □ □ 。

2. 互相评价

（1）综合能力测评：参阅评价内容说明。

（2）专业能力测评。

① 由评价人任意指定个某个电路接线点符号，评价对象指出对应接线点符号的含义及所在位置，评价人填写并判断正误，给予评定。

② 评价结果全对得，错一项得，错两项或以上得。

任务评价表

<table>
<tr><td rowspan="2">项目</td><td colspan="6" rowspan="2">评价内容
综合能力测评：
（1）请在对应条目的○内打“√”或“×”，不能确定的条目不填，可以在小组评价时让本组同学讨论并写出结论。
（2）评价结果全对得，错一项得，错两项得。</td><td colspan="3">评价等级
（学生互评）</td></tr>
<tr><td></td><td></td><td></td></tr>
<tr><td rowspan="4">综合能力
测评项目
（组内互评）</td><td colspan="2">○按时到场</td><td colspan="2">○工装齐备</td><td colspan="2">○书、本、笔齐全</td><td></td><td></td><td></td></tr>
<tr><td colspan="2">○安全操作</td><td colspan="2">○责任心强</td><td colspan="2">○7S 管理规范</td><td></td><td></td><td></td></tr>
<tr><td colspan="2">○学习积极主动</td><td colspan="2">○合理使用教学资源</td><td colspan="2">○主动帮助他人</td><td></td><td></td><td></td></tr>
<tr><td colspan="2">○接受工作分配</td><td colspan="2">○有效沟通</td><td colspan="2">○高效完成工作任务</td><td></td><td></td><td></td></tr>
<tr><td rowspan="2">专业能力
测评项目
（组间互评）</td><td rowspan="2">传
感
器</td><td>中文名</td><td></td><td></td><td></td><td></td><td colspan="3"></td></tr>
<tr><td>英文名</td><td></td><td></td><td></td><td></td><td></td><td></td><td></td></tr>
</table>

项目	评价内容 综合能力测评： （1）请在对应条目的○内打“√”或“×”，不能确定的条目不填，可以在小组评价时让本组同学讨论并写出结论。 （2）评价结果全对得 ，错一项得 ，错两项得 。	评价等级（学生互评） 		
小组评语及建议	他（她）做到了： 他（她）的不足： 给他（她）的建议：	组长签名： 年　月　日		
老师评语及建议		评价等级：_____ 教师签名： 年　月　日		

工作任务3　水温表检修的方案实施

班级______　姓名______　学号______　工号______　日期______　测评等级______

一、工作与学习目标

- ◆ 能够根据制订的维修方案排除故障
- ◆ 能检测并判断水温表的工作过程
- ◆ 能够总结排故思路并相互评价

二、工作过程及学习记录

（1）使用注意事项。

① 不同型号的汽车使用不同型号的发电机，配用不同量程的电流表。电流表的量程有 -20 ~ +20A、-30 ~ +30A、-50 ~ +50A、-60 ~ +60A 等。

② 电流表应与铅蓄电池串联，接线时极性万不可接错。通常在负极搭铁的汽车电系中，电流表的“-”接线柱与蓄电池的正极相连，电流表的“+”接线柱与发电机的正极相连。

③ 电流表只允许通过小电流，一般对点火系统、仪表系统等长时间连续工作的小电流可经电流表，而对短时间断续用电设备的大电流，如起动机、转向灯、电喇叭等均不通过电流表。

（2）电流表的检验及故障处理。

将被试电流表与标准直流电流表（-30 ~ +30A）及可变电阻串联在一起，接通蓄电池电流，逐渐减小可变电阻值，比较两个电流表的读数，若读数差不超过20%，则可认为被测电流表工作正常。故障电流表可直接更换处理。

（3）总结故障排除思路并展示：____。

其他组的思路给了我以下启发：____。

三、工作效果评价

1. 自我评价

（1）通过本次学习，我学到的知识点/技能点有：____。

不理解的有：____。

（2）我认为在以下方面还需要深化学习并提升岗位能力：____。

（3）本次工作和学习过程中，我的表现可得到：□  □  □ 。

2. 互相评价

（1）综合能力测评：参阅评价内容说明。

（2）专业能力测评。

① 由评价人任意设定一个空气流量传感器故障点，评价对象对设定的故障点进行诊断排除，评价人依据结果判断正误，给予评定。

② 评价结果全对得 ，错一项得 ，错两项或以上得 。

任务评价表

<table>
<tr><td rowspan="2">项目</td><td colspan="6" rowspan="2">评价内容
综合能力测评：
（1）请在对应条目的○内打“√”或“×”，不能确定的条目不填，可以在小组评价时让本组同学讨论并写出结论。
（2）评价结果全对得 ，错一项得 ，错两项得 。</td><td colspan="3">评价等级
（学生互评）</td></tr>
<tr><td></td><td></td><td></td></tr>
<tr><td rowspan="4">综合能力
测评项目
（组内互评）</td><td colspan="2">○按时到场</td><td colspan="2">○工装齐备</td><td colspan="2">○书、本、笔齐全</td><td></td><td></td><td></td></tr>
<tr><td colspan="2">○安全操作</td><td colspan="2">○责任心强</td><td colspan="2">○7S 管理规范</td><td></td><td></td><td></td></tr>
<tr><td colspan="2">○学习积极主动</td><td colspan="2">○合理使用教学资源</td><td colspan="2">○主动帮助他人</td><td></td><td></td><td></td></tr>
<tr><td colspan="2">○接受工作分配</td><td colspan="2">○有效沟通</td><td colspan="2">○高效完成工作任务</td><td></td><td></td><td></td></tr>
<tr><td rowspan="2">专业能力
测评项目
（组间互评）</td><td rowspan="2">传感器</td><td>中文名</td><td></td><td></td><td></td><td></td><td colspan="3"></td></tr>
<tr><td>英文名</td><td></td><td></td><td></td><td></td><td></td><td></td><td></td></tr>
</table>

续表

项目	评价内容 综合能力测评： （1）请在对应条目的○内打“√”或“×”，不能确定的条目不填，可以在小组评价时让本组同学讨论并写出结论。 （2）评价结果全对得 ，错一项得 ，错两项得 。	评价等级（学生互评） 	 	 
小组评语及建议	他（她）做到了： 他（她）的不足： 给他（她）的建议：	组长签名： 年 月 日		
老师评语及建议		评价等级：______ 教师签名： 年 月 日		

工作任务4 水温表检修完工检验

班级______ 姓名______ 学号______ 工号______ 日期______ 测评等级______

一、工作与学习目标

- ◆ 能够按照企业标准对车辆进行检验
- ◆ 能够确认故障排除并对水温传感器的使用提出合理化建议

二、根据所学知识，提出水温表使用和检修的合理化建议，并进行展示

____

____

____

____。

知识拓展：

发动机运转中温度正常，而水温表的指示数值不准，这种故障一般是水温表或传感器电热线圈烧坏所致。

电热式水温表传感器因其断路、短路以及双金属片电热线圈烧损、变形而不能复位。发动机长时间缺水工作，致使传感器不能沉浸在水中，长时间过热造成损坏，引起指针不动或指针恒指低温故障；另外电源稳压器失效也会导致水温表指针不准（在100℃以上）。

检查水温传感器的阻丝线圈绝缘是否良好，可采用新旧件对比试验的方法鉴别。当水温表指示温度与实际不符时，应及时查明原因修复。从外观检查水温传感器的连接导线是否松脱（用手摸发动机和水箱温度也可初步确定故障的部位）。将水温传感器线拆除后，用此导线搭铁（接通点火开关），此时如水温表指针由100℃缓缓向40℃移动，说明水温表良好，故障可能在水温传感器；若搭铁时水温表指针仍不动，证明水温表有故障，可能是从点火开关至水温表的火线松脱或接触不良，应分别给予修复。

单元一 思考与练习

一、填空题

1. 水温表的作用________。

2. 热敏电阻传感器依靠热敏阻值随温度变化的特性，感应________的高低。

二、选择题

1. 热敏电阻式水温表，当水温低时（　　）。

A. 热敏电阻值变小　　B. 双金属片变形小

C. 双金属片变形大　　D. 双金属片不变形

2. 水温表中，双金属片的触点与固定触点两者的闭合时间短、分开时间长，指示的水温值（　　）。

A. 低　　B. 高

C. 不变　　D. 不定

三、判断题

1. 电磁式水温表由电磁式水温指示表和负温度系数的热敏电阻传感器组成。（　　）

2. 发动机正常工作时，水温一般应在75℃ ~90℃之间。（　　）

四、名词解析

水温传感器

五、简答题

1. 水温传感器的控制电路有哪几种形式？

2. 水温表的工作原理？

3. 举例说明如何检测水温传感器？

单元二　电喇叭不响的故障检修

班级________ 姓名________ 学号________ 工号________ 日期________ 测评等级________

<table>
<tr><td>工作任务</td><td>仪表指示异常的故障检修</td><td>教学模式</td><td colspan="2">任务驱动和行动导向</td></tr>
<tr><td>建议学时</td><td>4 学时</td><td>教学地点</td><td colspan="2">一体化实训室</td></tr>
<tr><td>任务描述</td><td colspan="3">大众 4S 店接到一辆桑塔纳 2000 电喇叭不响的故障车，前台接待通过跟客户交流，填写维修工单后交电器维修小组进行维修。</td><td>
维修流程？</td></tr>
<tr><td>学习目标</td><td colspan="3">1. 能够了解电喇叭的结构、原理，树立良好的安全文明操作意识。
2. 能够根据维修手册和其他资源分析电喇叭的常见故障原因。
3. 能够描述电喇叭的检查项目和技术要求。
4. 能够主动获取信息，展示学习成果，对工作过程进行总结与反思，与他人进行有效沟通，团结协作。
5. 能够运用所学知识，为顾客解析电喇叭故障发生的现象并分析原因。</td><td>
</td></tr>
<tr><td rowspan="11">学习准备</td><td colspan="4">1. 设备器材：每组配套：桑塔纳汽车 1 台，汽车仪表实验台 1 台，工具车 2 台，诊断仪 2 台，数字万用表 4 块，桑塔纳维修手册 2 份，网络资源。
2. 分六组，小组人员岗位分配表。</td></tr>
<tr><td rowspan="2">工作岗位</td><td>时段一</td><td colspan="2">时段二</td></tr>
<tr><td>______年______月______日
____时____分至____时____分</td><td colspan="2">______年______月______日
____时____分至____时____分</td></tr>
<tr><td>主修人员（1 人）</td><td></td><td colspan="2"></td></tr>
<tr><td>辅修人员（1 人）</td><td></td><td colspan="2"></td></tr>
<tr><td>工具管理（1 人）</td><td></td><td colspan="2"></td></tr>
<tr><td>零件摆放（1 人）</td><td></td><td colspan="2"></td></tr>
<tr><td>安全监督（1 人）</td><td></td><td colspan="2"></td></tr>
<tr><td>质量检验（1 人）</td><td></td><td colspan="2"></td></tr>
<tr><td>7S 监督（2 ~ 4 人）</td><td></td><td colspan="2"></td></tr>
</table>

【知识要点】

一、汽车电喇叭

汽车上都装有喇叭，用来警告行人和其他车辆，以引起注意，保证行车安全。喇叭按发音动力的不同分气喇叭和电喇叭两类；按外形分有螺旋形（图5－8）、筒形、盆形（图5－9）三类；按声频分有高音和低音两种。

1. 盆形电喇叭

盆形电喇叭的工作原理与螺旋形电喇叭相同，其结构特点如图5－9所示。

电磁铁采用螺管式结构，铁芯上绕有励磁线圈，上、下铁芯间的气隙在线圈中间，所以能产较大的吸力。它无扬声筒，而是将上铁芯、膜片和共鸣板装在中心轴上。当电路接通时，励磁线圈产生吸力，上铁芯被吸下与下铁芯撞击，产生较低的基本频率，并激励膜片及与膜片连成一体的共鸣板产生共鸣，从而发出比基本频率强得多、且分布又比较集中的谐音。为了保护触点，有的盆形喇叭在触点之间也并联了灭弧电容器。

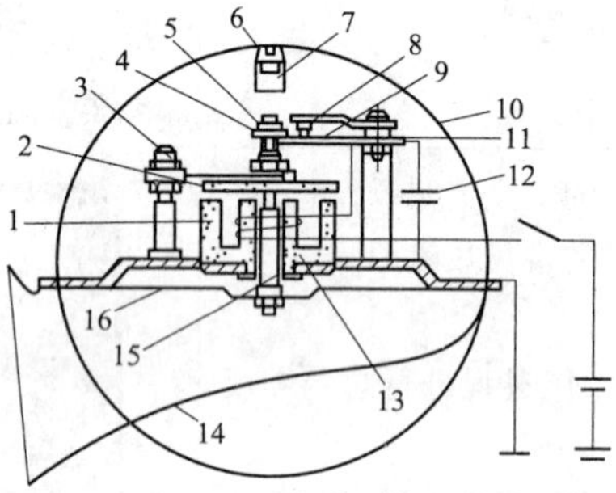

图5－8　螺旋形电喇叭的结构

1－铁芯；2－衔铁；3－弹片；4－调整螺母；5－锁紧螺母；6－螺钉；7－支架；8－活动触点；9－固定触定；10－防护罩；11－绝缘片；12－灭弧电容；13－磁化线圈；14－传声筒；15－中心螺杆；16－膜片

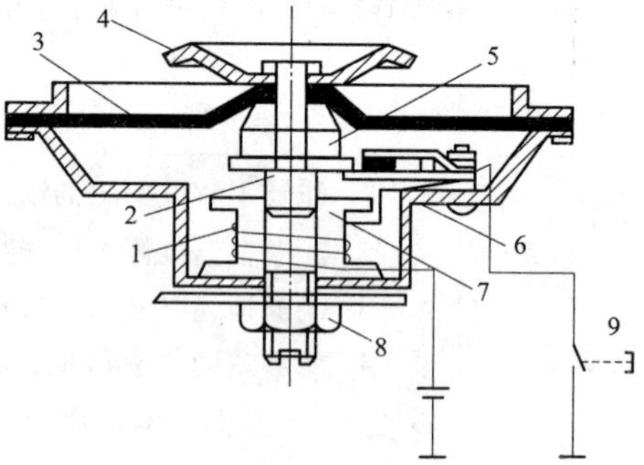

图5－9　盆形电喇叭的结构

1－磁化线圈；2－活动铁芯；3－膜片；4－共鸣片；5－振动声；6－外壳；7－铁芯；8－螺母；9－按钮

2. 电动气喇叭

电动气喇叭主要由电动气泵和气喇叭两部分组成。按下喇叭按钮时，直流电动机气泵运转，产生压缩空气；压缩空气直接通入气喇叭使喇叭发音。

3. 双音电喇叭控制电路

为了得到较为和谐悦耳的声音，在汽车上常装有两个不同音调（高、低音）的电喇叭。其中高音喇叭膜片厚、扬声筒短，低音喇叭则相反。装用单只螺旋形电喇叭或两只盆形喇叭时，电喇叭总电流较小（＜8A），一般直接由方向盘上喇叭按钮控制。当装用两只螺旋形电喇叭时，电喇叭耗用电流较大（＞15～20A），用按钮直接控制，易烧蚀按钮触点。为避免这个缺点，可采用喇叭继电器控制双音电喇叭。按下方向盘上喇叭按钮时，喇叭继电器线圈光电，位继电器铁芯产生电磁吸力，将继电器触点闭合，接通了双音电喇叭，喇叭发音。松开方向全喇叭按钮时，继电器线圈断电，铁芯电磁吸力消失，触点在自身弹力作用下张开，切断了电喇叭电路，电喇叭停止发音。

喇叭继电器的作用就是利用铁芯线圈的小电流控制触点的大电流，从而保护方向盘按钮触点。

二、电喇叭的调整

电动气喇叭一般制成不可调式。螺旋形、盆形电喇叭调整一般有铁芯气隙调整和触点预压力调整两项，前者调整喇叭的音调，后者调整喇叭的音量。

1. 铁芯气隙（即衔铁与铁芯间的气隙）调整

电喇叭音调的高低与铁芯气隙有关，铁芯气隙小时，膜片的振动频率高（即音调高）；气隙大时，膜片的振动频率低（即音调低）。铁芯气隙值（一般为 0.7 ~ 1.5mm）视喇叭的高、低音及规格型号而定，如 DL34G 为 0.7 ~ 0.9mm，DL34D 为 0.9 ~ 1.05mm。筒形、螺旋形电喇叭铁芯气隙的调整部位和调整方法如图 5 – 10 所示。对图 5 – 10（a）所示的电喇叭，应先松开锁紧螺母，然后转动衔铁，即可改变衔铁与铁芯气隙；对图5 – 10（b)所示的电喇叭，松开上、下调节螺母，即可使铁芯上升或下降，即改变铁芯气隙；对图 5 – 10（c）所示的电喇叭，可先松开锁紧螺母，转动衔铁加以调整，然后松开调节螺母，使弹簧片与衔铁平行后紧固。调整时。应使衔铁与铁芯间的气隙均匀，否则会产生杂音。盆形电喇叭铁芯气隙的调整如图 5 – 10 所示，调整时应先松开锁紧螺母，然后旋转音量调整螺栓（铁芯）进行调整。

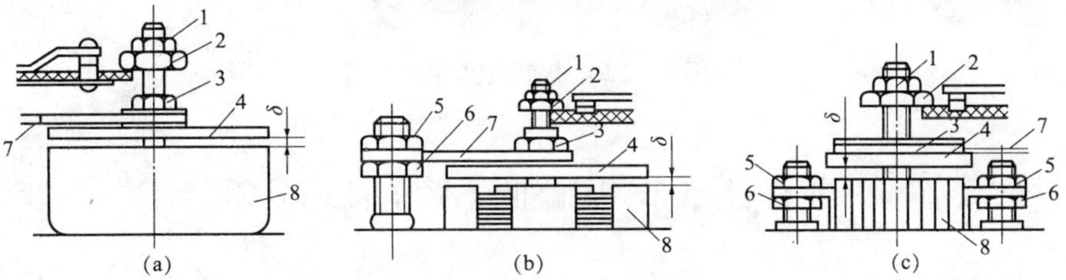

图 5 – 10　筒形、螺旋形电喇叭的调整部位

1、3 – 锁紧螺母；2、5、6 – 调节螺母；4 – 衔铁；7 – 弹簧片；8 – 铁芯；δ – 铁芯间隙

2. 触点预压力调整

电喇叭声音的大小与通过喇叭线圈的电流大小有关。当触点预压力增大时，流过喇叭线圈的电流增大，使喇叭产生的音量增大，反之音量减小。触点压力是否正常，可通过检查喇叭工作电流与额定电流是否相符来判断。如工作电流等于额定电流，则说明触点压力正常；如工作电流大于或小于额定电流，则说明触点压力过大或过小，应予以调整。对于图 5 – 10 所示的筒形、螺旋形电喇叭，应先松开锁紧螺母，然后转动调节螺母（逆时针方向转动时，触点压力增大，音量增大）进行调整；对图 5 – 9 所示的盆形电喇叭，可旋转音量调节螺钉（逆时针方向转动时，音量增大）进行调整。调整时不可过急，一般每次转动调节螺母不多于 1/10 圈。电喇叭音量和音质调整并不是完全独立的，两者实际上是相互关联的，因此两者需反复调试才会获得最佳效果。汽车喇叭声级在距车前 2m、离地面 1.2m 处测量时，其值应 90 – 118dB（A）专业制造电喇叭的品牌有：博世（BOSCH）、赛歌（SEGER）、电装（DENSO）等，如图 5 – 11 所示。

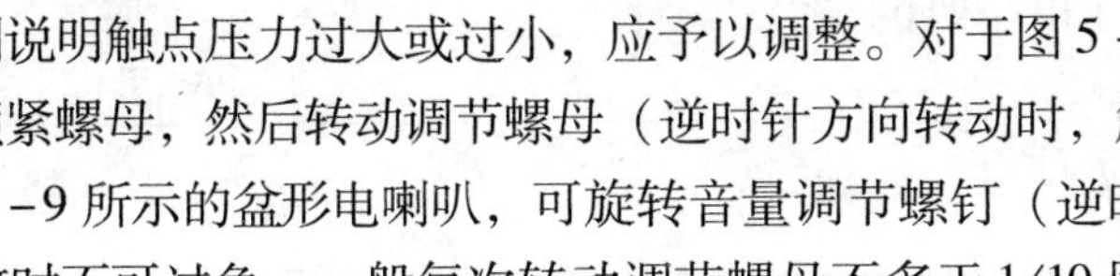

图 5-11　博世、赛歌电喇叭

3. 电喇叭的安装位置

电喇叭的安装位置如图 5-12 所示。

图 5-12　电喇叭的安装位置

工作任务 1　电喇叭不响的任务分析

班级______　姓名______　学号______　工号______　日期______　测评等级______

一、工作与学习目标

◆能确认电喇叭不响的实际故障现象

◆能识别电喇叭不响的电路接线并建立初步思路

二、工作过程及学习记录

(1) 列举检修汽车电喇叭的注意事项：

____。

(2) 填写车辆基本信息。

基本信息	车身底盘号		车型	
	发动机型号		公里数	
故障现象				

(3) 准备问题：

① 通常汽车上电喇叭采用________只，声音高低及频率不同，称为________喇叭。

② 喇叭开关在________上，控制的是继电器________的________线。

③ 喇叭音量取决于________的大小，调整时一般改变________的________来实现。

④ 喇叭音调高低取决于________的高低，调整时一般改变________的大小来实现。

⑤ 请画出喇叭系统电路图。

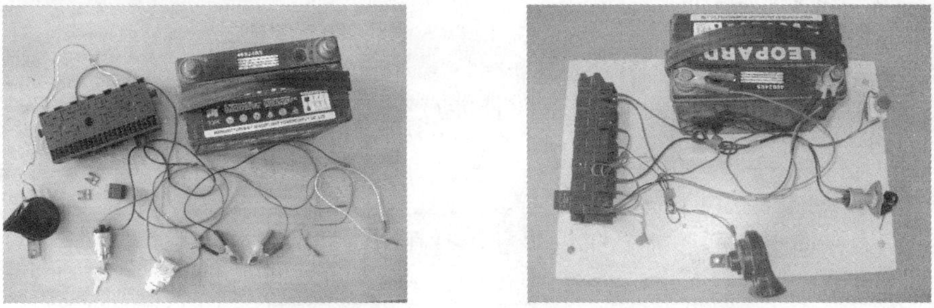

图 5－13　电喇叭的连线布置

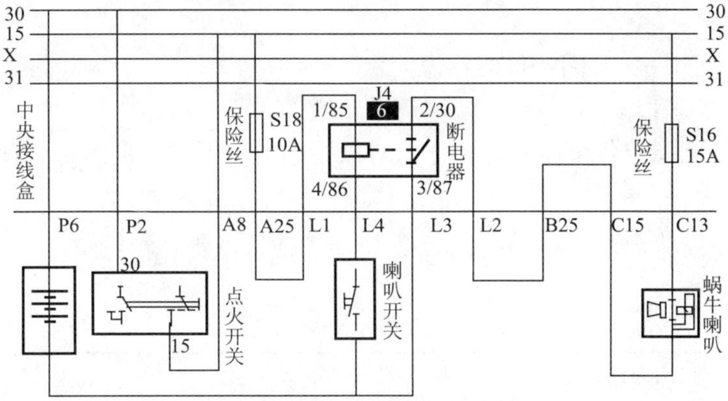

图 5－14　现代悦动—喇叭电路图

图 5－15　实物接线图（中央接线盒正面）

三、客户故障咨询

（1）按喇叭时无任何反应？

（2）按喇叭时是否能听到嗒嗒声？

（3）下雨天喇叭工作情况？

四、检查

（1）故障是否已排除________。

（2）故障思路是否正确____。

（3）故障诊断操作中是否有不当之处________，应如何处置________________。

（4）有无新发现知识点________________________________。

五、工作效果评价

1. 自我评价

（1）通过本次学习，我学到的知识点/技能点有：________________________________
________________________________。

不理解的有：________________________________。

（2）我认为在以下方面还需要深化学习并提升岗位能力：________________________________
________________________________。

（3）本次工作和学习过程中，我的表现可得到：□ □ □ 。

2. 互相评价

（1）综合能力测评：参阅评价内容说明。

（2）专业能力测评。

①由评价人任意指定各个元器件，评价对象指出对应元器件的名称，评价人填写并判断正误，给予评定。

②评价结果全对得，错一项得，错两项或以上得。

任务评价表

<table>
<tr><td rowspan="2">项目</td><td colspan="5" rowspan="2">评价内容
综合能力测评：
（1）请在对应条目的○内打“√”或“×”，不能确定的条目不填，可以在小组评价时让本组同学讨论并写出结论。
（2）评价结果全对得，错一项得，错两项得。</td><td colspan="3">评价等级
（学生互评）</td></tr>
<tr><td></td><td></td><td></td></tr>
<tr><td rowspan="4">综合能力
测评项目
（组内互评）</td><td colspan="2">○按时到场</td><td colspan="2">○工装齐备</td><td>○书、本、笔齐全</td><td></td><td></td><td></td></tr>
<tr><td colspan="2">○安全操作</td><td colspan="2">○责任心强</td><td>○7S 管理规范</td><td></td><td></td><td></td></tr>
<tr><td colspan="2">○学习积极主动</td><td colspan="2">○合理使用教学资源</td><td>○主动帮助他人</td><td></td><td></td><td></td></tr>
<tr><td colspan="2">○接受工作分配</td><td colspan="2">○有效沟通</td><td>○高效完成工作任务</td><td></td><td></td><td></td></tr>
<tr><td rowspan="2">专业能力
测评项目
（组间互评）</td><td rowspan="2">传
感
器</td><td>中文名</td><td></td><td></td><td></td><td colspan="3"></td></tr>
<tr><td>英文名</td><td></td><td></td><td></td><td></td><td></td><td></td></tr>
<tr><td>小组评语及建议</td><td colspan="5">他（她）做到了：
他（她）的不足：
给他（她）的建议：</td><td colspan="3">组长签名：
年 月 日</td></tr>
</table>

续表

<table>
<tr><td rowspan="2">项目</td><td rowspan="2">评价内容
综合能力测评：
（1）请在对应条目的○内打“√”或“×”，不能确定的条目不填，可以在小组评价时让本组同学讨论并写出结论。
（2）评价结果全对得 ，错一项得 ，错两项得 。</td><td colspan="3">评价等级
（学生互评）</td></tr>
<tr><td></td><td></td><td>、</td></tr>
<tr><td>老师评语及建议</td><td></td><td colspan="3">评价等级：______
教师签名：
年　月　日</td></tr>
</table>

工作任务2　电喇叭不响的方案制订

班级______　姓名______　学号______　工号______　日期______　测评等级______

一、工作与学习目标

◆ 能够识读汽车电喇叭的电路
◆ 能根据汽车电喇叭的电路控制方式，制订检修方案
◆ 能够展示学习成果并相互评价

二、工作过程及学习记录

分析：

（1）结构决定性能，汽车喇叭电路由哪些结构组成呢？

（2）用导线连接成一个完整的喇叭电路并分析结构特点。

三、电喇叭的检查与诊断思路

（1）使用注意事项。

（2）电喇叭的检验及故障处理

____

____。

四、展示检修方案并说明：

（1）其他组的创意：____

（2）本组的创意：____。

五、工作效果评价

1. 自我评价

（1）通过本次学习，我学到的知识点/技能点有：____________________

____________________。

不理解的有：____________________。

（2）我认为在以下方面还需要深化学习并提升岗位能力：____________________

____________________。

（3）本次工作和学习过程中，我的表现可得到：□  □  □ 。

2. 互相评价

（1）综合能力测评：参阅评价内容说明。

（2）专业能力测评。

① 由评价人任意指定个某个电路接线点符号，评价对象指出对应接线点符号的含义及所在位置，评价人填写并判断正误，给予评定。

②评价结果全对得 ，错一项得 ，错两项或以上得 。

任务评价表

<table>
<tr><td rowspan="2">项目</td><td colspan="6" rowspan="2">评价内容
综合能力测评：
（1）请在对应条目的○内打“√”或“×”，不能确定的条目不填，可以在小组评价时让本组同学讨论并写出结论。
（2）评价结果全对得 ，错一项得 ，错两项得 。</td><td colspan="3">评价等级
（学生互评）</td></tr>
<tr><td></td><td></td><td></td></tr>
<tr><td rowspan="4">综合能力
测评项目
（组内互评）</td><td colspan="2">○按时到场</td><td colspan="2">○工装齐备</td><td colspan="2">○书、本、笔齐全</td><td></td><td></td><td></td></tr>
<tr><td colspan="2">○安全操作</td><td colspan="2">○责任心强</td><td colspan="2">○7S 管理规范</td><td></td><td></td><td></td></tr>
<tr><td colspan="2">○学习积极主动</td><td colspan="2">○合理使用教学资源</td><td colspan="2">○主动帮助他人</td><td></td><td></td><td></td></tr>
<tr><td colspan="2">○接受工作分配</td><td colspan="2">○有效沟通</td><td colspan="2">○高效完成工作任务</td><td></td><td></td><td></td></tr>
<tr><td rowspan="2">专业能力
测评项目
（组间互评）</td><td rowspan="2">传
感
器</td><td>中文名</td><td></td><td></td><td></td><td></td><td colspan="3"></td></tr>
<tr><td>英文名</td><td></td><td></td><td></td><td></td><td></td><td></td><td></td></tr>
<tr><td>小组评语及建议</td><td colspan="6">他（她）做到了：

他（她）的不足：

给他（她）的建议：</td><td colspan="3">组长签名：

年　月　日</td></tr>
</table>

续表

项目	评价内容 综合能力测评： （1）请在对应条目的○内打“√”或“×”，不能确定的条目不填，可以在小组评价时让本组同学讨论并写出结论。 （2）评价结果全对得 ，错一项得 ，错两项得 。	评价等级（学生互评）		
老师评语及建议		评价等级：______ 教师签名： 年　月　日		

工作任务3　电喇叭不响的故障检修的方案实施

班级______　姓名______　学号______　工号______　日期______　测评等级______

一、工作与学习目标

◆ 能够根据制订的维修方案排除故障

◆ 能检测并判断电喇叭的工作过程

◆ 能够总结排故思路并相互评价

二、工作过程及学习记录

（1）喇叭本身的故障主要为以下几个原因：

① 触点烧蚀：如果长时间按喇叭易造成喇叭触点烧蚀而产生阻抗，流过电磁线圈的电流减弱，电磁吸力下降无法吸引衔铁带动膜片正常振动，导致发音沙哑，甚至不响。但不断按喇叭时，若瞬间强电流通过阻抗依然能正常工作，所以会时好时坏。

② 密封不严易受潮：虽然喇叭内部是密闭的，但如果密封不严洗车时进入雾气或内部空间空气中有水蒸气，水蒸气很容易导致触点受潮无法正常工作。

③ 电磁线圈端子接触不良：有些喇叭内部电磁线圈漆包线端子接头是铝金属铆钉压接连接的，非牢靠焊接连接，如果端头漆包线上的绝缘漆处理不净或铆钉压接不牢靠很容易产生虚接故障，导致喇叭工作不良。此种故障是喇叭质量原因，无法修复，只能更换新件。

（2）一般简单检测方式：

① 检查电源。

② 检查喇叭接线柱。

③ 检查喇叭保险丝。

④ 检查继电器保险丝。

⑤ 检查喇叭继电器。

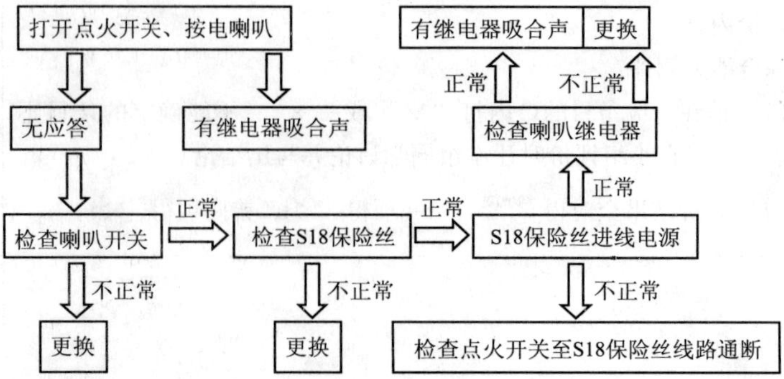

（3）故障诊断流程。

（4）总结故障排除思路并展示：________________________________。

（5）其他组的思路给了我以下启发：________________________________

____。

三、工作效果评价

1. 自我评价

（1）通过本次学习，我学到的知识点/技能点有：________________。

不理解的有：____。

（2）我认为在以下方面还需要深化学习并提升岗位能力：________________

____。

（3）本次工作和学习过程中，我的表现可得到：□ □ □

2. 互相评价

（1）综合能力测评：参阅评价内容说明。

（2）专业能力测评。

任务评价表

项目	评价内容	评价等级（学生互评）		
	评价内容 综合能力测评： （1）请在对应条目的○内打“√”或“×”，不能确定的条目不填，可以在小组评价时让本组同学讨论并写出结论。 （2）评价结果全对得 ，错一项得 ，错两项得 。			
综合能力测评项目（组内互评）	○按时到场　○工装齐备　○书、本、笔齐全			
	○安全操作　○责任心强　○7S 管理规范			
	○学习积极主动　○合理使用教学资源　○主动帮助他人			
	○接受工作分配　○有效沟通　○高效完成工作任务			

续表

<table>
<tr><td rowspan="2">项目</td><td colspan="6" rowspan="2">评价内容
综合能力测评：
（1）请在对应条目的○内打“√”或“×”，不能确定的条目不填，可以在小组评价时让本组同学讨论并写出结论。
（2）评价结果全对得，错一项得，错两项得。</td><td colspan="3">评价等级
（学生互评）</td></tr>
<tr><td></td><td></td><td></td></tr>
<tr><td rowspan="2">专业能力
测评项目
（组间互评）</td><td rowspan="2">传
感
器</td><td>中文名</td><td></td><td></td><td></td><td></td><td colspan="3"></td></tr>
<tr><td>英文名</td><td></td><td></td><td></td><td></td><td></td><td></td><td></td></tr>
<tr><td>小组评语及建议</td><td colspan="6">他（她）做到了：

他（她）的不足：

给他（她）的建议：</td><td colspan="3">组长签名：

年　月　日</td></tr>
<tr><td>老师评语及建议</td><td colspan="6"></td><td colspan="3">评价等级：______

教师签名：

年　月　日</td></tr>
</table>

工作任务4　汽车电喇叭的检修完工检验

一、工作与学习目标

◆ 能够按照企业标准对汽车电喇叭进行检验

◆ 能够确认故障排除并对汽车电喇叭的使用提出合理化建议

二、根据所学知识，提出汽车电喇叭使用和检修的合理化建议，并进行展示

____

____

____。

单元二 思考与练习

一、填空题

1. 通常汽车上电喇叭采用________只，声音高低及频率不同，称为________喇叭。
2. 喇叭开关在________上，控制的是继电器________的________线。
3. 喇叭音量取决于________的大小，调整时一般改变________的________来实现。
4. 喇叭音调高低取决于________的高低，调整时一般改变________的大小来实现。

二、选择题

1. 电喇叭的铁芯气隙一般为多少？(　　)

A. 0. 7 ~ 1. 5　　B. 1. 0 ~ 1. 5

C. 2 ~ 3　　D. 1. 5 ~ 2

2. 电喇叭的工作电流越大，电喇叭发出的音量也就（　　）。

A. 没关系　　B. 小

C. 大　　D. 不定

3. 热敏电阻式水温表感温室内的感温件是一种（　　）。

A. 热敏电阻　　B. 正温度系数热敏电阻

C. 负温度系数热敏电阻　　D. 金属膜电阻

三、名词解析

汽车电喇叭

四、简答题

1. 汽车电喇叭故障诊断实训总结。
2. 怎样判别双音喇叭的高音、低音？
3. 举例说明如何检验汽车电喇叭电路。
4. 汽车喇叭使用中的注意事项。

项目六

汽车空调系统检修

单元一　车用空调系统的认识

班级______ 姓名______ 学号______ 工号______ 日期______ 测评等级______

<table>
<tr><td>工作任务</td><td>空调压缩机的拆装</td><td>教学模式</td><td colspan="2">任务驱动和行动导向</td></tr>
<tr><td>建议学时</td><td>4 学时</td><td>教学地点</td><td colspan="2">一体化实训室</td></tr>
<tr><td>任务描述</td><td colspan="3">王先生驾驶一辆大众桑塔纳轿车上班，打开空调 A/C 开关后，压缩机不工作，作为维修技工，你需要根据维修手册，使用诊断设备，参考相关资料排除故障，恢复空调系统功能，并提出合理化使用建议，最终检验合格后交付前台。</td><td>
维修流程?</td></tr>
<tr><td>学习目标</td><td colspan="3">1. 能够执行空调系统检修的操作规程，树立良好的安全文明操作意识。
2. 能够根据维修手册和其他资源分析空调系统的常见故障原因。
3. 能够描述空调系统的检查项目和技术要求。
4. 能够主动获取信息，展示学习成果，对工作过程进行总结与反思，与他人进行有效沟通，团结协作。
5. 能够运用所学知识，为顾客解析空调系统故障发生的现象并分析原因。</td><td>
</td></tr>
<tr><td rowspan="5">学习准备</td><td colspan="4">1. 设备器材：每组配套：桑塔纳汽车 1 台，压缩机 1 台，工具车 2 台，数字万用表 4 块，桑塔纳维修手册 2 份，网络资源。
2. 分六组，小组人员岗位分配表（由组长分配）。</td></tr>
<tr><td rowspan="2">工作岗位</td><td colspan="2">时段一</td><td colspan="2">时段二</td></tr>
<tr><td colspan="2">________年______月______日
____时____分至____时____分</td><td colspan="2">________年______月______日
____时____分至____时____分</td></tr>
<tr><td>主修人员（1 人）</td><td colspan="2"></td><td colspan="2"></td></tr>
<tr><td>辅修人员（1 人）</td><td colspan="2"></td><td colspan="2"></td></tr>
</table>

续表

<table>
<tr><td>工作任务</td><td colspan="2">空调压缩机的拆装</td><td colspan="2">教学模式</td><td>任务驱动和行动导向</td></tr>
<tr><td>建议学时</td><td colspan="2">4 学时</td><td colspan="2">教学地点</td><td>一体化实训室</td></tr>
<tr><td rowspan="7">学习准备</td><td rowspan="2">工作岗位</td><td colspan="2">时段一</td><td colspan="2">时段二</td></tr>
<tr><td colspan="2">________年______月______日
____时____分至____时____分</td><td colspan="2">________年______月______日
____时____分至____时____分</td></tr>
<tr><td>工具管理（1 人）</td><td colspan="2"></td><td colspan="2"></td></tr>
<tr><td>零件摆放（1 人）</td><td colspan="2"></td><td colspan="2"></td></tr>
<tr><td>安全监督（1 人）</td><td colspan="2"></td><td colspan="2"></td></tr>
<tr><td>质量检验（1 人）</td><td colspan="2"></td><td colspan="2"></td></tr>
<tr><td>7S 监督（2 ~4 人）</td><td colspan="2"></td><td colspan="2"></td></tr>
</table>

【知识要点】

一、汽车空调制冷系统的工作原理

制冷循环是由压缩、放热、节流和吸热四个过程组成。

1. 压缩过程

压缩机吸入蒸发器出口处的低温低压的制冷剂气体，把它压缩成高温高压的气体，然后送入冷凝器。此过程的主要作用是压缩增压，以便气体易于液化。压缩过程中，制冷剂状态不发生变化，而温度、压力不断升高，形成过热气体。

2. 放热过程

高温高压的过热制冷剂气体进入冷凝器（散热器）与大气进行热交换。由于压力及温度的降低，制冷剂气体冷凝成液体，并放出大量的热。此过程作用是排热、冷凝。冷凝过程的特点是制冷剂的状态发生变化，即在压力、温度不变的情况下，由气态逐渐向液态转变。冷凝后的制冷剂液体是高压高温液体。制冷剂液体过冷，过冷度越大，在蒸发过程中其蒸发吸热的能力也就越大，制冷效果越好，即产冷量相应增加。

3. 节流过程

高压高温制冷剂液体经膨胀阀节流降温降压，以雾状（细小液滴）排出膨胀装置。该过程的作用是使制冷剂降温降压，由高温高压液体，迅速地变成低温低压液体，以利于吸热、控制制冷能力以及维持制冷系统正常运行。

4. 吸热过程

经膨胀阀降温降压后的雾状制冷剂液体进入蒸发器，因此时制冷剂沸点远低于蒸发器内温度，故制冷剂液体在蒸发器内蒸发、沸腾成气体。在蒸发过程中大量吸收周围的热量，降低车内温度。而后低温低压的制冷剂气体流出蒸发器等待压缩机再次吸入。吸热过程的特点是制冷剂状态由液态变为气态，此时压力不变，即在定压过程中进行这一状态的变化。

上述过程周而复始地进行，便可使汽车内温度达到并维持在给定的状态。

二、汽车空调制冷系统的组成

汽车空调制冷系统由压缩机、冷凝器、储液干燥器、膨胀阀、蒸发器、风机及制冷管道等组成。

1. 制冷压缩机

制冷压缩机是汽车空调制冷系统的心脏，其作用是维持制冷剂在制冷系统中的循环，吸入来自蒸发器的低温、低压制冷剂蒸气，压缩制冷剂蒸气使其压力和温度升高，并将制冷剂蒸气送往冷凝器。其原理与普通空气压缩机相似，只是密封程度要求更高。

目前应用于汽车制冷系统的压缩机，主要采用容积型制冷压缩机。

容积型制冷压缩机按其运动型式和主要零部件形状，分类如表 6－1 所示。

表 6－1　压缩机的类型

往复活塞式	曲轴连杆式	直列式 、V 型 、W 型 、S 型
	变容曲轴连杆式	
	径向活塞式	
	轴向活塞式	翘板式 、斜板式
旋转式	旋叶式	气缸圆形 、气缸椭圆形
	变容旋叶式	
	转子式	滚动活塞式 、三角转子式
	螺杆式	单转子螺杆 、双转子螺杆
	变容螺杆式	
	涡旋式	
	变容涡旋式	

（1）斜板式压缩机。

斜板式压缩机是一种轴向活塞式压缩机，其工作原理如图 6－1 所示。

主要零件是主轴和斜板。各缸以压缩机主轴为中心，活塞运动方向与压缩机的主轴平行。

三缸斜板式，为三活塞等间隔 120° 分布，五缸斜板式为五活塞等间隔 72° 分布。为了使机器受力合理，结构紧凑，通常将活塞制成双头活塞，如果是轴向 6 缸，3 个缸在压缩机前部，另外 3 个缸在压缩机后部；如果是轴向 10 缸，5 个缸在压缩机前部，另外 5 个缸在压缩机后部。双头活塞的两活塞各自在相对的气缸（一前一后）中，活塞一头在前缸中压缩制冷剂蒸气时，活塞的另一头就在后缸中吸入制冷剂蒸气，反向时互相对调。各缸均备有高低压气阀，另有一根高压管，用于连接前后高压腔。斜板与压缩机主

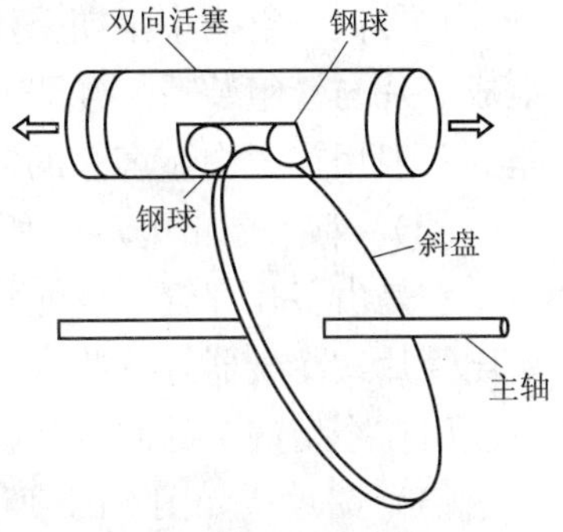

图 6－1　斜板式压缩机

轴固定在一起，斜板的边缘装合在活塞中部的槽中，活塞槽与斜板边缘通过钢球轴承支承在一起。

当主轴旋转时，斜板也随着旋转，斜板边缘推动活塞做轴向往复运动。如果斜板转动一周，前后两个活塞各完成压缩、排气、膨胀、吸气一个循环，相当于两个气缸作用。如果是轴向6缸压缩机，缸体截面上均匀分布3个气缸和3个双头活塞，当主轴旋转一周，相当于6个气缸的作用。

（2）旋叶式压缩机如图6－2所示。

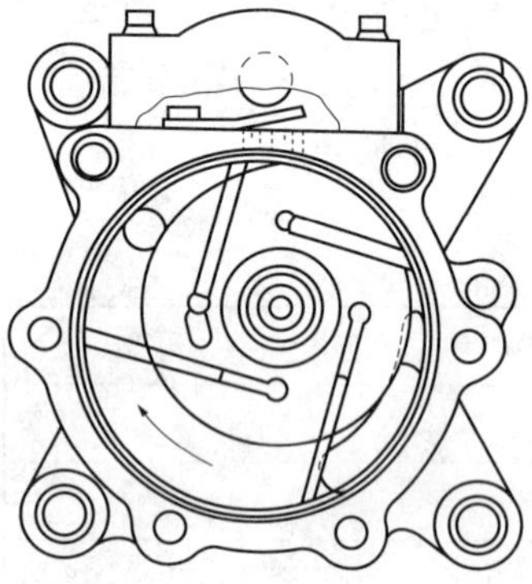
图6－2　旋叶式压缩机

旋叶式压缩机的气缸形状有两种形状，一种是圆形，一种是椭圆形。

圆形缸叶片有2～4片，椭圆形缸叶片有4～5片。旋叶式压缩机其单位压缩机质量具有最大的冷却能力。它没有活塞，仅有一个阀，称为排气阀。排气阀实际上起一个止回阀的作用，防止在循环停止或压缩机不运行时，制冷剂蒸气通过排气口进入压缩机。

在圆形气缸的旋叶式压缩机中，叶轮是偏心安装的，叶轮外圆紧贴气缸内表面的吸、排气孔之间。在圆形气缸中，转子的主轴和椭圆中心重合，转子上的叶片和它们之间的接触线将气缸分成几个空间，当主轴带动转子旋转一周时，这些空间的容积发生“扩大—缩小—几乎为零”的循环变化，制冷剂蒸气在这些空间内也发生吸气—压缩—排气的循环。压缩后的气体通过簧片阀排出。

旋叶式压缩机没有吸气阀，因为滑片能完成吸入和压缩制冷剂的任务。对于圆形气缸而言，2叶片将空间分成2个空间，主轴旋转一周，即有2次排气过程；4叶片则有4次。叶片越多，压缩机的排气脉冲越小。对于椭圆形气缸，4叶片将气缸分成4个空间，主轴旋转一周，有4次排气过程。

2. 冷凝器

汽车空调制冷系统中的冷凝器是热交换设备，其作用是使从压缩机排出的高温、高压制冷剂蒸气在冷凝器中得到液化或冷凝，并把热量散发到车外空气中，从而使其凝结为高压制冷剂液体。汽车空调系统冷凝器的结构形式主要有管片式、管带式、鳍片式等几种。

（1）管片式如图6－3所示。

它是汽车空调中早期采用的一种冷凝器，制造工艺简单，由铜质或铝质圆管套上散热片组成。片与管组装后，经胀管法处理，使散热片胀紧在散热管上，这种冷凝器散热效果较差。一般用在大中型客车的制冷装置上。

（2）管带式如图6－4所示。

它是由多孔扁管弯成蛇管形，并在其中安置散热带后焊接而成。管带式冷凝器的散热效果比管片式冷凝器好一些（一般高15%左右），但工艺复杂，焊接难度大，且材料要求高。一般用在小型汽车的制冷装置上。

（3）鳍片式如图6－5所示。

它是在扁平的多通管道表面直接锐出鳍片状散热片，然后装配成冷凝器。由于散热鳍片与管子为一个整体，因而不存在接触热阻，故散热性能好；另外，管、片之间无须复杂的焊接工艺，加工性好，节省材料，而且抗振性也特别好。所以，是目前较先进的汽车空调冷凝器。

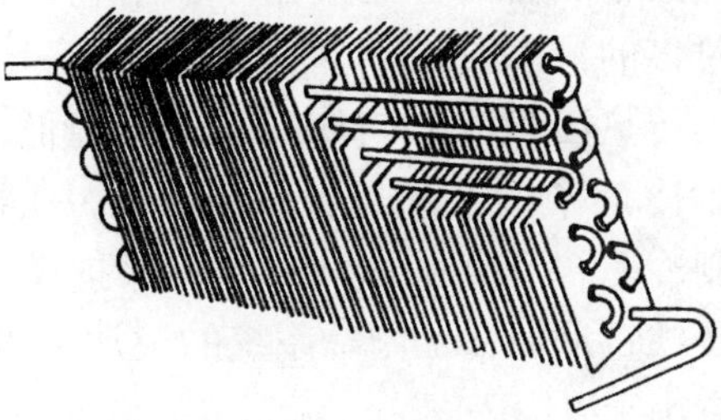

图 6－3　管片式冷凝器

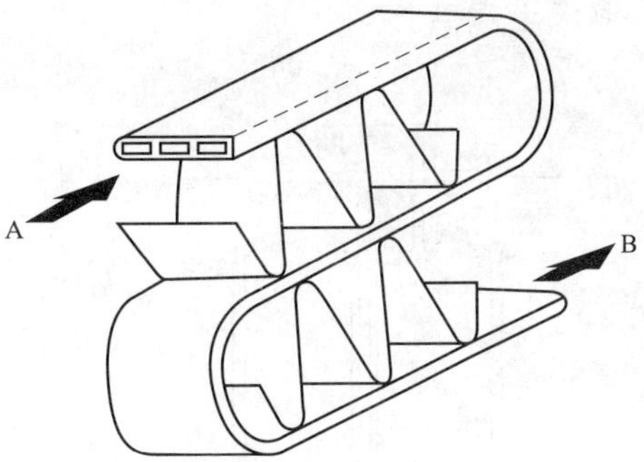

图 6－4　管带式冷凝器

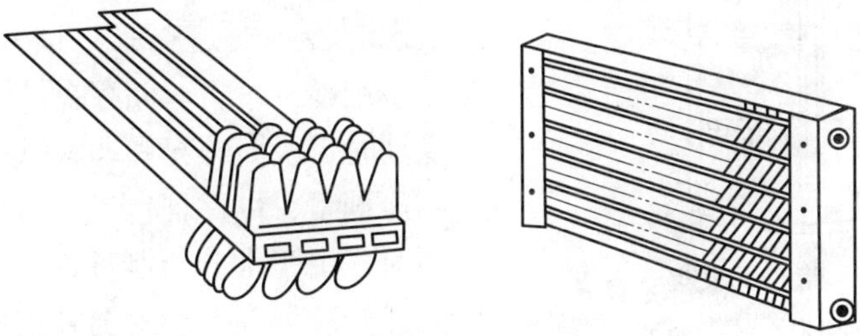

图 6－5　鳍片式冷凝器

3. 蒸发器

蒸发器和冷凝器一样，也是一种热交换器，也称冷却器，是制冷循环中获得冷气的直接器件。外形近似冷凝器，但比冷凝器窄、小、厚。它的作用是让低温、低压液态制冷剂在其管道中吸热并蒸发，使蒸发器和周围空气的温度降低，从而在鼓风机的风力通过它时，能输出更多的冷气。

蒸发器有管片式、管带式和层叠式三种结构。管片式结构简单、加工方便，但换热效率较差。管带式比管片式工艺复杂，效率可提高 10% 左右。层叠式加工难度最大，但其换热效率也最高，结构也最紧凑。

工作原理如图 6－6 所示。

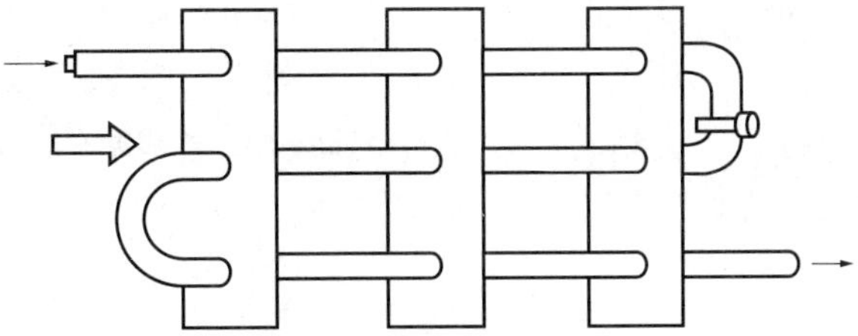

图 6－6　蒸发器工作原理

进入蒸发器排管内的低温、低压液态制冷剂，通过管壁吸收穿过蒸发器传热表面空气的热量，使之降温。与此同时，空气中所含的水分由于冷却而凝结在蒸发器表面，经收集排出，使空气减湿，被降温、减湿后的空气由鼓风机吹进车室内，就可使车内获得冷气。

4. 储液干燥器

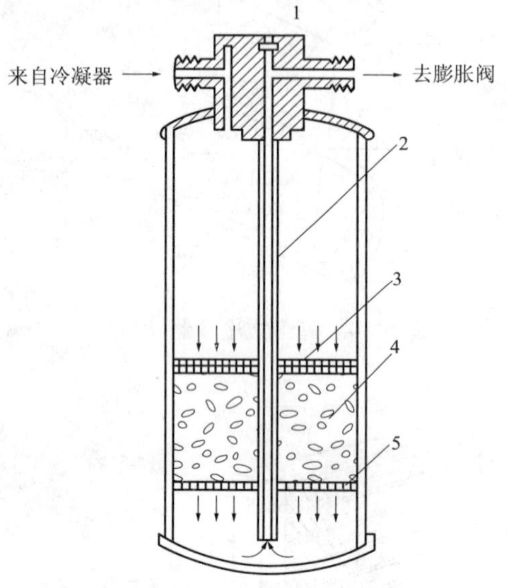

图 6 –7 储液干燥器

1 – 观察窗；2 – 引出管；3 – 过滤器；4 – 干燥剂；5 – 滤网

储液干燥器简称储液器。采用它的目的是防止过多的液态制冷剂储存在冷凝器里，使冷凝器的传热面积减少而使散热效率降低，还可滤除制冷剂中的杂质，吸收制冷剂中的水分，防止制冷系统管路脏堵和冰塞，保护设备部件不受侵蚀，从而保证制冷系统的正常工作。

它用于以膨胀阀为节流装置的系统中，安装在冷凝器和膨胀阀之间，当含有蒸气的液态制冷剂进入储液器后，使液态和气态的制冷剂分离。液态制冷剂通过膨胀阀进入蒸发箱（吸热箱），多余制冷剂可暂时储存在储液罐中。在制冷负荷变动时，及时补充和调整供给热力膨胀阀的液态制冷剂量，以保证制冷剂流动的连续和稳定性。同时，由于水分与制冷剂结合会生成酸或结冰，因此储液器中的干燥剂可用来吸收制冷剂中的水分，防止机件腐蚀或冰块堵塞膨胀阀。滤网用于过滤制冷剂中的杂质，防止膨胀阀堵塞。

储液干燥器的结构如图 6 –7 所示。它由外壳、视液镜、安全熔塞和管接头等组成。制冷剂在储液器中的流动情况如图 6 –7 中箭头所示。在储液器上部出口端装有一个玻璃视液镜，用于观察制冷剂在工作时的流动状态，由此可判断制冷剂量是否合适。对直立式储液器而言，安装时，一定要垂直，倾斜度不得超过 15°。在安装新的储液干燥器之前，不得过早将其进出管口的包装打开，以免湿空气侵入储液器和系统内部，使之失去除湿的作用。安装前一定要先搞清楚储液器的进、出口端，在储液器的进出口端一般都打有记号，如进口端用英文字母 IN，出口端用 OUT 表示，或直接打上箭头以表示进、出口端。

储液器出口端旁边装有一只安全熔塞，也称易熔螺塞，它是制冷系统的一种安全保护装置。其中心有一轴向通孔，孔内装填有焊锡之类的易熔材料，这些易熔材料的熔点一般为 85℃ ~95℃。当冷凝器因通风不良或冷气负荷过大而冷却不够时，冷凝器和储液器内的制冷剂温度和压力将会异常升高。当压力达到 3MPa 左右时，温度超过易熔材料的熔点，此时，安全熔塞中心孔内的易熔材料便会熔化，使制冷剂通过安全熔塞的中心孔逸出散发到大气中去，从而可避免系统的其他部件因压力过高而被胀坏。

5. 膨胀阀

膨胀阀也称节流阀，它是一种感压和感温阀，是汽车空调制冷系统中的一个主要部件。目前膨胀阀主要有内平衡热力膨胀阀、外平衡热力膨胀阀、H 型膨胀阀、膨胀节流管（孔管）四种结构形式。

（1）内平衡式热力膨胀阀（图6-8）。

内平衡式热力膨胀阀对来自储液干燥器的高压液态制冷剂节流降压，即将液态高压制冷剂从其孔口6中喷出，急剧膨胀，变成低压雾状体，以便吸热气化。此外，它还调节和控制进入蒸发器中的液态制冷剂量，使之适应制冷负荷的变化，同时防止压缩机发生液击现象和蒸发器出口蒸气异常过热。利用装在蒸发器出口处的感温包来感知制冷剂蒸气的过热度，由此来调节膨胀阀开度的大小，从而控制进入蒸发器的液态制冷剂流量。感温包和蒸发器出口管接触，蒸发器出口温度降低时，感温包1、毛细管2和薄膜3腔内的液体体积收缩，压力降低，阀口将闭合，限制制冷剂进入蒸发器。相反孔口开启，制冷剂流入蒸发器。

随着针阀开启，较多的制冷剂进入蒸发器，蒸发器内压力上升，回气温度降低，膜片下侧压力增加，阀门关闭。由于膜片上、下侧压力处于不平衡状态，因此孔口不断地开启和闭合，使制冷装置与负载相匹配。

感温包和蒸发器必须紧密接触，不能和大气相通。如果接触不良，感温包就不能正确地感应蒸发器出口的温度。如果密封不严，感应的温度是大气温度。所以，要用一种特殊的空调胶带，捆扎和密封感温包。

（2）外平衡式热力膨胀阀。

外平衡和内平衡式热力膨胀阀的结构是大同小异的，内平衡式膜片下方的压力是蒸发器进口压力，而外平衡式膜片下方的压力是蒸发器出口的压力。由于蒸发器内部会产生压力损失，蒸发器出口压力要小于进口压力。要达到同样的阀门开度，外平衡式膨胀阀需要的过热度小些，蒸发器容积效率可以提高。大客车空调系统要选用外平衡式热力膨胀阀。

（3）H型膨胀阀（图6-9）。

H型膨胀阀因其内部通道形同H形而得名。它取消了外平衡膨胀阀的外平衡管和感温包，直接与蒸发器进出口相连。它有四个接口通往空调系统，其中两个接口和普通膨胀阀一样，一个接干燥过滤器出口，一个接蒸发器入口。另外两个接口，一个接蒸发器出口，一个接压缩机进口。感温元件处在进入压缩机的制冷剂气流中。H型膨胀阀具有结构紧凑、使用可靠、维修简单等优点，符合汽车空调的要求。

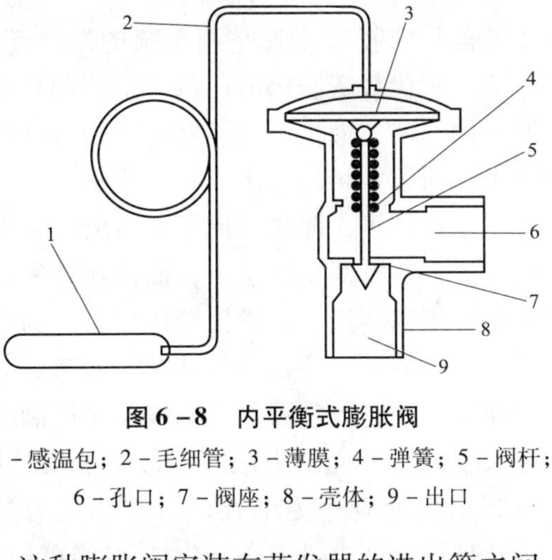

图6-8　内平衡式膨胀阀

1-感温包；2-毛细管；3-薄膜；4-弹簧；5-阀杆；6-孔口；7-阀座；8-壳体；9-出口

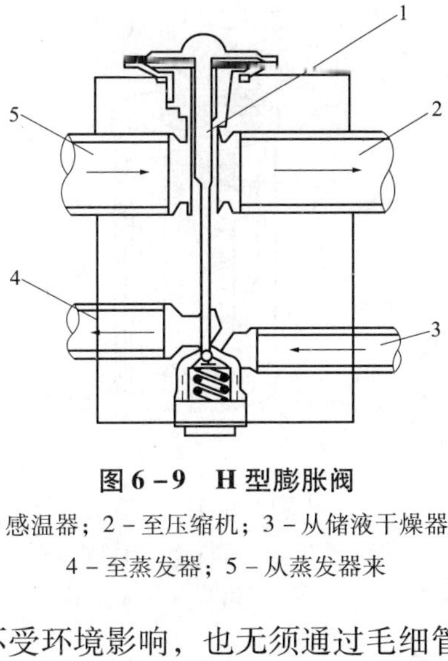

图6-9　H型膨胀阀

1-感温器；2-至压缩机；3-从储液干燥器来；4-至蒸发器；5-从蒸发器来

这种膨胀阀安装在蒸发器的进出管之间，感应温度不受环境影响，也无须通过毛细管而造成时间滞后，调节灵敏度较高。由于无感温包、毛细管和外平衡管，不会因汽车颠簸使充注系统断裂外漏以及感温包包扎松动而影响膨胀阀的正常工作。

（4）膨胀节流管（孔管）。

膨胀节流管是用于许多轿车制冷系统的一种固定孔口的节流装置。有人称它为孔管、固定孔管。膨胀节流管直接安装在冷凝器出口和蒸发器进口之间，用于将液态制冷剂节流降压。由于不能调节流量，液体制冷剂很可能流出蒸发器而进入压缩机，造成压缩机液击。所以装有膨胀节流管的系统，必须同时在蒸发器出口和压缩机进口之间，安装一个集液器，实行气液分离，避免压缩机发生液击。

膨胀节流管系统目前使用的温度控制方法有：循环离合器膨胀节流管系统（CCOT）、可变容积膨胀节流管系统（VDOT）、固定膨胀节流管离合器系统等。

膨胀节流管的结构如图 6－10 所示。它是一根细铜管，装在一根塑料套管内。在塑料套管外环形槽内，装有密封圈。有的还有两个外环形槽，每槽各装一个密封圈。把塑料套管连同膨胀节流管都插入蒸发器进口管中，密封圈就是密封塑料套管外径和蒸发器进口管内径间的配合间隙用的。膨胀节流管两端都装有滤网，以防止系统堵塞。安装使用后，系统内的污染物集聚在密封圈后面，使堵塞情况更加恶化。就是这种系统内的污染物，堵塞了孔管及其滤网。膨胀节流管不能维修，坏了只能更换。

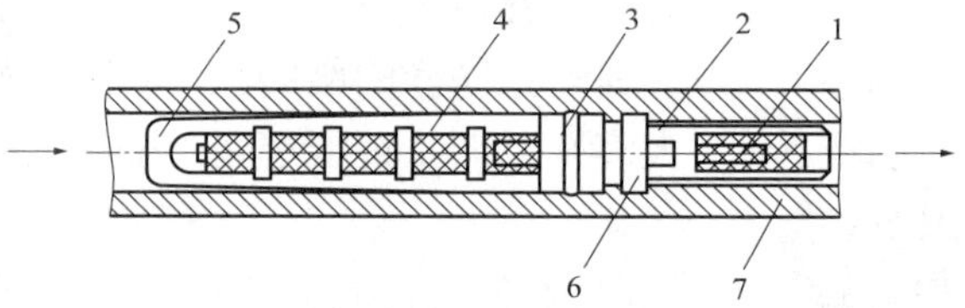

图 6－10　膨胀节流管

1－毛细管；2－壳体；3－O 型圈；4－过滤网；5－壳体；6－壳体；7－供液管

由于膨胀节流管没有运动部件，结构简单、可靠性高，同时节省能耗，很多高级轿车都采用这种方式。缺点是制冷剂流量不能根据工况变化进行调节。

6. 集液器

集液器是膨胀节流管空调系统的重要部件。用膨胀节流管代替膨胀阀时，汽车空调制冷系统要在低压侧安装集液器。集液器是一种特殊形式的储液干燥器，其结构如图 6－11 所示。

在一定条件下，膨胀节流管会将较多的液态制冷剂节流入蒸发器用以蒸发，而留在蒸发器中的多余制冷剂则会进入压缩机造成损害。为防止这一问题，应使所有留在蒸发器中的液态、蒸气制冷剂和冷冻油进入集液器，集液器允许制冷剂蒸气进入压缩机，而留下液态制冷剂和冷冻油。在集液器出口处有一毛细孔，通常称其为过油孔，目的是仅允许少量液态制冷剂和冷冻油在给

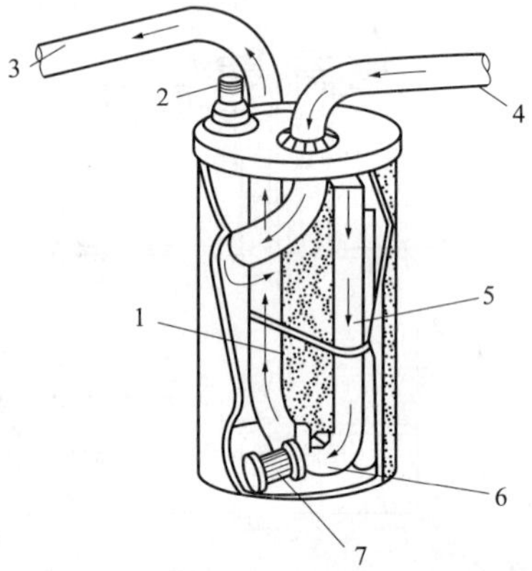

图 6－11　集液器

1－干燥剂；2－实验口；3－出口管；4－进口管；5－制冷剂蒸气引出管；6－放油孔；7－滤网

定时间随制冷剂蒸气返回压缩机，它也允许少量制冷剂进入。

集液器还装有化学干燥剂，可吸附、吸收并滞留因不当操作而进入系统的湿气。干燥剂不能维修，若有迹象表明需更换干燥剂时，集液器必须整体更换。

7. 风机

汽车空调制冷系统采用的风机按气体流向与风机主轴的相互关系，可分为离心式风机和轴流式风机两种。

（1）离心式风机。

离心式风机的空气流向与风机主轴成直角，它的特点是风压高、风量小、噪声也小。蒸发器采用这种风机，因为风压高可将冷空气吹到车室内每个乘员身上，使乘员有冷风感；噪声小使乘员不至于感到不适而过早疲劳。

离心式风机主要由电机、风机轴（与电机同轴）、风机叶片、风机壳体等组成，如图6－12所示。风机叶片有直叶片、前弯片、后弯片等形状，随叶轮叶片形状不同，所产生的风量和风压也不同。

（2）轴流式风机。

轴流式风机的空气流向与风机主轴平行，它的特点是风量大、风压小、耗电省、噪声大。冷凝器采用这种风机，因为风量大可将冷凝器四周的热空气全部吹走；风压小不影响冷凝器正常工作；另外，冷凝器安装在车室外面，风机噪声大也不影响到车内。轴流式风机主要由电机、风机轴、风机叶片、键等组成，如图6－13所示。叶片固定在骨架上，叶片常做成3、4、5片不等，叶片骨架穿在电机轴上，由键带动旋转。

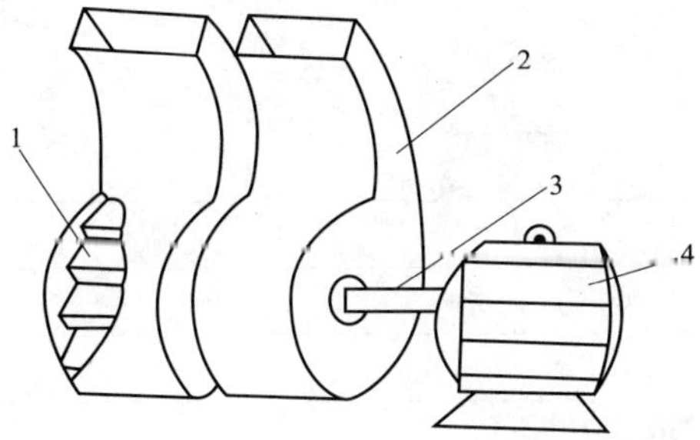

图6－12　离心式风机

1－风机叶片；2－壳体；3－风机轴；4－电机

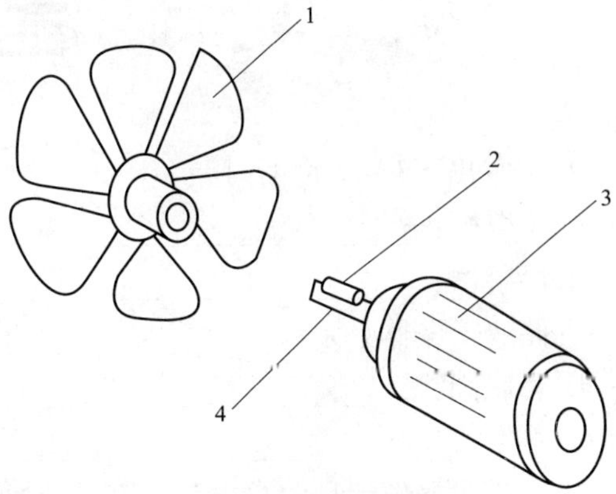

图6－13　轴流式风机

1－风机叶片；2－键；3－电机；4－风机轴

工作任务1　压缩机拆装的任务分析

班级______　姓名______　学号______　工号______　日期______　测评等级______

一、工作与学习目标

◆能确认实际故障现象

◆能识别压缩机器件并建立初步思路

二、工作过程及学习记录

（1）列举压缩机拆装的注意事项：

____。

____。

____。

（2）空调系统元件的识别。

① 请在实验车上找到以下元件（找到画√）：

a. 压缩机 □　b. 冷凝器 □　c. 储液干燥器 □　d. 蒸发器总成 □

e. 高、低压开关 □　f. 空气滤清器 □　g. 冷气开关 □　h. 温度调节开关 □

i. 风速开关 □　j. 气流方向开关 □　k. 冷凝器风扇 □

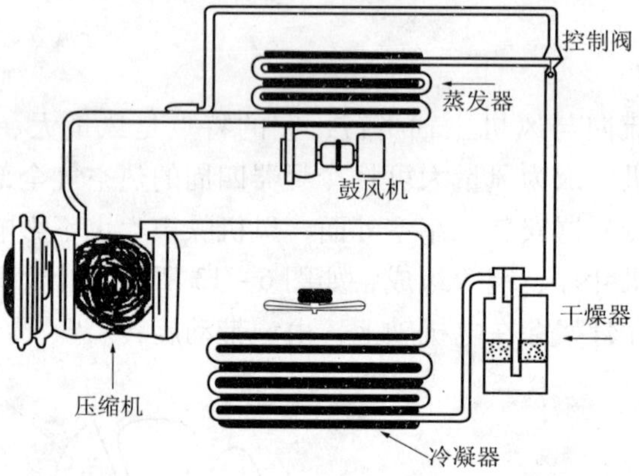

② 请写出下列部件的作用：

a. 压缩机：____。

b. 冷凝器：____。

c. 储液干燥器：____。

d. 膨胀阀：____。

e. 蒸发器：____。

（3）请在下面括号内写出制冷剂的流动状态与温度：

压缩机（________）→冷凝器（________）→储液干燥器（________）→（________）→膨胀阀（________）→蒸发器（________）

三、工作效果评价

（1）自我评价。

① 通过本次学习，我学到的知识点/技能点有：____

____。

不理解的有：____

____。

② 我认为在以下方面还需要深化学习并提升岗位能力：____。

③ 本次工作和学习过程中，我的表现可得到：□ □ □。

（2）互相评价。

（1）综合能力测评：参阅评价内容说明。

（2）专业能力测评。

①“空调系统元器件名称填写”由评价人任意指定各个元器件，评价对象指出对应元器件的名称，评价人填写并判断正误，给予评定。

②评价结果全对得，错一项得，错两项或以上得。

任务评价表

项目	评价内容 综合能力测评： （1）请在对应条目的○内打“√”或“×”，不能确定的条目不填，可以在小组评价时让本组同学讨论并写出结论。 （2）评价结果全对得，错一项得，错两项得。					评价等级（学生互评）		
综合能力测评项目（组内互评）	○按时到场		○工装齐备		○书、本、笔齐全			
	○安全操作		○责任心强		○7S 管理规范			
	○学习积极主动		○合理使用教学资源		○主动帮助他人			
	○接受工作分配		○有效沟通		○高效完成工作任务			
专业能力测评项目（组间互评）	空调元件	中文名						
		英文名						
小组评语及建议	他（她）做到了： 他（她）的不足： 给他（她）的建议：					组长签名： 年 月 日		
老师评语及建议						评价等级：______ 教师签名： 年 月 日		

工作任务2　压缩机拆装的方案制订

班级______ 姓名______ 学号______ 工号______ 日期______ 测评等级______

一、工作与学习目标

- ◆ 能够掌握不同型式的压缩机的结构
- ◆ 能根据压缩机的型式，制订检修方案
- ◆ 能够展示学习成果并相互评价

二、工作过程及学习记录

（1）指出压缩机各部件的名称

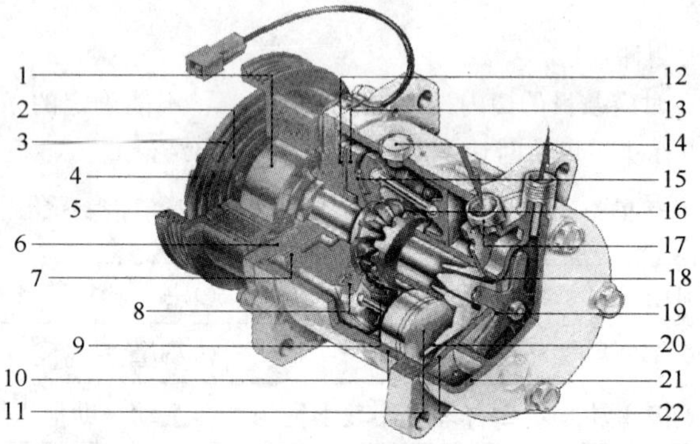

1. ________ 2. ________ 3. ________ 4. ________ 5. ________ 6. ________
7. ________ 8. ________ 9. ________ 10. ________ 11. ________ 12. ________
13. ________ 14. ________ 15. ________ 16. ________ 17. ________
18. ________ 19. ________ 20. ________ 21. ________

（2）制订空调压缩机拆装方案并展示。

序号	检查项目	使用工具
A		
B		

（3）展示检修方案并说明：

①其他组的创意：____。

②本组的创意：____。

三、工作效果评价

1. 自我评价

（1）通过本次学习，我学到的知识点/技能点有：______________________________。

（2）我认为在以下方面还需要深化学习并提升岗位能力：______________________________。

（3）本次工作和学习过程中，我的表现可得到：□ □ □。

2. 互相评价

（1）综合能力测评：参阅评价内容说明

（2）专业能力测评。

①“指出空调压缩机各部件的名称”由评价人任意指定个某个元件，评价对象说出名称，评价人填写并判断正误，给予评定。

② 评价结果全对得 ，错一项得 ，错两项或以上得 。

任务评价表

项目	评价内容 综合能力测评： （1）请在对应条目的○内打“√”或“×”，不能确定的条目不填，可以在小组评价时让本组同学讨论并写出结论。 （2）评价结果全对得 ，错一项得 ，错两项得 。						评价等级（学生互评）		
综合能力测评项目（组内互评）	○按时到场		○工装齐备		○书、本、笔齐全				
	○安全操作		○责任心强		○7S 管理规范				
	○学习积极主动		○合理使用教学资源		○主动帮助他人				
	○接受工作分配		○有效沟通		○高效完成工作任务				
专业能力测评项目（组间互评）	压缩机元件	中文名							
		英文名							
小组评语及建议	他（她）做到了： 他（她）的不足： 给他（她）的建议：						组长签名： 年 月 日		
老师评语及建议							评价等级：______ 教师签名： 年 月 日		

工作任务3　压缩机拆装的方案实施

班级______　姓名______　学号______　工号______　日期______　测评等级______

一、工作与学习目标

◆ 能够根据制订的维修方案进行拆装
◆ 能检测元器件工作性能
◆ 能够总结思路并相互评价

二、工作过程及学习记录

（1）写出拆装的步骤及使用工具。

步骤	使用工具	拆装元件
一		
二		
三		

（2）检测元器件的性能。

步骤	检测元件	是否符合要求
一		
二		
三		

(3) 总结拆装思路并示范：____。

(4) 其他组的思路给了我以下启发：____。

三、工作效果评价

1. 自我评价

(1) 通过本次学习，我学到的知识点/技能点有：____。

不理解的有：________________________________。

(2) 我认为在以下方面还需要深化学习并提升岗位能力：____。

(3) 本次工作和学习过程中，我的表现可得到：□ □ □ 。

2. 互相评价

(1) 综合能力测评：参阅评价内容说明。

(2) 专业能力测评。

①"压缩机的拆装步骤"由评价人任意设定一个元件的拆装顺序，评价人依据结果判断正误，给予评定。

② 评价结果全对得 ，错一项得 ，错两项或以上得 。

任务评价表

项目	评价内容 综合能力测评： (1) 请在对应条目的○内打"√"或"×"，不能确定的条目不填，可以在小组评价时让本组同学讨论并写出结论。 (2) 评价结果全对得 ，错一项得 ，错两项得 。						评价等级（学生互评）		
综合能力测评项目（组内互评）	○按时到场		○工装齐备		○书、本、笔齐全				
	○安全操作		○责任心强		○7S 管理规范				
	○学习积极主动		○合理使用教学资源		○主动帮助他人				
	○接受工作分配		○有效沟通		○高效完成工作任务				
专业能力测评项目（组间互评）	步骤								

续表

项目	评价内容 综合能力测评： (1) 请在对应条目的○内打“√”或“×”，不能确定的条目不填，可以在小组评价时让本组同学讨论并写出结论。 (2) 评价结果全对得 ，错一项得 ，错两项得 。	评价等级（学生互评）		
小组评语及建议	他（她）做到了： 他（她）的不足： 给他（她）的建议：	组长签名： 年 月 日		
老师评语及建议		评价等级：______ 教师签名： 年 月 日		

工作任务4 压缩机拆装完工检验

班级______ 姓名______ 学号______ 工号______ 日期______ 测评等级______

一、工作与学习目标

- ◆ 能够按照企业标准对压缩机进行检验
- ◆ 能够根据压缩机的使用情况提出合理化建议

二、检验项目

项目	检验结果			备注
各部件安装正确牢固				
压缩机运转正常				
连接器连接可靠				
未有工具设备遗漏				

三、根据所学知识，提出空调压缩机使用和检修的合理化建议，并进行展示

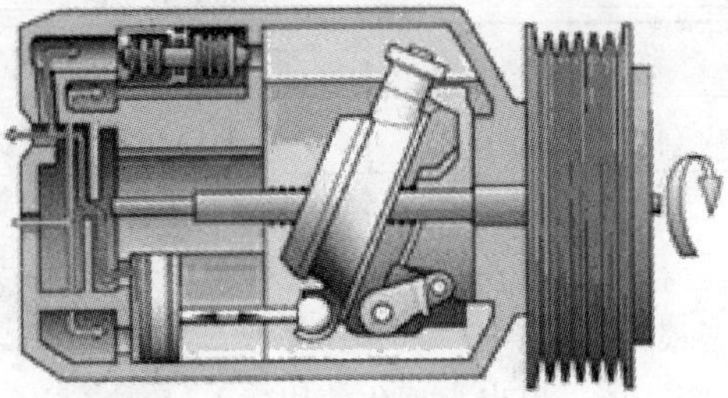

____

____

____

____

____。

单元一 思考与练习

一、填空题

1. 空调制冷系统中，________是用来散热的；________是用来吸热的。

2. 在冷凝器内，制冷剂从________变成________。

3. 汽车空调是为了给驾驶员及乘员提供一个能维持一定________、________和________环境而设置的。

二、选择题

1. 在制冷循环系统中，被吸入压缩机的制冷剂呈（　　）状态。

A. 低压液体　　B. 高压液体

C. 低压气体　　D. 高压气体

2. 气液分离器安装在（　　）。

A. 压缩机入口处　　B. 压缩机出口处　　C. 蒸发器入口处

3. 空调制冷系统采用 CCOT 系统时，孔管安装在（　　）。

A. 压缩机入口处　　B. 蒸发器入口处　　C. 蒸发器出口处

三、判断题

1. 汽车空调是根据物质状态改变时吸收或释放热量这一基本热原理工作的。（　　）

2. 流过压缩机的制冷剂应是气体，流过孔管或膨胀阀的制冷剂应是液体。（　　）

四、简答题

1. 空调制冷压缩机的功用是什么？

2. 叙述汽车空调的制冷循环过程。

单元二　空调不制冷故障的检修

班级______ 姓名______ 学号______ 工号______ 日期______ 测评等级______

<table>
<tr><td>工作任务</td><td colspan="2">制冷剂的加注</td><td>教学模式</td><td colspan="2">任务驱动和行动导向</td></tr>
<tr><td>建议学时</td><td colspan="2">4 学时</td><td>教学地点</td><td colspan="2">一体化实训室</td></tr>
<tr><td>任务描述</td><td colspan="4">王先生驾驶一辆大众桑塔纳轿车上班，打开空调 A/C 开关后，送风口无冷风送出，我们作为维修技工，需要根据维修手册，使用诊断设备，参考相关资料排除故障，恢复空调系统功能，提出合理化使用建议，并最终检验合格后交付前台。</td><td>
维修流程？</td></tr>
<tr><td>学习目标</td><td colspan="4">1. 掌握放空系统内制冷剂的操作步骤；
2. 掌握系统抽真空；
3. 掌握系统加注制冷剂；
4. 熟悉空调系统不制冷的故障现象；
5. 掌握空调系统不制冷的故障原因；
6. 掌握空调系统不制冷的检查排除方法。</td><td></td></tr>
<tr><td rowspan="10">学习准备</td><td colspan="5">1. 设备器材：每组配套：桑塔纳汽车 1 台，制冷剂加注机 1 台，工具车 2 台，压力表组 2 组，桑塔纳维修手册 2 份，网络资源。
2. 分六组，小组人员岗位分配表（由组长分配）。</td></tr>
<tr><td rowspan="2">工作岗位</td><td colspan="2">时段一</td><td colspan="2">时段二</td></tr>
<tr><td colspan="2">______年____月____日
___时___分至___时___分</td><td colspan="2">______年____月____日
___时___分至___时___分</td></tr>
<tr><td>主修人员（1 人）</td><td colspan="2"></td><td colspan="2"></td></tr>
<tr><td>辅修人员（1 人）</td><td colspan="2"></td><td colspan="2"></td></tr>
<tr><td>工具管理（1 人）</td><td colspan="2"></td><td colspan="2"></td></tr>
<tr><td>零件摆放（1 人）</td><td colspan="2"></td><td colspan="2"></td></tr>
<tr><td>安全监督（1 人）</td><td colspan="2"></td><td colspan="2"></td></tr>
<tr><td>质量检验（1 人）</td><td colspan="2"></td><td colspan="2"></td></tr>
<tr><td>7S 监督（2 ~ 4 人）</td><td colspan="2"></td><td colspan="2"></td></tr>
</table>

【知识要点】

一、常用检修工具及设备

1. 通用工具

通用工具即是普通的汽车维修工具，一般都较熟悉，汽车空调维修也必不可少。常用的通用工具有：各种扳手，有活动扳手、开口扳手、梅花扳手、管子扳手、呆扳手等；各种螺丝刀，一字螺丝刀、十字螺丝刀等；各种钳子，有钢丝钳、鲤鱼钳、尖嘴钳、电工钳等；榔头、电筒，以及各种钻头等工具。

2. 常用设备

温度计、压力表和真空压力表、万用表、电烙铁、手电钻，以及氧乙炔焊割设备。

3. 专用工具与设备

（1）歧管压力表组，如图 6－14 所示。

歧管压力表组是汽车空调系统维修中必不可少的设备，它与制冷系统相接，可以进行制冷剂排空、抽真空、加注制冷剂、添加冷冻机油及诊断制冷系统故障等。

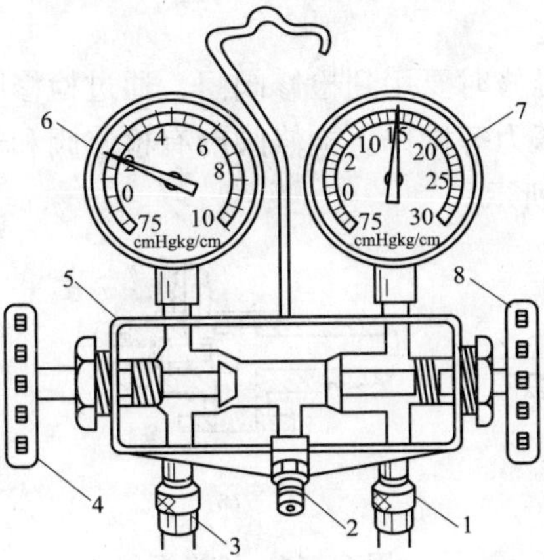

图 6－14　歧管压力表组

1－高压工作阀接口；2－加注、抽真空接口；3－低压工作阀接口；4－低压手动阀；
5－阀体；6－低压表；7－高压表；8－高压手动阀

① 组成。

歧管压力表组是由高压表、低压表、高压手动阀（HI）、低压手动阀（LO）、阀体及三个软管接头组成。歧管压力表组配有不同颜色的三根连接软管，一般规定蓝色软管用于低压侧（接低压工作阀），红色软管用在高压侧（接高压工作阀），黄色（也有绿色）软管用在中间，接真空泵或制冷剂罐。

② 工作过程。

Ⅰ. 高压手动阀（HI）和低压手动阀（LO）同时关闭，可对高、低压侧压力进行检测。

Ⅱ. 高压手动阀和低压手动阀同时打开，全部管道连通。此时接上真空泵则可对系统进行抽真空。

Ⅲ. 高压手动阀关闭，而低压手动阀打开，则可由低压侧充注气态制冷剂。

Ⅳ. 高压手动阀打开，而低压手动阀关闭，则可由高压侧充注液态制冷剂，也可排出制冷剂，使系统放空。

（2）制冷剂注入阀，如图 6－15 所示。

目前，为便于充注，市场上有罐装制冷剂，但它必须有一只注入阀配套才能开罐使用。注入阀的结构见图 6－15。它主要由手柄、接头、板状螺母和阀针组成。使用方法如下：

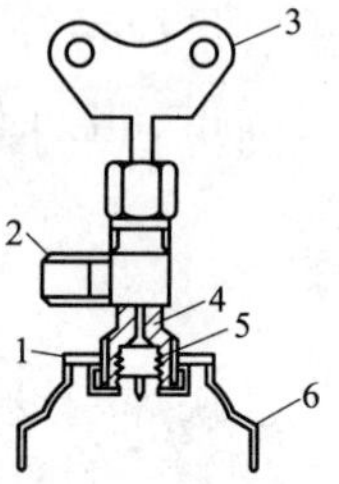

图 6－15　制冷剂注入阀

1－板状螺母；2－软管接头；3－手柄；4－阀针；5－衬垫；6－制冷剂罐

① 首先将注入阀手柄逆时针旋转，使阀针完全缩回，然后将板状螺母也旋至最高位置。

② 把注入阀装在罐的顶部，然后顺时针转动板状螺母，使其与罐顶上的螺纹连接，于是，注入阀便固定在罐的顶部。

③ 将歧管压力表中间的软管与注入阀的接头连接，拧紧。

④ 顺时针方向旋转手柄，阀针将把罐顶刺破。

⑤ 加注制冷剂时将手柄逆时针旋转，使阀针提起，与此同时打开歧管压力表相应的手动阀，开始向系统加注。

⑥ 如要停止加注，可再顺时针转动手柄，使阀针下落将被刺穿的小孔封闭，同时关闭歧管压力表的手动阀。

（3）检修阀门。

对空调系统进行检测和维修时要用到检修阀门，通过检修阀门可对系统进行抽真空、加注或排出制冷剂、检测系统压力等操作。检修阀门有检修阀和气门阀两类。

① 检修阀，如图 6－16 所示。

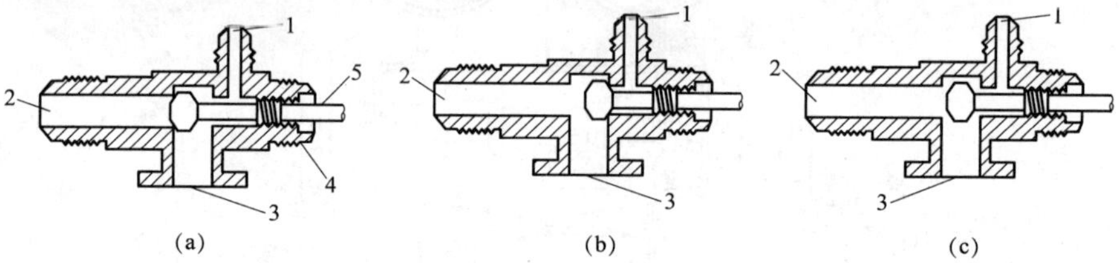

图 6－16　检修阀

（a）前座位置；（b）后座位置；（c）中间位置

1－维修接口；2－软管接口；3－压缩机接口；4－阀体；5－阀杆

② 气门阀。

气门阀又称阀心型检修阀，也称施拉德尔阀。它的结构如图 6－17 所示。

汽车空调制冷系统所使用的制冷剂仍然有 R134a 与 R12 之分，为防止加注时出现混淆，气门阀有两种形式，一种是螺纹接头，用于 R12 制冷剂系统；另一种是快速接头形式，专用于 R134a 制冷剂系统，如图 6－18 所示。

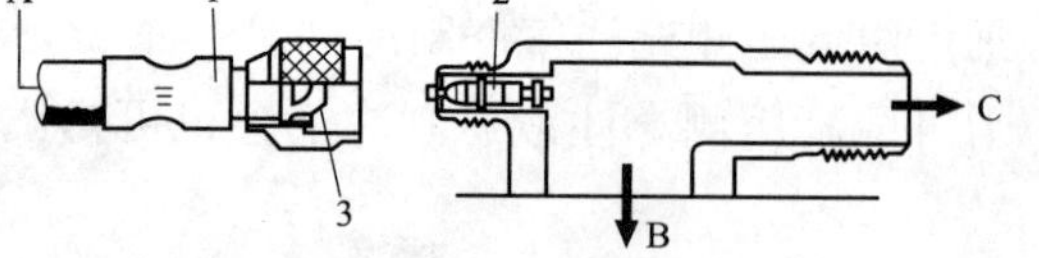

图 6－17　气门阀结构

1－软管；2－顶阀杆；3－气门阀

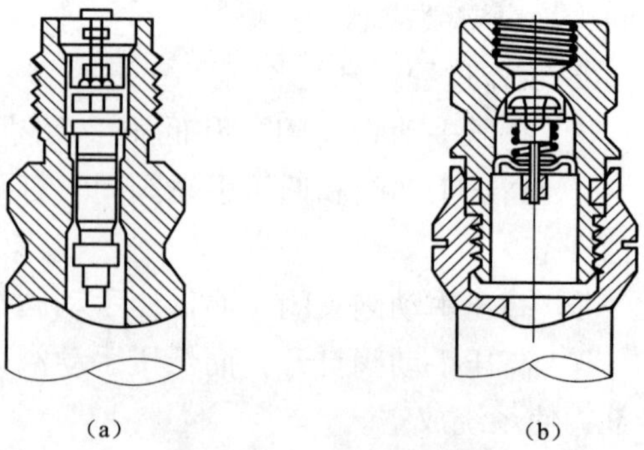

图 6－18　气门阀分类

（a）用于 R12 系统；（b）用于 R134a 系统

（4）电子检漏仪。

电子检漏仪的优点是使用方便、不需点火、不产生毒性物质、预热时间短、灵敏度高、质量轻、体积小、检测范围广等特点，它可以探测到微量泄漏，但价格较贵。

图 6－19 所示是一种常用的 5650 型制冷剂自动检漏仪。

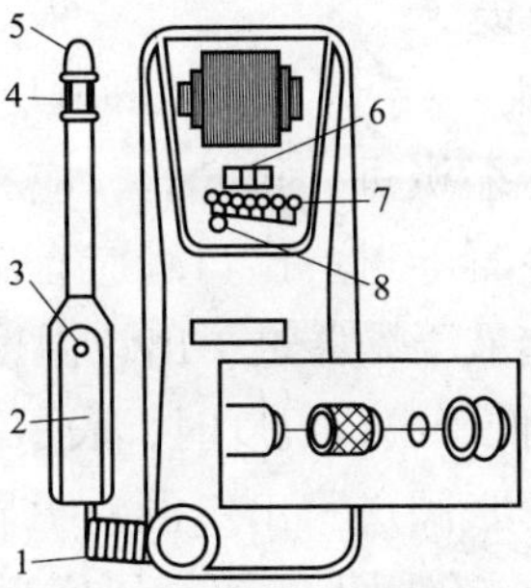

图 6－19　制冷剂自动检漏仪

1－导线；2－手柄；3－复位键；4－传感器；5－保护套；6－选择开关；7－泄露强度指示；8－电源指示

4. 其他维修工具及设备

（1）真空泵。

空调系统初次加注制冷剂前，或拆卸更换系统零部件后，必须对系统进行抽真空操作，然后才能充注制冷剂。抽真空的目的是把系统中的空气和水分排出。因此真空泵是空调系统抽真空的必备设备。

（2）制冷剂加注、回收多功能机。

在汽车空调系统的维修中常常要对系统抽真空或加注、回收制冷剂。为了提高维修质量，规范、简化操作程序，特别是防止制冷剂的排空，既防止对环境造成污染，又减少经济损失，在规范的维修站中都配有制冷剂加注、回收多功能机。如美国 SPX 公司 ROBINAIR（罗宾耐尔）制冷剂加注、回收多功能机有 17701A 型（R12 专用）、34701 型（R134a 专用）、12135A 型（R12、R134a 共用），以及北京瑞雪飞制冷技术研究所生产的 RX－BH 型多功能机。

（3）制冷剂管维修工具。

维修制冷剂管的工具有截（割）管器、胀管器、弯管器等等。

二、汽车空调系统基本诊断检测

1. 基本判断

基本方法是指根据看、听、摸等方式直观感觉到故障的部位。

（1）看。

① 首先查看仪表板上的压力、水温、油压及各性能指示灯是否显示正常。

② 观察冷凝器、蒸发器及管路连接处是否有油污，如有则说明有制冷剂和冷冻润滑油泄漏。

③ 系统部件和管路接头处是否有结霜、结冰现象。

④ 从储液干燥器视液窗观察制冷剂量，如图 6－20 所示。

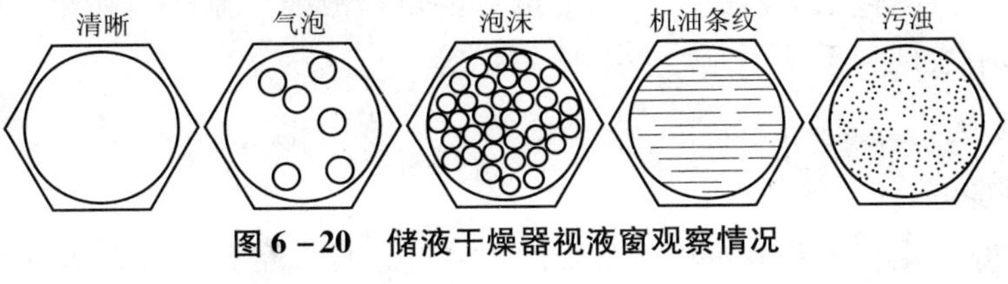

图 6－20　储液干燥器视液窗观察情况

（2）听。

听压缩机、送风机、排风机是否有异常声音。作为维修人员，还应当仔细了解、听取驾驶人员对故障现象的描述。

（3）摸。

开启制冷系统 15 ~20min 后，用手触摸系统部件，感受其温度。

① 压缩机进、排气管，应有明显温差。

② 冷凝器进、出口管应有温差，出口管温度应低于进口管温度。

③ 储液干燥器进、出口温度的比较，进口温度与出口温度相等时，表示冷气系统正常；进口温度低于出口温度时，表示制冷剂不足；进口温度高于出口温度时，表示制冷剂过多。

④ 膨胀阀进、出口温差明显。

注意：在用手触摸高压区部位时要防止烫伤。如果压缩机高、低压侧之间没有明显温差，则说明制冷剂泄漏严重。

2. 压力表组检测

制冷系统工作时，内部压力变化与温度是密切相关的，这正是进行仪表诊断的依据。我们可根据压力的变化情况，进一步诊断出系统可能出现故障的原因及部位。对于制冷系统而言，歧管压力表组是最常用的工具。

（1）诊断方法。

首先将压力表组的高、低压手动阀关闭，然后将压力表组的高、低压软管分别连接到系统的高、低压检修阀上，并利用系统内制冷剂压力排除管内空气。起动空调系统，待压力表指示稳定后即可读取压力值。

（2）诊断标准。

R134a 空调系统正常工作压力范围：表读数：低压侧　0.15 ~0.25MPa；
高压侧　1.37 ~1.57MPa。

R12 空调系统正常工作压力范围：表读数：低压侧　0.15 ~0.20MPa；
高压侧　1.45 ~1.50MPa。

根据车型不同，测试工况不同，压力范围略有差异。

制冷系统的故障，经常用系统内各部位的压力进行分析，制冷效果、制冷剂泄漏也是分析事故的重要依据。电气系统方面的故障常表现为：电气元件损坏、保险丝烧断、触头接触不良、过载烧坏、电动机不工作等，这些故障使制冷循环停止工作，并且常伴有异味、过热等现象；机械元件出现异常一般为压缩机、风机、皮带轮、离合器、膨胀阀、轴封、热交换器、轴承、阀片等出现故障。

三、空调系统常见故障诊断

汽车空调系统故障包括电器故障、功能部件的机械故障、制冷剂和冷冻机油引起的故障等。这些故障集中表现为系统不制冷、制冷不足等。

1. 系统不制冷

（1）故障现象。

起动发动机并稳定在 1500r/min 左右运行 2 分钟，打开空调开关及鼓风机开关，冷气口无冷风吹出。

（2）故障原因。

①熔断器熔断，电路短路。

②鼓风机开关、鼓风机或其他电器元件损坏。

③ 压缩机驱动皮带过松、断裂、密封性差或其电磁离合器损坏。

④ 制冷剂过少或无制冷剂。

⑤ 储液干燥器（或积累器）、膨胀阀滤网（或膨胀管）、管路或软管堵塞。

⑥ 膨胀阀感温包损坏。

（3）故障诊断。

空调系统不制冷有风机不工作出风口无风、风机工作正常两方面，而风机工作正常，又可能有压缩机工作、压缩机不工作两种现象。

系统不制冷的故障诊断流程如图 6－21 所示。

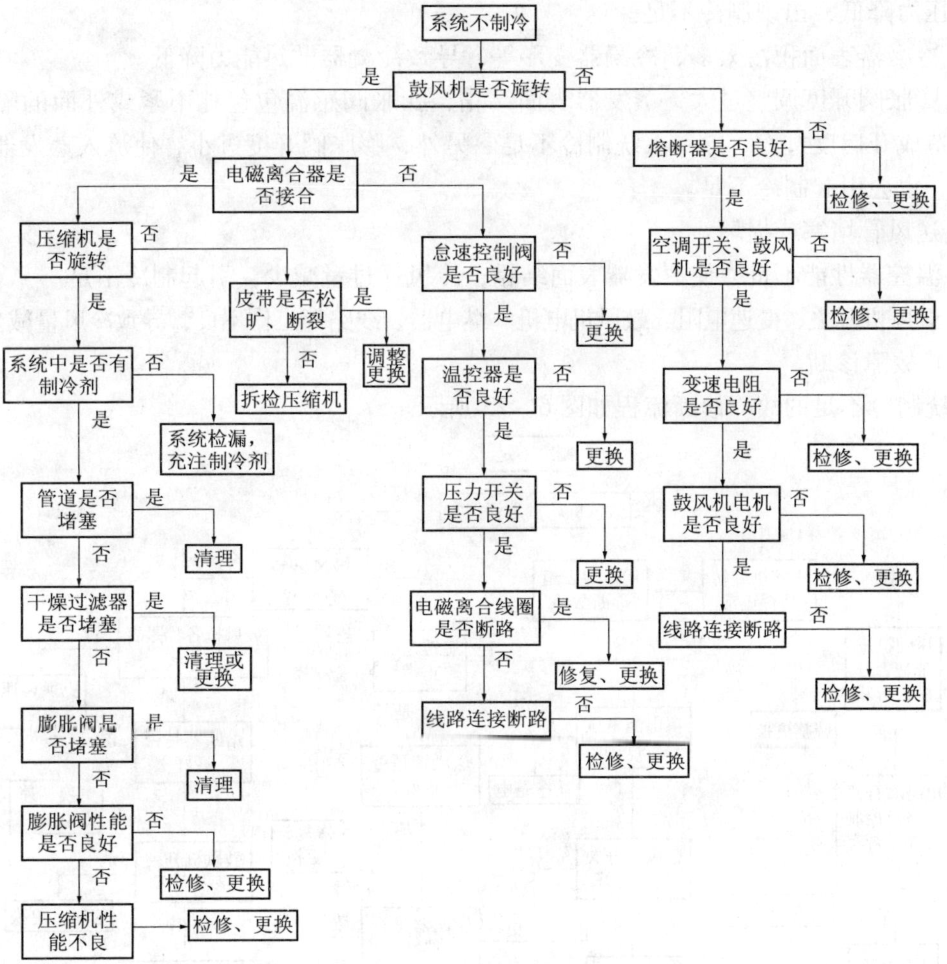

图 6－21　系统不制冷的故障诊断流程

2. 系统制冷不足

（1）故障现象。

空调系统长时间运行，车厢内温度能够下降，但出风口吹出的风不冷，没有清凉舒适的感觉。

（2）故障原因及诊断。

当外界温度为 34℃左右，出风口温度 0℃～5℃，此时车厢内温度应达到 20℃～25℃。

若达不到此温度，说明空调系统有问题。凡是引起膨胀阀出口制冷剂流量下降的一切因素，均可以导致系统制冷不足。此外，系统高低压侧压力、温度超过或低于标准值也会引起制冷不足。所以，引起制冷不足的主要是制冷剂、冷冻机油和机械方面的原因。

① 制冷剂注入量太多，引起高压侧散热能力下降，导致制冷效果不良。

② 制冷剂和冷冻机油脏污，使储液干燥器膨胀阀发生堵塞，导致通向膨胀阀的制冷剂流量下降，引起制冷不足。

③ 制冷剂和冷冻机油中水分过多，导致膨胀阀节流孔出现冰堵，制冷能力下降。

④ 系统中含空气过多，使冷凝器散热能力下降。

⑤ 由于压缩机密封不良漏气、驱动皮带松弛打滑、电磁离合器打滑等导致压缩机排气温度和压力降低，出现制冷不足。

⑥ 冷凝器表面积污太多、冷凝器变形等，导致冷凝器散热能力降低。

⑦ 膨胀阀开度调整过大，蒸发器表面结霜，膨胀阀感温包包扎不紧或外面的隔热胶带松脱，造成开启度过大，导致系统制冷不足。另外，膨胀阀开度过小，使流入蒸发器制冷剂量减少，也会引起制冷不足。

⑧ 送风管堵塞或损坏。

⑨ 温控器性能不良，使蒸发器表面结霜，冷风通过量减少，引起制冷不足。

⑩ 鼓风机开关、变速电阻、鼓风机电机、继电器、线路等工作不良，导致冷风量减少。

(3) 故障诊断。

系统制冷不足的故障诊断流程如图 6－22 所示。

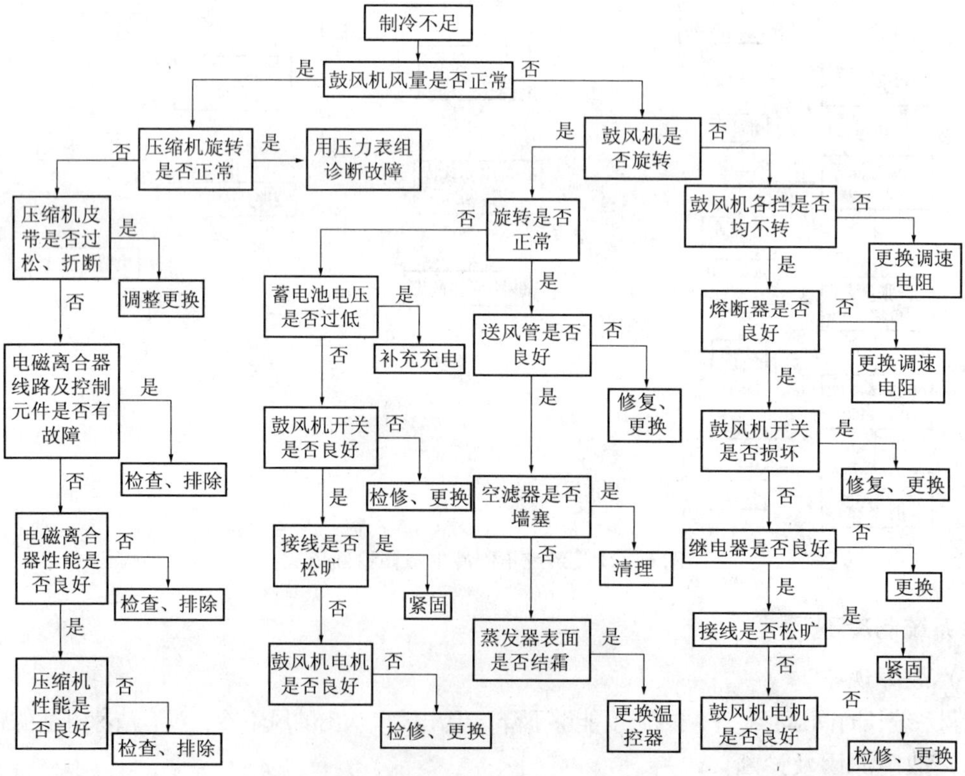

图 6－22　系统制冷不足的故障诊断流程

工作任务1　制冷剂加注的任务分析

班级______　姓名______　学号______　工号______　日期______　测评等级______

一、工作与学习目标

◆能确认实际故障现象

◆能使用基本工具并对任务建立初步思路

二、工作过程及学习记录

（1）列举制冷剂加注的注意事项：

____。

____。

____。

（2）检测工具的识别

① 如图6－23所示，请写出歧管压力表组各部件的名称：

1. ________　2. ________　3. ________　4. ________　5. ________

6. ________　7. ________　8. ________

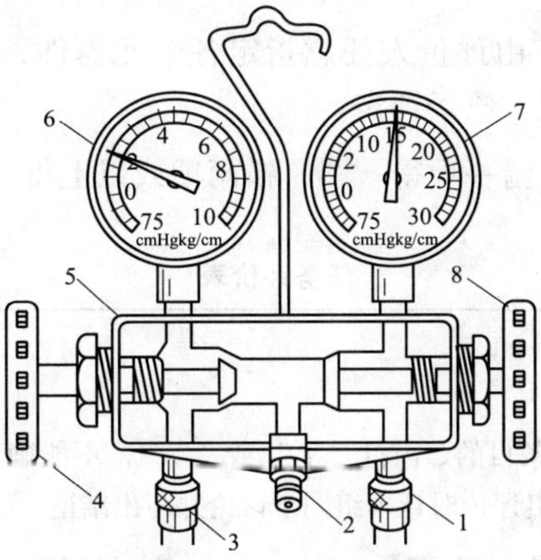

图6－23　歧管压力表组

② 请写出下列部件的名称：

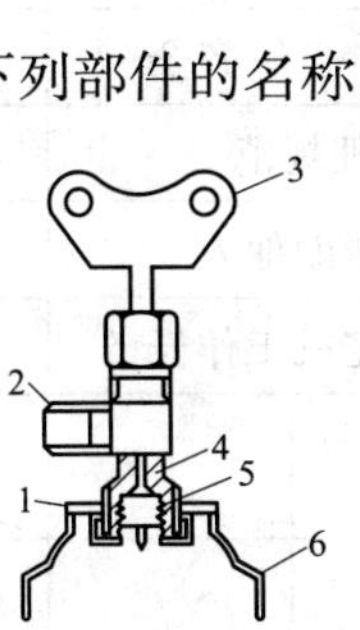

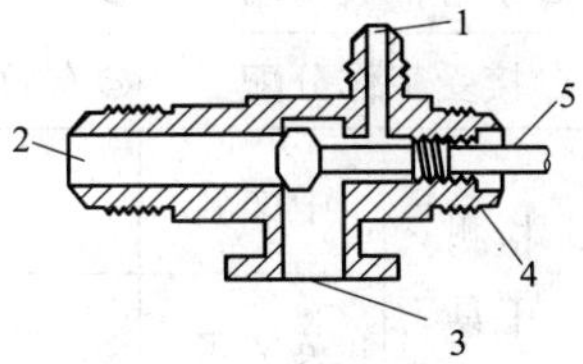

1. ________　2. ________　3. ________　1. ________　2. ________　3. ________

4. ________　5. ________　6. ________　4. ________　5. ________

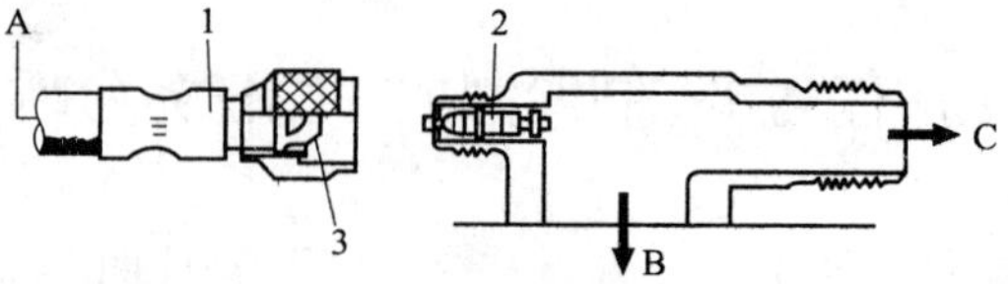

1. ________ 2. ________ 3. ________

三、工作效果评价

1. 自我评价

（1）通过本次学习，我学到的知识点/技能点有：____。

不理解的有：____。

（2）我认为在以下方面还需要深化学习并提升岗位能力：____。

（3）本次工作和学习过程中，我的表现可得到：□ □ □ 。

2. 互相评价

（1）综合能力测评：参阅评价内容说明。

（2）专业能力测评。

①“检测工具名称填写”由评价人任意指定各个元器件，评价对象指出对应元器件的名称，评价人填写并判断正误，给予评定。

②评价结果全对得，错一项得，错两项或以上得。

任务评价表

<table>
<tr><td rowspan="2">项目</td><td colspan="6" rowspan="2">评价内容
综合能力测评：
（1）请在对应条目的○内打“√”或“×”，不能确定的条目不填，可以在小组评价时让本组同学讨论并写出结论。
（2）评价结果全对得，错一项得，错两项得。</td><td colspan="3">评价等级
（学生互评）</td></tr>
<tr><td></td><td></td><td></td></tr>
<tr><td rowspan="4">综合能力
测评项目
（组内互评）</td><td colspan="2">○按时到场</td><td colspan="2">○工装齐备</td><td colspan="2">○书、本、笔齐全</td><td></td><td></td><td></td></tr>
<tr><td colspan="2">○安全操作</td><td colspan="2">○责任心强</td><td colspan="2">○7S 管理规范</td><td></td><td></td><td></td></tr>
<tr><td colspan="2">○学习积极主动</td><td colspan="2">○合理使用教学资源</td><td colspan="2">○主动帮助他人</td><td></td><td></td><td></td></tr>
<tr><td colspan="2">○接受工作分配</td><td colspan="2">○有效沟通</td><td colspan="2">○高效完成工作任务</td><td></td><td></td><td></td></tr>
<tr><td rowspan="2">专业能力
测评项目
（组间互评）</td><td rowspan="2">检测
工具</td><td>中文名</td><td></td><td></td><td></td><td></td><td colspan="3"></td></tr>
<tr><td>英文名</td><td></td><td></td><td></td><td></td><td></td><td></td><td></td></tr>
</table>

续表

项目	评价内容 综合能力测评： （1）请在对应条目的○内打“√”或“×”，不能确定的条目不填，可以在小组评价时让本组同学讨论并写出结论。 （2）评价结果全对得 ，错一项得 ，错两项得 。	评价等级（学生互评）		
小组评语及建议	他（她）做到了： 他（她）的不足： 给他（她）的建议：	组长签名： 年 月 日		
老师评语及建议		评价等级：______ 教师签名： 年 月 日		

工作任务2　制冷剂加注的方案制订

班级______　姓名______　学号______　工号______　日期______　测评等级______

一、工作与学习目标

◆ 能够掌握制冷剂多功能加注机的结构
◆ 能根据需用工具不同，制订加注方案
◆ 能够展示学习成果并相互评价

二、工作过程及学习记录

（1）指出制冷剂多功能加注机各部件的名称。

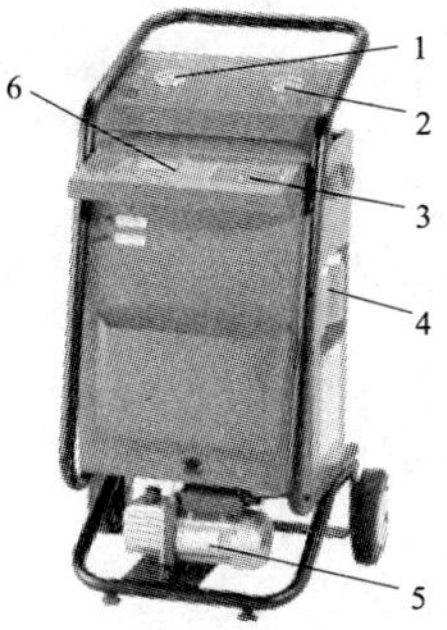

图6－24　制冷剂多功能加注机

1. ________
2. ________
3. ________
4. ________
5. ________
6. ________

（2）制订制冷剂加注的步骤并展示。

序号	项目	使用工具
A		
B		

（3）展示检修方案并说明：

① 其他组的创意：____

____

____。

② 本组的创意：____

____

____。

三、工作效果评价

1. 自我评价

（1）通过本次学习，我学到的知识点/技能点有：____________________

____。

（2）我认为在以下方面还需要深化学习并提升岗位能力：______________

____。

（3）本次工作和学习过程中，我的表现可得到：□ □ □ 。

2. 互相评价

（1）综合能力测评：参阅评价内容说明。

（2）专业能力测评。

①“指出制冷剂多功能加注机各部件的名称”由评价人任意指定个某个元件，评价对象说出名称，评价人填写并判断正误，给予评定。

②评价结果全对得 ，错一项得 ，错两项或以上得 。

任务评价表

项目	评价内容						评价等级（学生互评）		
项目	评价内容 综合能力测评： （1）请在对应条目的○内打“√”或“×”，不能确定的条目不填，可以在小组评价时让本组同学讨论并写出结论。 （2）评价结果全对得（笑脸戴墨镜），错一项得（笑脸），错两项得（哭脸）。						（笑脸戴墨镜）	（笑脸）	（哭脸）
综合能力测评项目（组内互评）	○按时到场		○工装齐备		○书、本、笔齐全				
	○安全操作		○责任心强		○7S 管理规范				
	○学习积极主动		○合理使用教学资源		○主动帮助他人				
	○接受工作分配		○有效沟通		○高效完成工作任务				
专业能力测评项目（组间互评）	制冷剂加注机	中文名							
		英文名							
小组评语及建议	他（她）做到了： 他（她）的不足： 给他（她）的建议：						组长签名： 年 月 日		
老师评语及建议							评价等级：____ 教师签名： 年 月 日		

工作任务3 制冷剂加注的方案实施

班级______ 姓名______ 学号______ 工号______ 日期______ 测评等级______

一、工作与学习目标

- ◆ 能够根据制订的维修方案进行拆装
- ◆ 能检测制冷系统工作性能
- ◆ 能够总结思路并相互评价

二、工作过程及学习记录

（1）写出加注的步骤及使用工具。

步骤	使用工具	工作内容
一		
二		
三		

（2）检测制冷系统的性能。

（3）总结加注思路并示范：____。

（4）其他组的思路给了我以下启发：____。

三、工作效果评价

1. 自我评价

（1）通过本次学习，我学到的知识点/技能点有：____。

（2）我认为在以下方面还需要深化学习并提升岗位能力：____。

（3）本次工作和学习过程中，我的表现可得到：□  □  □ 。

2. 互相评价

（1）综合能力测评：参阅评价内容说明。

（2）专业能力测评。

①“制冷剂加注的步骤”由评价人任意设定一个步骤，由被评价人操作，评价人依据操作结果判断正误，给予评定。

②评价结果全对得 ，错一项得 ，错两项或以上得 。

任务评价表

<table>
<tr><td rowspan="2">项目</td><td colspan="6" rowspan="2">评价内容
综合能力测评：
(1) 请在对应条目的○内打“√”或“×”，不能确定的条目不填，可以在小组评价时让本组同学讨论并写出结论。
(2) 评价结果全对得，错一项得，错两项得。</td><td colspan="3">评价等级
（学生互评）</td></tr>
<tr><td></td><td></td><td></td></tr>
<tr><td rowspan="4">综合能力
测评项目
（组内互评）</td><td colspan="2">○按时到场</td><td colspan="2">○工装齐备</td><td colspan="2">○书、本、笔齐全</td><td></td><td></td><td></td></tr>
<tr><td colspan="2">○安全操作</td><td colspan="2">○责任心强</td><td colspan="2">○7S 管理规范</td><td></td><td></td><td></td></tr>
<tr><td colspan="2">○学习积极主动</td><td colspan="2">○合理使用教学资源</td><td colspan="2">○主动帮助他人</td><td></td><td></td><td></td></tr>
<tr><td colspan="2">○接受工作分配</td><td colspan="2">○有效沟通</td><td colspan="2">○高效完成工作任务</td><td></td><td></td><td></td></tr>
<tr><td>专业能力
测评项目
（组间互评）</td><td>步骤</td><td></td><td></td><td></td><td></td><td></td><td colspan="3"></td></tr>
<tr><td>小组评语及建议</td><td colspan="6">他（她）做到了：
他（她）的不足：
给他（她）的建议：</td><td colspan="3">组长签名：
年 月 日</td></tr>
<tr><td>老师评语及建议</td><td colspan="6"></td><td colspan="3">评价等级：______
教师签名：
年 月 日</td></tr>
</table>

工作任务4 制冷剂加注完工检验

班级______ 姓名______ 学号______ 工号______ 日期______ 测评等级______

一、工作与学习目标

- ◆ 能够按照企业标准对制冷系统进行检验
- ◆ 能够根据空调的使用情况提出合理化建议

二、检验项目

<table>
<tr><td rowspan="2">项目</td><td colspan="3">检验结果</td><td rowspan="2">备注</td></tr>
<tr><td></td><td></td><td></td></tr>
<tr><td>制冷系统工作正常</td><td></td><td></td><td></td><td></td></tr>
</table>

续表

项目	检验结果			备注

工具使用得当				
未有工具设备遗漏				
未发生安全隐患				

三、根据所学知识，提出空调系统使用和检修的合理化建议，并进行展示

____

____

____

____

____。

单元二 思考与练习

一、填空题

1. 冷冻油的作用有________、________、________及降低压缩机噪声。

2. 衡量汽车空调质量的指标主要有四个：________、________、________和________。

3. 在夏季人感到舒适的温度是________，冬季则是________，温度低于________，人就会感觉到“冷”。温度超过________，人就会觉得燥热，超过________，则称为有害温度。另外，人体面部所需求的温度比足部略低，温差大约为________。

二、选择题

1. 大部分汽车空调中使用的致冷剂是（　　）。

A. 氨　　B. R134a　　C. R12

2. 开启空调后发现蒸发器排水管口有水滴出，说明（　　）。

A. 发动机漏水　　B. R12 液体泄漏　　C. 制冷循环良好

3. 不同牌号的冷冻油混用，会产生（　　）。

A. 制冷效果差　　B. 不制冷

C. 冷冻油变质　　D. 蒸发器积油

三、判断题

1. 在制冷系统抽真空时，只要系统内的真空度达到规定值时，即可停止抽真空。（　　）

2. 储液罐玻璃检视窗呈清晰、无气泡状态，说明管路内制冷剂肯定已泄漏完。（　　）

四、简答题

1. 如何通过看观察窗判断制冷剂情况？

2. 如何用手感法判断制冷管路温度是否正常？

项目七

汽车中控门锁与防盗系统检修

单元一　车钥匙丢失的解决方案

班级______　姓名______　学号______　工号______　日期______　测评等级______

<table>
<tr><td>工作任务</td><td>车钥匙匹配</td><td>教学模式</td><td colspan="2">任务驱动和行动导向</td></tr>
<tr><td>建议学时</td><td>4 学时</td><td>教学地点</td><td colspan="2">一体化实训室</td></tr>
<tr><td>任务描述</td><td colspan="3">王先生驾驶一辆大众桑塔纳轿车，早上上班时，发现车钥匙丢失，我们作为维修技工，需要根据维修手册，使用诊断设备，参考相关资料排除故障，恢复汽车功能，提出合理化使用建议，并最终检验合格后交付前台。</td><td>
维修流程?</td></tr>
<tr><td>学习目标</td><td colspan="3">1. 能够执行中控门锁与防盗系统系统检修的操作规程，树立良好的安全文明操作意识。
2. 能够根据维修手册和其他资源分析中控门锁与防盗系统系统的常见故障原因。
3. 能够描述中控门锁与防盗系统系统的检查项目和技术要求。
4. 能够主动获取信息，展示学习成果，对工作过程进行总结与反思，与他人进行有效沟通，团结协作。
5. 能够运用所学知识，为顾客解析中控门锁与防盗系统系统故障发生的现象并分析原因。</td><td>
</td></tr>
<tr><td rowspan="4">学习准备</td><td colspan="4">1. 设备器材：每组配套：桑塔纳轿车 1 台，解码仪 1 台，工具车 2 台，数字万用表 2 块，桑塔纳维修手册 2 份，网络资源。
2. 分六组，小组人员岗位分配表（由组长分配）。</td></tr>
<tr><td rowspan="2">工作岗位</td><td colspan="2">时段一</td><td colspan="2">时段二</td></tr>
<tr><td colspan="2">______年______月______日
___时___分至___时___分</td><td colspan="2">______年______月______日
___时___分至___时___分</td></tr>
<tr><td>主修人员（1 人）</td><td colspan="2"></td><td colspan="2"></td></tr>
</table>

续表

工作任务	车钥匙匹配		教学模式	任务驱动和行动导向
建议学时	4 学时		教学地点	一体化实训室
学习准备	工作岗位	时段一		时段二
		______年______月______日 ___时___分至___时___分		______年______月______日 ___时___分至___时___分
	辅修人员（1 人）			
	工具管理（1 人）			
	零件摆放（1 人）			
	安全监督（1 人）			
	质量检验（1 人）			
	7S 监督（2 ~ 4 人）			

【知识要点】

一、概述

防止盗贼进入汽车是汽车防盗的首要问题，即进入身份的验证。车门锁是第一道关口，对车门锁的要求除了要有足够的强度和操纵灵便之外，还要有钥匙真伪的识别机能。近几年发展起来的有数码防盗钥匙、指纹信息防盗钥匙、红外线信号防盗钥匙、微晶辨识密码钥匙、遥控无钥匙车门开启系统等等，其中数码防盗钥匙使用得比较普遍。

汽车防盗的第二道关口是利用发动机来防盗，不是车主的钥匙不能起动发动机或起动之后自动熄火。要求钥匙的密码与发动机起动系统的密码相符合，否则不能起动。对于用非本车钥匙开启车门或起动发动机，除了不能开启和起动外，同时发出警报。

车辆被盗查寻技术也是汽车防盗的重要一环。这方面的技术有全球通讯网络汽车防盗系统、网络报警系统、电话控制防盗系统、GPS 卫星导航跟踪汽车行迹系统，以及秘密摄像机、微型照相机、无光发烟器、高分贝发声器等。

GPS 防盗技术不但可以追踪到被盗汽车的准确位置（精度可以达到 30 米之内），而且还可以在地面站发出指令，利用汽车的遥控装置将汽车锁定，使车门自动关闭，发动机自动熄火。

二、中控门锁与防盗系统分类

1. 机械式防盗系统

机械式锁主要起到限制车辆操作的作用，对防盗方面能够提供的帮助有限，很难抵挡住钢锯、大剪刀等重型工具的盗窃。但它们能拖延偷车贼作案的时间却是事实，一般偷车贼要用几十秒甚至几分钟才能撬开方向盘锁，变速杆锁的破坏时间还要长一点。

2. 电子式防盗系统

电子式防盗锁是目前应用最广的防盗锁之一，分为单向和双向两种。单向的电子防盗系统的主要功能是车的开关门、震动或非法开启车门报警等，也有一些产品根据客户的需求增加了一些功能，用电子遥控器来完成发动机起动、熄火等。双向可视的电子防盗系统相比单向的更为直观，能彻底让车主知道汽车现实的情况，当车有异动报警时，同时遥控器上的液晶显示器会显示汽车遭遇的状况，缺点是有效范围只有100～200米。

电子防盗系统的致命伤在于其电子密码和遥控操作方式，当车主用遥控器开关车门时，匿藏在附近的偷车贼可以用接收器或扫描器盗取遥控器发出的无线电波或红外线，再经过解码，就可以开启汽车的防盗系统。

3. 芯片式数码防盗器

芯片式数码防盗器是现在汽车防盗器发展的重点，大多数轿车均采用这种防盗方式作为原配防盗器。

芯片式数码防盗器基本原理是锁住汽车的马达、电路和油路，在没有芯片钥匙的情况下无法起动车辆。数字化的密码重码率极低，而且要用密码钥匙接触车上的密码锁才能开锁，杜绝了被扫描的弊病。目前进口的很多高挡车，国产的大众、广州本田、派力奥等车型已装有原厂的芯片防盗系统。

4. 网络防盗

网络防盗是指通过网络来实现汽车的开关门、起动马达、截停汽车、汽车的定位以及车辆会根据车主的要求提供远程的车况报告等功能。网络防盗主要是突破了距离的限制。

目前使用的网络有：无线网络（BB机网络）、GPS（卫星定位系统），其中应用最广的是GPS。

三、中控门锁系统的工作原理

1. 中央门锁的功能

汽车装备中央门锁后可实现下列功能：

（1）将驾驶员车门锁扣按下时，其他几个车门及行李舱门都能自动锁定；如用钥匙锁门，也可同时锁好其他车门和行李舱门。

（2）将驾驶员车门锁扣拉起时，其他几个车门及行李舱门锁扣都能同时打开；用钥匙开门，也可实现该动作。

（3）在车室内个别车门需打开时，可分别拉开各自的锁扣。

（4）配合防盗系统，实现防盗。

中央门锁有很多种形式，按控制方式分为不带防盗系统的中央门锁和选装防盗系统的中央门锁（电控）。按结构分为双向空气压力泵式中央门锁和微型直流电动机式中央门锁。

2. 双向压力泵式中央门锁结构及工作原理（图7－1）

（1）结构。

双向压力泵式中央门锁是利用双向空气压力泵产生压力或真空，通过膜盒来完成门锁的开、关动作。主要由机械部分、空气管路和电路三部分组成，是一个独立的控制系统。

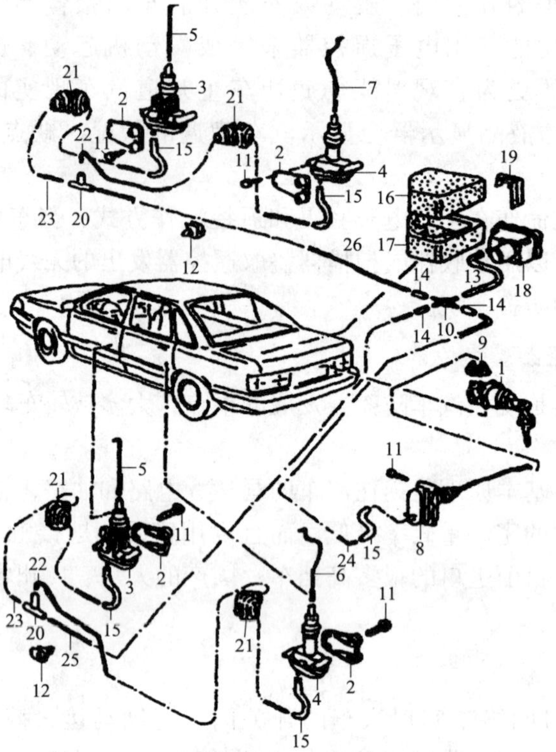

图7－1　奥迪100轿车中央门锁系统的布置

1－行李舱盖锁芯总成；2－门锁执行元件固定座；3－前门锁执行元件；4－后门锁执行元件；
5－前门锁执行元件操纵杆；6－左后门锁执行元件操纵杆；7－右后门锁执行元件操纵杆；
8－行李舱门锁执行元件；9－活结套；10－四通；11－螺钉；12－管夹；13、14、15－连接软管；
16、17－减震垫；18－双压力泵及控制器总成；19－支架；20－三通；21－波纹管；22、23、24、25、26－软管

（2）工作原理（图7－2）。

当用钥匙或拔出两前门的任一门锁操纵杆来打开门锁时，由于门锁通过连接杆与前车门锁执行元件相连接，连接杆被向上拉起，车门锁执行元件中的门锁开关的开锁触点闭合。控制单元收到此信号后，立即控制双压力泵转动，系统管路中的气体呈正压，气体进入4个车门及行李舱的执行元件（膜盒）内，膜片推动连接杆向上运动将门锁打开。当用钥匙或按下两前门的任一门锁操纵杆来锁住车门时，连接杆被压下，车门锁执行元件中的门锁开关的门锁触点闭合，控制单元收到此信号后，立即控制双压力泵向另一个方向运转，用以抽吸空气，系统管路中呈负压，各门锁的执行元件进入真空状态，膜片带动连接杆向下运动而将车门锁住。

后车门及行李舱的门锁执行元件与前门所不同的是，它们没有门锁开关及接线，只是一个气动执行元件（膜盒）。另外，装有控制单元和双向压力泵的塑料盒内有一个双触点压力开关，压力泵不转动时两对触点都断开，压力泵转动3～7s后，无论是正压还是负压，都会使一对触点闭合，控制单元收到信号后，立即使压力泵停止转动。如果管路或膜盒出现漏气，压力泵虽然转动但建立不起正压或负压，触点不能闭合，经过约7s后，压力泵仍然转动。控制单元具有压力泵强行保护功能，即延迟电路每次只允许压力泵转动30s便自动停机，其作用是当管路出现漏气故障后，防止压力泵因长时间运转而被烧毁。塑料盒内的系统

管路上还装有一个放气阀，每当压力泵停止转动后，此阀立即打开，使系统中管路与大气相通，以备下一次操作。每当压力泵转动之前，此阀立即关闭，使系统管路与大气隔绝。

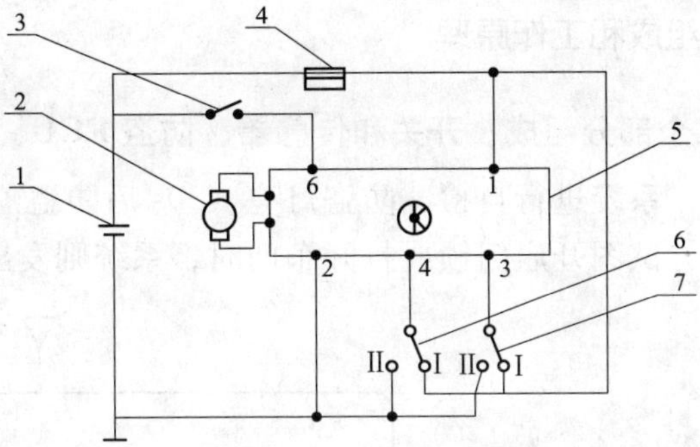

图 7－2　奥迪 100 中央门锁控制系统控制电路原理图

1－蓄电池；2－双压力泵；3－点火开关；4－保险丝；5－中央门锁控制单元；
6－左前门锁开关；7－右前门锁开关

3. 直流电机式中央门锁结构及工作原理（图 7－3）

利用控制直流电动机的正反转来实现门锁的开、关动作。直流电机式中央门锁主要由双向电动机、导线、继电器、门锁开关及连杆操纵机构组成。

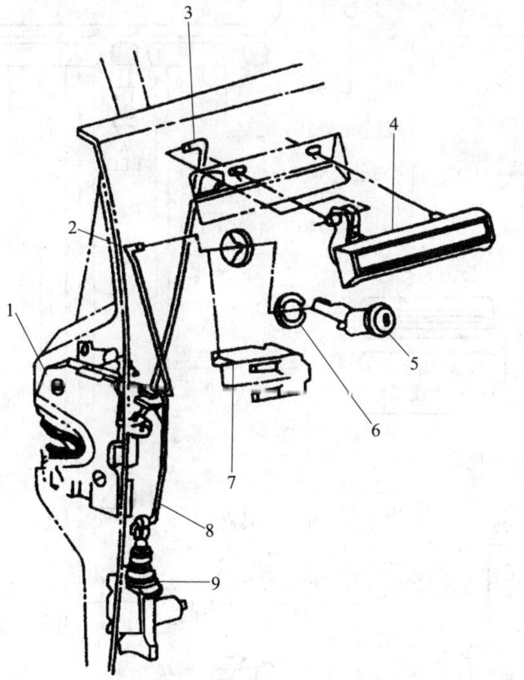

图 7－3　直流电机式中央门锁结构及工作原理

1－门锁总成；2－锁芯至门锁连杆；3－外门锁把手至门锁连杆；4－外门锁把手；5－锁芯；
6－垫圈；7－锁芯定位架；8－电动机至门锁连杆；9－门锁电动机

当门锁电动机 9 运转时，通过门锁操纵连杆 8 操纵门锁动作。电动机的旋转方向由经过电机电枢的电流方向决定。若锁门时，电机电枢流通的是正向电流。开锁时，电机电枢流通的则为反向电流，电机即反向旋转。利用电机的正转或反转，就可完成车门的闭锁和开锁动作。

四、电子防盗系统的组成和工作原理

1. 电子防盗系统由三个部分组成：开关和传感器、防盗 ECU、执行机构（图 7－4）。

当用钥匙锁好车门时，系统进行自检，防盗灯亮，30s 后防盗灯开始闪烁，表明系统起动进入警戒状态。当第三方试图开启门锁或打开车门时，系统则发出警报。

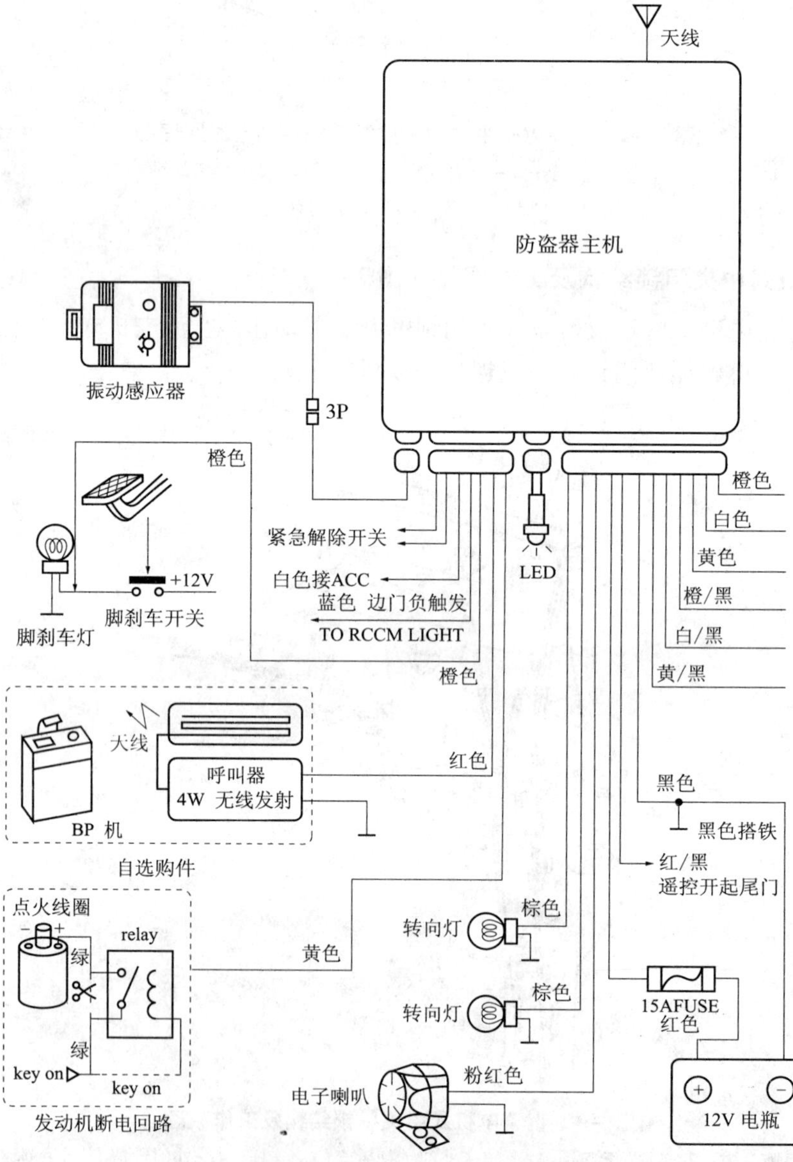

图 7－4　电子防盗系统组成

2. 电子防盗系统的布置（图 7－5）

图 7－5 为一般车辆防盗装置在车上的布置示意图。

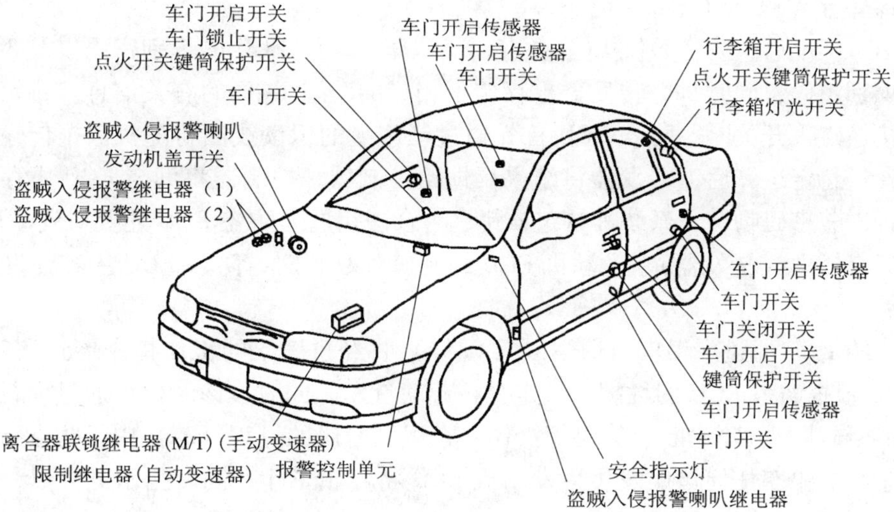

图 7－5　防盗装置在车上的布置

3. 上海桑塔纳轿车防盗系统

上海大众桑塔纳 2000 轿车防盗系统组成如图所示。带转发器的钥匙、识读线圈、防盗控制单元（ECU）和防盗指示灯，如图 7－6 所示。

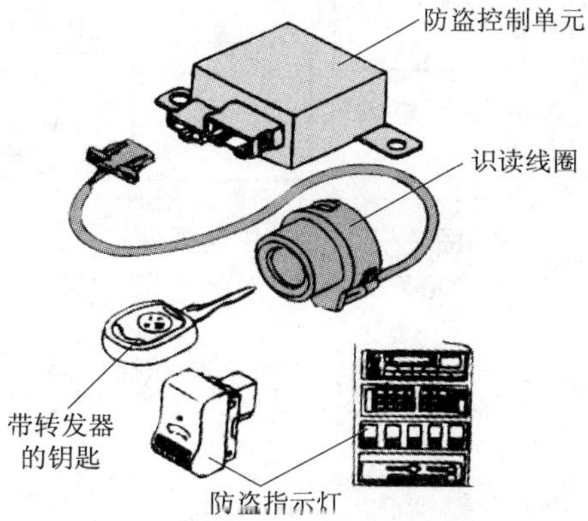

图 7－6　上海桑塔纳轿车防盗系统组成

（1）带转发器的钥匙。

每把钥匙都有棒状转发器内含有运算芯片和一个细小电磁线圈，该系统工作期间，该线圈与点火锁中的识读线圈以感应方式进行通信，以便在转发器运算芯片与防盗控制器（ECU）之间传输各种信息。

（2）识读线圈。

识读线圈也叫收发线圈，安装在点火锁芯上，通过导线与防盗 ECU 相连，作为防盗系统 ECU 的负载，担负着防盗系统 ECU 与转发器之间信号及能量的传输任务。

（3）防盗 ECU。

防盗 ECU 是一个包括微处理器的电子控制器，在点火开关接通时，ECU 用于系统密码运算、比较，并控制整个系统的通信，包括与转发器、发动机 ECU 的通信，同时还可以与诊断仪进行通信。

（4）基本工作原理（图7－7）。

汽车出厂匹配后，防盗系统ECU便存储了该车发动机ECU的识别密码以及3把钥匙中转发器的识别密码，同时每个转发器也存储了相应的防盗ECU的有关信息。将钥匙插入点火锁芯并接通点火开关时，防盗ECU首先通过锁芯上的识读线圈将随机数据传输给钥匙中的转发器，经特定运算后，转发器将结果反馈给控制器，控制器将其与ECU中存储的识别密码相比较，若密码吻合，系统即认定该钥匙为合法钥匙。防盗ECU还要对发动机ECU进行识别。只有钥匙（转发器）、发动机ECU的密码都吻合时，防盗ECU才容许发动机ECU工作。

防盗系统ECU通过一根串行通信线（W线）将经过编码的工作指令传到发动机ECU，发动机ECU根据防盗ECU的数据来决定是否起动汽车。同时，诊断仪可通过串行通信接口（K线）对系统进行故障诊断、编码等操作。在识别密码的过程（2s）中，防盗指示灯会保持点亮状态。如果有任何错误发生，发动机ECU将停止工作，同时指示灯会以一定频率闪烁。防盗控制原理如图7－7所示。

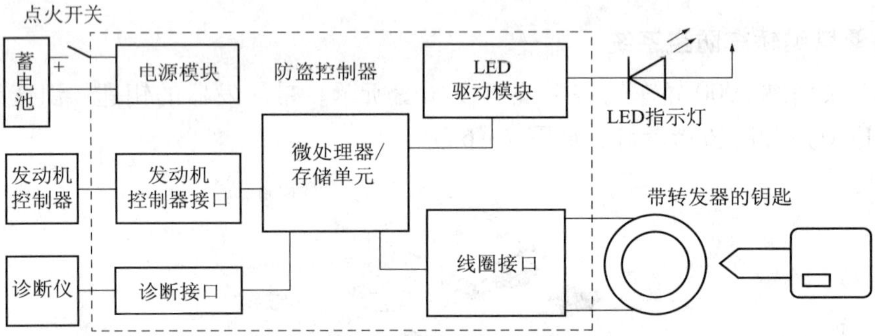

图7－7　防盗控制原理

工作任务1　车钥匙匹配的任务分析

班级______　姓名______　学号______　工号______　日期______　测评等级______

一、工作与学习目标

◆能确认实际故障现象

◆能对车钥匙匹配建立初步思路

二、工作过程及学习记录

（1）关于使用汽车钥匙和匹配钥匙的说明：

① 只有使用被装于汽车上的防盗器控制单元匹配过的认可钥匙，发动机才能起动。

② 匹配汽车钥匙时，总是需要把全部钥匙同时与防盗器控制单元匹配。

③ 如果需要重新配钥匙或者增配钥匙，也必须匹配汽车的全部钥匙。

④ 如果用户遗失一把合法的钥匙，为了安全起见，必须把其他所有合法钥匙重新进行一次匹配过程，这样做可以使丢失在外的钥匙变为非法钥匙，不能起动发动机。

（2）说出哪些情况下要对车钥匙进行匹配：

①____。

②____。

③____。

三、工作效果评价

1. 自我评价

（1）通过本次学习，我学到的知识点/技能点有：____

____。

不理解的有：____

____。

（2）我认为在以下方面还需要深化学习并提升岗位能力：____

____。

（3）本次工作和学习过程中，我的表现可得到：□ □ □ 。

2. 互相评价

（1）综合能力测评：参阅评价内容说明。

（2）专业能力测评。

①“说出进行钥匙匹配的必要条件”由评价人填写并判断正误，给予评定。

②评价结果全对得 ，错一项得 ，错两项或以上得 。

任务评价表

项目	评价内容 综合能力测评： （1）请在对应条目的○内打“√”或“×”，不能确定的条目不填，可以在小组评价时让本组同学讨论并写出结论。 （2）评价结果全对得 ，错一项得 ，错两项得 。			评价等级（学生互评）		
综合能力测评项目（组内互评）	○按时到场	○工装齐备	○书、本、笔齐全			
	○安全操作	○责任心强	○7S 管理规范			
	○学习积极主动	○合理使用教学资源	○主动帮助他人			
	○接受工作分配	○有效沟通	○高效完成工作任务			
专业能力测评项目（组间互评）	钥匙匹配条件	中文名				

续表

<table>
<tr><td rowspan="2">项目</td><td rowspan="2">评价内容
综合能力测评：
（1）请在对应条目的○内打“√”或“×”，不能确定的条目不填，可以在小组评价时让本组同学讨论并写出结论。
（2）评价结果全对得　，错一项得　，错两项得　。</td><td colspan="3">评价等级
（学生互评）</td></tr>
<tr><td></td><td></td><td></td></tr>
<tr><td>小组评语及建议</td><td>他（她）做到了：

他（她）的不足：

给他（她）的建议：</td><td colspan="3">组长签名：

年　月　日</td></tr>
<tr><td>老师评语及建议</td><td></td><td colspan="3">评价等级：______
教师签名：

年　月　日</td></tr>
</table>

工作任务2　车钥匙匹配的方案制订

班级______　姓名______　学号______　工号______　日期______　测评等级______

一、工作与学习目标

- ◆ 能够掌握不同方式钥匙匹配的方法
- ◆ 能制订匹配方案
- ◆ 能够展示学习成果并相互评价

二、工作过程及学习记录

展示匹配方案并说明：

（1）其他组的创意：____。

（2）本组的创意：____。

三、工作效果评价

1. 自我评价

（1）通过本次学习，我学到的知识点/技能点有：________________________

____。

（2）我认为在以下方面还需要深化学习并提升岗位能力：________________________

____。

（3）本次工作和学习过程中，我的表现可得到：□ □ □ 。

2. 互相评价

（1）综合能力测评：参阅评价内容说明。

（2）专业能力测评。

①“指出空调压缩机各部件的名称”由评价人任意指定个某个元件，评价对象说出名称，评价人填写并判断正误，给予评定。

②评价结果全对得 ，错一项得 ，错两项或以上得 。

任务评价表

项目	评价内容 综合能力测评： （1）请在对应条目的○内打“√”或“×”，不能确定的条目不填，可以在小组评价时让本组同学讨论并写出结论。 （2）评价结果全对得 ，错一项得 ，错两项得 。					评价等级（学生互评）		
综合能力测评项目（组内互评）	○按时到场		○工装齐备		○书、本、笔齐全			
	○安全操作		○责任心强		○7S 管理规范			
	○学习积极主动		○合理使用教学资源		○主动帮助他人			
	○接受工作分配		○有效沟通		○高效完成工作任务			
专业能力测评项目（组间互评）	匹配步骤							
小组评语及建议	他（她）做到了： 他（她）的不足： 给他（她）的建议：					组长签名： 年 月 日		
老师评语及建议						评价等级：______ 教师签名： 年 月 日		

工作任务3　车钥匙匹配的方案实施

班级______　姓名______　学号______　工号______　日期______　测评等级______

一、工作与学习目标

◆ 能够根据制订的方案进行匹配
◆ 能够总结思路并相互评价

二、工作过程及学习记录

（1）写出匹配的步骤及使用工具。

步骤	使用工具	拆装元件
一		
二		
三		

（2）总结匹配思路并示范：____。

（3）其他组的思路给了我以下启发：____。

三、工作效果评价

1. 自我评价

（1）通过本次学习，我学到的知识点/技能点有：____。

（2）我认为在以下方面还需要深化学习并提升岗位能力：____。

（3）本次工作和学习过程中，我的表现可得到：□ 😎 □ 🙂 □ ☹。

2. 互相评价

（1）综合能力测评：参阅评价内容说明。

（2）专业能力测评。

①“匹配步骤”由评价人任意设定一种匹配方式，被评价人说出匹配步骤，评价人依据结果判断正误，给予评定。

②评价结果全对得 ，错一项得 ，错两项或以上得 。

任务评价表

项目	评价内容 综合能力测评： （1）请在对应条目的○内打“√”或“×”，不能确定的条目不填，可以在小组评价时让本组同学讨论并写出结论。 （2）评价结果全对得 ，错一项得 ，错两项得 。			评价等级（学生互评） 		
综合能力测评项目（组内互评）	○按时到场	○工装齐备	○书、本、笔齐全			
	○安全操作	○责任心强	○7S 管理规范			
	○学习积极主动	○合理使用教学资源	○主动帮助他人			
	○接受工作分配	○有效沟通	○高效完成工作任务			
专业能力测评项目（组间互评）	步骤					
小组评语及建议	他（她）做到了： 他（她）的不足： 给他（她）的建议：			组长签名： 年　月　日		
老师评语及建议				评价等级：______ 教师签名： 年　月　日		

工作任务4　车钥匙匹配完工检验

班级______　姓名______　学号______　工号______　日期______　测评等级______

一、工作与学习目标

- ◆ 能够按照企业标准对车辆防盗进行检验
- ◆ 能够根据防盗系统的使用情况提出合理化建议

二、检验项目

项目	检验结果			备注

中控锁工作正常				
防盗系统工作正常				
未有工具设备遗漏				

三、根据所学知识，对防盗系统的使用提出合理化建议，并进行展示

____
____
____
____。

单元一　思考与练习

一、填空题

1. 汽车防盗装置可以分为________、________和________三种类型。
2. 电子防盗控制单元的基本构成由________、________、________等组成。
3. 音响防盗系统一般由________、________和________组成。
4. GPS 网络防盗系统由________、________和________组成。

二、简答题

1. 什么是中控门锁？中控门锁的主要功能有哪些？

2. 什么是门锁控制器？按照控制原理大致可分为哪几种类型？并分别说出其工作的大概原理。

3. 电子防盗系统主要分为哪两种？分别阐述其功能。电子式防盗系统的主要缺点是什么？

项目八

汽车辅助电气系统检修

单元一　电动刮水器不工作故障的检修

班级______　姓名______　学号______　工号______　日期______　测评等级______

<table>
<tr><td>工作任务</td><td>电动刮水器不工作故障的检修</td><td>教学模式</td><td colspan="2">任务驱动和行动导向</td></tr>
<tr><td>建议学时</td><td>4 学时</td><td>教学地点</td><td colspan="2">一体化实训室</td></tr>
<tr><td>任务描述</td><td colspan="3">有一客户开来一辆威驰轿车，它的挡风玻璃刮水器雨刮不工作，要求给予检修。我们作为维修技工，需要根据维修手册，使用诊断工具，参考相关资料排除故障，恢复电动刮水器的功能，提出合理化使用建议，并最终检验合格后交付前台。</td><td>
维修流程？</td></tr>
<tr><td>学习目标</td><td colspan="3">1. 能够执行电动刮水器检修的操作规程，树立良好的安全文明操作意识。
2. 能够根据维修手册和其他资源分析电动刮水器的常见故障原因。
3. 能够描述电动刮水器的检查项目和技术要求。
4. 能够主动获取信息，展示学习成果，对工作过程进行总结与反思，与他人进行有效沟通，团结协作。</td><td></td></tr>
<tr><td rowspan="5">学习准备</td><td colspan="4">1. 设备器材：每组配套：威驰轿车 1 台，威驰全车电器实验台 1 台，工具车 2 台，测电笔 2 个，数字万用表 4 块，世达拆装工具 2 套，威驰维修手册 2 份，网络资源。
2. 分六组，小组人员岗位分配表（由组长分配）。</td></tr>
<tr><td rowspan="2">工作岗位</td><td>时段一</td><td colspan="2">时段二</td></tr>
<tr><td>______年______月______日
___时___分至___时___分</td><td colspan="2">______年______月______日
___时___分至___时___分</td></tr>
<tr><td>主修人员（1 人）</td><td></td><td colspan="2"></td></tr>
<tr><td>辅修人员（1 人）</td><td></td><td colspan="2"></td></tr>
</table>

续表

工作任务	电动刮水器不工作故障的检修	教学模式	任务驱动和行动导向
建议学时	4 学时	教学地点	一体化实训室
学习准备	工作岗位	时段一	时段二
		______年_____月_____日 ___时___分至___时___分	______年_____月_____日 ___时___分至___时___分
	工具管理（1 人）		
	零件摆放（1 人）		
	安全监督（1 人）		
	质量检验（1 人）		
	7S 监督（2 ~ 4 人）		

【知识要点】

刮水器的功用是用以清扫风窗玻璃上的雨水、雪或尘土，以确保驾驶员有良好的视线。汽车上采用的刮水器有真空式、气动式、电动式三种形式。但应用最广泛的是电动刮水器。一般汽车的刮水器装在前风窗，部分汽车在后风窗也装有刮水器。

一、雨刮系统的组成

电动刮水器由直流电机、传动机构、刮臂总成组成，如图 8－1 所示。由一个直流电机、蜗轮减速箱组成驱动部分，蜗轮的旋转运动经曲柄、连杆、摆杆变成摆杆的左右往复运动，刮臂装在摆杆轴上。电动刮水器直流电机的组成如图 8－2 所示。

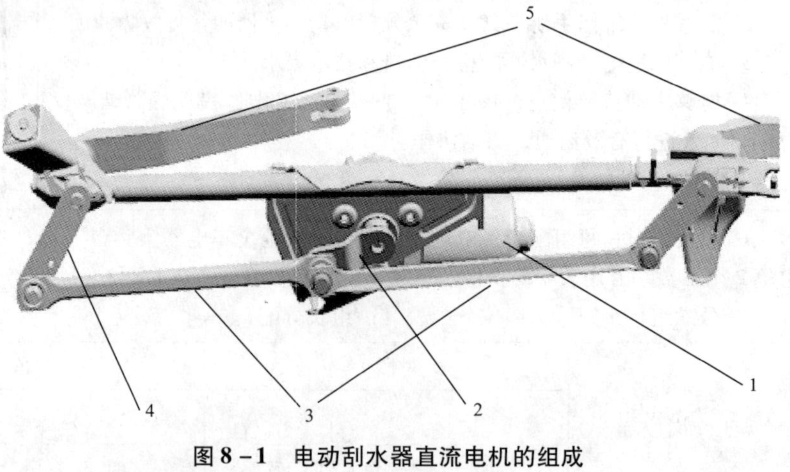

图 8－1　电动刮水器直流电机的组成

1－雨刮电机；2－曲柄；3－连杆；4－摇臂；5－雨刮片组件

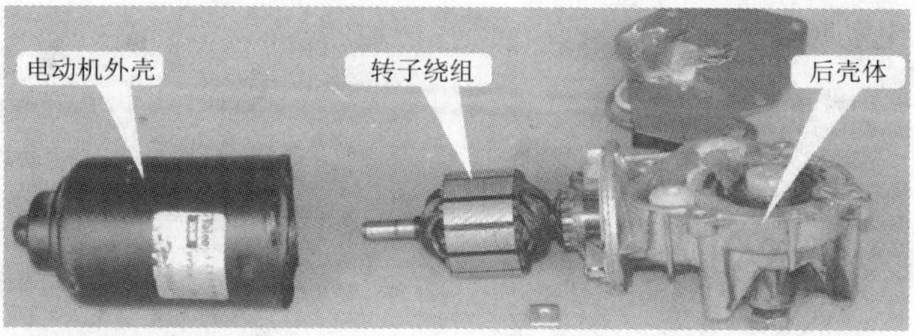

图 8－2 刮水器电动机

二、雨刮系统的变速原理

电动刮水器有如下几个挡位：当刮水器开关拨至最高挡时，刮水器处于快速刮水状态。当刮水器开关拨至“2”挡时，刮水器处于慢速刮水状态。当刮水器拨至“3”挡，刮水器处于停止工作状态。当刮水器开关拨至“4”挡时，刮水器处于间隙刮水状态。刮水器约每6秒工作一次。当刮水器开关朝方向盘拨时，前洗装置开始工作，喷水泵喷水，刮水器来回刮3~4次即停止。

由于电动刮水器的动力来源是直流电动机，故刮水器的变速就是直流电动机的变速。在实际应用中，一般是通过改变直流电机的磁通 ϕ 或两电刷之间的电枢绕组（导体）数 Z 来改变直流电机的转速。

1. 磁通改变变速工作原理

通过改变磁通来改变转速的方法只适合于绕线式直流电动机。

（1）低速运转。

当刮水开关在Ⅰ位置（低速）时，电流经由蓄电池正极→点火开关→熔断器→接线柱①→接触片后，分为两路：一路经过接线柱②→串联线圈→电枢→搭铁→蓄电池负极形成回路；另一路经过接线柱③→并联线圈→搭铁→蓄电池负极而形成回路。此时，由于串联线圈的电流减小，磁极磁通 ϕ 减小，故电动机以低速运转。

（2）高速运转。

当刮水器开关在Ⅱ位置（高速）时，电流由蓄电池止极→点火开关→熔断器→接线柱①→接触片→接线柱②→串联线圈→电枢→搭铁→蓄电池负极形成回路。此时由于并联线圈回路被隔断，电流全部流经电枢，故电动机以高速运转。

2. 改变电刷间的导体数目变速

导体数目改变变速工作，它只适合于永磁式直流电动机。如图 8－3 所示。采用三电刷式结构，B_1 为低速运转电刷，B_2 为高速运转电刷，B_3 为公共电刷。B_1 与 B_2 空间位置相差60°。

当电动机工作时，在电枢线圈内同时产生与电枢电流方向相反的反电动势，其大小与转速成比例。只有当外加电压 U 与反电动势几乎相等时，电枢的转速才趋于稳定。

（1）低速运转。

当开关拨向 L 时，电源电压 U 加在 B_1 与 B_3 电刷之间，电流经过由①、⑥、⑤与②、③、④线圈组成的两组并联回路，每条回路中串联的有效线圈各三个，串联线圈（导体）

数相对较多，故反电动势较大，电动机以较低转速运转。

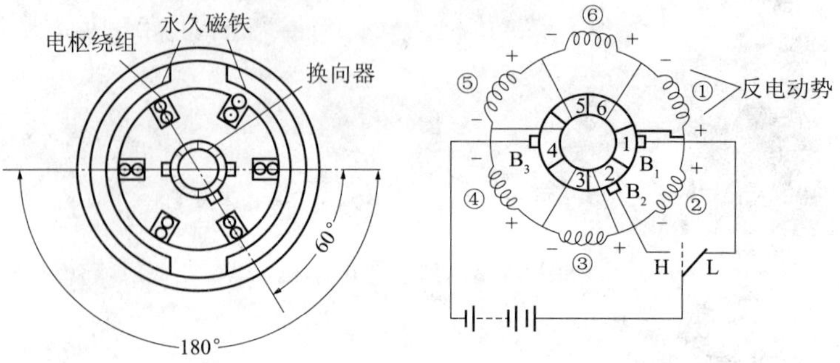

图 8-3　永磁式电动刮水器调速原理

（2）高速运转。

当开关拨向 H 时，电源电压 U 加在 B_2 和 B_3 电刷之间，电流经过由②、①、⑥、⑤与③、④组成的两条并联回路，由于线圈②和线圈①的绕线方向相反，而流经其中的电流方向相同，故线圈②产生方向的反电动势与①的反电动势互相抵消，只有两个线圈的反电动势与电源电压平衡，故反电动势较小，电动机以较高转速运转。可见，并联回路中串联线圈（导体）数目减少，能使电动机转速升高。

三、雨刮系统的自动复位

当要使刮水器停下来时，自动复位装置可在任何时刻切断刮水电动机电路，使刮水片自动停止在风窗玻璃的下部，以免影响驾驶员的视线，如图 8-4 所示。

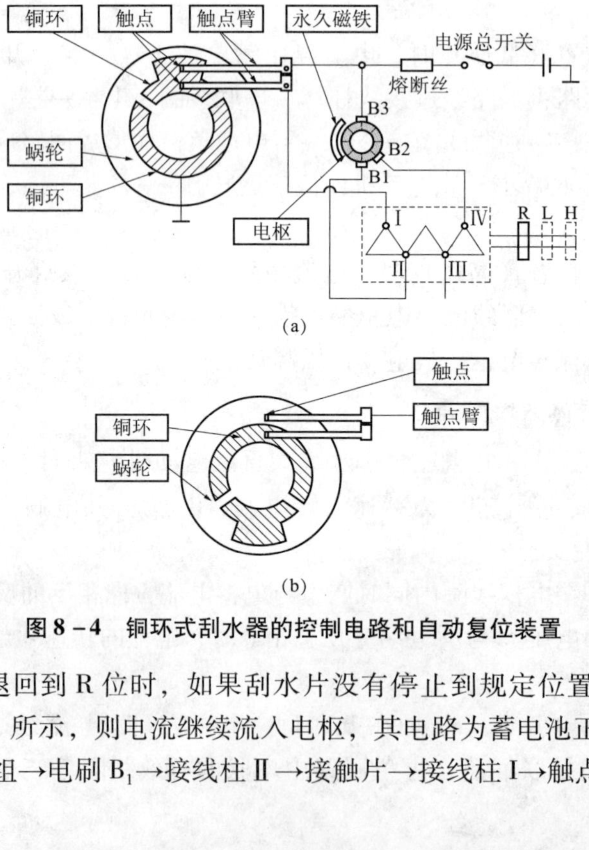

图 8-4　铜环式刮水器的控制电路和自动复位装置

当把刮水器开关退回到 R 位时，如果刮水片没有停止到规定位置，由于触点与铜环相接触，如图 8-4（b）所示，则电流继续流入电枢，其电路为蓄电池正极→电源开关→熔断器→电刷 B_3→电枢绕组→电刷 B_1→接线柱Ⅱ→接触片→接线柱 I→触点臂→铜环→搭铁→蓄电池负极。因此，电动机仍以低速运转直至蜗轮旋转到图 8－4（a）所示的特定位置，电路中断。由于电枢的运动惯性，电动机不能立即停止转动，此时电动机以发电机方式运行。由于此时电枢绕组通过触点臂与铜环 2 接通而短路，电枢绕组将产生能耗制动转矩，电动机迅速停止运转，使刮水片复位到风窗玻璃的下部。

四、风窗洗涤器的组成

风窗洗涤器的作用是向风窗玻璃表面喷洒水或专用洗涤液，使之与刮水片配合工作，清除风窗玻璃表面的灰尘等，保持风窗玻璃表面的清洁。风窗清洗装置的组成如图 8－5 所示，主要由储液箱、洗涤泵、软管、三通、喷嘴等组成。

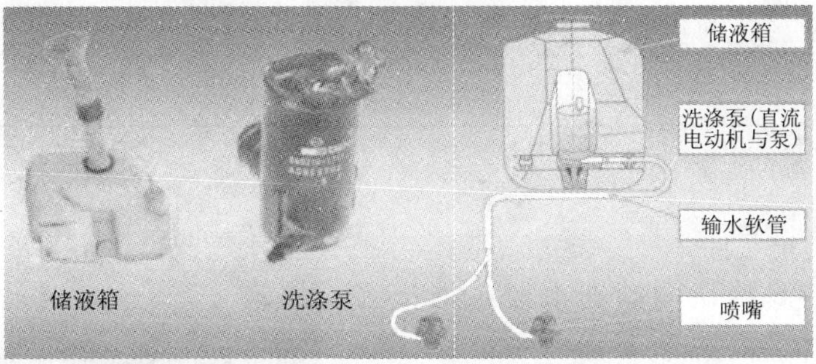

图 8－5　风窗洗涤器的构造

洗涤泵由直流电机和离心式液片泵组成，安装在储液箱上或管路中，喷射压力达 70～88 kPa。喷嘴安装在风窗玻璃前方，其喷射方向可以调整，保证洗涤液喷射在风窗玻璃上，使用时应先开洗涤泵后开刮水器。洗涤泵连续工作的时间一般不超过 1min，在喷水停止后，刮水器应继续刮 2～5 次，以达到较好的洗涤效果。

五、风窗洗涤器工作原理

当接通洗涤器开关时，洗涤泵控制电路接通。位于发动机盖上的两个喷嘴向风窗玻璃喷射清洗液，同时接通刮水器低速控制电路，于是刮水电动机工作，驱动刮水片刮掉已经湿润的尘土和污物。当驾驶员松开控制手柄时，开关将自动复位，切断洗涤泵的控制电路，喷嘴停止喷射清洗液，刮水电动机在自动复位开关作用下将刮水片停靠在风窗玻璃下方，不影响驾驶员视线。

工作任务 1　电动刮水器不工作故障检修的任务分析

班级______　姓名______　学号______　工号______　日期______　测评等级______

一、工作与学习目标

◆能确认实际故障现象

◆能识别电动刮水器各个挡位并建立初步思路

二、工作过程及学习记录

（1）列举电动刮水器检修的注意事项：____。

（2）填写车辆基本信息。

基本信息	车身底盘号		车型	
	发动机型号		公里数	
故障现象				

（3）故障确认。

① 安装车辆防护套件。

② 根据图 8－6 确认电动刮水器各挡位的作用。

挡位	作用
MIST	
OFF	
INT	
LO	
HI	

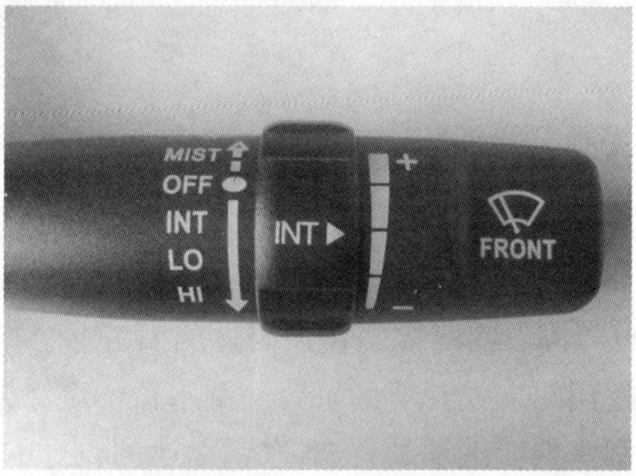

图 8－6　刮水器以及洗涤器操作开关

③ 确认故障现象，根据开关的操纵情况，填写相应内容。

检查项目	现象	
检查雨刮器低速挡是否正常工作	□ 正常	□ 不正常
检查雨刮器高速挡是否正常工作	□ 正常	□ 不正常
检查雨刮器间歇挡是否正常工作	□ 正常	□ 不正常
检查雨刮器喷水及雾功能是否正常工作	□ 正常	□ 不正常

经过以上检查可确定雨刮系统的故障为________________________________。

（4）电动刮水器各组成的识别。

① 在下图中对电动刮水器各组成进行连线。

雨刮开关

雨刮电机

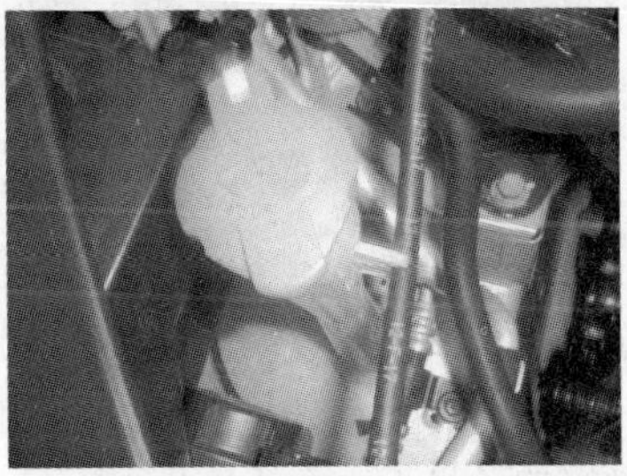

雨刮连杆

喷水壶

② 根据图 8 -7、图 8 -8 所示，找出雨刮继电器与保险丝，并做标记。

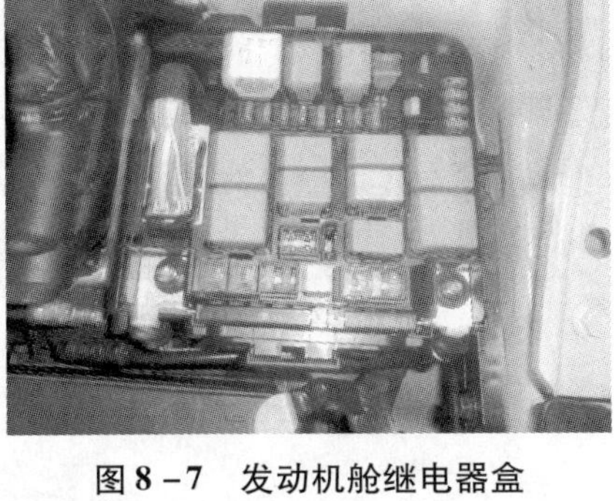

图 8 -7　发动机舱继电器盒

图 8 -8　室内继电器盒

三、工作效果评价

1. 自我评价

（1）通过本次学习，我学到的知识点/技能点有：____。

（2）我认为在以下方面还需要深化学习并提升岗位能力：____。

（3）本次工作和学习过程中，我的表现可得到：□ □ □ 。

2. 互相评价

（1）综合能力测评：参阅评价内容说明。

（2）专业能力测评。

①“电动刮水器各组成的识别”由评价人任意指定各个元器件，评价对象指出对应元器件的名称，评价人填写并判断正误，给予评定。

②评价结果全对得 ，错一项得 ，错两项或以上得 。

任务评价表

<table>
<tr><td rowspan="2">项目</td><td colspan="6" rowspan="2">评价内容
综合能力测评：
（1）请在对应条目的○内打“√”或“×”，不能确定的条目不填，可以在小组评价时让本组同学讨论并写出结论。
（2）评价结果全对得 ，错一项得 ，错两项得 。</td><td colspan="3">评价等级
（学生互评）</td></tr>
<tr><td></td><td></td><td></td></tr>
<tr><td rowspan="4">综合能力
测评项目
（组内互评）</td><td colspan="2">○按时到场</td><td colspan="2">○工装齐备</td><td colspan="2">○书、本、笔齐全</td><td></td><td></td><td></td></tr>
<tr><td colspan="2">○安全操作</td><td colspan="2">○责任心强</td><td colspan="2">○7S 管理规范</td><td></td><td></td><td></td></tr>
<tr><td colspan="2">○学习积极主动</td><td colspan="2">○合理使用教学资源</td><td colspan="2">○主动帮助他人</td><td></td><td></td><td></td></tr>
<tr><td colspan="2">○接受工作分配</td><td colspan="2">○有效沟通</td><td colspan="2">○高效完成工作任务</td><td></td><td></td><td></td></tr>
<tr><td rowspan="2">专业能力
测评项目
（组间互评）</td><td rowspan="2">传感器</td><td>中文名</td><td></td><td></td><td></td><td></td><td colspan="3"></td></tr>
<tr><td>英文名</td><td></td><td></td><td></td><td></td><td></td><td></td><td></td></tr>
<tr><td>小组评语及建议</td><td colspan="6">他（她）做到了：

他（她）的不足：

给他（她）的建议：</td><td colspan="3">组长签名：

年 月 日</td></tr>
</table>

续表

项目	评价内容 综合能力测评： （1）请在对应条目的○内打“√”或“×”，不能确定的条目不填，可以在小组评价时让本组同学讨论并写出结论。 （2）评价结果全对得 ，错一项得 ，错两项得 。	评价等级（学生互评）		
老师评语及建议		评价等级：______ 教师签名： 年　月　日		

工作任务2　电动刮水器不工作故障检修的方案制订

班级______　姓名______　学号______　工号______　日期______　测评等级______

一、工作与学习目标

- ◆ 能够识读电动刮水器电路
- ◆ 能根据电动刮水器的工作原理，制订检修方案
- ◆ 能够展示学习成果并相互评价

二、工作过程及学习记录

（1）熟读电动刮水器故障检修表。

故障	故障现象	故障原因	故障诊断与排除
刮水器电动机不转	当点火开关置于点火位置时，将刮水器开关设在慢、快及间歇挡时，刮水器电动机均不转。	（1）刮水器电动机电源线路断路。 （2）刮水器电动机失效。	（1）查刮水器电动机电源线路是否断路，其中主要检查熔丝是否正常。 （2）检查电动机绕组是否内部断路。 （3）检查刮水器开关是否工作正常。
刮水器无慢速工作挡	接通点火开关，将刮水器开关置于慢速挡位置，刮水器不转。	（1）刮水器开关损坏。 （2）刮水器电动机慢速挡工作线路故障。 （3）熔丝断或线路中有短路处。	（1）检查刮水器电动机插头中慢速端子线是否有电。 （2）检查刮水器开关工作是否正常。 （3）检查刮水器电动机。

续表

故障	故障现象	故障原因	故障诊断与排除
刮水器快速挡不工作	接通点火开关及刮水器快速挡，刮水片不动。	（1）刮水器开关失效。 （2）刮水器电动机故障。 （3）刮水器快速挡线路故障。	（1）检查刮水器开关。 （2）检查刮水器快速挡工作线路是否有断路或接触不良。
刮水器无间歇挡	接通点火开关及刮水器间歇挡，刮水器不工作。	（1）刮水器开关失效。 （2）刮水器电动机失效。 （3）刮水器间歇挡线路故障。	（1）检查刮水器间歇挡线是否有断路，或接触不良处。 （2）检查刮水器电动机。 （3）检查刮水器开关。
刮水器无自动停位功能	在刮水器电动机慢速、快速、间歇、短时工作时，将刮水器开关扳到停位，刮水器刮水片不能自动停位在原来位置。	（1）刮水器开关的停位触点损坏。 （2）减速器蜗轮输出轴背面的自动停位导电片和减速器盖板上的导电触点损坏。	（1）检查刮水器开关的停位触点，若损坏则更换。 （2）蜗轮输出轴背面的自动停位导电片和减速器盖板上的导电触点。若损坏，则更换。

（2）分析电动刮水器电路图，如图 8 -9 所示。

刮水器工作状态	电路图分析
刮水器低速工作	当点火开关打至 IG1 挡，刮水开关置低速位时，电流由蓄电池“+”→100A ALT 熔丝→50A AM1 熔丝→点火开关 IG1 挡→20A 刮水器熔丝→组合开关接线柱 8→低速开关→接线柱 7→前雨刮器电机接线柱 1→电枢→前雨刮器电机接线柱 5→EB 搭铁→蓄电池“-”，形成回路，刮水电机高速运转。
刮水器高速工作	当点火开关打至 IG1 挡，刮水开关置高速位时，电流由蓄电池“+”→100A ALT 熔丝→50A AM1 熔丝→点火开关 IG1 挡→20A 刮水器熔丝→组合开关接线柱 8→高速开关→接线柱 7→前雨刮器电机接线柱 1→电枢→前雨刮器电机接线柱 5→EB 搭铁→蓄电池“-”，形成回路，刮水电机高速运转。
刮水器间歇工作	当点火开关打至 IG1 挡，刮水开关置间歇位时，电流由蓄电池“+”→100A ALT 熔丝→50AAM1 熔丝→点火开关 IG1 挡→20A 刮水器熔丝→组合开关接线柱 8→雨刮器继电器 +B 脚→雨刮器继电器 +S 脚→组合开关内部“NNT”开关→组合开关 7 接线柱→前雨刮器电机接线柱 1→电枢→前雨刮器电机接线柱 5→EB 搭铁→蓄电池“-”，形成回路，刮水电机间歇运转。刮水器继电器决定间歇时间。
刮水器停机复位	当刮水器开关打至“关”挡位置时，若刮臂没有停在规定位置，则雨刮器电机内复位装置将 2 号端子与 3 号端子接通，电流由蓄电池“+”→100A ALT 熔丝→50AAM1 熔丝→点火开关 IG1 挡→20A 刮水器熔丝→前雨刮器电机接线柱 2→前雨刮器电机接线柱 3→组合开关接线柱 6→雨刮器继电器 +S 脚→组合开关内部的“OFF”开关→组合开关 7 接线柱→前雨刮器电机接线柱 1→电枢→前雨刮器电机接线柱 5→EB 搭铁→蓄电池“-”，形成回路，电机继续转动，直至刮水器停在规定的位置上。

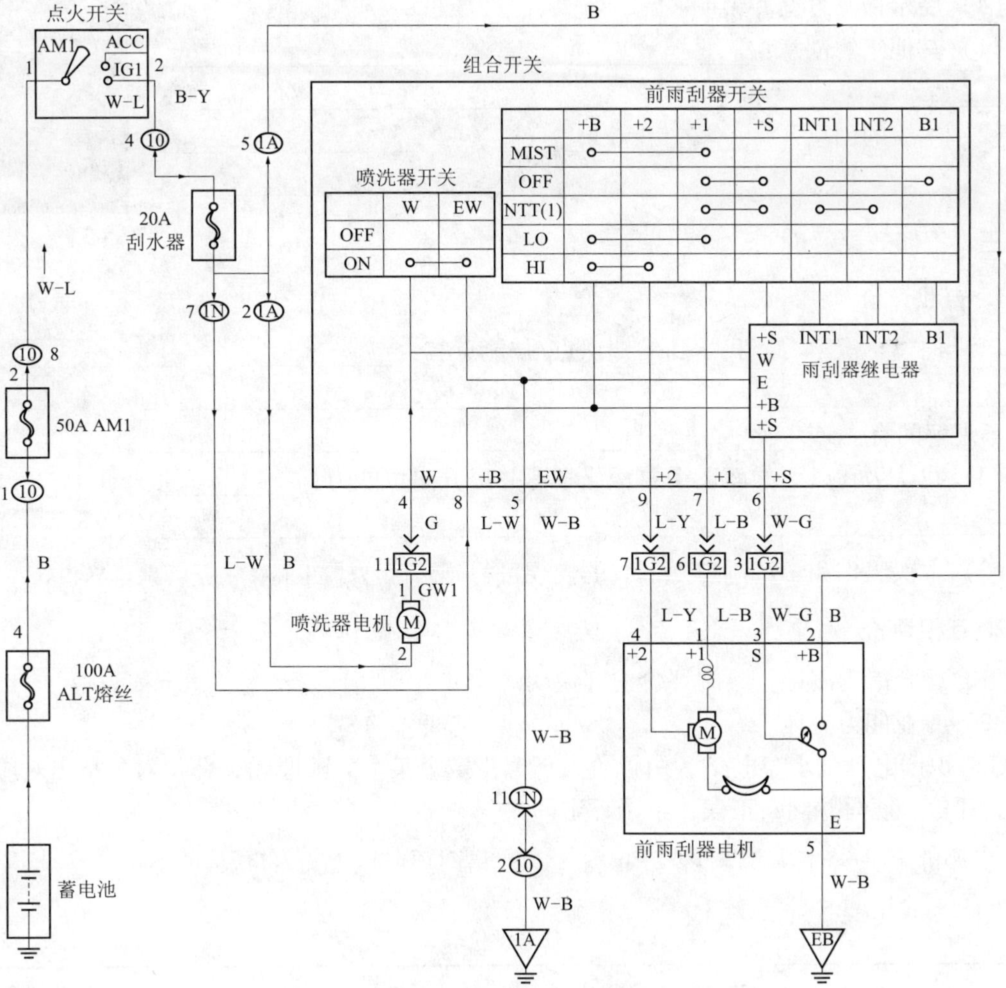

图 8－9　电动刮水器电路

对于挡风玻璃刮水器不工作故障，我们可以把电路分成三部分来进行检测。

第一部分是电源部分，可从组合开关的 8 脚起，往前查供电电路，其中主要检查熔丝是否正常；第二部分查刮水器电机，当雨刮开关置于“HI”挡，正常时，前雨刮电机的 4 脚应可以测到蓄电池电压，前雨刮电机的 5 脚电压为 0V，当此两脚电压正常而刮水电机仍不动作，说明刮水电机存在故障；第三部分为刮水器开关总成。

（3）根据电路图，分析电动刮水器不工作可能导致故障的原因（电源、刮水器电机、开关），按先后顺序填写并展示。

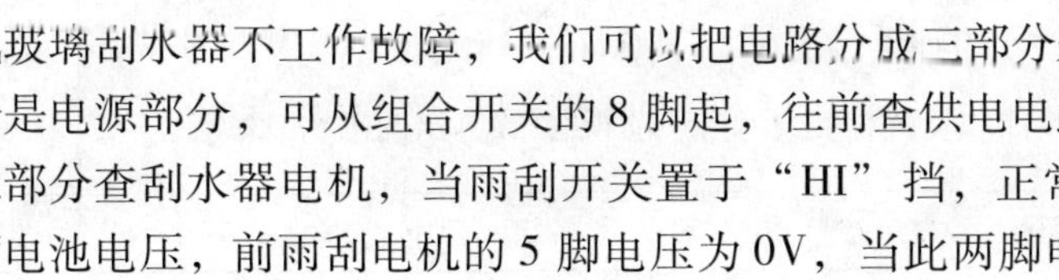

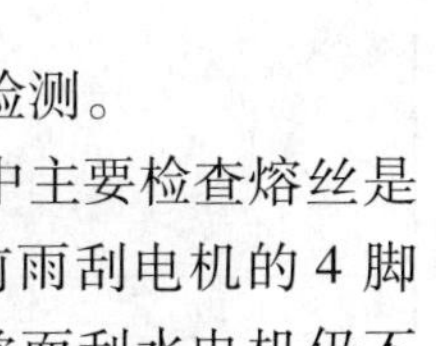

（4）展示检修方案并说明：

（1）其他组的创意：____。

（2）本组的创意：____。

三、工作效果评价

1. 自我评价

（1）通过本次学习，我学到的知识点/技能点有：____________________________________。

不理解的有：______________________________________。

（2）我认为在以下方面还需要深化学习并提升岗位能力：________________________________。

（3）本次工作和学习过程中，我的表现可得到：□  □  □ 。

2. 互相评价

（1）综合能力测评：参阅评价内容说明。

（2）专业能力测评。

①“识读电动刮水器电路”由评价人任意指定个某个故障原因，评价对象指出对应检测位置，评价人填写并判断正误，给予评定。

② 评价结果全对得 ，错一项得 ，错两项或以上得 。

任务评价表

<table>
<tr><td rowspan="2">项目</td><td colspan="6" rowspan="2">评价内容
综合能力测评：
（1）请在对应条目的○内打“√”或“×”，不能确定的条目不填，可以在小组评价时让本组同学讨论并写出结论。
（2）评价结果全对得 ，错一项得 ，错两项得 。</td><td colspan="3">评价等级
（学生互评）</td></tr>
<tr><td></td><td></td><td></td></tr>
<tr><td rowspan="4">综合能力
测评项目
（组内互评）</td><td colspan="2">○按时到场</td><td colspan="2">○工装齐备</td><td colspan="2">○书、本、笔齐全</td><td></td><td></td><td></td></tr>
<tr><td colspan="2">○安全操作</td><td colspan="2">○责任心强</td><td colspan="2">○7S 管理规范</td><td></td><td></td><td></td></tr>
<tr><td colspan="2">○学习积极主动</td><td colspan="2">○合理使用教学资源</td><td colspan="2">○主动帮助他人</td><td></td><td></td><td></td></tr>
<tr><td colspan="2">○接受工作分配</td><td colspan="2">○有效沟通</td><td colspan="2">○高效完成工作任务</td><td></td><td></td><td></td></tr>
<tr><td rowspan="2">专业能力
测评项目
（组间互评）</td><td rowspan="2">传
感
器</td><td>中文名</td><td></td><td></td><td></td><td></td><td colspan="3"></td></tr>
<tr><td>英文名</td><td></td><td></td><td></td><td></td><td></td><td></td><td></td></tr>
</table>

续表

项目	评价内容	评价等级（学生互评）		
项目	评价内容 综合能力测评： （1）请在对应条目的○内打“√”或“×”，不能确定的条目不填，可以在小组评价时让本组同学讨论并写出结论。 （2）评价结果全对得 ，错一项得 ，错两项得 。			
小组评语及建议	他（她）做到了： 他（她）的不足： 给他（她）的建议：	组长签名： 年 月 日		
老师评语及建议		评价等级：______ 教师签名： 年 月 日		

工作任务3　电动刮水器不工作故障检修的方案实施

班级______　姓名______　学号______　工号______　日期______　测评等级______

一、工作与学习目标

- ◆ 能够根据制订的维修方案排除故障
- ◆ 能检测并判断电子元器件工作性能
- ◆ 能够总结排故思路并相互评价

二、工作过程及学习记录

（1）喷洗器电机的检测。

① 把洗涤器电机和泵安装到储液罐系统上，在罐中倒入水。

② 断开喷洗器电机的连接器。

③ 把喷洗器电机1号端子与蓄电池正极（+）连接；2号端子与蓄电池负极（-）连接。检查水是否从罐子里流出来，如图8-10所示。如果没有水流出，则更换喷洗器电机和泵。

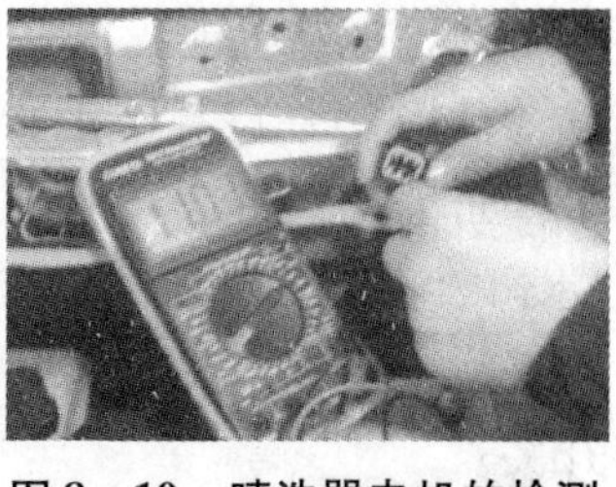

图8-10　喷洗器电机的检测

（2）刮水器开关总成的检测。

① 通路检查：检查连接器上各端于是否导通，如图所示，前刮水器开关端子的标准如表8-1所示，前喷洗器开关端子的标准如表8-2所示。如果不导通，则更换开关。

表8-1 刮水器开关端子的标准

开关动作	测试端子	规定状态
MIST	7（+1）-8（+b）	导通
OFF	6（+S）-7（+1）	导通
INT	6（+S）-7（+1）	导通
LO	7（+1）-8（+B）	导通
NI	8（+B）-9（+2）	导通

表8-2 喷洗器开关端子的标准

开关动作	测试端子	规定状态
OFF		不导通
ON	4（W）-5（EW）	导通

② 间歇操作检查

Ⅰ、把伏特表正极（+）与连接器7号端子（+1），负极（-）与连接5号端子（EW）连接。

Ⅱ、把蓄电池正极（+）与连接器8号端子（+B）连接，负极（-）与连接器5号端子（EW）和6号端子（+S）连接。

Ⅲ、把刮水器开关转到INT位置。

Ⅳ、把蓄电池正极（+）与连接器6号端子（+S）连接，保持5s。

Ⅴ、把蓄电池负极（-）与连接器6号端子（+S）连接。使间歇刮水继电器工作，测量7号端子（+1）与5号端子（EW）之间的电压。测试标准如图8-11（d）所示。如果不符合规定，则更换开关。

③ 工作检查（喷洗器开关）

Ⅰ、把喷洗器开关转到OFF位置。

Ⅱ、把蓄电池正极（+）与连接器8号端子（+B）连接，

负极（-）与连接器6号端子（+S）和5号端子（EW）连接。

Ⅲ、把伏特表正极（+）与连接器7号端子（+1）连接，负极（-）与连接器5号端子（EW）连接。把喷洗器开关转到ON位置，再到OFF位置，测量7号端子（+1）与5号端子（EW）之间的电压。标准如图8-11（e）所示。如果不符合规定，则更换开关。

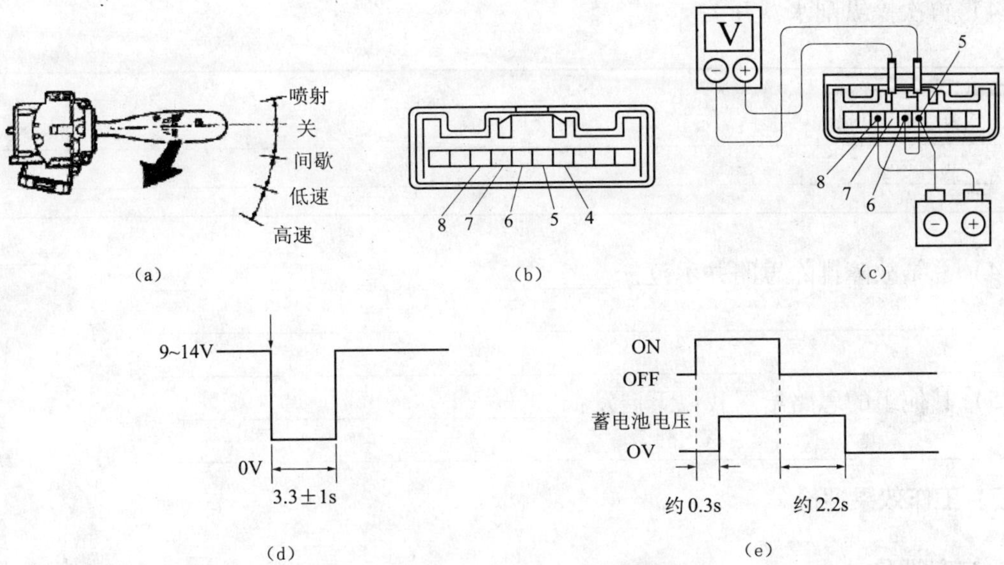

图8－11　电动刮水器开关总成的检测

(a) 电动刮水器开关总成；(b) 电动刮水器开关端子；(c) 电动刮水器端子检查；
(d) 喷洗器开关工作检查标准；(e) 电动刮水器间歇操作检查标准

(3) 刮水器电机总成的检测。

① 低速挡位检查。

把蓄电池正极（+）与连接器1号端子（+1）连接，负极（－）与连接器5号端f（E）连接，检查电机在低速挡位的速度，如图8－12（a）中所示。如果不符合规定，则更换电机。

② 高速挡位检查。

把蓄电池正极（+）与连接器4号端子（+2）连接，负极（－）与连接器5号端子（E）连接，检查电机在低速挡位的速度，如果不符合规定，则更换电机。

③ 自动复位检查。

Ⅰ、把蓄电池正极（+）与连接器1号端子（+1）连接，负极（－）与连接器5号端子（E）连接。让电机在低速挡位转动，断开1号端子（+），使电机在任意位置停止转动。

Ⅱ、用一根导线连接1号端子（+1）和3号端子（S），蓄电池正极（+）与2号端子（B）连接，负极（－）与5号端子（E）连接，使电机在低速挡重新起动。

Ⅲ、检查自动复位工作是否正常。标准：如图8－12（b）中所示。如果不符合规定，则更换电机。

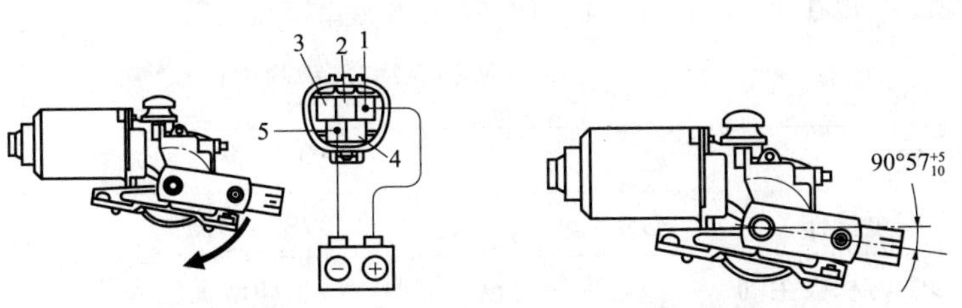

图8－12　刮水器电机总成的检测

（4）再次操纵刮水器开关。

记录现象：

（4）总结故障排除思路并示范：____。

（5）其他组的思路给了我以下启发：____。

三、工作效果评价

1. 自我评价

（1）通过本次学习，我学到的知识点/技能点有：____。

（2）我认为在以下方面还需要深化学习并提升岗位能力：____。

（3）本次工作和学习过程中，我的表现可得到：□ □ □。

2. 互相评价

（1）综合能力测评：参阅评价内容说明。

（2）专业能力测评。

①“电动刮水器不工作故障检修”由评价人任意设定一个挡位不工作的故障点，评价对象对设定的故障点进行诊断排除，评价人依据结果判断正误，给予评定。

②评价结果全对得 ，错一项得 ，错两项或以上得 。

任务评价表

项目	评价内容 综合能力测评： （1）请在对应条目的○内打“√”或“×”，不能确定的条目不填，可以在小组评价时让本组同学讨论并写出结论。 （2）评价结果全对得 ，错一项得 ，错两项得 。			评价等级（学生互评）		
综合能力测评项目（组内互评）	○按时到场	○工装齐备	○书、本、笔齐全			
	○安全操作	○责任心强	○7S 管理规范			
	○学习积极主动	○合理使用教学资源	○主动帮助他人			
	○接受工作分配	○有效沟通	○高效完成工作任务			

续表

<table>
<tr><td rowspan="2">项目</td><td colspan="6" rowspan="2">评价内容
综合能力测评：
（1）请在对应条目的○内打“√”或“×”，不能确定的条目不填，可以在小组评价时让本组同学讨论并写出结论。
（2）评价结果全对得 ，错一项得 ，错两项得 。</td><td colspan="3">评价等级
（学生互评）</td></tr>
<tr><td></td><td></td><td></td></tr>
<tr><td rowspan="2">专业能力
测评项目
（组间互评）</td><td rowspan="2">传
感
器</td><td>中文名</td><td></td><td></td><td></td><td></td><td colspan="3"></td></tr>
<tr><td>英文名</td><td></td><td></td><td></td><td></td><td></td><td></td><td></td></tr>
<tr><td>小组评语及建议</td><td colspan="6">他（她）做到了：
他（她）的不足：
给他（她）的建议：</td><td colspan="3">组长签名：
年　月　日</td></tr>
<tr><td>老师评语及建议</td><td colspan="6"></td><td colspan="3">评价等级：______
教师签名：
年　月　日</td></tr>
</table>

工作任务4　电动刮水器不工作故障检修完工检验

班级______　姓名______　学号______　工号______　日期______　测评等级______

一、工作与学习目标

◆ 能够按照企业标准对车辆进行检验

◆ 能够确认故障排除并对电动刮水器的使用提出合理化建议

二、检验项目

<table>
<tr><td rowspan="2">项目</td><td colspan="3">检验结果</td><td rowspan="2">备注</td></tr>
<tr><td></td><td></td><td></td></tr>
<tr><td>刮水器工作正常</td><td></td><td></td><td></td><td></td></tr>
<tr><td>保险丝及保险丝盒复位完整</td><td></td><td></td><td></td><td></td></tr>
</table>

续表

项目	检验结果			备注
所有装饰件完好				
连接器连接可靠				
未有工具设备遗漏				

单元一 思考与练习

一、填空题

1. 刮水器电动机有________式和________式两种。

2. 永磁式电动机的磁场是________，永磁双速刮水器的变速是通过改变________来实现的，为此其电刷通常有________个。

3. 风窗玻璃洗涤器主要由________、________、________及________等组成。

4. 上海桑塔纳轿车的刮水器、洗涤器有________、________、________、________及________等五个工作挡。

二、选择题

1. 上海桑塔纳轿车刮水器的电源（　　）。

A. 由点火开关直接控制

B. 经点火开关由中间继电器控制

C. 只受刮水器开关控制

2. 带有间歇挡的刮水器在下列情况下使用间歇挡（　　）。

A. 大雨大

B. 中雨天

C. 毛毛细雨或大雾天

3. 上海桑塔纳轿车间歇挡工作时，刮水片摆动的间歇时间为（　　）。

A. 3s 左右

B. 6s 左右

C. 10s 左右

三、判断题

1. 永磁式电动刮水器的变速是通过变速电阻的串入或隔除来实现的。(　　)

2. 使用风窗玻璃洗涤器时，应先开动刮水器，然后再开动洗涤液泵。(　　)

五、简答题

1. 如何调整电动刮水器橡皮刷的停止位置？

2. 使用风窗玻璃洗涤设备时，应注意哪些问题？

单元二　电动车窗无法降落故障的检修

班级______　姓名______　学号______　工号______　日期______　测评等级______

工作任务	电动车窗无法降落故障的检修	教学模式	任务驱动和行动导向
建议学时	4 学时	教学地点	一体化实训室
任务描述	有一客户开来一辆悦动轿车，他的右前侧车窗不能正常升降，要求给予检修。我们作为维修技工，需要根据维修手册，使用诊断工具，参考相关资料排除故障，恢复车窗的升降功能，提出合理化使用建议，并最终检验合格后交付前台。	 维修流程？	
学习目标	1. 能够执行电动车窗检修的操作规程，树立良好的安全文明操作意识。 2. 能够根据维修手册和其他资源分析电动车窗的常见故障原因。 3. 能够描述电动车窗的检查项目和技术要求。 4. 能够主动获取信息，展示学习成果，对工作过程进行总结与反思，与他人进行有效沟通，团结协作。 5. 能够运用所学知识，为顾客解析电动刮水器故障发生的现象并分析原因。		
学习准备	1. 设备器材：每组配套：悦动轿车 1 台，悦动全车电器实验台 1 台，工具车 2 台，测电笔 2 个，数字万用表 4 块，世达拆装工具 2 套，悦动维修手册 2 份，网络资源。 2. 分六组，小组人员岗位分配表（由组长分配）。		

工作岗位	时段一 ______年______月______日 ____时____分至____时____分	时段二 ______年______月______日 ____时____分至____时____分
主修人员（1 人）		
辅修人员（1 人）		
工具管理（1 人）		
零件摆放（1 人）		
安全监督（1 人）		
质量检验（1 人）		
7S 监督（2～4 人）		

【知识要点】

一、电动车窗的组成

电动车窗又称电动门窗，它可以使驾驶员或乘客在座位上控制车窗玻璃自动上升或下降。电动车窗控制系统主要由车窗、直流电动机、电动玻璃升降器开关（主控开关、分控开关）、继电器、断路器等装置组成。

电动车窗的结构如图 8－13 所示。

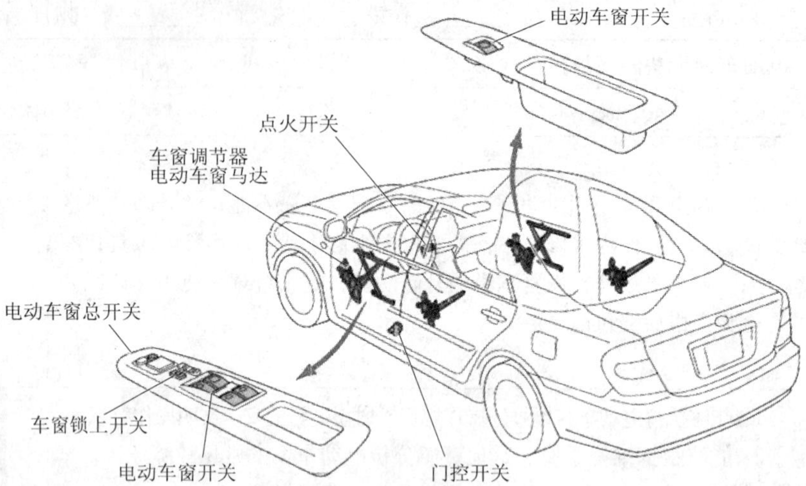

图 8－13　电动车窗结构

1. 直流电动机

直流电动机有永磁式和双绕组式两种。每个车窗都装有一套升降机构通过开关控制它的电流或磁场方向，使车窗玻璃上升或下降。

2. 车窗玻璃升降器

车窗玻璃升降器常见的有钢丝滚筒式和齿扇式两种。

钢丝滚筒式玻璃升降器（图 8－14），双向直流电动机前端安装有减速机构，其上安装绕有钢丝的滚筒，玻璃卡座固定在钢丝上，且可在滑动支架上移动。

齿扇式玻璃升降器（图 8－15），双向直流电机带动蜗轮蜗杆减速改变方向后，驱动齿扇，从而使玻璃向下移动，齿扇上安有螺旋弹簧，当门窗下降时螺旋弹簧收缩，将一部分能量转化为弹性势能；当门窗上升时，螺旋弹簧伸展，释放出储存的弹性势能，达到直流电机双向负荷平衡的目的。

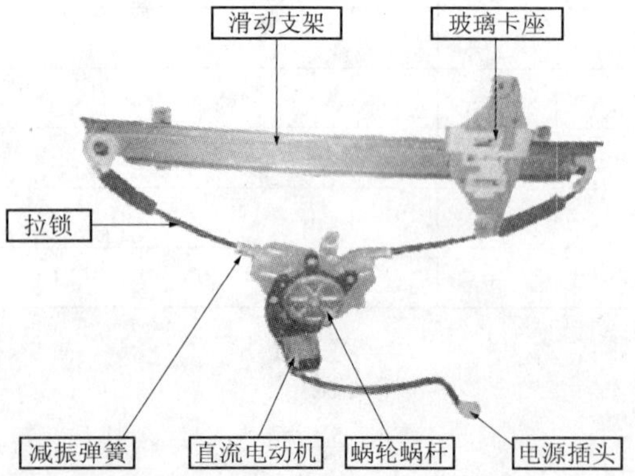

图 8－14　钢丝滚筒式玻璃升降器

图 8－15　齿扇式玻璃升降器

3. 控制开关

所有电动车窗都有两套控制开关：一套为主控开关，安装在驾驶员侧车门扶手上或仪表板，由驾驶员控制玻璃升降。另一套为分控开关，安装在乘客侧车窗中部，可由乘客操纵。主控开关下还安装有控制分开关的总开关，如果断开它，分开关就不起作用。若带有延迟开关的电动车窗系统，可在点火开关关断后约 10 min 内，或在车门打开以前，仍提供电源，使驾驶员和乘客有时间关闭车窗。丰田威驰轿车车窗控制开关如图 8－16所示。

图 8－16　电动车窗控制开关

4. 断路器

为了防止电机过载，在电路或电动机内装有一个或多个双金属片式热敏断路器，用以控制电机中的电流。若车窗玻璃因某种原因卡住（如密封条老化），即使操纵开关没有断开，双金属片式热敏断路器也会因电流过大自动断路，从而保护电动机不被烧毁。

二、电动车窗的工作原理与控制

车窗电动机都是双向的，分永磁式和双绕组串励式两类。永磁式直流电动机是通过改变输入电枢绕组的电流方向使电动机以相反的方向旋转。双绕组串励式直流电动机有两个绕向相反的磁场绕组，一个称为上升绕组，另一个称为下降绕组，通电后产生相反方向的磁场，即可改变电动机的旋转方向。这里以永磁式直流电机电动车窗为例进行分析。

图 8－17 所示为丰田拉罗拉轿车电动车窗控制系统电路图，它采用永磁式直流电动机驱动车窗玻璃升降。

工作过程如下：

（1）车身 ECU 的第 13 脚是信号输出控制脚，当车身 ECU 的 13 脚输出高电平信号时，电源继电器线圈得电，其触点闭合，蓄电池电压—主熔丝—12A ALT 熔丝、电源继电器触点后分三路供电：

第一路经 30A 电源熔丝后分两路：一路供电给电动车窗主开关的 6 脚；另一路供电给右前电动车窗升降开关 H7 的 3 脚。

第二路经 20A 右后门熔丝后供电给右后电动车窗升降器开关 J1 的 3 脚。

第三路经 20A 左后门熔丝后供电给左后电动车窗开关 K1 的 3 脚。

蓄电池电压经 20A 电源熔丝后供电给左前电动门窗调节电机 I6 的 2 脚；电动车窗主开关的 1 脚和左前电功车窗调节电机 I6 的 1 脚都为搭铁脚；电动车窗主开关 1 关的 5 脚为电功窗下降控制信号；电动车窗主开关的 8 脚为电动窗上升控制信号。

（2）当电动车窗主开关断开时，除驾驶侧外，其他车门窗玻璃驱动电机的搭铁线均被切断，驾驶侧车窗由对应的分开关控制。例如：当按下驾驶侧电动车窗“UP”按钮时，左前电动车窗上升关窗；当按下驾驶侧电动窗“DOWN" 按扭时，左前电动车窗下降开窗。

（3）当总开关闭合时，驾驶员可对其他车门窗玻璃进行控制。如驾驶员按下电动车窗主开关相应的后座左侧门窗“UP”按钮时，蓄电池“＋”→120A 交流发电机熔断丝→动力继电器触点→30A 电源熔断丝→电动窗主开关的 6 脚→电动窗主开关的 12 脚→左后电动车窗升降器开关的 5 脚→左后电动车窗升降器开关的 4 脚→左后车窗升降器电动机→左后电动车窗升降器开关的 1 脚→电动窗主开关的 13 脚→电功窗主开关的 1 脚→E1 搭铁→蓄电池"—"，此时左后电动窗升降器调节电机得电，车窗上升关窗。

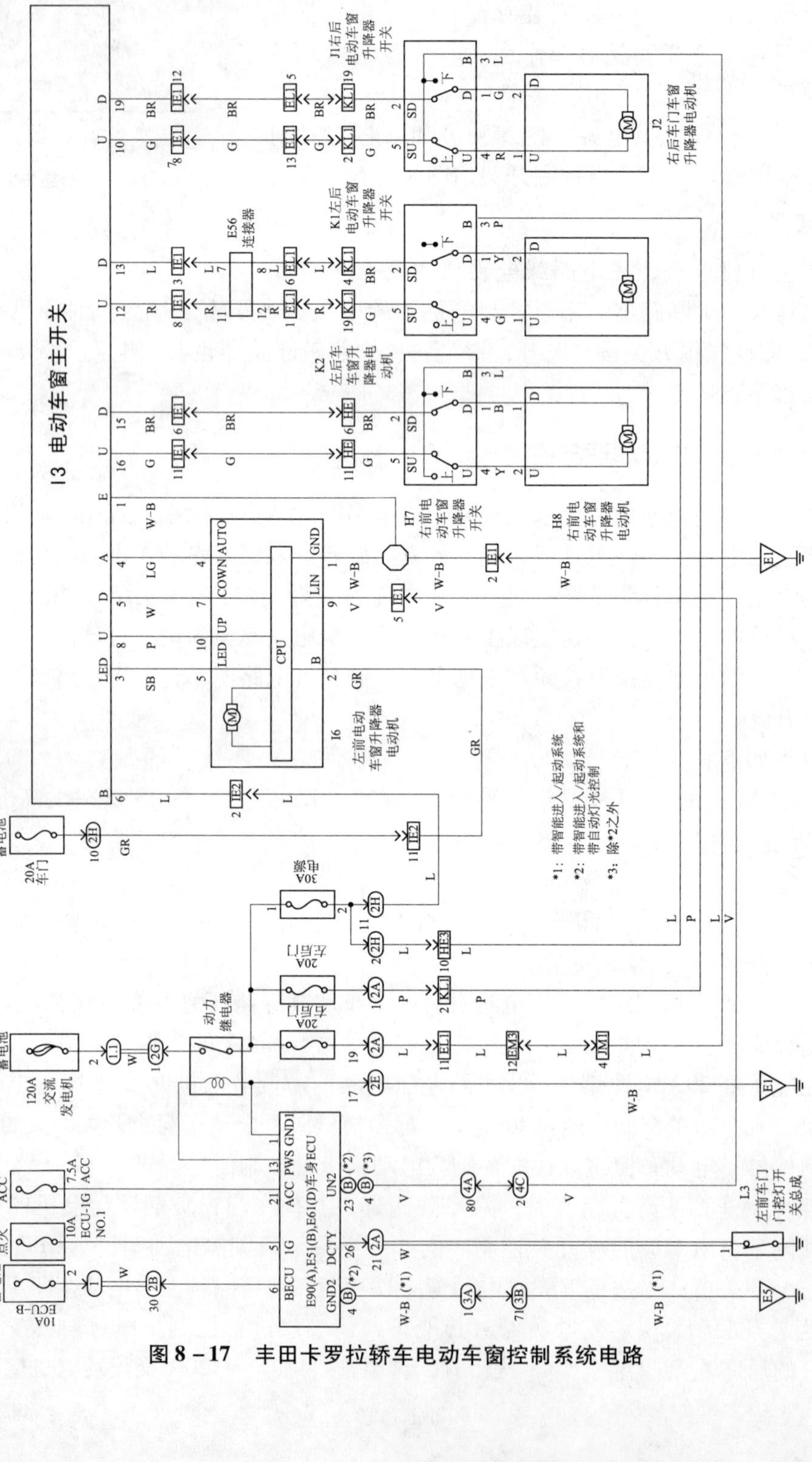

图 8－17　丰田卡罗拉轿车电动车窗控制系统电路

（4）当总开关闭合时，乘客可对其它车门窗玻璃进行控制。如乘客按下电动车窗主开关相应的后座左侧门窗“UP”按钮时，蓄电池“+”→120A 交流发电机熔断丝→动力继电器触点→20A 左后门熔断丝→左后电动车窗升降器开关的 3 脚→左后电动车窗升降器开关的 4 脚→左后车窗升降器电动机→左后电动车窗升降器开关的 1 脚→电功窗主开关的 13 脚→电动窗主开关的 1 脚→E1 搭铁→蓄电池“—”，此时左后电动窗升降器调节电机得电，车窗上升关窗。

（5）其他车窗的操纵与上述操纵方法相同。

工作任务 1　电动车窗无法降落故障检修的任务分析

班级______　姓名______　学号______　工号______　日期______　测评等级______

一、工作与学习目标

◆能确认实际故障现象

◆能识别电动车窗的控制原理并建立初步思路

二、工作过程及学习记录

（1）列举电动车窗检修的注意事项：

____。

（2）填写车辆基本信息。

基本信息	车身底盘号		车型	
	发动机型号		公里数	
故障现象				

图 8－18　驾驶员侧电动车窗操纵开关

（3）故障确认。

① 安装车辆防护套件。

② 根据右图确认电动车窗各按钮。

③ 确认故障现象，根据开关的操纵情况，填写相应内容。

检查项目	现象	
检查驾驶员侧车窗开关是否正常工作	□ 正常	□ 不正常
检查左后乘客侧车窗开关是否正常工作	□ 正常	□ 不正常
检查右前乘客侧车窗开关是否正常工作	□ 正常	□ 不正常
检查右后乘客侧车窗开关是否正常工作	□ 正常	□ 不正常

经过以上检查可确定各车电动车窗的故障为____________________________________。

（4）电动车窗各组成的识别。

① 在图 8－19 中对电动车窗各组成进行连线。

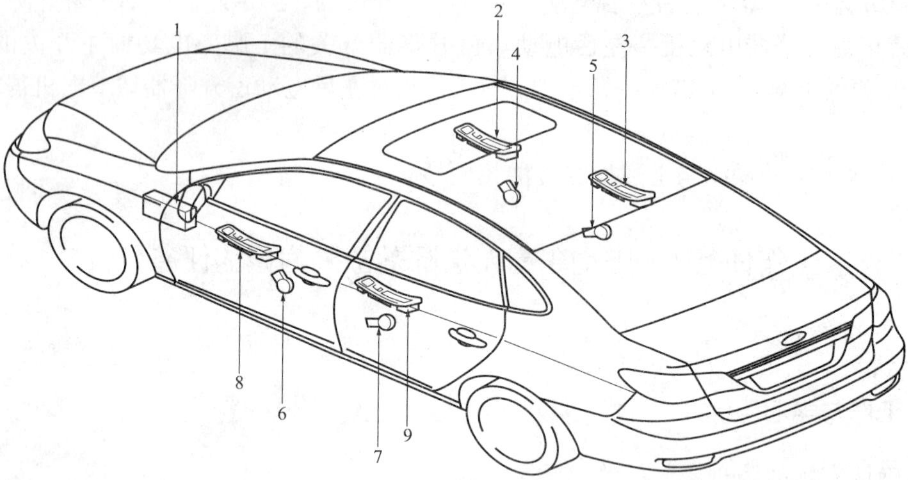

图 8－19　电动车窗组成

1－仪表板接线盒（电动门窗继电器）；2－右前门窗开关；3－后门窗开关；4－前门窗电机；5－后门窗电机；6－前门窗电机；7－后门窗电机；8－驾驶员侧电动门窗主开关；9－后门窗开关

② 如图 8－20、图 8－21 所示，找出电动车窗继电器与保险丝，并做标记。

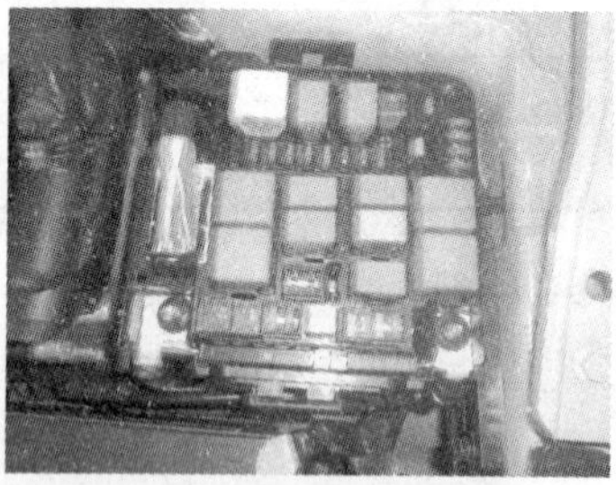

图 8－20　发动机舱继电器盒

图 8－21　室内继电器盒

三、工作效果评价

1. 自我评价

（1）通过本次学习，我学到的知识点/技能点有：________________________________

____。

不理解的有：____。

____。

（2）我认为在以下方面还需要深化学习并提升岗位能力：________________

____。

（3）本次工作和学习过程中，我的表现可得到：□ 😎 □ 🙂 □ ☹。

2. 互相评价

（1）综合能力测评：参阅评价内容说明。

（2）专业能力测评。

①“电动车窗各组成的识别”由评价人任意指定各个元器件，评价对象指出对应元器件的名称，评价人填写并判断正误，给予评定。

②评价结果全对得 ，错一项得 ，错两项或以上得 。

任务评价表

<table>
<tr><td rowspan="2">项目</td><td colspan="6" rowspan="2">评价内容
综合能力测评：
（1）请在对应条目的○内打“√”或“×”，不能确定的条目不填，可以在小组评价时让本组同学讨论并写出结论。
（2）评价结果全对得 ，错一项得 ，错两项得 。</td><td colspan="3">评价等级
（学生互评）</td></tr>
<tr><td></td><td></td><td></td></tr>
<tr><td rowspan="4">综合能力
测评项目
（组内互评）</td><td colspan="2">○按时到场</td><td colspan="2">○工装齐备</td><td colspan="2">○书、本、笔齐全</td><td></td><td></td><td></td></tr>
<tr><td colspan="2">○安全操作</td><td colspan="2">○责任心强</td><td colspan="2">○7S 管理规范</td><td></td><td></td><td></td></tr>
<tr><td colspan="2">○学习积极主动</td><td colspan="2">○合理使用教学资源</td><td colspan="2">○主动帮助他人</td><td></td><td></td><td></td></tr>
<tr><td colspan="2">○接受工作分配</td><td colspan="2">○有效沟通</td><td colspan="2">○高效完成工作任务</td><td></td><td></td><td></td></tr>
<tr><td rowspan="2">专业能力
测评项目
（组间互评）</td><td rowspan="2">传
感
器</td><td>中文名</td><td></td><td></td><td></td><td></td><td colspan="3"></td></tr>
<tr><td>英文名</td><td></td><td></td><td></td><td></td><td></td><td></td><td></td></tr>
<tr><td>小组评语及建议</td><td colspan="6">他（她）做到了：

他（她）的不足：

给他（她）的建议：</td><td colspan="3">组长签名：

年　月　日</td></tr>
<tr><td>老师评语及建议</td><td colspan="6"></td><td colspan="3">评价等级：______

教师签名：

年　月　日</td></tr>
</table>

工作任务2 电动车窗无法降落故障检修的方案制订

班级______ 姓名______ 学号______ 工号______ 日期______ 测评等级______

一、工作与学习目标

◆ 能够识读电动车窗电路

◆ 能根据电动车窗的工作原理，制订检修方案

◆ 能够展示学习成果并相互评价

二、工作过程及学习记录

（1）分析电动车窗电路（图8－22）。

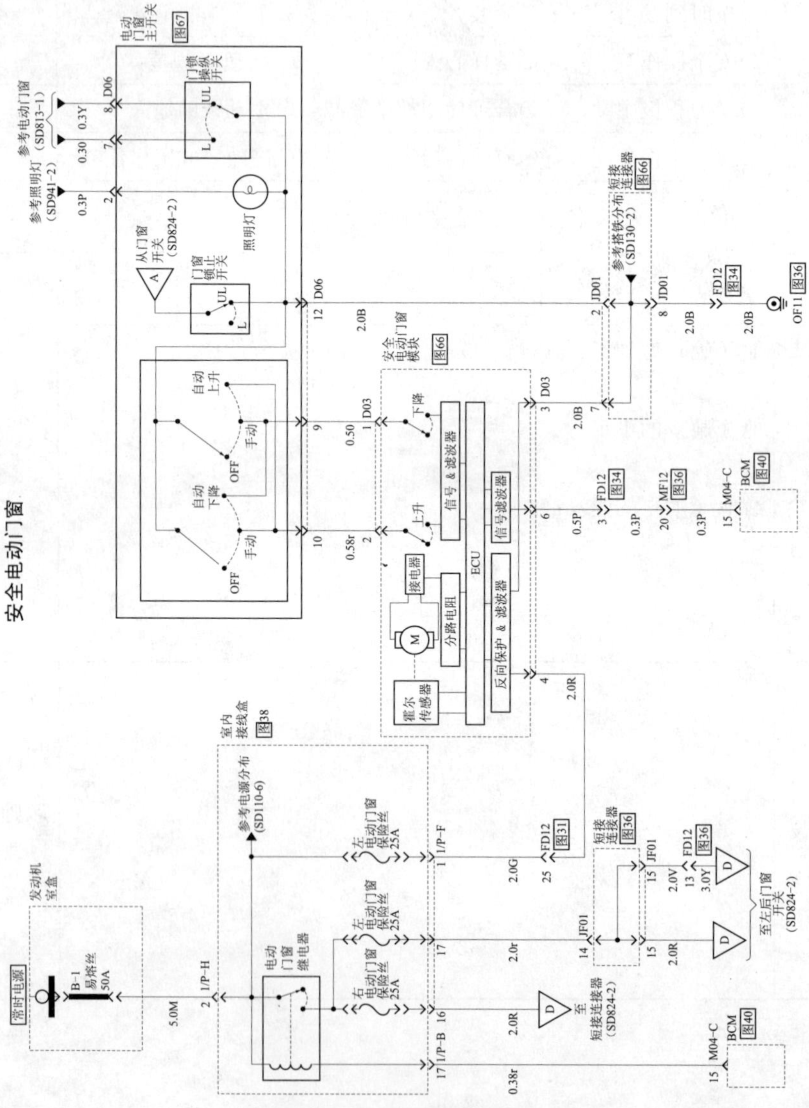

图8－22 电动车窗电路图

（2）根据电路图，分析电动车窗不工作可能导致故障的原因有：________________。

（3）制订电动车窗的检修方案并展示。

序号	检查项目	使用工具
A		
B		

（4）展示检修方案并说明：

① 其他组的创意____。

② 本组的创意：____。

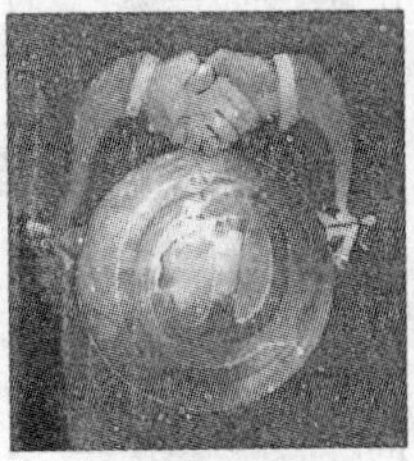

我们组最棒！

三、工作效果评价

1. 自我评价

（1）通过本次学习，我学到的知识点/技能点有：________________________________。

不理解的有：________________________________。

（2）我认为在以下方面还需要深化学习并提升岗位能力：________________________________。

（3）本次工作和学习过程中，我的表现可得到：□  □  □ 。

2. 互相评价

（1）综合能力测评：参阅评价内容说明。

（2）专业能力测评。

①“识读电动车窗电路”由评价人任意指定个某个故障原因，评价对象指出对应检测位置，评价人填写并判断正误，给予评定。

②评价结果全对得 ，错一项得 ，错两项或以上得 。

任务评价表

<table>
<tr><td rowspan="2">项目</td><td colspan="6" rowspan="2">评价内容
综合能力测评：
（1）请在对应条目的○内打“√”或“×”，不能确定的条目不填，可以在小组评价时让本组同学讨论并写出结论。
（2）评价结果全对得 ，错一项得 ，错两项得 。</td><td colspan="3">评价等级
（学生互评）</td></tr>
<tr><td></td><td></td><td></td></tr>
<tr><td rowspan="4">综合能力
测评项目
（组内互评）</td><td colspan="2">○按时到场</td><td colspan="2">○工装齐备</td><td colspan="2">○书、本、笔齐全</td><td></td><td></td><td></td></tr>
<tr><td colspan="2">○安全操作</td><td colspan="2">○责任心强</td><td colspan="2">○7S 管理规范</td><td></td><td></td><td></td></tr>
<tr><td colspan="2">○学习积极主动</td><td colspan="2">○合理使用教学资源</td><td colspan="2">○主动帮助他人</td><td></td><td></td><td></td></tr>
<tr><td colspan="2">○接受工作分配</td><td colspan="2">○有效沟通</td><td colspan="2">○高效完成工作任务</td><td></td><td></td><td></td></tr>
<tr><td rowspan="2">专业能力
测评项目
（组间互评）</td><td rowspan="2">传
感
器</td><td>中文名</td><td></td><td></td><td></td><td></td><td colspan="3"></td></tr>
<tr><td>英文名</td><td></td><td></td><td></td><td></td><td></td><td></td><td></td></tr>
<tr><td>小组评语及建议</td><td colspan="6">他（她）做到了：

他（她）的不足：

给他（她）的建议：</td><td colspan="3">组长签名：

年　月　日</td></tr>
<tr><td>老师评语及建议</td><td colspan="6"></td><td colspan="3">评价等级：______

教师签名：

年　月　日</td></tr>
</table>

工作任务3　电动车窗无法降落故障检修的方案实施

班级______　姓名______　学号______　工号______　日期______　测评等级______

一、工作与学习目标

- ◆ 能够根据制订的维修方案排除故障
- ◆ 能检测并判断电子元器件工作性能
- ◆ 能够总结排故思路并相互评价

二、工作过程及学习记录

由于只有右前侧车窗不能升降，其它三个车门的电动车窗工作均正常，说明故障出现在驾驶员侧电动车窗这一支路上，其故障原因有以下几点：①安全电动车窗保险丝；②安全电动车窗开关；③安全电动车窗模块；④安全电动车窗电机；⑤与安全电动车窗相关的线路；⑥BCM。具体检查如图 8－23 所示。

(1) 安全电动车窗保险丝的检查。

(2) 安全电动车窗模块的检查。

① 拆下左前车门装饰板。

Ⅰ. 拆下扇形内盖。

Ⅱ. 拧下车门装饰板固定螺钉。

Ⅲ. 释放车门装饰板固定夹。

Ⅳ. 向上拉出车门装饰板。

Ⅴ. 分离电动车窗开关连接器、电动后视镜开关连接器和门控灯连接器。

图 8－23　电动车窗开关插接器

② 安全电动车窗模块各接线的检查如图 8－24、8－25 所示。

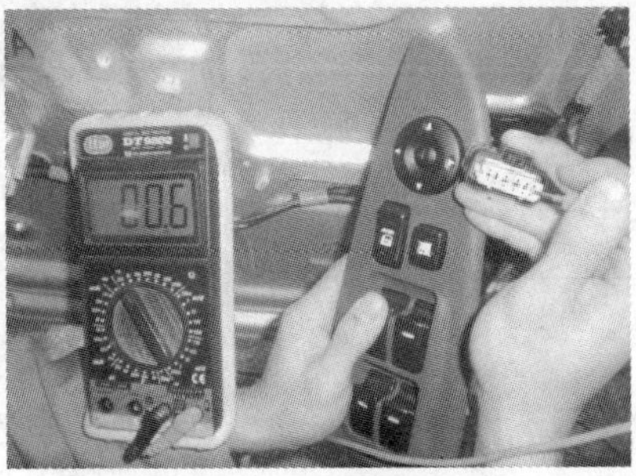

图 8－24　电动车窗开关线束

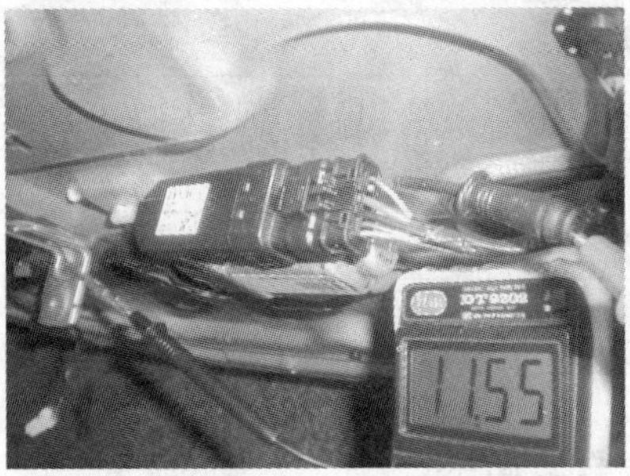

图 8－25　电动车窗开关插接器线束检查

Ⅰ. 电源线和搭铁线的检查。

用万用表对电源线和搭铁线进行确认，在电源线和搭铁线间接入一 12V/21W 的试灯。

结果：试灯点亮，由此说明至安全电动车窗模块的电源线和搭铁线均无故障。

Ⅱ. 安全电动车窗开关线的检查。

结果：电动车窗开和关的信号均正常，由此说明电动车窗开关及电动车窗至安全电动车窗模块间的线路均无故障。

Ⅲ. 安全电动车窗模块至 BCM 信号线的检查。

点火开关置于 OFF 挡时；点火开关置于 ON 挡时。

结果：信号正常，由此说明 BCM 及 BCM 至安全电动车窗模块间的线路均无故障。

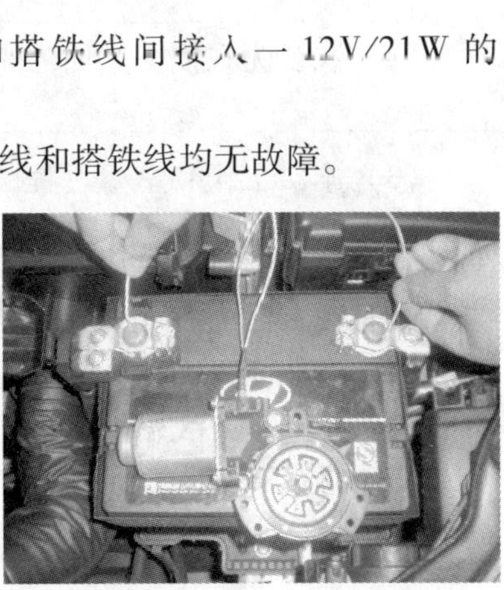

图 8－26　电动车窗电机的检查

③ 安全电动车窗电机的检查，如图 8－26 所示。

Ⅰ. 用胶带将电动车窗玻璃固定。

Ⅱ. 拆下安全电动车窗电机及模块总成。

Ⅲ. 拆下安全电动车窗模块。

Ⅳ. 对安全电动车窗电动机进行通电试验。

结果：安全电动车窗电动机运转正常。通过以上检查可以确定安全电动车窗保险丝、安全电动车窗开关、BCM、与安全电动车窗相关的线路以及安全电动车窗电机均无故障，由此可以判定故障原因为未经直接检查的安全电动车窗模块。

更换安全电动车窗模块后，故障排除。

(3) 再次操纵电动车窗开关。

记录现象：
____
____
____
____

(4) 总结故障排除思路并示范：______________________________
____。

(5) 其他组的思路给了我以下启发：__________________________
____
____。

三、工作效果评价

1. 自我评价

(1) 通过本次学习，我学到的知识点/技能点有：______________
____。

(2) 我认为在以下方面还需要深化学习并提升岗位能力：________
____。

(3) 本次工作和学习过程中，我的表现可得到：□  □  □ 。

2. 互相评价

(1) 综合能力测评：参阅评价内容说明。

(2) 专业能力测评。

①“电动车窗无法降落故障检修”由评价人任意设定一个挡位不工作的故障点，评价对象对设定的故障点进行诊断排除，评价人依据结果判断正误，给予评定。

②评价结果全对得 ，错一项得 ，错两项或以上得 。

任务评价表

<table>
<tr><td rowspan="2">项目</td><td colspan="6" rowspan="2">评价内容
综合能力测评：
（1）请在对应条目的○内打“√”或“×”，不能确定的条目不填，可以在小组评价时让本组同学讨论并写出结论。
（2）评价结果全对得，错一项得，错两项得。</td><td colspan="3">评价等级
（学生互评）</td></tr>
<tr><td></td><td></td><td></td></tr>
<tr><td rowspan="4">综合能力
测评项目
（组内互评）</td><td colspan="2">○按时到场</td><td colspan="2">○工装齐备</td><td colspan="2">○书、本、笔齐全</td><td></td><td></td><td></td></tr>
<tr><td colspan="2">○安全操作</td><td colspan="2">○责任心强</td><td colspan="2">○7S 管理规范</td><td></td><td></td><td></td></tr>
<tr><td colspan="2">○学习积极主动</td><td colspan="2">○合理使用教学资源</td><td colspan="2">○主动帮助他人</td><td></td><td></td><td></td></tr>
<tr><td colspan="2">○接受工作分配</td><td colspan="2">○有效沟通</td><td colspan="2">○高效完成工作任务</td><td></td><td></td><td></td></tr>
<tr><td rowspan="2">专业能力
测评项目
（组间互评）</td><td rowspan="2">传
感
器</td><td>中文名</td><td></td><td></td><td></td><td></td><td colspan="3"></td></tr>
<tr><td>英文名</td><td></td><td></td><td></td><td></td><td></td><td></td><td></td></tr>
<tr><td>小组评语及建议</td><td colspan="6">他（她）做到了：

他（她）的不足：

给他（她）的建议：</td><td colspan="3">组长签名：

年　月　日</td></tr>
<tr><td>老师评语及建议</td><td colspan="6"></td><td colspan="3">评价等级：______

教师签名：

年　月　日</td></tr>
</table>

工作任务 4　电动车窗无法降落故障检修完工检验

班级______　姓名______　学号______　工号______　日期______　测评等级______

一、工作与学习目标

- ◆ 能够按照企业标准对车辆进行检验
- ◆ 能够确认故障排除并对电动车窗的使用提出合理化建议

二、检验项目

项目	检验结果			备注

门窗升降正常				
保险丝及保险丝盒复位完整				
所有装饰件完好				
连接器连接可靠				
未有工具设备遗漏				

单元二 思考与练习

一、填空题

1. 电动车窗由________、________、________、________等装置组成。

2. 车窗电动机分________和________两类。

3. 电动玻璃升降器传动机构常见有________和________两种。

4. 各电动车窗电路中，一般设有断路________，以免电动机因________而烧坏。

二、选择题

1. 汽车的电动车窗电动机一般为（　　），它可以双向旋转，通过改变电动机的电流方向，使电动机得到不同的旋转方向来控制车窗玻璃的上升或下降。

A. 交流型　　B. 直流型　　C. 永磁型

2. 一般安装在汽车驾驶室内前上方的后视镜是（　　）。

A. 内后视镜　　B. 外后视镜　　C、下视镜

三、判断题

1. 电动车窗又叫自动车窗。（　　）

2. 电动车窗仅装配于一些高级轿车中。（　　）

3. 电动车窗系统由车窗、车窗玻璃升降器、电动机、开关等装置组成。（　　）

4. 四个车门公用一个车窗电机。（　　）

5. 防止过载，在电路中装有热敏断路开关，用来控制电流。（　　）

6. 防夹电动车窗需要实现“触觉”和“视觉”的配合。（　　）

7. 目前所有车辆都具备了防夹功能。（　　）

8. 车窗玻璃的升降主要利用电动机通入电流的方向变化来升降（　　）

四、简答题

分析电动车窗的工作过程，说明电流走向？

项目九

汽车整车线路分析

单元一　全车线路系统分析

班级______　姓名______　学号______　工号______　日期______　测评等级______

<table>
<tr><td>工作任务</td><td colspan="2">全车线路系统分析</td><td>教学模式</td><td colspan="2">任务驱动和行动导向</td></tr>
<tr><td>建议学时</td><td colspan="2">4 学时</td><td>教学地点</td><td colspan="2">一体化实训室</td></tr>
<tr><td>任务描述</td><td colspan="4">王先生早上驾驶一辆别克凯越轿车赶去上班，下车打开车门时发现门控灯和中央乘客室照明灯未亮，我们作为维修技工，需要根据维修手册，使用诊断仪器，参考相关资料排除故障，恢复系统功能，提出合理化使用建议，并最终检验合格后交付前台。</td><td>
维修流程?</td></tr>
<tr><td>学习目标</td><td colspan="4">1. 能够掌握汽车电路图的种类，了解一般汽车电路的接线规律。
2. 掌握全车电路识图的一般方法，能够对汽车电路进行分析。
3. 能够分析汽车各系统工作原理与线路电流走向。
4. 能够主动获取信息，展示学习成果，对工作过程进行总结与反思，与他人进行有效沟通，团结协作。
5. 能够运用所学知识，为顾客解析线路故障发生的现象及产生的原因。</td><td>
</td></tr>
<tr><td rowspan="5">学习准备</td><td colspan="5">1. 设备器材：每组配套：别克凯越轿车 1 台，工具车 2 台，诊断仪 2 台，数字万用表 4 块，凯越维修手册 2 份，网络资源。
2. 分六组，小组人员岗位分配表（由组长分配）。</td></tr>
<tr><td rowspan="2">工作岗位</td><td colspan="2">时段一</td><td colspan="2">时段二</td></tr>
<tr><td colspan="2">________年______月______日
____时____分至____时____分</td><td colspan="2">________年______月______日
____时____分至____时____分</td></tr>
<tr><td>主修人员（1 人）</td><td colspan="2"></td><td colspan="2"></td></tr>
<tr><td>辅修人员（1 人）</td><td colspan="2"></td><td colspan="2"></td></tr>
</table>

续表

工作任务	全车线路系统分析	教学模式	任务驱动和行动导向
建议学时	4 学时	教学地点	一体化实训室
学习准备	工作岗位	时段一	时段二
		______年______月______日 ____时____分至____时____分	______年______月______日 ____时____分至____时____分
	工具管理（1 人）		
	零件摆放（1 人）		
	安全监督（1 人）		
	质量检验（1 人）		
	7S 监督（2～4 人）		

【知识要点】

一、汽车电路图概述

汽车电路图是利用各种符号和线条构成的图形，表示了电路中各组成元件的安装位置、连接器的形式及接线情况、电线的颜色、接线盒和继电器盒中继电器及保险的位置，线束在汽车上的布置。

1. 汽车电路图的种类

现代汽车电路图的种类繁多，电路图依据车型不同，也存在一定差别，但总结起来汽车电路图主要有：布线图、电路原理图和线束图等。

（1）布线图。

布线图识按照汽车电器在车身上的大体位置来进行布线的，如图 9－1 所示。布线图是厂家提供，反映全车电器信息的电路图。

其优点是全车的电器（即电器设备）数量明显且准确，电线的走向清楚，有始有终，便于循线跟踪，查找起来比较方便。

其缺点是图上电线纵横交错，印制版面小则不易分辨，版面过大印装受限制；读图、画图费时费力，不易抓住电路重点、难点；不易表达电路内部结构与工作原理。

（2）电路原理图。

① 整车电路原理图。

为了生产与教学的需要，常常需要尽快找到某条电路的始末，以便确定故障分析的路线。在分析故障原因时，不能孤立地仅局限于某一部分，而要将这一部分电路在整车电路中的位置及与相关电路的联系都表达出来。整车电路图的优点在于：

Ⅰ. 对全车电路有完整的概念，它既是一幅完整的全车电路图，又是一幅互相联系的局部电路图。重点难点突出、繁简适当。

Ⅱ. 在此图上建立起电位高、低的概念：其负极“－”接地（俗称搭铁），电位最低，可用图中的最下面一条线表示；正极“＋”电位最高，用最上面的那条线表示。电流的方向基本都是由上而下，路径是：电源正极“+”→开关→用电器→搭铁→电源负极“-”。

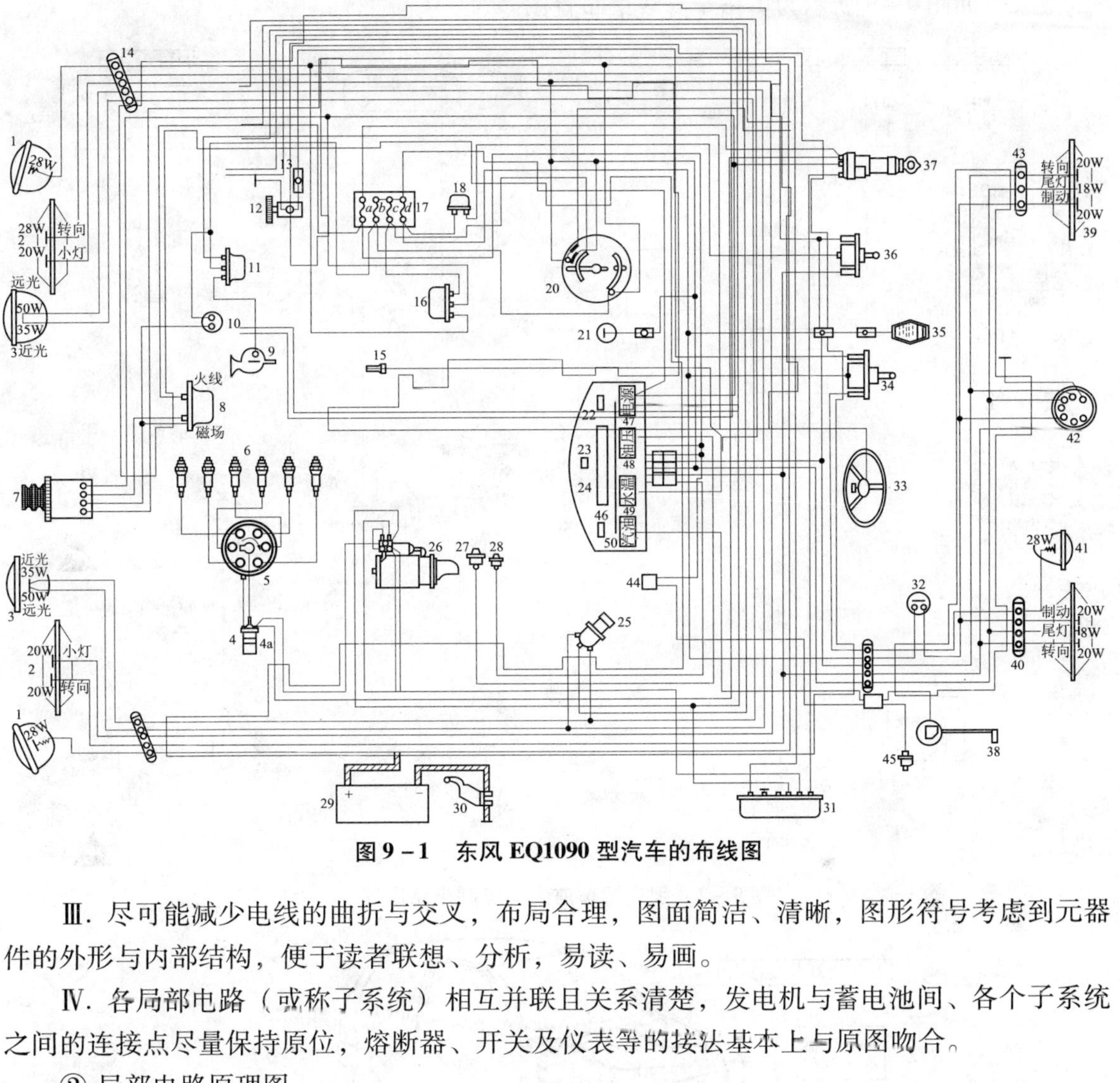

图 9－1　东风 EQ1090 型汽车的布线图

Ⅲ. 尽可能减少电线的曲折与交叉，布局合理，图面简洁、清晰，图形符号考虑到元器件的外形与内部结构，便于读者联想、分析，易读、易画。

Ⅳ. 各局部电路（或称子系统）相互并联且关系清楚，发电机与蓄电池间、各个子系统之间的连接点尽量保持原位，熔断器、开关及仪表等的接法基本上与原图吻合。

② 局部电路原理图。

为了弄清汽车电器的内部结构，各个部件之间相互连接的关系，弄懂某个局部电路的工作原理，常从整车电路图中抽出某个需要研究的局部电路，参照其他详实的资料，必要时根据实地测绘、检查和试验记录，将重点部位进行放大、绘制并加以说明。这种电路图的用电器少、幅面小，看起来简单明了，易读易绘；其缺点是只能了解电路的局部。图 9－2 所示为别克轿车前大灯控制电路原理图。

（3）线束图。

整车电路线束图常用于汽车厂总装线和修理厂的连接、检修与配线。线束图主要表明电线束各用电器的连接部位、接线柱的标记、线头、插接器（连接器）的形状及位置等，它是人们在汽车上能够实际接触到的汽车电路图。这种图一般不去详细描绘线束内部的电线走向，只将露在线束外面的线头与插接器详细编号或用字母标记。它是一种突出装配记号的电路表现形式，非常便于安装、配线、检测与维修。如果再将此图各线端都用序号、颜色准确无误地标注出来，并与电路原理图和布线图结合起来使用，则会起到更大的作用且能收到更好的效果，如图 9－3 所示为奥拓车身线束布置图。

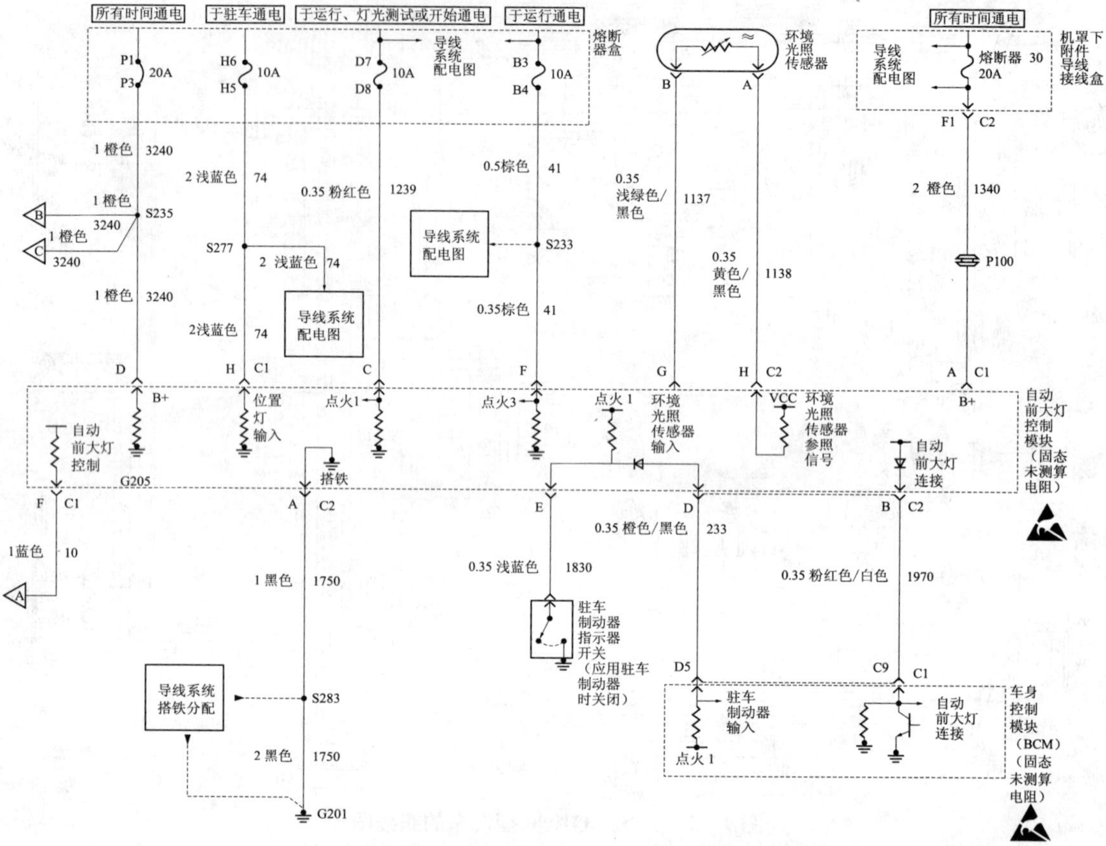

图 9－2　别克轿车前大灯控制电路原理

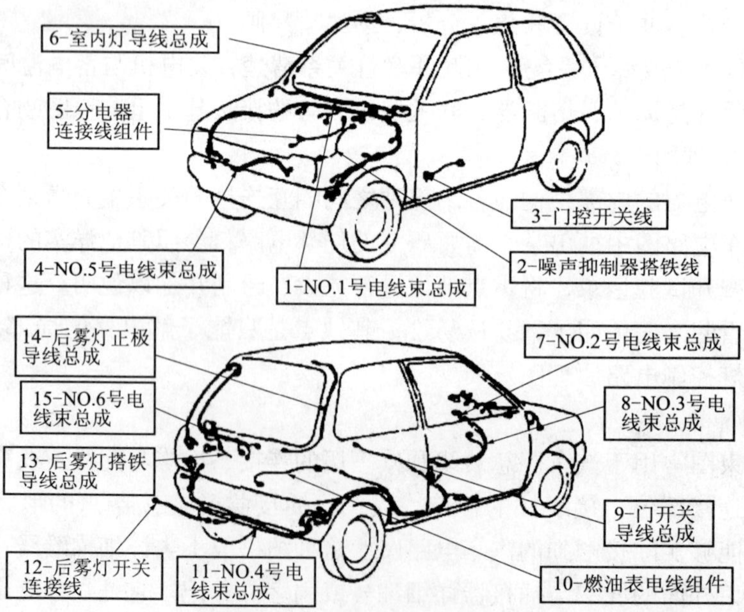

图 9－3　奥拓车身线束布置

2. 一般汽车电路的接线规律

汽车线路一般采用单线制、用电设备并联、负极搭铁、线路有颜色和编号加以区分，并以点火开关为中心将全车电路分成几条主干线，即：蓄电池火线（30 号线）、附件火线（Acc 线）、钥匙开关火线（15 号线）。

（1）蓄电池火线（B 线或 30 号线）。

从蓄电池正极引出直通熔断器盒，也有汽车的蓄电池火线接到起动机火线接线柱上，再从那里引出较细的火线。

（2）点火仪表指示灯线（IG 线或 15 号线）。

点火开关在 ON（工作）和 ST（起动）挡才有电的电线，必须有汽车钥匙才能接通点火系统、预充磁、仪表系统、指示灯、信号系、电子控制系等重要电路。

（3）专用线（Acc 线或 15A 线）。

用于发动机不工作时需要接入的电器，如收放机、点烟器等。点火开关单独设置一挡予以供电，但发动机运行时收音机等仍需接入与点火仪表指示灯等同时工作，所以点火开关触刀与触点的接触结构要作特殊设计。

（4）起动控制线（ST 线或 50 号线）。

起动机主电路的控制开关（触盘）常用磁力开关来通断。磁力开关的吸引线圈、保持线圈可以由点火开关的起动挡控制。大功率起动机的吸引、保持线圈电流也很大（可达 40～80A），容易烧蚀点火开关的“30～50”触点对，必须另设起动机继电器（如东风、解放及三菱重型车）。装有自动变速器的轿车，为了保证空挡起动，常在50 号线上串有空挡开关。

（5）搭铁线（接地线或 31 号线）。

汽车电路中，以元件和机体（车架）金属部分作为一根公共导线的接线方法称为单线制，将机体与电器相接的部位称为搭铁或接地。

搭铁点分布在汽车全身，由于不同金属相接（如铁、铜与铝、铅与铁），形成电极电位差，有些搭铁部位容易沾染泥水、油污或生锈，有些搭铁部位是很薄的钣金件，都可能引起搭铁不良，如灯不亮、仪表不起作用、喇叭不响等。要将搭铁部位与火线接点同等重视，所以现代汽车局部采用双线制，设有专门公共搭铁接点，编绘专门搭铁线路图，堪与熔断器电路提纲图并列。为了保证起动时减少线路接触压降，蓄电池极桩夹头、车架与发动机机体都接上大截面积的搭铁线，并将接触部位彻底除锈、去漆、拧紧。

3. 读识电路图的一般方法

（1）按整车电路系统的各功能及工作原理把整车电气系统划分成若干独立的电路系统，分别进行分析。

（2）分析电路系统前，要清楚该电路中所包括的各部件的功能和作用。

（3）阅读电路图时，应掌握回路原则，既电路中的工作电流由电源正极流出，经用电设备后流流向负极。

（4）按操纵开关的功能及不同工作状态来分析电路的工作原理。

（5）读图时，把含有线圈和触点的继电器，看成是由线圈工作的控制电路和触点工作的主电路两部分。

（6）读接线图时，要正确判断接点标记、线形和色码标志。

（7）进口汽车一般只配有接线图，原理图是进口以后有关人员为研究、使用与检修而收集和绘制的。因收集时间、来源不同，符号、惯例的变更，在画法上可能出现异常。

二、汽车电路的组成

（1）电源电路。由蓄电池、发电机及电压调节器和工作情况显示装置等组成，其主要任务是对全车所有用电设备供电并维持供电电压稳定。图 9－4、图 9－5 所示为车身电气元件位置。

（2）起动电路。由起动机、起动继电器、起动开关及起动保护装置等组成，其主要任务是将发动机由静止状态转变为自行运转状态。

（3）点火电路。由分电器、电子点火控制器、点火线圈、火花塞及点火开关等组成，其主要任务是控制并产生足以击穿火花塞电极间隙的电压，同时按发动机工作顺序将高压电送至各缸火花塞。

（4）空调控制电路。由空调压缩机电磁离合器、空调控制器、控制开关及风机控制电路等组成，其主要任务是根据环境温度和空气质量控制调节车内的温度和空气质量，以满足乘员舒适度的要求。

（5）仪表电路。由仪表、指示表、传感器、各种报警器及控制器等组成，其主要任务是控制各种仪表显示信息参数及报警。

（6）照明与信号电路。由前照灯、雾灯、示廓灯、转向灯、制动灯、倒车灯等及其控制继电器和开关组成，其主要任务是控制各种照明灯的启闭及各种信号的输出。

（7）辅助电器电路。由各种辅助电器及其控制继电器和开关等组成，其主要任务是根据需要控制各种辅助电器的工作时机和工作过程。

（8）电子控制系统电路。由电子控制器 ECU 根据车辆上所装用的电控系统内容不同采用不同的控制方式完成控制功能。

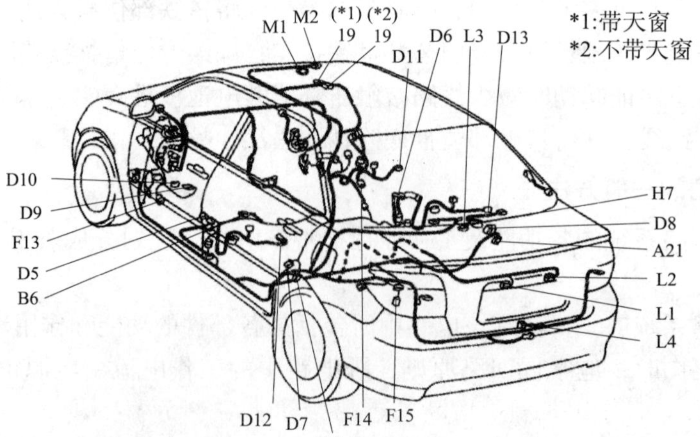

图 9－4　车身电气元件位置（一）

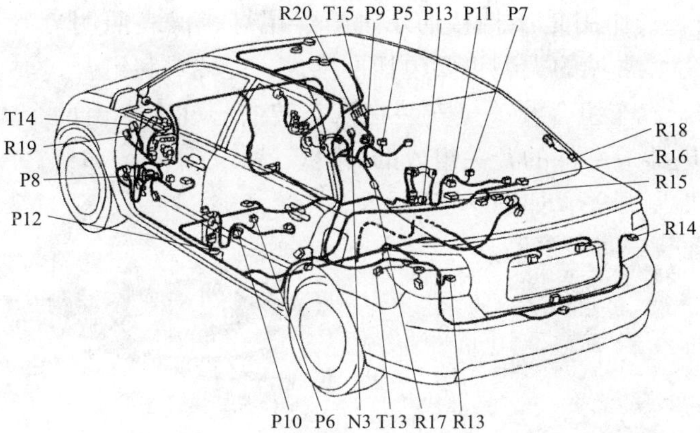

图 9－5 车身电气元件位置（二）

三、汽车电路的保护装置

汽车电路的保护装置是当线路因负荷超载、短路故障而电流过大时，保护装置自动断开电源电路，以防止线路或用电设备烧坏。

电路保护装置的主要类型包括熔断器、易熔线、断路器。如图 9－6 所示为汽车电路保护装置类型。

（1）熔断器。熔断器串联在其所保护的电路中。当通过熔丝的电流超过其规定值时，熔丝发热熔断，从而保护了线路用电设备不被烧坏。

（2）易熔线。易熔线比熔丝粗一些，被保护的线路其工作电流往往较大，通常连接在电源线路和通过电流较大的线路上。

（3）断路器。断路器起保护作用的主要元件是双金属片和触点，有自恢复式和按压恢复式两种。

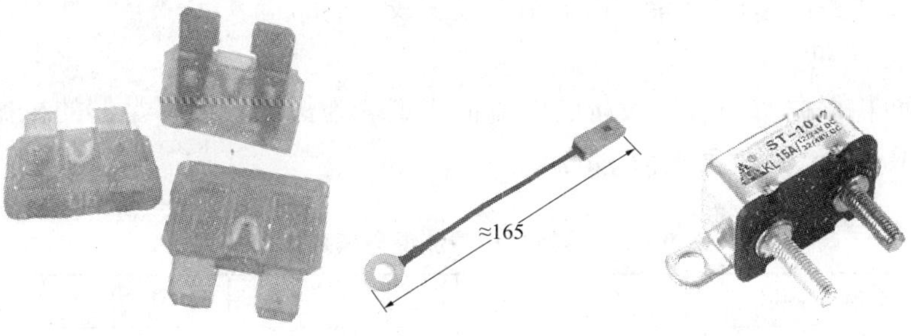

（a）　　（b）　　（c）

图 9－6 汽车电路保护装置类型

（a）熔断器；（b）易熔线；（c）断路器

四、汽车电路的控制开关

（1）电源开关。其作用是用于切断蓄电池与外电路的连接，以防止车辆停驶过程中蓄电池经外电路漏电。常见的类型包括闸刀式和电磁式两种。

（2）点火开关。其作用是控制点火电路、仪表电路、发电机励磁电路、起动电路及一些辅助电器电路等。

（3）灯光开关。其作用是Ⅰ挡接通示廓灯、尾灯、仪表照明灯等；Ⅱ挡接通前照灯、尾灯、仪表照明灯等。常见的类型主要包括推拉式、旋转式和组合式。

（4）组合开关。汽车组合开关是安装在汽车转向管柱上，由两个以上用以控制汽车的灯光、信号、操控电器等部件的开关组成的装置。

汽车上常见的控制开关，如图9－7所示。

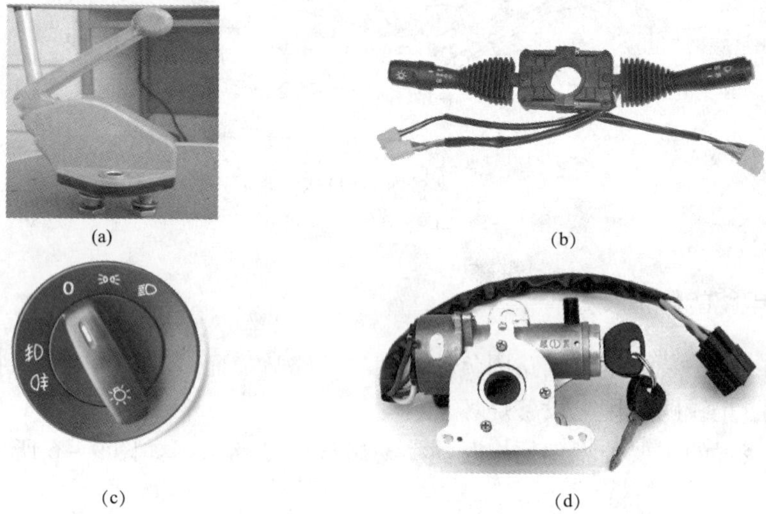

(a) (b) (c) (d)

图9－7　汽车常见控制开关种类

（a）电源开关；（b）灯光开关；（c）点火开关；（d）组合开关

五、线、线束和连接器

1. 导线

导线是电器线路的基础元件，均采用多股铜线。

（1）导线截面积。

导线的截面积根据所用电气设备的电流值确定。为保证导线有足够的机械强度，规定截面积不能小于0.5mm^2。如表9－1所示。

表9－1　导线允许截流量与横截面的关系

铜芯导线截面积／mm^2	1.0	1.5	2.5	3.0	4.0	6.0	10	13
导线允许截流量／A	11	14	20	22	25	35	50	60

（2）导线的颜色。

为了便于识别和维修，电线束中的低压电线都采用了不同颜色。电线的各种颜色均用字母表示。如表9－2、表9－3所示。

表9－2　导线颜色代号

颜色	黑	白	红	绿	黄	棕	蓝	灰	紫	橙
代号	B	W	R	G	Y	Br	BL	Gr	V	O

表 9-3　系统名称与主色代号的对应关系

系统名称	主色代号	系统名称	主色代号
电器装置搭铁线	B	仪表及报警指示和喇叭系统	Br
点火起动系统	W	前照灯、雾灯等外部照明系统	BL
电源系统	R	辅助电动机及电器操纵系统	Gr
灯光信号系统	G	收音机、点烟器等辅助装置	V
防雾灯及车身内部照明系统	Y		

2. 线束

线束是由同路的导线包扎而成，可使线路不凌乱，便于安装，而且起到了保护导线的作用，如图 9-8 所示。

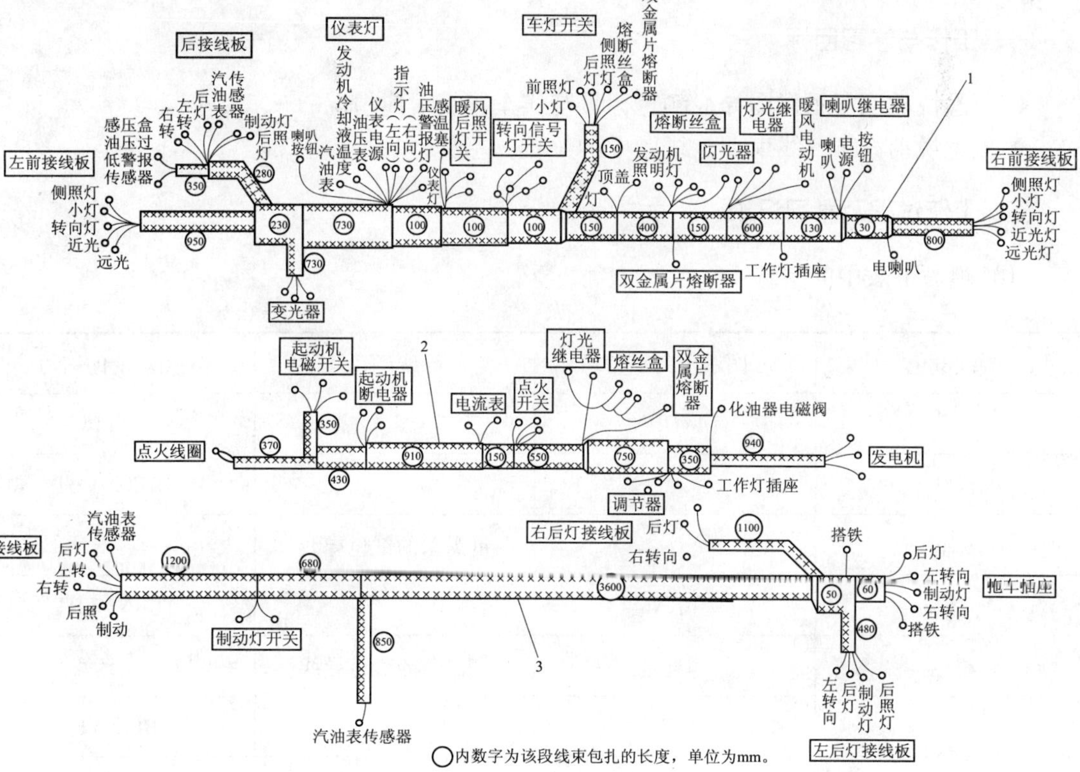

图 9-8　线束连接图

3. 连接器

连接器和电线焊片是线路与各电器设备之间、线路与线路之间的连接部件，如图 9-9 所示。

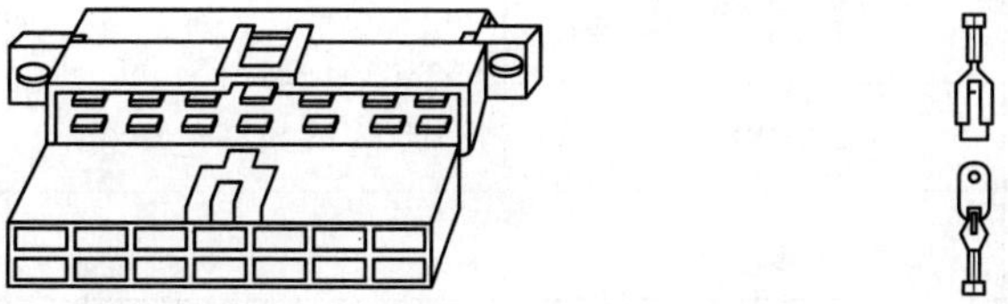

(a)　　　　(b)

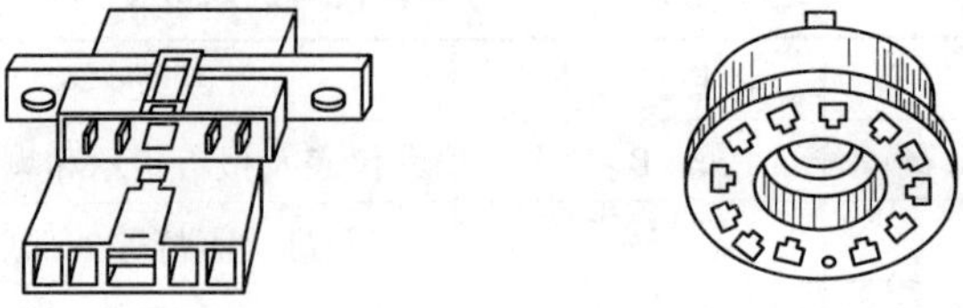

（c）　　　　　　　　（d）

图 9－9　连接器常见类型

（a）十四线插接器；（b）片状电线插头插座焊片；（c）大五线插接器；（d）十二座圆形插座

工作任务 1　全车线路分析的任务分析

班级______　姓名______　学号______　工号______　日期______　测评等级______

一、工作与学习目标

◆ 熟悉悦动汽车示意图导线颜色标号与实车导线对应情况
◆ 熟悉悦动汽车各线束在走线图中的位置

二、工作过程及学习记录

（1）填写下表中的空缺：

导线颜色	图示上的缩写	导线颜色	图示上的缩写
	DK GRN		PPL
浅绿			RED/WHT
深蓝		带黑条的红色导线	
	BRN		BRN/WHT
橙色		带白条的黑色导线	
	YEL		BLK/YEL
灰色		带黑条的绿色导线	
天蓝			DK GRN/WHT
	RED	带黑条的浅绿色导线	
黑色			RED/YEL
	PNK	带蓝条的红色导线	
白色			BLK/BRN

（2）如图 9－10 所示，根据实车发动机仓保险丝盒中保险丝的位置填写图中空缺位置。

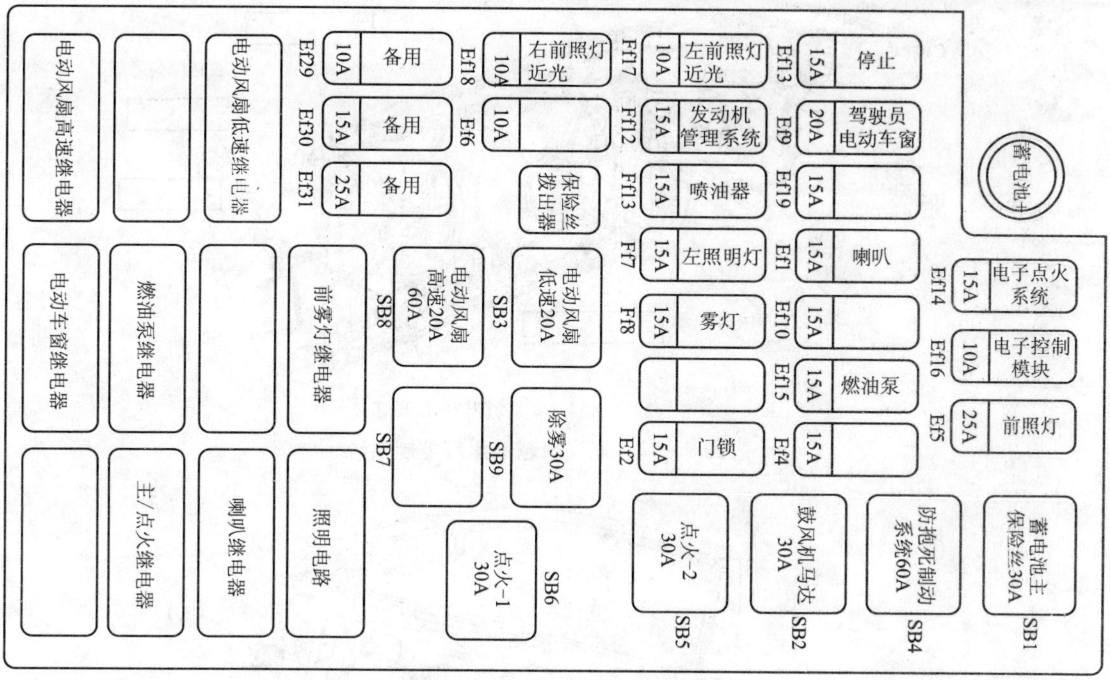

图 9－10　别克凯越继电器盒

（3）如图 9－11、图 9－12、图 9－13、图 9－14 所示填写下列线束走线图中的空缺位置。

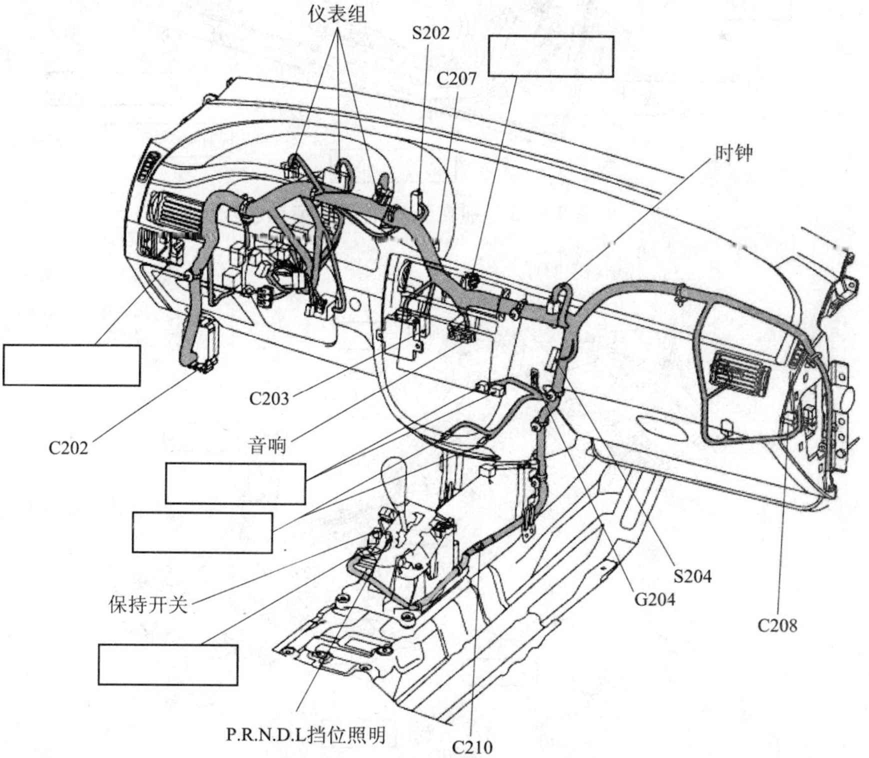

图 9－11　别克凯越空调控制系统

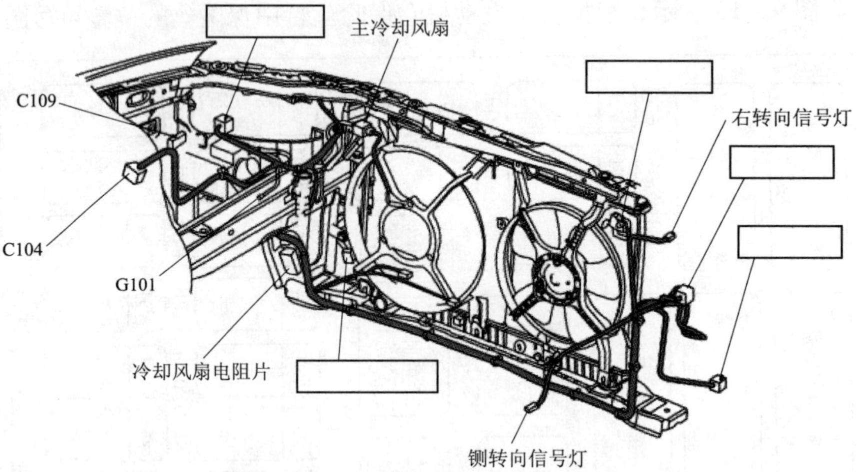

图 9-12　别克凯越前照灯控制系统

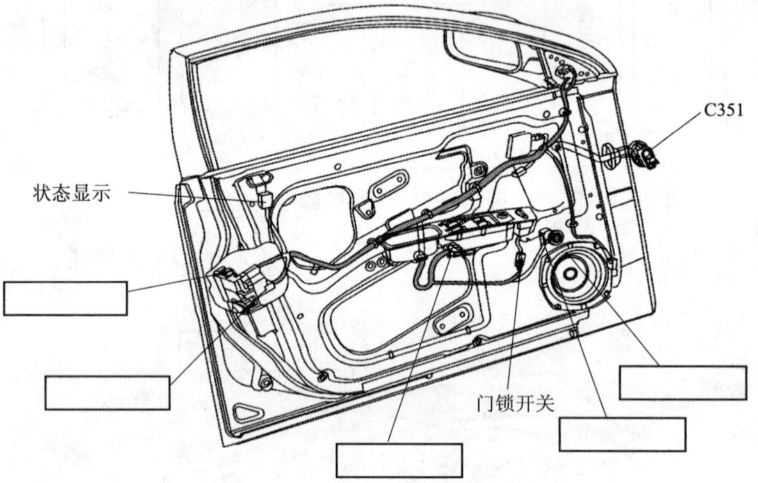

图 9-13　别克凯越电动门窗系统

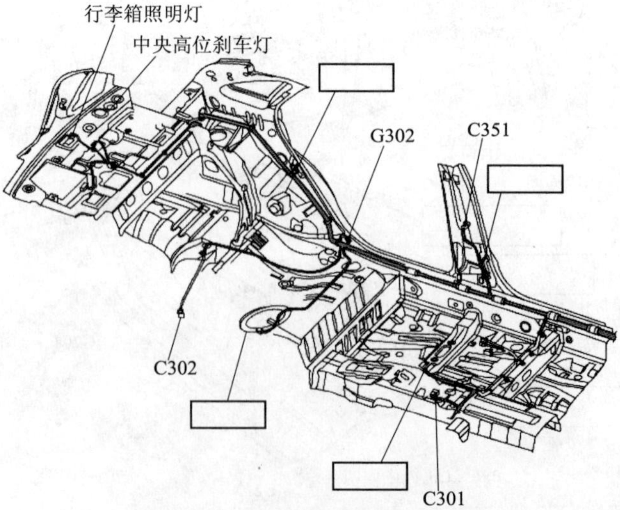

图 9-14　别克凯越后尾灯系统

三、工作效果评价

1. 自我评价

（1）通过本次学习，我学到的知识点/技能点有：____。

（2）我认为在以下方面还需要深化学习并提升岗位能力：____。

（3）本次工作和学习过程中，我的表现可得到：□  □  □ 。

2. 互相评价

（1）综合能力测评：参阅评价内容说明。

（2）专业能力测评。

①“整车线路认识”由评价人任意指定各个元器件，评价对象指出对应元器件的名称，评价人填写并判断正误，给予评定。

②评价结果全对得 ，错一项得 ，错两项或以上得 。

任务评价表

<table>
<tr><td rowspan="2">项目</td><td colspan="6" rowspan="2">评价内容
综合能力测评：
（1）请在对应条目的○内打“√”或“×”，不能确定的条目不填，可以在小组评价时让本组同学讨论并写出结论。
（2）评价结果全对得 ，错一项得 ，错两项得 。</td><td colspan="3">评价等级
（学生互评）</td></tr>
<tr><td></td><td></td><td></td></tr>
<tr><td rowspan="4">综合能力
测评项目
（组内互评）</td><td colspan="6">○按时到场　○工装齐备　○书、本、笔齐全</td><td></td><td></td><td></td></tr>
<tr><td colspan="6">○安全操作　○责任心强　○7S 管理规范</td><td></td><td></td><td></td></tr>
<tr><td colspan="6">○学习积极主动　○合理使用教学资源　○主动帮助他人</td><td></td><td></td><td></td></tr>
<tr><td colspan="6">○接受工作分配　○有效沟通　○高效完成工作任务</td><td></td><td></td><td></td></tr>
<tr><td rowspan="2">专业能力
测评项目
（组间互评）</td><td rowspan="2">整车
线路
认识</td><td>中文名</td><td></td><td></td><td></td><td></td><td colspan="3"></td></tr>
<tr><td>英文名</td><td></td><td></td><td></td><td></td><td></td><td></td><td></td></tr>
<tr><td>小组评语及建议</td><td colspan="6">他（她）做到了：

他（她）的不足：

给他（她）的建议：</td><td colspan="3">组长签名：

年　月　日</td></tr>
</table>

续表

项目	评价内容 综合能力测评： (1) 请在对应条目的○内打“√”或“×”，不能确定的条目不填，可以在小组评价时让本组同学讨论并写出结论。 (2) 评价结果全对得 ，错一项得 ，错两项得 。			评价等级（学生互评）		
综合能力测评项目（组内互评）	○按时到场	○工装齐备	○书、本、笔齐全			
	○安全操作	○责任心强	○7S 管理规范			
	○学习积极主动	○合理使用教学资源	○主动帮助他人			
	○接受工作分配	○有效沟通	○高效完成工作任务			
老师评语及建议				评价等级：______ 教师签名： 年　月　日		

工作任务2　全车线路分析的方案制订

班级______　姓名______　学号______　工号______　日期______　测评等级______

一、工作与学习目标

- ◆ 能够识读整车线路
- ◆ 能熟悉凯越汽车配电示意图中各元件的连接位置
- ◆ 能够展示学习成果并相互评价

二、工作过程及学习记录

(1) 分析前照灯和前照灯调节电路。

① 写出前照灯继电器线圈回路：

____

____。

② 写出远光灯线路：

____

____。

③ 写出近光灯线路：

____

____。

（2）分析门控灯电路（图9－15）。

① 写出门控灯线路并在图中标出：

____

____

____。

② 写出中央乘客室照明灯线路并在图中标出：

Ⅰ. 随时通电：____

____

____。

Ⅱ. 运行和起动时通电：____

____

____。

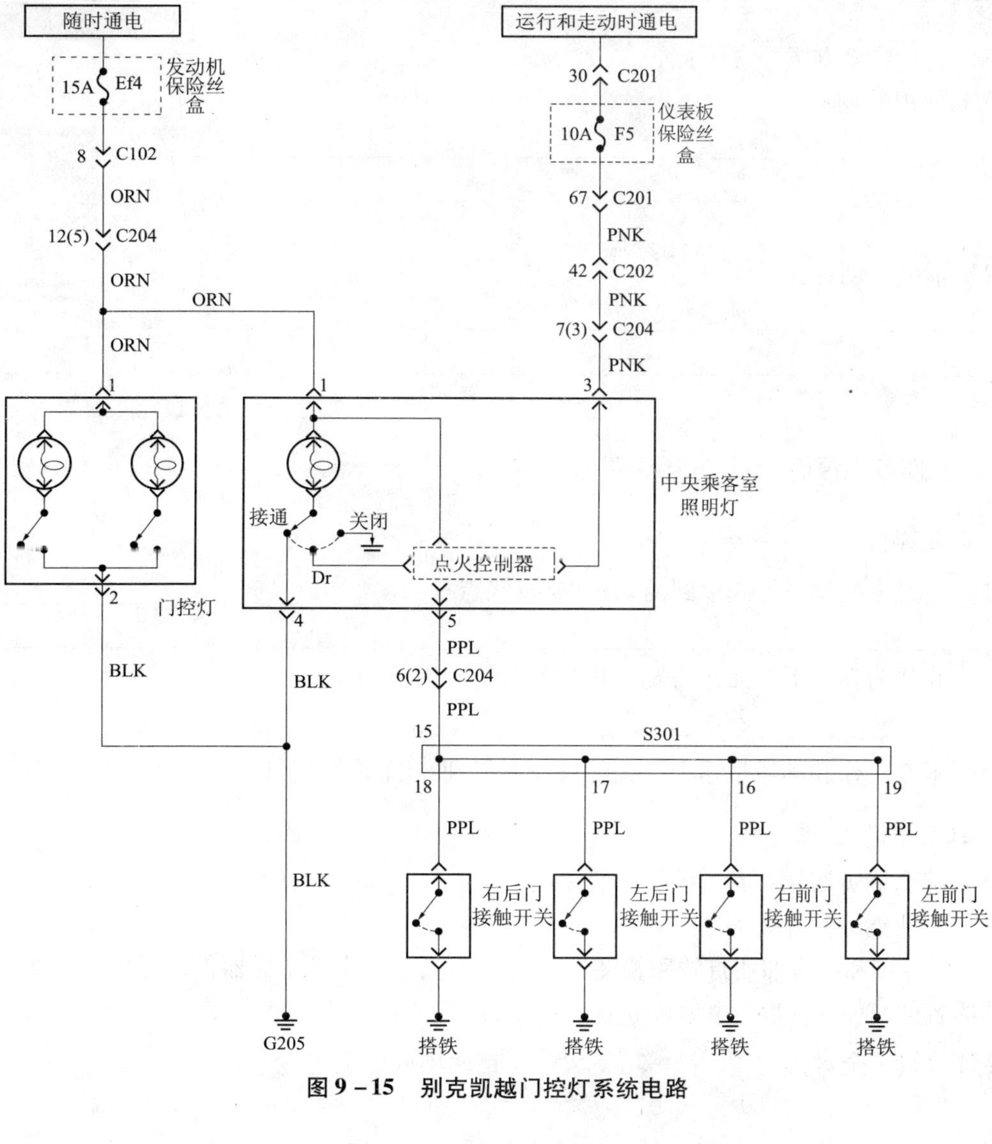

图9－15　别克凯越门控灯系统电路

（3）根据电路图，分析可能导致门控灯和中央乘客室照明灯故障的原因（保险丝、线路、接线点、开关），按先后顺序填写并展示。

（4）制订门控灯和中央乘客室照明灯的检修方案并展示。

序号	检查项目	使用工具
A		
B		

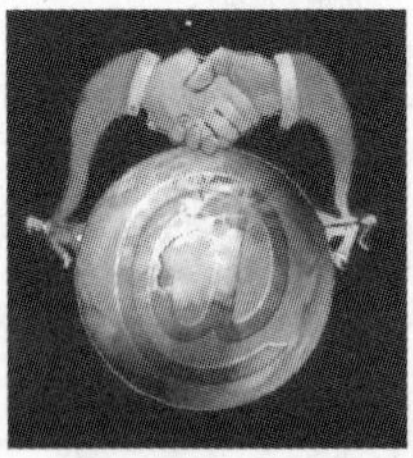

（5）展示检修方案并说明：

① 其他组的创意：

____

____

____。

（2）本组的创意：

____

____

____。

三、工作效果评价

1. 自我评价

（1）通过本次学习，我学到的知识点/技能点有：____

____。

（2）我认为在以下方面还需要深化学习并提升岗位能力：

____。

（3）本次工作和学习过程中，我的表现可得到：□ □ □ 。

2. 互相评价

（1）综合能力测评：参阅评价内容说明。

（2）专业能力测评。

①“门控灯和乘客照明灯线路检测”由评价人任意指定各个元器件，评价对象指出对应元器件的名称，评价人填写并判断正误，给予评定。

②评价结果全对得 ，错一项得 ，错两项或以上得 。

任务评价表

<table>
<tr><td rowspan="2">项目</td><td colspan="6" rowspan="2">评价内容
综合能力测评：
（1）请在对应条目的○内打“√”或“×”，不能确定的条目不填，可以在小组评价时让本组同学讨论并写出结论。
（2）评价结果全对得，错一项得，错两项得。</td><td colspan="3">评价等级
（学生互评）</td></tr>
<tr><td></td><td></td><td></td></tr>
<tr><td rowspan="4">综合能力
测评项目
（组内互评）</td><td colspan="2">○按时到场</td><td colspan="2">○工装齐备</td><td colspan="2">○书、本、笔齐全</td><td></td><td></td><td></td></tr>
<tr><td colspan="2">○安全操作</td><td colspan="2">○责任心强</td><td colspan="2">○7S 管理规范</td><td></td><td></td><td></td></tr>
<tr><td colspan="2">○学习积极主动</td><td colspan="2">○合理使用教学资源</td><td colspan="2">○主动帮助他人</td><td></td><td></td><td></td></tr>
<tr><td colspan="2">○接受工作分配</td><td colspan="2">○有效沟通</td><td colspan="2">○高效完成工作任务</td><td></td><td></td><td></td></tr>
<tr><td rowspan="2">专业能力
测评项目
（组间互评）</td><td rowspan="2">门控灯及
室内灯
线路检测</td><td>中文名</td><td></td><td></td><td></td><td></td><td colspan="3"></td></tr>
<tr><td>英文名</td><td></td><td></td><td></td><td></td><td></td><td></td><td></td></tr>
<tr><td>小组评语及建议</td><td colspan="6">他（她）做到了：

他（她）的不足：

给他（她）的建议：</td><td colspan="3">组长签名：

年　月　日</td></tr>
<tr><td>老师评语及建议</td><td colspan="6"></td><td colspan="3">评价等级：______

教师签名：

年　月　日</td></tr>
</table>

工作任务3　全车线路分析的方案实施

班级______　姓名______　学号______　工号______　日期______　测评等级______

一、工作与学习目标

◆ 能够根据制订的维修方案排除故障

◆ 能检测并判断电子元器件工作性能

◆ 能够总结排故思路并相互评价

二、工作过程及学习记录

（1）故障诊断过程及内容。

故障诊断过程及内容：

（2）总结故障排除思路并相互评价：____。

（3）其他组的思路给了我以下启发：____。

三、工作效果评价

1. 自我评价

（1）通过本次学习，我学到的知识点/技能点有：____。

不理解的有：____。

（2）我认为在以下方面还需要深化学习并提升岗位能力：____。

（3）本次工作和学习过程中，我的表现可得到：□ 😎 □ 🙂 □ ☹。

2. 互相评价

（1）综合能力测评：参阅评价内容说明。

（2）专业能力测评。

①“全车线路检修”由评价人任意设定一个汽车整车线路故障点，评价对象对设定的故障点进行诊断排除，评价人依据结果判断正误，给予评定。

②评价结果全对得 😎，错一项得 🙂，错两项或以上得 ☹。

任务评价表

<table>
<tr><td rowspan="2">项目</td><td colspan="6" rowspan="2">评价内容
综合能力测评：
（1）请在对应条目的○内打“√”或“×”，不能确定的条目不填，可以在小组评价时让本组同学讨论并写出结论。
（2）评价结果全对得，错一项得，错两项得。</td><td colspan="3">评价等级
（学生互评）</td></tr>
<tr><td></td><td></td><td></td></tr>
<tr><td rowspan="4">综合能力测评项目（组内互评）</td><td colspan="2">○按时到场</td><td colspan="2">○工装齐备</td><td colspan="2">○书、本、笔齐全</td><td></td><td></td><td></td></tr>
<tr><td colspan="2">○安全操作</td><td colspan="2">○责任心强</td><td colspan="2">○7S 管理规范</td><td></td><td></td><td></td></tr>
<tr><td colspan="2">○学习积极主动</td><td colspan="2">○合理使用教学资源</td><td colspan="2">○主动帮助他人</td><td></td><td></td><td></td></tr>
<tr><td colspan="2">○接受工作分配</td><td colspan="2">○有效沟通</td><td colspan="2">○高效完成工作任务</td><td></td><td></td><td></td></tr>
<tr><td rowspan="2">专业能力测评项目（组间互评）</td><td rowspan="2">全车线路检修</td><td>中文名</td><td></td><td></td><td></td><td></td><td colspan="3"></td></tr>
<tr><td>英文名</td><td></td><td></td><td></td><td></td><td></td><td></td><td></td></tr>
<tr><td>小组评语及建议</td><td colspan="6">他（她）做到了：
他（她）的不足：
给他（她）的建议：</td><td colspan="3">组长签名：
年 月 日</td></tr>
<tr><td>老师评语及建议</td><td colspan="6"></td><td colspan="3">评价等级：______
教师签名：
年 月 日</td></tr>
</table>

工作任务4 门控灯和中央乘客室照明灯故障检测完工检验

班级______ 姓名______ 学号______ 工号______ 日期______ 测评等级______

一、工作与学习目标

◆ 能够按照企业标准对车辆进行检验

◆ 能够确认故障排除并对门控灯、中央乘客室照明灯的使用提出合理化建议

二、检验项目

项目	检验结果			备注

打开车门，门控灯、室内灯点亮				
保险丝及保险丝盒复位完整				
所有装饰件完好				
连接器连接可靠				
未有工具设备遗漏				

中央控制单元和继电器

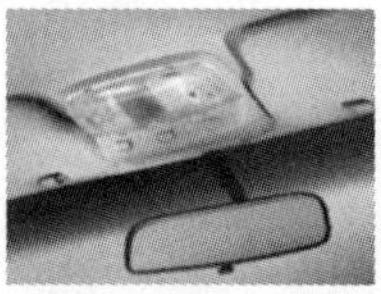

阅读灯

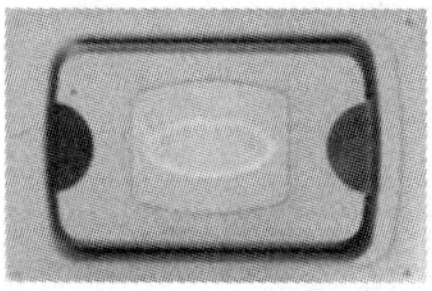

顶灯

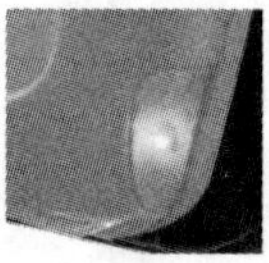

门灯

单元一 思考与练习

一、填空题

1. 汽车电路图主要有________、________和________三种类型。

2. 汽车线路一般采用________、用电设备________、________搭铁、线路有________和________加以区分。

3. 电路保护装置的主要类型包括________、________、________。

二、选择题

1. 汽车电路的控制开关主要有（　　）。

A. 电源开关　　B. 点火开关　　C. 灯光开关　　D. 组合开关

2. 以下不属于全车电路主干线的是（　　）。

A. 蓄电池火线　　B. 附件火线　　C. 点火开关火线　　D. 发电机输出线

三、判断题

1. 熔断器并联在其所保护的电路中，目的是保护用电设备不被烧坏。（　　）

2. 易熔线比熔丝粗。（　　）

四、名词解析

1. 布线图

2. 线束图

五、简答题

1. 读识电路图的一般方法。
2. 列举整车电路图的优缺点。
3. 布线图的优缺点。

单元二　车载网络系统分析

班级______　姓名______　学号______　工号______　日期______　测评等级______

工作任务	车载网络系统分析	教学模式	任务驱动和行动导向
建议学时	4 学时	教学地点	一体化实训室
任务描述	王先生的上海大众 POLO 轿车（配备手动变速器和两前门电动窗，无中央门锁）在某装饰部加装一套防盗器和中央门锁后，电动车窗无法工作，我们作为维修技工，需要根据维修手册，使用诊断仪，参考相关资料排除故障，恢复系统功能，提出合理化使用建议，并最终检验合格后交付前台。	 维修流程？	
学习目标	1. 能够执行 CAN 总线系统传感器检修的操作规程，树立良好的安全文明操作意识。 2. 能够根据维修手册和其他资源分析车载网络系统的常见故障原因。 3. 能够描述车载网络系统的检查项目和技术要求。 4. 能够主动获取信息，展示学习成果，对工作过程进行总结与反思，与他人进行有效沟通，团结协作。 5. 能够运用所学知识，为顾客 CAN 总线系统故障发生的现象并分析原因。		
学习准备	1. 设备器材：每组配套：大众 POLO 汽车 1 台，大众 CAN 总线系统实验台 1 台，工具车 2 台，诊断仪 2 台，数字万用表 4 块，POLO 维修手册 2 份，网络资源。 2. 分六组，小组人员岗位分配表（由组长分配）。		

工作岗位	时段一 ______年______月______日 ___时___分至___时___分	时段二 ______年______月______日 ___时___分至___时___分
主修人员（1 人）		
辅修人员（1 人）		
工具管理（1 人）		
零件摆放（1 人）		

续表

<table>
<tr><td>工作任务</td><td colspan="2">车载网络系统分析</td><td>教学模式</td><td colspan="2">任务驱动和行动导向</td></tr>
<tr><td>建议学时</td><td colspan="2">4 学时</td><td>教学地点</td><td colspan="2">一体化实训室</td></tr>
<tr><td rowspan="5">学习准备</td><td rowspan="2">工作岗位</td><td colspan="2">时段一</td><td colspan="2">时段二</td></tr>
<tr><td colspan="2">_____年_____月_____日
___时___分至___时___分</td><td colspan="2">_____年_____月_____日
___时___分至___时___分</td></tr>
<tr><td>安全监督（1 人）</td><td colspan="2"></td><td colspan="2"></td></tr>
<tr><td>质量检验（1 人）</td><td colspan="2"></td><td colspan="2"></td></tr>
<tr><td>7S 监督（2 ~ 4 人）</td><td colspan="2"></td><td colspan="2"></td></tr>
</table>

【知识要点】

一、CAN 总线的组成与工作原理

随着汽车技术日新月异的发展，以及电子技术和控制技术在汽车上的大量应用，汽车上采用的电子控制模块越来越多。由原来的几块发展到现在的几十块，显然传统的数据传输方式已不能满足模块间数据传输的要求。新型汽车的控制系统中采用了一种新型的数据传输网络，英文缩写为 CAN（ControllerAreaNetwork），其目的是使汽车控制系统的数据传输实现高速化，并使汽车控制系统简单化。新型大众 POLO 乘用车即采用了这种局城网络控制系统。

CAN 数据传输系统将传统的多线传输系统改变为双线（总线）传输系统（如图 9 – 16 所示）。这样一辆汽车不论有多少控制模块，也不管其信息容量有多大，每个控制模块都只需引出两条线接在两个节点上，这两条导线称为数据总线。数据总线好比一条信息高速公路，信息通过在高速公路上行驶的 BUS 来传递，所以 CAN 数据传输系统又称为 CAN – BUS。

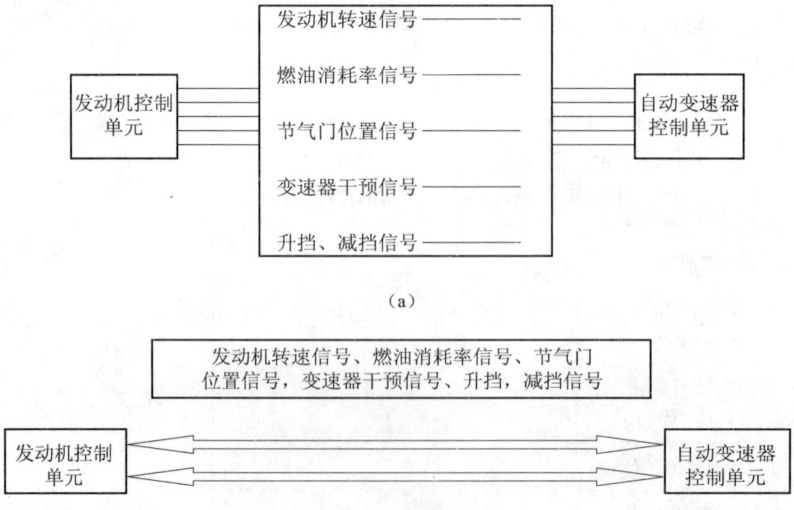

(b)

图 9 – 16 数据传输系统

(a) 多线数据传输系统；(b) 总线数据传输系统

1. CAN 数据总线的传输原理与过程

CAN 数据总线的数据传输原理在很大程度上类似电话会议的方式。一个用户控制单元向网络中“说出”数据，而其他用户“收听”到这些数据。一些控制单元认为这些数据对它有用，它就接收并且应用这些数据，而其他控制单元也许不会理会这些数据。故数据总线里的数据并没有指定的接收者，而是被所有的控制单元接收及计算。

（1）提供数据。

控制单元向 CAN 控制器提供数据用于传输。

（2）发出数据。

CAN 收发器从 CAN 控制器处接收数据，将其转化为电信号发出。这些数据以数据列的形式进行传输，数据列是由一长串二进制（高电平与低电平）数字组成（像 0110100100111011）。

数据列包括开始区、状态区、检验区、数据区、安全区、确认区、结束区。

其各个区的作用如下：

①开始区。

标志数据列的开始。

②状态区。

确认数据列的优先级别。如果两个控制单元想在同时发出其数据列，优先级较高的数据列先传输（控制单元的程序设置好的），像 CAN 驱动装置数据总线系统优先级依次为 ABS/EDL 控制单元、发动机控制单元、自动变速器控制单元。

③检验区。

显示数据区中包含的数据数目。该区可以让接收者检验其是否收到传输来的全部信息。

④数据区。

传给其他控制单元的信息，其大小由总线的宽度决定。

⑤安全区。

检验传输错误。

⑥确认区。

接收者发给发送者的信号，用来告知已正确的收到数据列。若有错误被检验到，则接收者迅速通知发送者。这样发送者将再次发出该数据列。

⑦结束区。

标志数据列的结束。这是显示错误以得到重新发送的最后可能区域。

（3）接收数据。

所有与 CAN 数据总线一起构成网络的控制单元成为接收器。

（4）检验数据。

控制单元对接收到的数据进行检测，看是否是其功能所需。

（5）认可数据。

如果所接收的数据是重要的，它将被认可及处理，反之将其忽略。

2. CAN 数据传输系统的组成

CAN 数据传输系统中的每个控制单元内部都含有一个 CAN 控制器和一个 CAN 收发器。每个控制单元之间都通过两条数据总线连接。在数据总线两端都装有数据传输终端。由此不难看出，CAN 数据传输系统由以下四部分组成：

（1）CAN 控制器。

CAN 控制器的作用是接收控制单元中微处理器发出的数据，处理数据并传给 CAN 收发器。同时，CAN 控制器也接收 CAN 收发器收到的数据，处理数据并传给微处理器。

（2）CAN 收发器。

CAN 收发器是一个发送器和接收器的结合，它将 CAN 控制器提供的数据转化为电信号并通过数据总线发送出去；同时，它也接收 CAN 总线数据，并将数据传输给 CAN 控制器。

（3）数据传输终端。

数据传输终端实际上是一个电阻器，其作用是保护数据，避免数据传输到终端被反射回来而产生反射波。

（4）CAN 数据总线。

CAN 数据总线是传输数据的双向数据线，分为高位数据线和低位数据线。为了防止外界电磁波干扰和向外辐射，CAN 数据总线通常缠绕在一起。这两条线上的电位和是恒定的，如果一条线上的电压是 5V，则另一条线上的电压为 0。

3. CAN 数据传输系统的工作原理

控制单元向 CAN 控制器提供需要发送的数据，这种数据由二进制数构成，即“0”或“1”，“1”表示电路接通，“0”则表示断开。也就是说 1 位数字可表示 2 种状态，2 位数则可表示 4 种状态；3 位数可表示 8 种状态，依次类推，最大的数据是 64 位，它可表示的信息量为 2 的 64 次方，等于 1.8 乘以 10 的 19 次方。用数字表达温度信息的实例如表 9－4 所示。

表 9－4　用数字表达温度信息

1 位数值的变化	产生信息	2 位数值的变化	产生信息	3 位数值的变化	产生信息
0（5V）	10℃	00	10℃	000	10℃
1（0V）	20℃	01	20℃	001	20℃
		10	30℃	010	30℃
		11	40℃	011	40℃
				100	50℃
				101	60℃
				110	70℃
				111	80℃

为了避免多个信息在传递时发生冲突，CAN 数据总线在同一时刻只允许传递一个数据。数据传递的先后顺序是按数据的优先级别来确定的，具有更高优先级别的数据首先发送，而数据的优先级别是由二进制的 11 位数值来表示。当多个控制单元同时发送数据时，在数据传输线上由左到右对表示优先级别的 11 位数字，进行逐一的比较。如果一个控制单元发送了一个低电位（用“1”表示）而检测到一个即将接收的高电位（用“0”表示），那么，该控制单元就停止发送而转变为接收状态；如果一个控制单元向外发送高电位（用“0”表示），而同时，另一个控制单元向外发送低电位（用“1”表示），则数据传输线将体现高电位（用“0”

表示)。例如，发动机控制单元要发送的数据为“00101000000”；而自动变速器控制单元要发送的数据为“01000100000”；ABS 控制单元要发送的数据为“00011010000”。

那么，数据传输线将如何传递这些数据呢？首先，第一位均为“0”，数据传输线上也体现为“0”；三个数据的第二位数字，自动变速器控制单元准备向外发送“1”，0”，因此，自动变速器控制单元，发送了一个低电位（用“1”表示），而接收一个高电位（用“0”表示)，那么，自动变速器控制单元将失去优先权，而转为接收状态，数据传输线传送“0”；再比较第三位数字，发动机控制单元准备向外发送“1”，而 ABS 控制单元准备向外发送“0”，同理，发动机控制单元将失去优先权而转为接收状态，数据传输线传输“0”。

通过比较三个数据的状态域，可以确定 ABS 控制单元具有最高优先权，从而可以接管数据总线的控制权，该优先权保证其持续发送数据直至发送终了。ABS 控制单元结束发送数据后，因发动机控制单元的优先权高于自动变速器控制单元，所以数据总线的发送次序是：首先发送 ABS 控制单元数据，然后发送发动机控制单元数据，最后发送自动变速器控制单元数据。

二、大众 POLO 乘用车 CAN 数据传输系统的检修

1. 大众 POLO 乘用车的 CAN 数据传输系统的组成

大众 POLO 乘用车的 CAN 数据传输系统由舒适性控制 CAN 总线、动力控制 CAN 总线、车载网络控制和网关等部分组成。图 9－17 所示为 POLO 轿车 CAN 总线的连接形式。

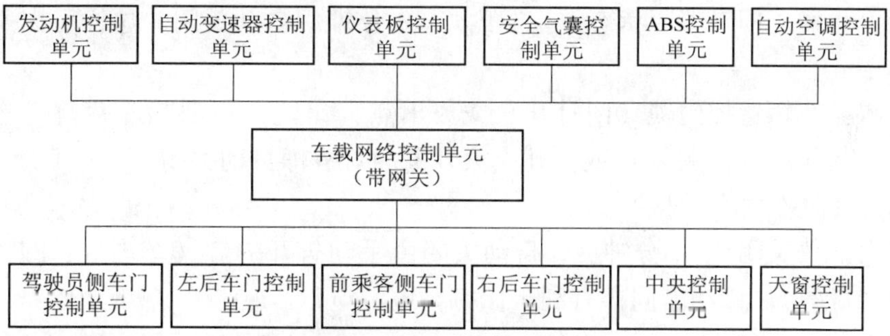

图 9－17　POLO 轿车 CAN 总线的连接形式

（1）舒适性控制 CAN 总线。

舒适性控制 CAN 总线系统由车载网络控制单元 J559、数据总线的诊断接口 J553、电控系统控制单元 J255、空调控制单元 J301、舒适性系统的中央控制单元 J393、驾驶侧车门控制单元 J386、前乘客侧车门控制单元 J387、左后右后车门控制单元 J388、J389、无线电及导航控制单元组成。其数据传递速率较动力控制系统低，以 100kB/s 速率传递数据。

（2）动力 CAN 数据总线。

CAN 数据传输系统由车载网络控制单元 J559、数据总线的诊断接口 J533、仪表板控制单元 J285 以及发动机控制单元、自动变速器控制单元、ABS 控制单元、安全气囊控制单元、转向辅助控制单元等组成。

（3）车载网络控制系统。

车载网络系统通过控制单元对车辆各种信号进行监测，根椐设定的程序对燃油泵继电

器、车内灯光等执行元件进行控制。

（4）网关。

网关就是同时连接多种不同数据传递速率的 CAN 数据总线的电脑，在传递数据时起翻译的作用。也就是说网关将不同速率的数据进行格式转换，变成满足 CAN 网络要求的数据，放在 CAN 网络上。大众 POLO 乘用车的网关电脑与仪表电脑安装在一起。

2. 车载网络系统主要功能

（1）负荷管理。

在行驶中，大量舒适性装备和电热器，如座椅加热装置、后窗加热装置，外后视镜加热装置等会引起发动机过载，进而导致发动机放电。这种情况在距离极短的短途行车和冬季行驶，以及时停时走和附属装备过多的车辆中表现的特别明显。考虑到短时间用电器的电流需求，车载网络系统控制单元的负荷管理系统定期监控蓄电池电压。如果控制单元识别到车载网络系统中电压低于 12.2V 时，车载网络系统控制单元将会提高发动机怠速转速，关闭座椅加热装置、后窗加热装置和外后视镜加热装置等，同时降低空调压缩机的功率，以保持车辆行驶能力并确保其重新起动能力；当车载网络系统电压高于 12.7V 时，控制单元将会降低发动机怠速转速，重新接通后窗加热装置、座椅加热装置和外后视镜加热装置等，并提高空调压缩机功率。

（2）车内灯控制。

①如果前部和后部车内灯都位于车门触点位置。通过车载网络系统控制单元 J519 可以确保在车辆停止而车门未关闭状态下，车内灯 10 分钟后自动关闭，这样可以避免蓄电池不必要放电。

②如果解除车辆遥控门锁（门打开）或拔出点火钥匙，30 秒后车内灯会自动接通；在车辆遥控门锁起作用（门关闭）或打开点火开关内灯立即自动关闭。

③车内灯在撞车时自动接通。

④在点火开关关闭约 30 分钟后，自动关闭由手动打开的灯（车内灯、阅读灯、化妆灯和行李箱照明灯等）。该功能同样有利于保持蓄电池电量。

（3）燃油供给控制。

POLO2002 中汽油发动机有一个新的燃油供给控制装置，用燃油泵继电器 J17 和燃油供给继电器 J643 并联来代替单个集成防撞燃油关闭装置的燃油继电器。这 2 个继电器位于车载网络系统控制单元 J519 上的继电器托架上。当驾驶员打开驾驶员侧车门后，车门触点开关将信号发送到车载网络系统控制单元。接着车载网络系统控制单元控制燃油继电器 J643，并使燃油泵 G6 运行大约 2 秒。打开点火开关或起动发动机后，燃油泵 G6 通过燃油泵继电器 J17 由发动机控制单元控制。其工作方式为：

①打开驾驶员席侧后车门后，车门角触点开关（或中控门锁的关闭单元）将信号发送到车载网络系统控制单元，接着车载网络系统控制单元控制燃油供给继电器，并使燃油泵运行大约 2 秒。

②当驾驶员侧车门短暂开启时，车载网络系统控制单元通过其定时开关切断燃油泵继电器，燃油泵停止运作。

③如果驾驶员侧车门开启超过 30 分钟，车载网络系统控制单元通过其定时控制装置使

得燃油泵重新受控。

④当打开点火开关或起动发动机后，燃油泵通过燃油继电器由发动机控制单元控制。

(4) 接通后风窗玻璃刮水器。

当后风窗玻璃刮水器刮片位于1挡、2挡或间歇挡时，如果将车辆挂入倒挡，侧后风窗玻璃刮水器会自动刮水一次，以使驾驶员能看清车后的物体和路面。

(5) 控制前风窗玻璃刮水器锁止装置。

当前风窗玻璃刮水器已接通间歇挡（取决车速的间歇运行模式或下雨运行模式），发动机盖打开时，反映此状况的信号将从发动机盖接触开关发送至车载网络系统控制单元，控制单元将阻止前风窗玻璃刮水器运动，直至发动机盖再次关闭。该功能对提高车辆使用安全性有利。

(6) 控制外后视镜和后窗加热装置。

该功能用以保证车辆外后视镜和后窗加热装置只有在发动机运转时才能接通，并且在接通20分钟后，加热装置自动关闭。该功能是为了保持蓄电池的电量。

(7) 后座椅靠背监控。

后排座椅中间位置配有三点式安全带的车辆具有后座靠背监控功能。如果后排座椅中间位置的靠背部分安装不正确，在打开点火开关后，仪表板中的靠背连接装置，指示灯会亮起约20秒，提醒驾驶员和乘坐人员对之进行调整。

(8) 转向信号和报警灯控制。

车载网络系统控制单元对信号和报警灯可以实现如下控制功能：

①转向灯闪烁（左、右转向）。

②当接通报警灯时或撞车时报警灯闪烁报警。

③当触动防盗报警装置时闪烁。

④打开或关闭中控门锁时闪烁。

(9) 编码。

车辆的装备范围和国家规格决定了车载网络系统单元的编码。编码由厂方进行，如果在售后服务或维修时装备被更改，例如安装可加热式座椅或更换新的控制单元，必须重新编码。

3. CAN 数据总线驱动装置

POLO 的 CAN 数据总线系统，由 CAN 驱动装置数据总线系统和 CAN 舒适模式数据总线系统组成。它们的区别在于传输的数据内容不同。

CAN 驱动装置数据总线系统以 500KB/s 的传输速度工作，以使在对安全较重要的系统内部能进行快速的数据传输。它由车载网络系统的控制单元、带有用于数据总线的诊断接口J533（网关）、转向角传感器 G85、控制单元 J285（在仪表板上有显示单元）、ABS 控制单元 J104、自动变速器控制单元 J217、转向辅助控制单元 J500、安全气囊控制单元 J234、发动机控制单元 J 及诊断接头组成。

CAN 舒适模式数据总线系统以 100KB/s 的传输速度工作。它由车载网络系统的控制单元 J519、带有用于数据总线的诊断接口 J533（网关）、空调电子控制系统的控制单元 J255、空调控制单元 J301、舒适系统的中央控制单元 J393、驾驶员侧车门控制单元 J386、左后车门控制单元 J388、诊断接头及控制单元 J503（带有无线电和导航用显示单元），前座乘客侧车门控制单元 J387 和右后车门控制单元 J389。

下面介绍一下数据总线的诊断接口 J533。数据总线的诊断接口 J533 集成在车载网络系统的控制单元 J519 中，如图 9－18 所示。

图 9－18　数据总线的诊断接口 J533

数据总线的诊断接口 J533 有两个任务：

（1）CAN 驱动装置数据总线和 CAN 舒适模式数据总线间进行数据交换。

由于两个系统的传输率不同，要进行直接的通信是不可能的。要进行系统间的信息交换需要建立连接，这个连接通过数据总线的诊断接口 J533 实现。诊断接口 J533 编译来自总线系统的数据，并将数据继续传送给相关的其他总线系统，如图 9－19 所示。

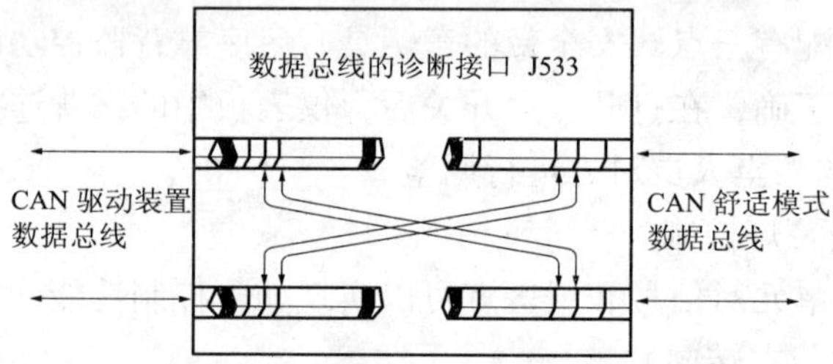

图 9－19　CAN 驱动装置数据总线和 CAN 舒适模式数据总线间进行数据交换

（2）数据总线的诊断接口 J533 将 CAN 驱动装置数据总线和 CAN 舒适模式数据总线的诊断数据转换到车身导线上，反之亦然，如图 9－20 所示。

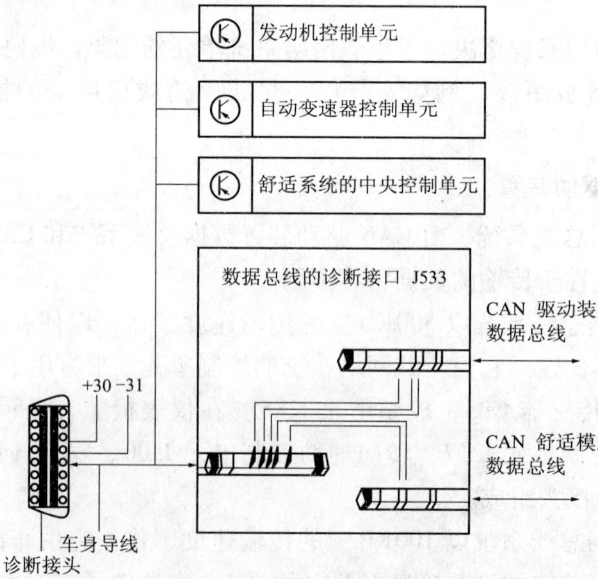

图 9－20　数据总线的诊断接口

J533 将 CAN 驱动装置数据总线和 CAN 舒适模式数据总线的诊断数据转换到车身导线上发动机控制单元、自动变速器控制单元和舒适系统的中央控制单元有一根单独的车身导线。假如 CAN 驱动装置数据总线系统中有故障，诊断接口将诊断信息从 CAN 驱动装置数据砖换到车身导线上的信息内容与 CAN 数据总线上相同的数据用于自诊断。

三、CAN 数据总线系统的故障检修

1. 一般检修步骤

（1）了解该车型的汽车数据总线系统特点，包括：传输介质、几种子网及汽车数据总线系统的结构形式等。

（2）汽车数据总线系统的功能，如有无唤醒功能和休眠功能等。

（3）检查汽车电源系统是否存在故障，如交流发电机的输出波形或点火高压电路是否正常（若不正常将导致信号干扰等故障）等。

（4）检查汽车数据总线系统的链路是否存在故障，采用替换法成采用跨线法进行检测。

（5）如果是节点故障，只能采用节点替换法进行检侧。

2. CAN 数据总线系统的故障自诊断

中央数据控制单元（网关）与自诊断 K 线相连。CAN 数据总线与 K 线可以实现数据交换。利用大众 VAG1551、VAG1552 或 VAS5051 电控单元诊断仪，可以读取与 CAN 数据总线有关的故障码，也可以显示相关数据流。实施方法与一般电控系统的自诊断相同。

3. CAN 数据总线系统的检测方法

在检查数据总线系统前，需保证所有与数据总线相连的控制单元无功能故障。功能故障是指不会直接影响数据总线系统，但会影响某一系统的功能流程的故障。例如：传感器损坏，其结果就是传感器信号不能通过数据总线系统传递。这种功能故障对数据总线系统有间接影响，即会影响需要该传感器信号的控制单元的信息接收。如存在功能故障，先排除该故障。记下该故障并清除所有控制单元的故障码。

排除所有功能故障后，如果控制单元数据传递仍不正常，则检查数据总线系统。检查数据总线系统故障时，需区分以下 2 种可能的情况。

（1）2 个控制单元组成的数据总线系统的检测。

检测时，断开点火开关，断开 2 个控制单元与总线的连接，检查数据总线是否断路、短路或对正极/搭铁短路。如果数据总线无故障，更换易拆下或较便宜的一个控制单元试一下。如果数据总线仍不能正常工作，则更换另一个控制单元。

（2）3 个或更多控制单元组成的数据总线系统的检测。

检测时，先读出控制单元的故障码。如果故障码显示控制单元 1 与控制单元 2 和控制单元 3 之间无通信，则断开点火开关，断开控制单元与总线的连接，检查数据总线是否有断路、短路或对正极/搭铁短路故障。如果总线无故障，更换控制单元 1；如果所有控制单元均不能发送和接收信号（故障码显示“硬件故障”），则断开点火开关，断开与数据总线相连的所有控制单元，检侧数据总线是否断路、短路或对正极/搭铁短路。

如果数据总线上查不出引起硬件损坏的原因，检查是否由某一控制单元引起该故障。断开所有通过 CAN 数据总线传递数据的控制单元，断开点火开关，接上其中一个控制单元，

连接大众 V. A. G. 1551、V. A. G. 1552 或 V. A. S. 5051，接通点火开关，清除刚接上的控制单元的故障码，用功能 06 来结束输出。断开并再接通点火开关，接通点火开关 10s 后，用故障阅读仪读出刚接上的控制单元故障码。如显示“硬件损坏”，则接上另一个控制单元，重复上述过程。

4. 大众 POLO 乘用车的 CAN 总线系统的检修

大众 POLO 乘用车的 CAN 系统的故障都可以采用最新版本的 VAG1551、VAG1552 型检测仪进行检测诊断，现以动力 CAN 数据总线系统为例予以说明。

大众 POLO 乘用车的动力 CAN 数据总线系统逐一连接各控制单元。总线系统需传递的数据有 10 组，包括发动机控制单元的数据 5 组、自动变速器控制单元的数据 2 组、ABS 控制单元的数据 3 组。

故障查询：利用 VAG1551、VAG1552 型检测仪，分别进入 01、02、03 地址对发动机、ABS 和自动变速器控制单元进行自诊断，再进入功能码 02 查询三个电控单元是否存储 CAN 数据传输系统的故障码，动力数据总线故障码如表 9－5 所示。

表 9－5　大众 POLO 1. 8T 型乘用车数据总线故障码表

SAE 码	VAG 码	含义
P1626	18034	数据总线缺少来自自动变速器控制单元的信息
P1636	18004	数据总线缺少来自安全气囊控制单元的信息
P1648	18056	数据总线损坏
P1649	18057	数据总线缺少来自 ABS 控制单元的信息
P1650	18058	数据总线缺少来自组合仪表控制单元的信息
P1682	18090	数据总线中来自 ABS/EDL 控制单元的信息不可靠
P1683	18091	数据总线中来自安全气囊控制单元的信息不可靠
P1684	18261	数据总线中来自 ABS/EDL 控制单元的信息不可靠

数据总线系统的故障大多是因短路、断路或 CAN 高位数据线和 CAN 低位数据线装混所致，可利用示波器进行检查排除。检查数据传输终端电阻时，应关闭点火开关，拔下发动机控制单元插头，使用万用表测量 58 针与 60 针之间的电阻，这就是数据传输终端的电阻值，规定值为 60～72Ω，如不符合规定应更换发动机控制单元。

工作任务 1　车载网络系统分析的任务分析

班级______　姓名______　学号______　工号______　日期______　测评等级______

一、工作与学习目标

◆能确认实际故障现象

◆能识别 CAN 总线的元件

二、工作过程及学习记录

(1) 填写图中所示的控制单元名称（图 9 - 21）。

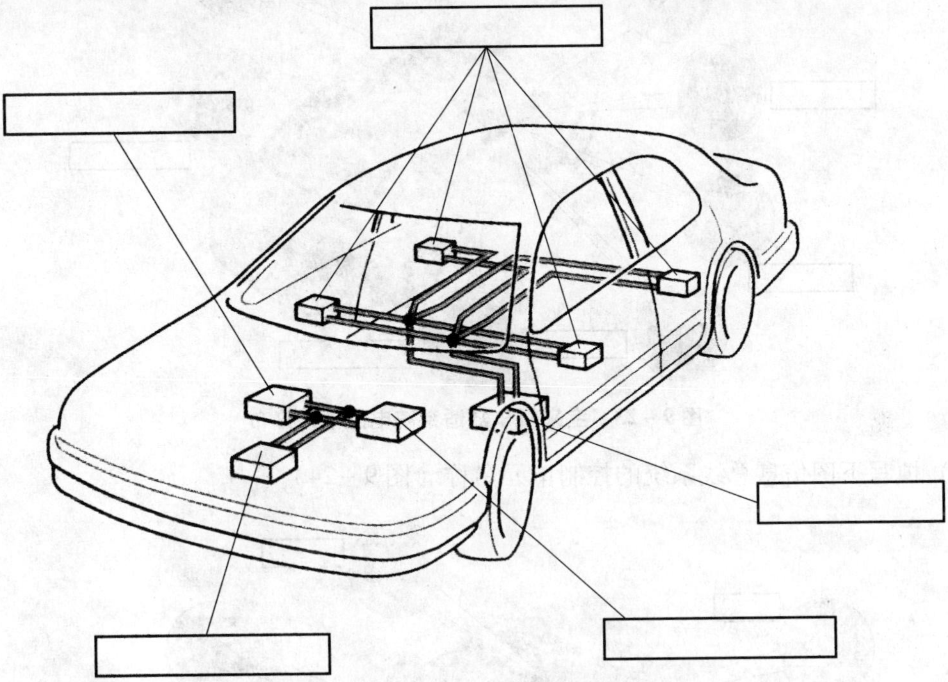

图 9 - 21　宝来轿车电控单元分布

(2) 填写下图动力总线系统的控制单元名称（图 9 - 22）。

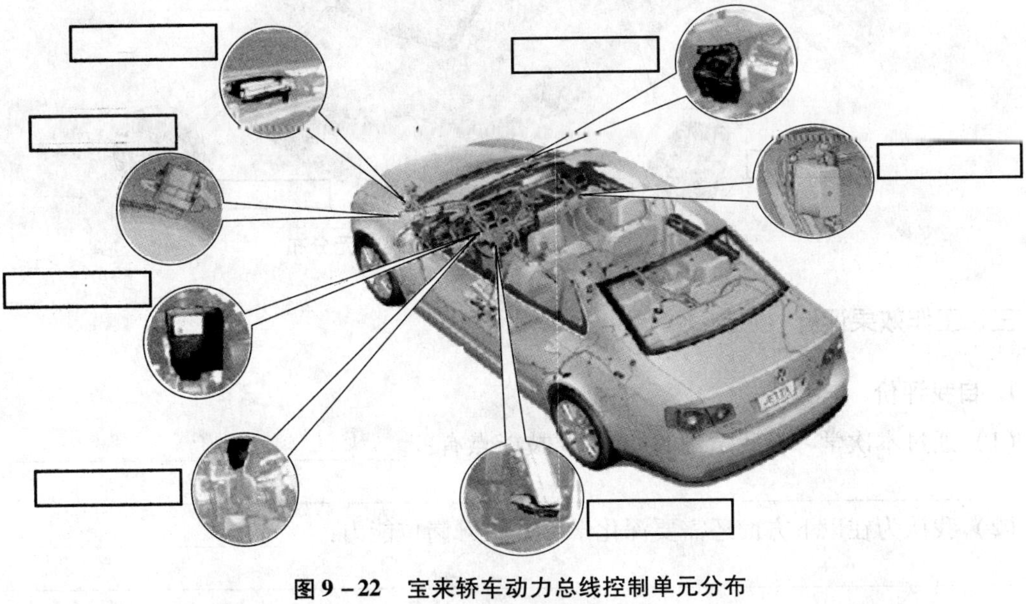

图 9 - 22　宝来轿车动力总线控制单元分布

(3) 填写下图舒适总线系统的控制单元名称（图9-23）。

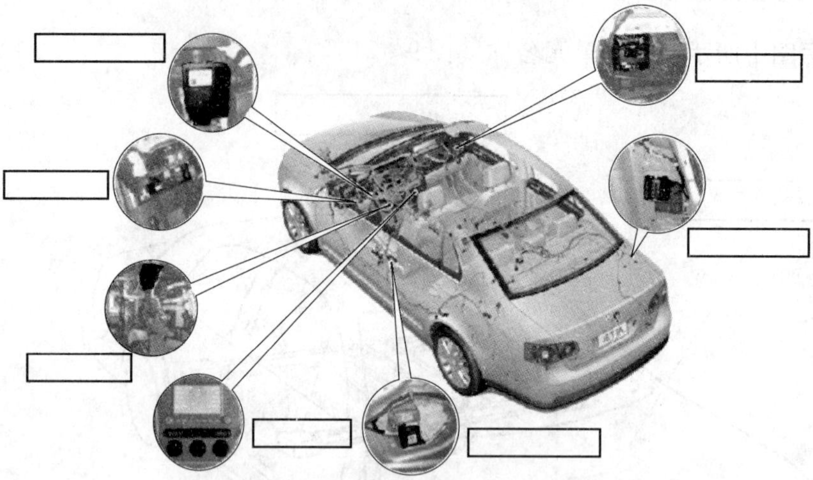

图9-23 宝来轿车舒适系统电控单元分布

(4) 填写下图信息总线系统的控制单元名称（图9-24）。

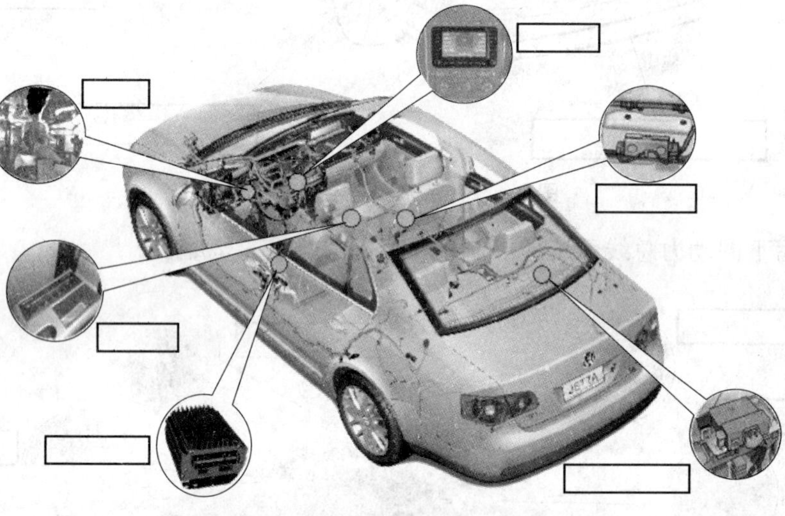

图9-24 宝来轿车信息系统电控单元分布

三、工作效果评价

1. 自我评价

(1) 通过本次学习，我学到的知识点/技能点有：____。

(2) 我认为在以下方面还需要深化学习并提升岗位能力：____。

(3) 本次工作和学习过程中，我的表现可得到：□  □  □ 。

2. 互相评价

（1）综合能力测评：参阅评价内容说明。

（2）专业能力测评。

①“CAN 总线控制单元名称填写”由评价人任意指定各个元器件，评价对象指出对应元器件的名称，评价人填写并判断正误，给予评定。

②评价结果全对得 ，错一项得 ，错两项或以上得 。

任务评价表

<table>
<tr><td rowspan="2">项目</td><td colspan="6" rowspan="2">评价内容
综合能力测评：
（1）请在对应条目的○内打“√”或“×”，不能确定的条目不填，可以在小组评价时让本组同学讨论并写出结论。
（2）评价结果全对得 ，错一项得 ，错两项得 。</td><td colspan="3">评价等级
（学生互评）</td></tr>
<tr><td></td><td></td><td></td></tr>
<tr><td rowspan="4">综合能力
测评项目
（组内互评）</td><td colspan="2">○按时到场</td><td colspan="2">○工装齐备</td><td colspan="2">○书、本、笔齐全</td><td></td><td></td><td></td></tr>
<tr><td colspan="2">○安全操作</td><td colspan="2">○责任心强</td><td colspan="2">○7S 管理规范</td><td></td><td></td><td></td></tr>
<tr><td colspan="2">○学习积极主动</td><td colspan="2">○合理使用教学资源</td><td colspan="2">○主动帮助他人</td><td></td><td></td><td></td></tr>
<tr><td colspan="2">○接受工作分配</td><td colspan="2">○有效沟通</td><td colspan="2">○高效完成工作任务</td><td></td><td></td><td></td></tr>
<tr><td rowspan="2">专业能力
测评项目
（组间互评）</td><td rowspan="2">CAN
总线
认知</td><td>中文名</td><td></td><td></td><td></td><td></td><td colspan="3"></td></tr>
<tr><td>英文名</td><td></td><td></td><td></td><td></td><td></td><td></td><td></td></tr>
<tr><td>小组评语及建议</td><td colspan="6">他（她）做到了：

他（她）的不足：

给他（她）的建议：</td><td colspan="3">组长签名：

年 月 日</td></tr>
<tr><td>老师评语及建议</td><td colspan="6"></td><td colspan="3">评价等级：______

教师签名：

年 月 日</td></tr>
</table>

工作任务2　车载网络系统分析的方案制订

班级______ 姓名______ 学号______ 工号______ 日期______ 测评等级______

一、工作与学习目标

- ◆ 能够对CAN总线系统进行自诊断检测
- ◆ 能检测并判断电子元器件工作性能
- ◆ 能够总结排故思路并相互评价

二、工作过程及学习记录

（1）诊断仪初步诊断。

诊断仪的品牌/型号	□　□
选用的故障诊断插头	OBD－Ⅱ　CAN
进入CAN总线系统的操作路径	□　□
是否正常进入系统	是　否
故障代码及内容	
数据流	

（2）检查各项目并记录。

检测项目	检测端子	操作事项	检测结果	初步判断
故障部位：				
排除方法：				

（3）再次使用诊断仪诊断。

____

____。

（4）总结故障排除思路并示范：______________________________

____

____。

（5）其他组的思路给了我以下启发：____________________________

____

____。

三、工作效果评价

1. 自我评价

（1）通过本次学习，我学到的知识点/技能点有：____。

不理解的有：____。

（2）我认为在以下方面还需要深化学习并提升岗位能力：____。

（3）本次工作和学习过程中，我的表现可得到：□ □ □ 。

2. 互相评价

（1）综合能力测评：参阅评价内容说明。

（2）专业能力测评。

①“CAN 总线系统检修”由评价人任意设定一个空气流量传感器故障点，评价对象对设定的故障点进行诊断排除，评价人依据结果判断正误，给予评定。

②评价结果全对得 ，错一项得 ，错两项或以上得 。

任务评价表

<table>
<tr><td rowspan="2">项目</td><td colspan="6" rowspan="2">评价内容
综合能力测评：
（1）请在对应条目的○内打“√”或“×”，不能确定的条目不填，可以在小组评价时让本组同学讨论并写出结论。
（2）评价结果全对得 ，错一项得 ，错两项得 。</td><td colspan="3">评价等级
（学生互评）</td></tr>
<tr><td></td><td></td><td></td></tr>
<tr><td rowspan="4">综合能力
测评项目
（组内互评）</td><td colspan="2">○按时到场</td><td colspan="2">○工装齐备</td><td colspan="2">○书、本、笔齐全</td><td></td><td></td><td></td></tr>
<tr><td colspan="2">○安全操作</td><td colspan="2">○责任心强</td><td colspan="2">○7S 管理规范</td><td></td><td></td><td></td></tr>
<tr><td colspan="2">○学习积极主动</td><td colspan="2">○合理使用教学资源</td><td colspan="2">○主动帮助他人</td><td></td><td></td><td></td></tr>
<tr><td colspan="2">○接受工作分配</td><td colspan="2">○有效沟通</td><td colspan="2">○高效完成工作任务</td><td></td><td></td><td></td></tr>
<tr><td rowspan="2">专业能力
测评项目
（组间互评）</td><td rowspan="2">CAN 总线
系统
分析</td><td>中文名</td><td></td><td></td><td></td><td></td><td colspan="3"></td></tr>
<tr><td>英文名</td><td></td><td></td><td></td><td></td><td></td><td></td><td></td></tr>
<tr><td>小组评语及建议</td><td colspan="6">他（她）做到了：

他（她）的不足：

给他（她）的建议：</td><td colspan="3">组长签名：

年　月　日</td></tr>
</table>

续表

项目	评价内容	评价等级（学生互评）		
项目	综合能力测评： （1）请在对应条目的○内打“√”或“×”，不能确定的条目不填，可以在小组评价时让本组同学讨论并写出结论。 （2）评价结果全对得 ，错一项得 ，错两项得 。			
老师评语及建议		评价等级：______ 教师签名： 年　月　日		

工作任务3　车载网络系统分析的方案实施

班级______　姓名______　学号______　工号______　日期______　测评等级______

一、工作与学习目标

- ◆ 能够根据制订的维修方案排除故障
- ◆ 能检测并判断电子元器件工作性能
- ◆ 能够总结排故思路并相互评价

二、工作过程及学习记录

（1）故障诊断过程及内容。

故障诊断过程及内容：
____
____
____
____
____
____
____
____
____
____
____。

（2）总结故障排除思路并相互评价：____。

（3）其他组的思路给了我以下启发：____。

三、工作效果评价

1. 自我评价

（1）通过本次学习，我学到的知识点/技能点有：____。

不理解的有：____。

（2）我认为在以下方面还需要深化学习并提升岗位能力：____。

（3）本次工作和学习过程中，我的表现可得到：□ □ □ 。

2. 互相评价

（1）综合能力测评：参阅评价内容说明。

（2）专业能力测评。

①“全车线路检修”由评价人任意设定一个汽车整车线路故障点，评价对象对设定的故障点进行诊断排除，评价人依据结果判断正误，给予评定。

②评价结果全对得 ，错一项得 ，错两项或以上得 。

任务评价表

<table>
<tr><td rowspan="2">项目</td><td colspan="6" rowspan="2">评价内容
综合能力测评：
（1）请在对应条目的○内打“√”或“×”，不能确定的条目不填，可以在小组评价时让本组同学讨论并写出结论。
（2）评价结果全对得 ，错一项得 ，错两项得 。</td><td colspan="3">评价等级
（学生互评）</td></tr>
<tr><td></td><td></td><td></td></tr>
<tr><td rowspan="4">综合能力
测评项目
（组内互评）</td><td colspan="2">○按时到场</td><td colspan="2">○工装齐备</td><td colspan="2">○书、本、笔齐全</td><td></td><td></td><td></td></tr>
<tr><td colspan="2">○安全操作</td><td colspan="2">○责任心强</td><td colspan="2">○7S 管理规范</td><td></td><td></td><td></td></tr>
<tr><td colspan="2">○学习积极主动</td><td colspan="2">○合理使用教学资源</td><td colspan="2">○主动帮助他人</td><td></td><td></td><td></td></tr>
<tr><td colspan="2">○接受工作分配</td><td colspan="2">○有效沟通</td><td colspan="2">○高效完成工作任务</td><td></td><td></td><td></td></tr>
<tr><td rowspan="2">专业能力
测评项目
（组间互评）</td><td rowspan="2">全车
线路
检修</td><td>中文名</td><td></td><td></td><td></td><td></td><td colspan="3"></td></tr>
<tr><td>英文名</td><td></td><td></td><td></td><td></td><td></td><td></td><td></td></tr>
</table>

续表

<table>
<tr><td rowspan="2">项目</td><td rowspan="2">评价内容
综合能力测评：
（1）请在对应条目的○内打“√”或“×”，不能确定的条目不填，可以在小组评价时让本组同学讨论并写出结论。
（2）评价结果全对得 ，错一项得 ，错两项得 。</td><td colspan="3">评价等级
（学生互评）</td></tr>
<tr><td></td><td></td><td></td></tr>
<tr><td>小组评语及建议</td><td>他（她）做到了：

他（她）的不足：

给他（她）的建议：</td><td colspan="3">组长签名：

年　月　日</td></tr>
<tr><td>老师评语及建议</td><td></td><td colspan="3">评价等级：______

教师签名：

年　月　日</td></tr>
</table>

工作任务4　车载网络系统分析的完工检验

班级______　姓名______　学号______　工号______　日期______　测评等级______

一、工作与学习目标

◆ 能够按照企业标准对车辆进行检验

◆ 能够确认故障排除并对整车使用提出合理化建议

二、检验项目

<table>
<tr><td rowspan="2">项目</td><td colspan="3">检验结果</td><td rowspan="2">备注</td></tr>
<tr><td></td><td></td><td></td></tr>
<tr><td></td><td></td><td></td><td></td><td></td></tr>
<tr><td></td><td></td><td></td><td></td><td></td></tr>
<tr><td></td><td></td><td></td><td></td><td></td></tr>
<tr><td></td><td></td><td></td><td></td><td></td></tr>
<tr><td></td><td></td><td></td><td></td><td></td></tr>
</table>

【知识拓展】

大众宝来汽车 CAN 数据总线系统的故障自诊断

1. CAN 数据总线系统的进入

CAN 数据总线自诊断接口 J533 有一个自诊断地址。

（1）连接 VAG1551 故障阅读仪，选择“快速数据传递”，打开点火开关，输入地址码“19”，故障阅读仪显示屏显示：

快速数据传递 输入地址码 × ×	帮助

（2）按“1”和“9”键，选择“入口”，故障阅读仪显示屏显示：

快速数据传递 19 入口	Q

（3）按“Q”确认输入，故障阅读仪显示屏显示：

快速数据传递 检测仪发送地址码 19	Q

（4）故障阅读仪显示屏显示：

6N0909901	入口 K

上一行表示控制单元，系统名称（入口 K〈 – 〉CAN），版本号；下一行表示代码（取决于与数据总线相连的控制单元），服务站代码。

（5）按“→”键，故障阅读仪显示屏显示：

快速数据传递 选择功能 × ×	帮助

按“HELP”键后可以打印出可选择功能一览表。可以选择的功能见下表。

02	查询故障存储器
05	清除故障存储器
06	结束输出
07	编制控制单元代码
08	读取测量数据块

2. 查询故障存储器

显示的故障信息，只有在起动自诊断或用功能“05——清除故障存储器”才能不断更新。

（1）在故障阅读仪显示屏显示如下的情况下，按“0”和“2”选择“查询故障存储器”。

快速数据传递 选择功能 × ×	帮助

（2）故障阅读仪显示屏显示：

快速数据传递 02 查询故障存储器	Q

（3）按“Q”键确认输入，故障阅读仪显示屏显示存储的故障数量，显示方式如下：

有 X 个故障

（4）如果故障阅读仪显示屏显示：

无故障！

按→键，回到起始状态，故障阅读仪显示屏显示：

快速数据传递 选择功能 × ×	帮助

（5）如果显示其他内容，请查阅故障阅读仪的使用说明书。

（6）用“06”功能结束输出。

（7）关闭点火开关并拔下自诊断插头。

宝来轿车 CAN 数据总线系统故障自诊断可以输出的故障代码如表 9－6 所列。

表 9－6　宝来轿车 CAN 数据总线系统故障代码

VAG1551 打印信息	可能的故障原因	可能的影响	故障排除方法
00778 转向角度传感器－G85 无法通信	转向角度传感器－G85 通过数据总线的数据接收不正常	与数据总线相连的系统功能不正常	－检查数据总线自诊断接口的编码 －查询 ABS 控制单元故障存储器并排除故障 －按照电路图检查连接转向角度传感器 －G85 的数据总线
01044 控制单元编码错误	－与数据总线相连的某控制单元编码错误 －与数据总线相连的某控制单元损坏	行驶性能不良（自动变速器换挡冲击，符合变化冲击）无形式动力控制	－读取测量数据块 －查询与数据总线相连的所有控制单元故障存储器，并排除故障 －检查并改正控制单元编码，如果需要更换控制单元
01312 数据总线 －损坏	－数据总线有故障 －数据总线在“BUS－OFF”状态	行驶性能不良（自动变速器换挡冲击，符合变化冲击）无形式动力控制	－读取测量数据块 －检查控制单元编码 －按照电路图检查数据总线 －更换损坏的控制单元
01314 发动机控制单元 －无法通信	发动机控制单元通过数据总线的数据接收不正常	行驶性能不良（自动变速器换挡冲击，符合变化冲击）无形式动力控制	－读取测量数据块 －查询变速器控制单元故障存储器，并排除故障 －按照电路图检查变速器控制单元数据总线

续表

VAG1551 打印信息	可能的故障原因	可能的影响	故障排除方法
01315 变速器控制单元 －无法通信	变速器控制单元通过数据总线的数据接收不正常	行驶性能不良（自动变速器换挡冲击，符合变化冲击）无形式动力控制	－读取测量数据块 －查询发动机控制单元故障存储器，并排除故障 －按照电路图检查发动机控制单元数据总线
01316 制动控制单元 －无法通信	制动控制单元通过数据总线的数据接收不正常	行驶性能不良（自动变速器换挡冲击，符合变化冲击）无形式动力控制	－读取测量数据块 －查询 ABS 控制单元故障存储器，并排除故障 －按照电路图检查 ABS 控制单元数据总线
01317 组合仪表内控制单元 －J285 －无法通信	－组合仪表内控制单元 －J285 控制单元数据总线有故障 －组合仪表内控制单元 －J285 损坏	行驶性能不良（自动变速器换挡冲击，符合变化冲击）无形式动力控制	－读取 J553 的测量数据块 －查询与数据线相连的所有控制单元故障存储器，并排除故障 －按照电路图检查数据总线
01321 安全气囊控制单元 －J234 －无法通信	安全气囊控制单元通过数据总线的数据接收不正常	安全气囊警报灯亮	－读取测量数据块 －查询安全气囊控制单元故障存储器，并排除故障 －按照电路图检查安全气囊控制单元数据总线
01324 四轮驱动控制单元 －J492 －无法通信	四轮驱动控制单元通过数据总线的数据接收不正常	行驶性能不良（自动变速器换挡冲击，符合变化冲击）无形式动力控制	读取测量数据块 －查询四轮驱动控制单元故障存储器，并排除故障 －按照电路图检查四轮驱动控制单元数据总线

3. 清除故障存储器

说明：清除故障存储器后，其内容自动消失，如果无法清除故障存储器，应再次查询故障存储器并排除故障。

前提条件：已经查询过故障存储器；已经排除所有故障。

（1）查询故障存储器后，故障阅读仪显示屏显示：

快速数据传递	帮助
选择功能 × ×	

（2）按“0”和“5”键选择“清除故障存储器”。故障阅读

（3）仪显示屏显示：

快速数据传递 05 清除故障存储器	Q

（3）按“Q”键确认输入，故障阅读仪显示屏显示：

快速数据传递 故障存储器已清除	→

这时故障存储器已被清除。

（4）按“→”键，故障阅读仪显示屏显示：

快速数据传递 选择功能 × ×	帮助

如果故障阅读仪显示屏显示：

注意！ 未查询故障存储器

说明检测顺序有错误，应严格按照检测顺序：先查询故障存储器，排除故障后再清除故障存储器。

4. 结束输出

（1）在故障阅读仪显示屏显示如下的情况下：

快速数据传递 选择功能 × ×	帮助

按“0”和“6”键，故障阅读仪显示屏显示：

快速数据传递 06 结束输出	Q

（2）按“Q”键确认输入，故障阅读仪显示屏显示：

快速数据传递 输入地址码 × ×	帮助

（3）关闭点火开关，拔下 VAG1551 插头。

5. 编制控制单元代码

更换组合仪表后，应根据车上的装备给数据总线自诊断接口－J533 编制代码。

（1）在故障阅读仪显示屏显示

快速数据传递 选择功能 × ×	帮助

的情况下，按“0”和“7”键选择“给控制单元编制代码”，故障阅读仪显示屏显示：

快速数据传递 07 给控制单元编制代码	Q

（2）按“Q”键确认输入，故障阅读仪显示屏显示：

给控制单元编制代码 输入代码 × × × × ×	（0－32000）

（3）按照表 9－7 所列的代码表组合输入代码。

表 9－7　控制单元编码代码表

总线上的控制单元	代码
自动变速器	00001
ABS	00002
安全气囊	00004

最后的代码应是一个加起来的值，例如：

安全气囊 + ABS + 自动变速器：00004 + 00002 + 00001 = 00007

（4）输入控制单元代码后，故障阅读仪显示屏显示：

6N0909901	入口 K

（5）按“Q”键确认输入，故障阅读仪显示屏显示：

快速数据传递	帮助
选择功能 × ×	

（6）结束功能，按“0”和“6”键选择“结束输出”，故障阅读仪又回到基本功能状态。

6. 读取测量数据块

（1）连接 VAG1551 故障阅读仪，选择“快速数据传递”，打开点火开关，输入地址码 17。

（2）按“→”键，故障阅读仪显示屏显示：

快速数据传递	帮助
选择功能 × ×	

（3）按“0”和“8”键选择“的取测量数据块”，故障阅读仪显示屏显示：

快速数据传递	Q
08 读取测量数据块	

（4）按“Q”键确认输入，故障阅读仪显示屏显示：

快速数据传递	帮助
输入显示组号 × ×	

（5）按“0”、“0”和“1”键选择“显示组 001”（显示组 001 只是示例，用来说明过程），按“Q”键确认输入，故障阅读仪显示屏显示（1……4 = 显示区）：

读取测量数据块		1	→
1	2	3	4

按照表 9－8 切换其他显示组。

表 9－8　其他显示组的切换

显示组	VAG1551	VAG1552
高	按 3 键	按↑键
低	按 1 键	按↓键
跳跃	按 C 键	按 C 键

（6）按“C”键后，故障阅读仪显示屏显示：

快速数据传递	帮助
输入显示组号 × ×	

此时输入所希望的显示组号。

说明：显示屏显示的是传感器的实际值，组合仪表上的值已经修正，可能与此不同。显示组 125～127 显示的是数据总线的状态；对于不存在的控制单元，其显示区无显示。

各显示组显示内容及相关解释如表 9－9～表 9－14 所列。

表 9－9　显示组 125 的显示内容

显示组 125					
读取测量数据块 125 →				◢显示屏显示	
×××	×××	×××	×××	◥显示区	规定值
1	2	3	4	空1)	Leer1)
			ABS 控制单元		ABS1)
		自动变速器控制单元			Getr.1
	发动机控制单元				Moror 1

表 9－10　显示组 125 的分析结果

显示区	名称	显示内容	故障排除
1	发动机控制单元	Motor 1 = i. o. , 发动机控制单元经数据总线的数据接收正常 Motor 0 = nicht i. o. 发动机控制单元经数据总线的数据接收不正常	如果数据接收不正常，则按照电路图检查控制单元的数据总线
2	自动变速器控制单元	Getr. 1 = i. o. , 自动变速器控制单元经数据总线的数据接收正常 Getr. 0 = nicht i. o. 自动变速器控制单元经数据总线的数据接收不正常	
3	ABS 控制单元	ABS 1 = i. o. , ABS 控制单元经数据总线的数据接收正常 ABS 0 = nicht i. o. ABS 控制单元经数据总线的无数据接收	

表 9－11 显示组 126 的显示内容

显示组 126		
读取测量数据块 126 →	◢显示屏显示	
××× ××× ××× ×××	◥显示区	规定值
1 2 3 4	空[1]	Leer[1]
	空[1]	Leer[1]
	安全气囊控制单元	Airbag.1
	转向角传感器	Lenkw.1

表 9－12 显示组 125 的分析结果

显示区	名称	显示内容	故障排除
1	转向角传感器	Lenkw. 1 = i. o. , 转向角传感器经数据总线的数据接收正常 Lenkw. 0 = nicht i. o. 转向角传感器经数据总线的数据接收不正常	如果数据接收不正常，则按照电路图检查控制单元的数据总线
2	安全气囊控制单元	Airbag. 1 = i. o. , 控制单元经数据总线的数据接收正常 Airbag. 0 = nicht i. o. 自动变速器控制单元经数据总线的数据接收不正常	

表 9－13 显示组 127 的显示内容

显示组 127		
读取测量数据块 127 →	◢显示屏显示	
××× ××× ××× ×××	◥显示区	规定值
1 2 3 4	空[1]	Leer[1]
	空[1]	Leer[1]
	Allrad	Allrad.1
	空[1]	Leer.1

表 9－14 显示组 125 的分析结果

显示区	名称	显示内容	故障排除
2	Allrad	Allrad. 1 = i. o. , 四轮驱动控制单元经数据总线的数据接收正常 Allrad. 0 = nicht i. o. 四轮驱动控制单元经数据总线的数据接收不正常	如果数据接收不正常，则按照电路图检查控制单元的数据总线

单元二 思考与练习

一、填空题

1. 车用网络大致可以分为4个系统：________、________、________和________。

2. CAN数据总线系统由________、________、两个数据传输终端和两条数据传输线组成。

二、判断题

1. 舒适CAN数据总线连接5个控制单元，有5个功能：中央门锁、电动窗、照明开关、后视镜加热及自诊断功能。(　　)

2. 对安全系统的要求是成本低、通信速度快、通信可靠性高。(　　)

三、名词解析

1. 数据总线

2. 网关

四、简答题

1. 车载网络系统的优点。

2. 按照你的理解，说一说汽车为什么要使用车载网络系统。

参考文献

［1］刘振宇，陈幼平．汽车电器与电子技术［M］．北京：人民交通出版社，2009.

［2］李春明．汽车电器设备与维修［M］．北京：高等教育出版社，2004.

［3］尹万建．汽车电气设备原理与维修［M］．北京：高等教育出版社，2008.

［4］［美］霍尔德曼．汽车电子与电气系统［M］．刘存友译．北京：劳动出版社，2005.

［5］娄云．汽车电路分析［M］．北京：机械工业出版社，2005.

［6］吕爱华．汽车电工电子基础［M］．北京：电子工业出版社，2005.

［7］［英］汤姆·登顿．汽车电子与电气控制系统［M］．于京诺译．北京：机械工业出版社，2008.

［8］刘皓宇．汽车电工电子技术［M］．北京：高等教育出版社，2008.

［9］赵福堂．汽车电器与电子原理（翻译版）［M］．北京：高等教育出版社，2004.

［10］赵索文，代洪．汽车电器设备电路与维修［M］．北京：化学工业出版社，2009.